KVM für die Server-Virtualisierung

Michael Kofler, Ralf Spenneberg

KVM für die Server-Virtualisierung

Von Konfiguration und Administration
bis Clustering und Cloud

 ADDISON-WESLEY

An imprint of Pearson

München • Boston • San Francisco • Harlow, England
Don Mills, Ontario • Sydney • Mexico City
Madrid • Amsterdam

Bibliografische Information der Deutschen Nationalbibliothek
Die Deutsche Nationalbibliothek verzeichnet diese Publikation in der Deutschen Nationalbibliografie;
detaillierte bibliografische Daten sind im Internet über <http://dnb.dnb.de> abrufbar.

10 9 8 7 6 5 4 3 2 1

14   13   12

ISBN 978-3-8273-3149-6

© 2012 by Addison-Wesley Verlag,
ein Imprint der Pearson Deutschland GmbH,
Martin-Kollar-Straße 10–12, D-81829 München/Germany
Alle Rechte vorbehalten
Einbandgestaltung: Marco Lindenbeck, webwo GmbH (mlindenbeck@webwo.de)
Lektorat: Boris Karnikowski, bkarnikowski@pearson.de
Korrektorat: Friederike Daenecke, Zülpich
Herstellung: Monika Weiher, mweiher@pearson.de
Satz: Michael Kofler, Graz
Druck und Verarbeitung: Drukarnia Dimograf, Bielsko-Biala
Printed in Poland

Inhaltsverzeichnis

Vorwort

Vor einigen Jahren war ein virtualisierter Server im Vergleich zu einem Server, der auf echter, physikalischer Hardware lief, die zweite Wahl. Das lag auch daran, dass viele Hosting-Unternehmer virtuelle Server mit unzureichender Hardware-Unterstützung anboten. Frustrierte Kunden, die über starke Leistungsschwankungen klagten, waren die Folge. Mittlerweile hat sich die Situation komplett verändert.

Virtuelle Maschinen bieten weit mehr Flexibilität als herkömmliche Installationen auf realer Hardware. Es ist bei Bedarf problemlos möglich, eine virtuelle Maschine mit zusätzlicher Hardware auszustatten (z. B. mit mehr RAM oder zusätzlichen CPU-Cores). Sollte ein Virtualisierungs-Host ausfallen, ist es vergleichsweise unkompliziert, die virtuellen Maschinen auf einem anderen Host auszuführen.

Gerade in großen Rechenzentren sind virtuelle Maschinen wesentlich besser zu administrieren als traditionelle Installationen (ein Rechner – ein Betriebssystem). Gleichzeitig ermöglicht die parallele Ausführung mehrerer virtueller Maschinen auf einem Rechner eine bessere Nutzung der vorhandenen Hardware.

Mit der Virtualisierung gehen oft auch Sicherheitsgewinne einher: Während früher versucht wurde, möglichst viele Funktionen auf einer Installation zusammenzufassen, ist es jetzt oft zweckmäßiger, einzelne Funktionen (z. B. den Web-Server, den Mail-Server, den Datenbank-Server) in getrennten virtuellen Maschinen auszuführen. Das minimiert die Nebenwirkungen und begrenzt bei Ausfällen oder einer Kompromittierung den Schaden.

Warum KVM?

Virtualisierungssysteme gibt es viele – was spricht also gerade für *Kernel-based Virtual Machines* oder kurz KVM?

» KVM hat sich in den vergangenen Jahren zum populärsten Virtualisierungssystem für Linux entwickelt. Alle gängigen Enterprise- und Server-Distributionen setzen mittlerweile auf KVM als primäres Virtualisierungssystem.

» Im Vergleich zu anderen Virtualisierungssystemen ist KVM besonders gut in den Linux-Kernel integriert. KVM war 2007 das erste Virtualisierungssystem, das in den offiziellen Kernel-Code aufgenommen wurde.

» Schließlich ist KVM ein echtes Open-Source-Produkt: Sowohl der Hypervisor selbst als auch seine Administrationswerkzeuge sind kostenlos erhältlich und Bestandteil der meisten Linux-Distributionen.

KVM ist speziell für die Server-Virtualisierung optimiert, also für die Ausführung mehrerer Linux- oder Windows-Server-Installationen auf einem einzigen Rechner. Diese Einsatzvariante steht in diesem Buch im Vordergrund. KVM kann aber auch zur Desktop-Virtualisierung eingesetzt werden. Im Vergleich zu VirtualBox oder VMware Workstation ist KVM bzw. der Virtual Machine Manager aber weniger intuitiv zu bedienen.

Distributionen

Als Grundlage für dieses Buch dienten die folgenden Distributionen:

» Red Hat Enterprise Linux 6.*n* sowie dazu kompatible Linux-Distributionen (z. B. Scientific Linux, CentOS und Oracle Linux)

» Fedora

» Ubuntu

Red Hat Enterprise Linux wird in diesem Buch generell mit RHEL abgekürzt. Wenn wir uns auf RHEL beziehen, schließt dies automatisch alle dazu kompatiblen Klone ein. Mit anderen Worten: »verfügbar ab RHEL 6.2« bedeutet, dass diese Funktion auch in CentOS 6.2, Scientific Linux 6.2 etc. genutzt werden kann.

Fedora ist für den Unternehmenseinsatz nicht zu empfehlen. Aus KVM-Sicht ist diese Distribution dennoch von großer Bedeutung: Neue KVM-Features sind fast immer zuerst in Fedora verfügbar, bevor sie in Enterprise-Distributionen aufgenommen werden.

Michael Kofler und Ralf Spenneberg
http://kofler.info/ — http://www.os-t.de/
http://kvm-buch.de/

1. Grundlagen

Dieses Kapitel fasst die wichtigsten Grundlagen rund um Virtualisierung, KVM und libvirt zusammen. Sie erfahren hier, wie QEMU, KVM und libvirt zusammenhängen, welche Hardware-Komponenten wie durch die Virtualisierung abgebildet werden etc. Das Kapitel dient damit gleichzeitig als Glossar.

Falls Sie schon Virtualisierungserfahrung haben, können Sie dieses Kapitel überspringen und gleich im nächsten Kapitel weiterlesen: Dort führen wir Sie in den praktischen Umgang mit KVM ein und zeigen Ihnen, wie Sie Ihre ersten virtuellen KVM-Maschinen einrichten.

1.1 Virtualisierungsgrundlagen

Virtualisierung bedeutet, dass auf einem physikalischen Rechner mehrere Betriebssysteme parallel installiert und ausgeführt werden. Die Betriebssysteme laufen in sogenannten »virtuellen Maschinen«.

Bei der Beschreibung von Virtualisierungssystemen hat es sich eingebürgert, das Grundsystem als Wirt (Host) und die darauf laufenden virtuellen Maschinen als Gäste zu bezeichnen. Mitunter ist anstelle von Gästen auch von Domains die Rede.

Bei KVM kommt als Host-System ausschließlich Linux infrage. Wesentlich flexibler ist KVM bei den Gästen: Außer Linux können innerhalb der virtuellen KVM-Maschinen auch diverse Windows-, BSD- und Solaris-Varianten ausgeführt werden.

Virtualisierungstechniken und -programme

KVM ist ein Virtualisierungssystem mit Paravirtualisierung, Hardware-Unterstützung und einem Typ-2-Hypervisor. Damit Sie die Informationen verstehen und besser einordnen können, haben wir in der folgenden Liste die gängigsten Virtualisierungstechniken zusammengefasst und Beispiele für Vertreter der jeweiligen Gattung angegeben. Dabei tauchen manche Virtualisierungssysteme mehrfach auf, weil darin je nach Hardware- und Treiberunterstützung unterschiedliche Techniken zum Einsatz kommen.

» **Vollvirtualisierung (virtuelle Maschinen, Emulation):** Hier simuliert ein Programm virtuelle Hardware, also einen Rechner, der aus CPU, RAM, Festplatte, Netzwerkkarte etc. besteht. Für die Gastsysteme sieht es so aus, als würde die virtuelle Hardware real existieren. Damit das funktioniert, muss das Virtualisierungsprogramm des Wirts den Code des Gasts überwachen und bestimmte Anweisungen durch anderen Code ersetzen. Diese Aufgabe übernimmt der sogenannte Hypervisor (auch *Virtual Machines Monitor* oder kurz VMM). Der Hypervisor ist auch für die Speicher- und Prozessverwaltung und andere hardware-nahe Funktionen verantwortlich.

  Vorteile: Nahezu jedes Betriebssystem kann innerhalb der virtuellen Maschine ausgeführt werden. Das Betriebssystem muss dazu nicht verändert werden.

  Nachteile: Relativ langsam.

  Beispiele: VMware Workstation, QEMU, VirtualBox, Microsoft Virtual PC

» **Paravirtualisierung:** Auch hier stellt der Wirt virtuelle Maschinen zur Verfügung, in denen die Gäste laufen. Der Unterschied zur Vollvirtualisierung besteht darin, dass das Gastbetriebssystem für die Virtualisierung modifiziert sein muss und dank geeigneter Treiber direkt mit dem Hypervisor kommunizieren kann.

  Vorteile: Effizient.

  Nachteile: Erfordert speziell für das Virtualisierungssystem modifizierte Betriebssysteme bzw. Treiber.

  Beispiele: Xen, UML (User-mode Linux), teilweise VirtualBox (virtio-net)

» **(Para-)Virtualisierung mit Hardware-Unterstützung:** Moderne CPUs von Intel und AMD enthalten Funktionen zur Vereinfachung von Virtualisierungstechniken. Intel nennt diese Technik *Intel-VT* (ehemals Vanderpool), AMD taufte seine Funktionen *AMD-V* (ehemals Pacifica).

  Vorteile: Effizient, je nach Implementierung ist keine Modifikation im Gastbetriebssystem erforderlich.

  Nachteile: Erfordert spezielle Prozessoren.

  Beispiele: VMware ESX, Hyper-V, KVM, Xen

» **Virtualisierung auf Betriebssystemebene (Containers):** Dieses Verfahren verzichtet auf richtige virtuelle Maschinen. Die Gastsysteme nutzen vielmehr den gemeinsamen Kernel und Teile des Dateisystems des Wirts. Zu den wichtigsten Aufgaben des Virtualisierungssystems zählt es, den Wirt von seinen Gästen zu isolieren, um jede Art von Sicherheitsrisiken zu vermeiden.

Vorteile: Sehr effizient, spart Ressourcen (RAM, Festplatte etc.).

Nachteile: Nur geeignet, wenn der Wirt und seine Gäste jeweils exakt dasselbe Betriebssystem bzw. exakt dieselbe Kernelversion nutzen. Das Betriebssystem muss entsprechend modifiziert werden.

Beispiele: OpenVZ, Virtuozzo, Linux-VServer → Docker

Um Linux in einer virtuellen Maschine (also als Gast) auszuführen, sind bei allen Verfahren außer dem ersten in den Kernel integrierte Treiber bzw. Erweiterungen erforderlich. Der entsprechende Code ist für die Virtualisierungssysteme KVM, Xen, Hyper-V und UML offizieller Bestandteil des Kernels. (Die Hyper-V-Funktionen für den Linux-Kernel hat Microsoft sogar als Open-Source-Quellcode bereitgestellt, was durchaus bemerkenswert ist!) Bei anderen Virtualisierungssystemen müssen im Gastsystem hingegen zusätzliche Treiber bzw. Kernelmodule kompiliert und eingerichtet werden, was umständlich ist und bei Kernel-Updates häufig zu Problemen führt.

Weitere Informationen zu verschiedenen Virtualisierungstechniken finden Sie in der Wikipedia sowie auf den folgenden Seiten:

http://virt.kernelnewbies.org/TechOverview

http://wiki.openvz.org/Introduction_to_virtualization

Hypervisor-Typen

Je nach Virtualisierungssystem gibt es zwei grundsätzliche Möglichkeiten, den Hypervisor zu implementieren (also das Programm, das die Ausführung der virtuellen Maschinen überwacht):

» **Typ 1 (Native bzw. Bare Metal):** In diesem Fall läuft der Hypervisor direkt auf dem physikalischen Rechner, ohne die Hilfe eines Betriebssystems in Anspruch zu nehmen. Populäre Bare-Metal-Hypervisors sind Microsoft Hyper-V, VMware ESXi oder Xen. Die Administration des Hypervisors erfolgt in der Regel durch einen privilegierten Gast (z. B. durch eine Linux-Installation in der sogenannten Domain 0 bei Xen oder durch eine Windows-Server-Installation innerhalb von Hyper-V).

» **Typ 2 (Hosted):** Bei dieser Variante wird der Hypervisor in einem Betriebssystem ausgeführt. Das Virtualisierungssystem kann damit alle Betriebssystemfunktionen nutzen und so wesentlich schlanker ausgeführt werden. Zu den Typ-2-Hypervisors zählen neben KVM auch VirtualBox, VMware Workstation und Server sowie Microsoft Virtual PC.

KVM versus Xen

Vor wenigen Jahren war Xen der Star in der Virtualisierungsszene. Sowohl Red Hat als auch SUSE (damals Novell) setzten in ihren Enterprise-Distributionen voll auf Xen, und selbst Microsoft bemühte sich um Kompatibilität zu Xen. Infolge der Übernahme durch Citrix hat Xen in der Open-Source-Szene stark an Popularität eingebüßt. Über mehrere Jahre hakte es zudem bei der Integration des aktuellen Xen-Codes in den Kernel. Zumindest dieses Problem scheint seit Kernelversion 3.0 gelöst.

Aus technischer Sicht gibt es einerseits fundamentale Unterschiede zwischen KVM und Xen, andererseits aber auch große Gemeinsamkeiten bei der Administration. Xen ist im Gegensatz zu KVM ein Typ-1-Hypervisor. Was in KVM das Hostsystem ist, läuft unter Xen als privilegiertes Gastsystem und wird als *Domäne 0*, kurz *Dom0*, bezeichnet. Alle weiteren virtuellen Maschinen werden *unprivilegierte Domänen*, kurz *DomU*, genannt. Zur Verwaltung der virtuellen Maschinen können wie bei KVM die libvirt-Werkzeuge verwendet werden.

Auch wenn Virtualisierung unter Linux ganz klar in Richtung KVM geht, bietet Xen bei manchen Virtualisierungsaspekten mehr Performance als KVM und ist nach wie vor sehr weit verbreitet. Viele Cloud-Systeme basieren auf Xen. Eine gute Zusammenfassung der Unterschiede zwischen Xen und KVM bietet dieser Artikel:

http://www.windowspro.de/andrej-radonic/kvm-und-xen-opensource-virtualisierung-im-vergleich

Red Hat Enterprise Linux unterstützt Xen ab Version 6 allerdings nur noch als Gastsystem, nicht aber als Hostsystem. Wenn Sie virtuelle Maschinen von Xen zu KVM migrieren möchten, finden Sie hier weitere Informationen:

http://fedoraproject.org/wiki/Features/Xen_to_KVM_migration
http://docs.redhat.com/docs/en-US/Red_Hat_Enterprise_Virtualization_for_Servers/2.2/html/
  Administration_Guide/virt-v2v-scripts.html
http://michael.stapelberg.de/Artikel/xen_to_kvm
http://www.gloudemans.info/migrate-paravirtualized-xen-to-kvm-under-rhel/

1.2 QEMU, KVM und libvirt

KVM (*Kernel-based Virtual Machine*) ist genau genommen nur eine Kernelerweiterung. Erst in Kombination mit diversen anderen Komponenten wird aus KVM ein richtiges Virtualisierungssystem. In diesem Abschnitt stellen wir Ihnen diese Komponenten näher vor. Vorweg fasst die folgende Liste die wichtigsten Eigenschaften von KVM zusammen:

» Typ-2-Hypervisor (Hosted)

» Hardware-Virtualisierung (setzt AMD-V bzw. Intel-VT voraus)

» Paravirtualisierung, sofern im Gastsystem virtio-Treiber zur Verfügung stehen

» Verschachtelte Virtualisierung

» Unterstützte Host-Systeme: nur Linux

» Unterstützte Gastsysteme: Linux, Windows, BSD, Solaris etc.

KVM unterstützte ursprünglich nur Linux-Versionen mit x86- bzw. x86-64-CPUs. Mittlerweile gibt es Portierungen für S/390, Power-PC und IA-64. Eine weitere Portierung für ARM-CPUs ist in Arbeit. In diesem Buch setzen wir allerdings voraus, dass Sie einen Rechner mit einer x86-64-CPU verwenden.

QEMU

Die Basis für KVM ist das Emulationsprogramm QEMU (Kommandoname qemu). Es emuliert verschiedene CPUs und elementare Hardware-Komponenten eines typischen Rechners (Netzwerkkarte, CD-Laufwerk etc.). Die größte Stärke von QEMU besteht darin, dass das Programm auch fremde CPUs emulieren kann. Sie können also auf einem Rechner mit einer Intel- oder AMD-CPU ein Programm testen, das für eine ARM- oder Sparc-CPU kompiliert wurde. Darunter leidet aber naturgemäß die Geschwindigkeit. Eine ausführlichere Beschreibung der Funktionen und Grenzen von QEMU finden Sie hier:

http://wiki.qemu.org/

Im Prinzip kann QEMU alleine dazu verwendet werden, um ein anderes Betriebssystem unter Linux auszuführen. Das Problem besteht aber darin, dass die resultierende Geschwindigkeit vergleichsweise gering ist.

KVM

KVM ist ein relativ kleines Kernelmodul, das seine Wirkung erst in Kombination mit der Emulationssoftware QEMU entfaltet. KVM setzt eine CPU mit Funktionen zur Hardware-Virtualisierung voraus und macht aus dem Emulator QEMU ein Hardware-Virtualisierungssystem.

KVM wurde ursprünglich von der Firma Qumranet entwickelt. Red Hat kaufte Qumranet 2008 und entwickelt KVM seither weiter. KVM ist seit Version 2.6.20 integraler Bestandteil des Linux-Kernels. Wie der gesamte Kernel kommt auch für die KVM-Funktionen die Open-Source-Lizenz GPL zur Anwendung.

KVM ist ein Typ-2-Hypervisor. Grundlegende Funktionen wie die Speicherverwaltung, Prozessverwaltung etc. sind daher nicht direkt im Virtualisierungssystem implementiert. Vielmehr greift KVM auf die im Linux-Kernel vorhandenen Funktionen zurück. Das macht KVM zu einem besonders schlanken Virtualisierungssystem, das nahtlos auf den über viele Jahre optimierten Linux-Kernel aufsetzt. In vielerlei Hinsicht verhält sich eine KVM-Maschine also ganz ähnlich wie ein gewöhnlicher Linux-Prozess.

KVM führt standardmäßig eine vollständige Virtualisierung durch, d. h., die Gäste brauchen keine KVM-spezifischen Treiber. KVM unterstützt aber auch einige paravirtualisierte Treiber, insbesondere den virtio-Blocktreiber für virtuelle Festplattenzugriffe, den virtio-Netzwerktreiber sowie QXL-Grafiktreiber zur effizienten Darstellung des Grafiksystems im Zusammenspiel mit Spice. Die Verwendung dieser Treiber ist optional, aber aus Geschwindigkeitsgründen empfehlenswert.

Die Nutzung der KVM-Funktionen erfolgt über die Device-Datei /dev/kvm. Grundsätzlich können Sie das KVM-Kommando ohne root-Rechte ausführen, Ihre Benutzerrechte müssen aber ausreichen, um die Device-Datei /dev/kvm zu lesen und zu verändern. Bei manchen Distributionen (z. B. Ubuntu) müssen Sie dazu Mitglied der Gruppe kvm sein.

Auch wenn in diesem Buch nur von KVM die Rede ist – in Wirklichkeit ist die Kombination von QEMU und KVM gemeint. Der hohe Grad der Abhängigkeit von KVM und QEMU drückt sich bei manchen Distributionen auch im Paketnamen qemu-kvm ab. Damit werden sowohl QEMU als auch die darauf aufsetzenden KVM-Erweiterungen installiert. (Weiterer KVM-Code befindet sich im Kernel. Diese KVM-Teile müssen nicht extra installiert werden, sondern stehen bei allen aktuellen Distributionen standardmäßig zur Verfügung.)

QEMU ist also trotz KVM keineswegs obsolet. Abgesehen davon, dass es als Fundament für KVM dient, bietet es noch zwei Vorteile gegenüber KVM:

» QEMU funktioniert im Gegensatz zu KVM selbst dann, wenn die CPU keine Virtualisierungsfunktionen zur Verfügung stellt.

» QEMU ist in der Lage, andere Prozessoren als jenen des Wirtssystems zu emulieren.

Native Linux KVM Tool

Einige Kernel-Entwickler möchten QEMU durch das schlankere *Native Linux KVM Tool* ersetzen (Kommando lkvm). Damit ist es möglich, virtuelle KVM-Maschinen ohne die Hilfe von QEMU auszuführen. Der Grund für diese Initiative besteht darin, dass QEMU eine Menge Code enthält, der für KVM nicht relevant ist. Zudem ist die Steuerung von QEMU durch unzählige, oft inkonsistent benannte Optionen ausgesprochen mühsam.

Zurzeit (im Frühjahr 2012) bietet das Native Linux KVM Tool allerdings nur einen Bruchteil der Funktionen von QEMU. Es ist unklar, ob bzw. wann das Native Linux KVM Tool in den Kernel-Code integriert wird. In diesem Buch gehen wir auf jeden Fall davon aus, dass Sie KVM in Kombination mit QEMU einsetzen.

Weitere Informationen können Sie hier nachlesen:

http://lwn.net/Articles/438182/
http://lwn.net/Articles/447556/
https://github.com/penberg/linux-kvm/tree/master/tools/kvm#readme

libvirt

libvirt ist eine Schnittstelle (Application Programming Interface, kurz API) zur Verwaltung von virtuellen Maschinen und der dazugehörigen virtuellen Netzwerk- und Festplatten-Devices. Eine Voraussetzung für die Nutzung der libvirt-Werkzeuge besteht darin, dass auf dem Hostsystem der Dämon libvirtd läuft. Dieses Programm wird beim Hochfahren des Host-Rechners durch das Init-System gestartet.

Die Steuerung der virtuellen Maschinen kann nun wahlweise durch die Shell virsh, den Virtual Machine Manager oder durch andere libvirt-Kommandos erfolgen. Sie können damit neue virtuelle Maschinen erzeugen, kopieren (klonen) etc. Mit den libvirt-Werkzeugen gestartete virtuelle Maschinen laufen weiter, wenn Sie sich ab- und neu anmelden.

Auch wenn wir uns in diesem Buch ausschließlich auf KVM beziehen, können die libvirt-Werkzeuge auch zur Steuerung anderer Virtualisierungssysteme verwendet werden (z. B. Xen). Weil die libvirt-Werkzeuge versuchen, die Verwaltung virtueller Maschinen möglichst unabhängig vom Virtualisierungssystem zu machen, passen manche Begriffe der libvirt-Nomenklatur schlecht zu KVM. Beispielsweise werden virtuelle Maschinen in der libvirt-Welt generell als Domänen bezeichnet, was eigentlich nur unter Xen üblich ist.

TIPP

Sehr oft, wenn im Internet oder in anderen Dokumenten von KVM die Rede ist, werden in Wirklichkeit libvirt-Werkzeuge zur Verwaltung von virtuellen KVM-Maschinen beschrieben. Natürlich ist es richtig, dass Sie alles, was libvirt & Co. bewerkstelligen, ebenso gut auch durch die direkte Steuerung von KVM erledigen können. Die libvirt-Werkzeuge vereinfachen aber viele grundlegende Aufgaben und machen den effizienten Betrieb mehrerer virtueller Maschinen erst möglich.

Benutzer- versus Systemebene

KVM-Maschinen können via libvirt auf zwei verschiedenen Ebenen ausgeführt werden:

» **Benutzerebene** (qemu:///session): Diese Variante ist vor allem für die Desktop-Virtualisierung gedacht und gibt den virtuellen Maschinen weniger Zugriffsmöglichkeiten auf die Hardware des Hostrechners. Intern wird beim ersten Aufruf eines libvirt-Werkzeugs auf Benutzerebene ein eigener libvirtd-Prozess gestartet, dem nur die Rechte des aktuellen Benutzers zukommen. KVM-Maschinen auf Benutzerebene minimieren also die Sicherheitsrisiken durch die Virtualisierung.

» **Systemebene** (qemu:///system): Virtuelle Maschinen auf Systemebene sind besser für die Server-Virtualisierung geeignet, weil sie direkt auf Hardware-Komponenten des Hostrechners zugreifen können. Die libvirt-Prozesse kommunizieren dabei mit dem Dämon libvirtd, der mit root-Rechten läuft. Zur Server-Virtualisierung müssen Sie zumeist auf der Systemebene (root-Ebene) arbeiten.

Bei der Kommunikation zwischen den libvirt-Werkzeugen und dem Dämon libvirtd bestehen starke Konfigurationsunterschiede zwischen den Distributionen. Ganz einfach ist es bei **Fedora und RHEL**: Wenn Sie mit libvirtd auf Systemebene kommunizieren möchten, benötigen Sie root-Rechte. Der Virtual Machine Manager kann zwar mit Benutzerrechten gestartet werden, das Programm erwartet aber unmittelbar nach dem Start die Angabe des root-Passworts.

Beachten Sie dabei, dass zwar die libvirt-Werkzeuge mit root-Rechten ausgeführt werden, nicht aber das eigentliche Virtualisierungskommando! Vielmehr starten die libvirt-Werkzeuge das Kommando qemu-kvm unter dem Benutzeraccount qemu. Auf diese Feinheit müssen Sie vor allem bei der richtigen Einstellung der Zugriffsrechte für Image- oder ISO-Dateien achten!

Auch unter **Ubuntu** kommunizieren libvirt-Werkzeuge, die mit root-Rechten ausgeführt werden, mit libvirtd auf Systemebene. Aber auch libvirt-Kommandos, die nur mit Benutzerrechten ausgeführt werden, dürfen mit libvirtd auf Systemebene kommunizieren, sofern der Benutzer der Gruppe libvirtd angehört! (Genau genommen ist entscheidend, ob der Benutzer auf die Datei /var/run/libvirt/libvirt-sock zugreifen darf. Diese Datei gehört root und der Gruppe libvirtd.)

Die Zuordnung zur Gruppe libvirtd wird bei der Installation des Pakets libvirt-bin automatisch für den Benutzer hergestellt, der die Installation durchführt. Weitere Benutzer können mit dem folgenden Kommando der libvirtd-Gruppe hinzugefügt werden:

```
root#  usermod -a -G libvirtd benutzername     (Ubuntu)
```

Ein verwirrender Aspekt bei der Verwendung der libvirt-Werkzeuge mit Benutzerrechten und libvirtd-Gruppenzugehörigkeit unter Ubuntu besteht darin, dass virsh und virt-manager standardmäßig auf der Systemebene arbeiten, einzelne Kommandos wie virt-install aber auf der Benutzerebene:

```
user$  virsh ...           (kommuniziert standardmäßig auf Systemebene)
user$  virt-manager ...    (kommuniziert standardmäßig auf Systemebene)
user$  virt-install ...    (erzeugt virtuelle Maschinen auf Benutzerebene)
```

Wenn Sie virt-install auf Systemebene ausführen möchten, müssen Sie es mit sudo bzw. als root ausführen.

HINWEIS

Im weiteren Verlauf dieses Buchs werden wir nur noch fallweise zwischen Benutzer- und Systemebene differenzieren! Wir gehen davon aus, dass Sie libvirt-Programme mit root-Rechten ausführen bzw. mit libvirtd auf Systemebene kommunizieren. Für die Server-Virtualisierung ist dies im Regelfall unumgänglich.

libvirt-Werkzeuge

In diesem Buch werden Sie diverse libvirt-Kommandos und -Benutzeroberflächen im Detail kennenlernen. Die folgende Liste gibt vorweg einen ersten Überblick:

» virsh: Mit der Ausführung des Kommandos virsh gelangen Sie in eine Shell. Dort können Sie dann eine Vielzahl von Befehlen ausführen, um damit virtuelle Maschinen zu starten, zu stoppen etc.

» Virtual Machine Manager: Hierbei handelt es sich um eine grafische Benutzeroberfläche, die ähnliche Funktionen wie die virsh bietet.

» virt-viewer ist ein VNC-Client zur Darstellung des Bildschirminhalts sowie zur Kommunikation mit einer virtuellen Maschine. Statt virt-viewer können Sie auch jeden beliebigen VNC-Client einsetzen. In diesem Fall müssen Sie vorweg mit dem virsh-Kommando vncdisplay die VNC-Verbindungsdaten ermitteln.

» virt-install richtet eine neue virtuelle Maschine ein. Unter Ubuntu oder Debian können Sie neue virtuelle Maschinen noch effizienter mit dem vm-builder erzeugen.

» virt-clone dupliziert eine vorhandene virtuelle Maschine und gibt dem Netzwerkadapter eine neue, zufällige MAC-Adresse. Die zugrunde liegende virtuelle Maschine muss vor dem Klonen heruntergefahren werden.

libvirt im Netzwerk

Die libvirt-Werkzeuge können nicht nur auf dem lokalen Rechner genutzt werden, sondern auch im Netzwerk. So können Sie beispielsweise mit der Shell virsh die virtuellen Maschinen eines anderen KVM-Hosts steuern oder mit dem Virtual Machine Manager externe KVM-Hosts verwalten. Grundsätzlich stehen die folgenden Kommunikationsmechanismen zur Auswahl:

» unverschlüsselt über das TCP/IP-Protokoll (unsicher!)

» getunnelt via SSH

» verschlüsselt mit SASL/Kerberos

» verschlüsselt mit TSL/x509

Die Datei /etc/libvirt/libvirtd.conf steuert, welche Verfahren zulässig sind und wo sich gegebenenfalls die Schlüsseldateien befinden. Aus Sicherheitsgründen scheidet die erste Variante aus. Die Varianten drei und vier erfordern einen relativ hohen Konfigurationsaufwand. Insofern ist SSH für eine einfache Installation die beste Wahl. Die einzige Voraussetzung besteht darin, dass auf dem KVM-Host auch ein SSH-Server läuft. Aus Sicherheitsgründen ist es empfehlenswert, die SSH-Authentifizierung nicht per Passwort, sondern über Schlüsseldateien durchzuführen.

Detaillierte Anleitungen, wie Sie TLS für mehrere libvirt-Maschinen einrichten, finden Sie in Abschnitt 5.6.

1.3 Virtuelle Hardware-Komponenten

Dieser Abschnitt gibt einen Überblick, aus welchen Hardware-Komponenten eine virtuelle Maschine auf der Basis von KVM/QEMU zusammengesetzt ist:

» **CPU:** Virtuelle Maschinen sehen im Wesentlichen dieselbe CPU wie das Hostsystem. Allerdings stehen den Gästen nicht alle Eigenschaften bzw. Spezialfunktionen der CPU zur Verfügung. Außerdem wird im Regelfall die Anzahl der CPUs und Cores limitiert, die ein Gast nutzen darf.

» **Arbeitsspeicher:** Der gesamte Arbeitsspeicher des Hostrechners muss auf das Hostbetriebssystem und die laufenden Gäste verteilt werden. Normalerweise wird der für eine virtuelle Maschine beanspruchte Speicher dem Hostsystem sofort zur Gänze abgezwackt. Es gibt aber Möglichkeiten, die Speicherzuweisung dynamisch durchzuführen (Ballooning, erfordert im Gast den virtio-balloon-Treiber) sowie Speicherseiten, die in mehreren virtuellen Maschinen denselben Inhalt haben, zu teilen (Kernel Samepage Merging).

» **Datenträger/Festplatte:** Der Gast sieht seine virtuelle Festplatte wahlweise als IDE-oder SCSI-Festplatte. Im Hostsystem wird diese Festplatte in der Regel durch eine Image-Datei oder durch ein Logical Volume abgebildet. Aber auch Netzwerkverzeichnisse oder iSCSI-Geräte können als Datenspeicher für die virtuellen Maschinen konfiguriert werden.

» **CD/DVD-Laufwerk:** Das CD- oder DVD-Laufwerk des Hostrechners werden Sie in der Regel nur während der Installation einer virtuellen Maschine nutzen. Noch praktischer und effizienter ist es, stattdessen direkt die entsprechende ISO-Datei als virtuelles CD/DVD-Laufwerk zu verwenden. KVM-Gäste können CDs/DVDs übrigens nur lesen, aber nicht schreiben (brennen).

» **Netzwerkadapter:** Beim Einrichten einer virtuellen Maschinen können Sie sich zwischen mehreren virtuellen Netzwerkadaptern entscheiden. Für den Gast sieht es dann so aus, als würde ihm beispielsweise ein RTL-8139- oder ein Intel-E1000-Netzwerkadapter zur Verfügung stehen. Wesentlich effizienter als die Emulation eines echten Netzwerkadapters ist die Verwendung des virtio-Treibers (siehe unten).

Neben der Auswahl des Netzwerkadapters müssen Sie als KVM-Administrator auch festlegen, wie die virtuelle Maschine mit dem Netzwerk des Hostrechners verbunden ist: z. B. über ein privates Netzwerk per NAT oder über eine Netzwerkbrücke mit dem lokalen Netzwerk des Hostrechners.

» **Grafiksystem:** Zumindest während der Installation müssen Sie die Ausgaben der virtuellen Maschine sehen. Der Gast braucht also ein eigenes Grafiksystem. Dazu wird eine VGA-kompatible Grafikkarte emuliert, deren Ausgaben dann via VNC, SDL (Simple DirectMedia Library) oder Spice in einem Fenster angezeigt werden. Für den 2D-Einsatz funktioniert dies selbst in hoher Auflösung gut. KVM bietet zurzeit aber keine Unterstützung für 3D-Funktionen.

» **Audio:** Wenn KVM zur Desktop-Virtualisierung verwendet wird, soll die virtuelle Maschine zumeist auch mit einer virtuellen Sound-Karte ausgestattet werden. In der Praxis bereitet das aber oft Probleme. Auch hier zeigt sich, dass KVM primär für den Server-Einsatz optimiert ist.

» **Tastatur:** Wenn die virtuelle Maschine via VNC oder Spice gesteuert wird, werden die internen Tastaturcodes direkt an die virtuelle Maschine weitergeleitet. Deswegen ist auch innerhalb der virtuellen Maschine eine korrekte Konfiguration der Tastatur erforderlich (also z. B. für die deutsche Tastaturbelegung).

» **Maus:** Zur Bedienung einer grafischen Benutzeroberfläche im Gast ist eine Maus erforderlich. Damit Mausbewegungen an den Gast weitergeleitet werden, wird innerhalb der virtuellen Maschine eine PS/2-Maus oder ein USB-Tablet-Gerät emuliert.

» **Serielle Schnittstelle, Konsole:** Zur Steuerung der virtuellen Maschine im Textmodus (in einer Konsole) besteht die Möglichkeit, Ein- und Ausgaben über eine virtuelle serielle Schnittstelle (ein pty-Device) zu leiten.

» **USB-Geräte:** Damit eine virtuelle Maschine mit einem USB-Gerät kommunizieren kann, muss dieses direkt an den Gast weitergeleitet werden (*pass-through*). Jedes USB-Gerät kann immer nur von einem Gast genutzt werden. Auch das Hostsystem muss die Kontrolle über das USB-Gerät abgeben.

» **PCI-Geräte:** Die Nutzung von PCI-Geräten durch Gäste ist in der Regel nur indirekt möglich: Beispielsweise kann ein Gast über eine virtuelle Netzwerkkarte von QEMU oder mittels des virtio-net-Treibers (siehe unten) auf einen PCI-Netzwerkadapter des Hostrechners zugreifen.

Es gibt allerdings Sonderfälle: So ermöglicht SR-IOV (*Single Root I/O Virtualization*) die gemeinsame direkte Nutzung bestimmter Netzwerkadapter durch Gäste. Sofern die CPU und das Mainboard es unterstützen (Intel VT-D bzw. AMD IOMMU), kann ein PCI-Gerät auch dediziert an einen Gast weitergereicht werden.

» **Uhr:** Normalerweise ist erwünscht, dass die Uhrzeit des Hostsystems und seiner Gäste synchron ist. Das klingt nach einem trivialen Problem – es ist aber nicht trivial, weil die Taktfrequenz der Host-CPU variiert, das Gastsystem davon aber nicht informiert wird. Bei Linux-Gästen ab Kernelversion 2.6.27 kümmert sich der in den Kernel integrierte kvm-clock-Treiber um die Synchronisation; bei älteren Linux-Distributionen sowie bei Windows-Gästen ist aber vielfach eine Konfiguration des Timing-Verfahrens erforderlich.

Bei der Konfiguration der virtuellen Hardware gibt es unzählige Möglichkeiten und Varianten, auf die wir im weiteren Verlauf dieses Buchs noch detailliert eingehen (siehe die Kapitel 4 bis 8).

virtio-Treiber

Für den effizienten Hardware-Zugriff spielen die virtio-Treiber eine große Rolle. Sie ermöglichen es Linux- und zum Teil auch Windows-Gästen, direkt mit dem KVM-Hypervisor zu kommunizieren (Paravirtualisierung). Unter Linux stehen diese Treiber standardmäßig zur Verfügung (es sei denn, Sie virtualisieren Distributionen mit uralten Kernel-Versionen vor 2.6.25). Auch für Windows gibt es virtio-Treiber, diese müssen aber extra installiert werden (siehe Seite 47).

Die folgende Liste gibt eine Kurzbeschreibung der wichtigsten virtio-Treiber für Linux:

» virtio-net: Zugriff auf die Netzwerkfunktionen des Hostsystems

» virtio-blk: Zugriff auf virtuelle Festplatten

» virtio-pci: Zugriff auf PCI-Geräte

» virtio-balloon: dynamische Speicherzuordnung

QXL-Treiber und Spice

Ein Sonderfall ist der für Linux und Windows verfügbare QXL-Treiber, der in Kombination mit Spice (*Simple Protocol for Independent Computing Environments*) eine besonders effiziente Emulation des Grafiksystems ermöglicht (siehe Kapitel 6). Anders als Xen ermöglichen KVM und QEMU momentan allerdings keinen direkten Zugriff auf die Grafikkarte.

2. Hello World!

Genug der grauen Theorie! In diesem Kapitel lernen Sie den Virtual Machine Manager kennen und richten damit Ihre ersten virtuellen Maschinen ein, wobei hier sowohl Linux- als auch Windows-Gäste behandelt werden. Dabei werden auch einige Sonderfälle erörtert, etwa die Nutzung des Virtual Machine Managers im Netzwerk oder die Installation einer virtuellen Maschine auf einem Root Server.

Wenn Sie Ihre virtuellen Maschinen lieber im Terminal administrieren, finden Sie im nächsten Kapitel eine detaillierte Beschreibung aller KVM- und libvirt-Kommandos.

2.1 Voraussetzungen

Damit Sie KVM einsetzen können, müssen zwei Voraussetzungen erfüllt sein: Zum einen muss die CPU Ihres Rechners Virtualisierungsfunktionen anbieten, zum anderen müssen Sie KVM, die libvirt-Werkzeuge und den Virtual Machine Manager installieren.

CPU-Unterstützung

Um festzustellen, ob Ihre CPU die für KVM notwendigen Virtualisierungfunktionen anbietet (also Intel-VT oder AMD-V), führen Sie das folgende egrep-Kommando aus:

```
user$  egrep '^flags.*(vmx|svm)' /proc/cpuinfo
flags : fpu vme de pse tsc msr pae mce cx8 apic mtrr pge mca cmov pat pse36
        clflush dts acpi mmx fxsr sse sse2 ss ht tm pbe syscall nx rdtscp lm
        constant_tsc arch_perfmon pebs bts rep_good xtopology nonstop_tsc
        aperfmperf pni pclmulqdq dtes64 monitor ds_cpl vmx est tm2 ssse3 cx16
        xtpr pdcm sse4_1 sse4_2 popcnt aes xsave avx lahf_lm ida arat epb xsaveopt
        pln pts dts tpr_shadow vnmi flexpriority ept vpid
...
```

Das hier gezeigte Ergebnis stammt von einer Intel-i5-CPU. Wenn das egrep-Kommando keine Ausgabe liefert, unterstützt Ihre CPU keine Virtualisierung, oder die Funktion wurde im BIOS bzw. EFI deaktiviert.

HINWEIS

RHEL 6 unterstützt KVM nur, wenn auf dem Hostrechner eine 64-Bit-Version dieser Distribution installiert ist. Generell gehen wir in diesem Buch davon aus, dass Sie auf dem Hostrechner eine 64-Bit-Version von Linux installiert haben.

KVM- und libvirt-Pakete auf RHEL- und Fedora-Systemen installieren

Um virtuelle KVM-Maschinen auszuführen und mit den libvirt-Werkzeugen steuern zu können, müssen Sie die folgenden Pakete installieren:

```
root#   yum install qemu-kvm libvirt python-virtinst
```

Der für die libvirt-Werkzeuge erforderliche Dämon libvirtd wird erst beim nächsten Rechnerneustart automatisch ausgeführt. Um den Dienst sofort zu starten, führen Sie das folgende Kommando aus:

```
root#   service libvirtd start
```

Nur wenn auf Ihrem Hostsystem eine grafische Benutzeroberfläche installiert ist, ist es zweckmäßig, auch die grafischen Administrationswerkzeuge zu installieren (insbesondere also den Virtual Machine Manager). Bei einem extern laufenden (Root-)Server ist das folgende Kommando hingegen nicht zweckmäßig. Vielmehr installieren Sie den Virtual Machine Manager in diesem Fall auf Ihrem lokalen Rechner, von dem aus Sie Ihren Server administrieren.

```
user$   yum install virt-viewer virt-manager
```

KVM-Pakete unter Ubuntu installieren

Unter Ubuntu führen Sie zur Installation der KVM- und libvirt-Basispakete das folgende Kommando aus:

```
root#   apt-get install qemu-kvm libvirt-bin virtinst
```

libvirtd wird damit automatisch gestartet. Mit dem Kommando kvm-ok aus dem Paket cpu-checker prüfen Sie, ob alle Voraussetzungen zur Nutzung von KVM erfüllt sind:

```
user$   kvm-ok
INFO: Your CPU supports KVM extensions
INFO: /dev/kvm exists
KVM acceleration can be used
```

Nur wenn auf Ihrem Hostsystem eine grafische Benutzeroberfläche installiert ist, ist es zweckmäßig, auch die grafischen Administrationswerkzeuge zu installieren:

```
root#   apt-get install virt-viewer virt-manager
```

Die libvirt-Werkzeuge können nur Benutzer verwenden, die der Gruppe libvirtd angehören. In vergangenen Ubuntu-Versionen wurde der aktuelle Benutzer bei der Installation automatisch dieser Gruppe hinzugefügt. In Ubuntu 12.04 ist das aber nicht der Fall. Abhilfe schafft das folgende Kommando. Es muss für alle Benutzer ausgeführt werden, die den Virtual Machine Manager oder andere libvirt-Werkzeuge einsetzen dürfen:

```
root#   usermod -a -G libvirtd benutzername
```

Die neue Gruppenzuordnung wird erst nach einem neuerlichen Login wirksam!

2.2 Der Virtual Machine Manager

Der Virtual Machine Manager (Programm- und Paketname virt-manager) ist eine grafische Benutzeroberfläche, die beim Erzeugen und Ausführen virtueller Maschinen hilft. Die Bedienung des Virtual Machine Managers ist allerdings nicht in allen Punkten intuitiv und kann nicht mit den Benutzeroberflächen von VMware oder VirtualBox mithalten.

Unter RHEL starten Sie den Virtual Machine Manager mit ANWENDUNGEN|SYSTEMWERK-ZEUGE|VIRTUAL MACHINE MANAGER. Damit Sie das Programm benutzen können, müssen Sie eine Verbindung zum libvirt-Dämon herstellen. Dazu reicht ein Doppelklick auf den bereits vorgesehenen Eintrag LOCALHOST (QEMU). Der Verbindungsaufbau erfordert die Eingabe des root-Passworts. Ein weiterer Doppelklick auf den Verbindungsnamen führt in einen Dialog, der die Eckdaten der Verbindung zusammenfasst (siehe Abbildung 2.1).

Unter Ubuntu ist beim Start des Virtual Machine Managers keine Passwortangabe erforderlich. Aktuelle Ubuntu-Versionen stellen wie unter RHEL und Fedora eine Verbindung auf Systemebene her. Das setzt voraus, dass der Benutzer zur Gruppe libvirtd gehört. (Bei älteren Ubuntu-Versionen erfolgte die Verbindung zu einer lokalen Instanz von libvirtd auf Benutzerebene. Eine Verbindung auf Systemebene konnte aber problemlos zur Liste der Verbindungen hinzugefügt werden.)

HINWEIS

Wenn der lokale Rechner nur zur Administration von virtuellen Maschinen auf anderen Rechnern dient, kann der Virtual Machine Manager auch eine Netzwerkverbindung zu einer libvirtd-Instanz eines anderen Rechners herstellen. Details zur Verwendung des Virtual Machine Managers im Netzwerk folgen auf Seite 31.

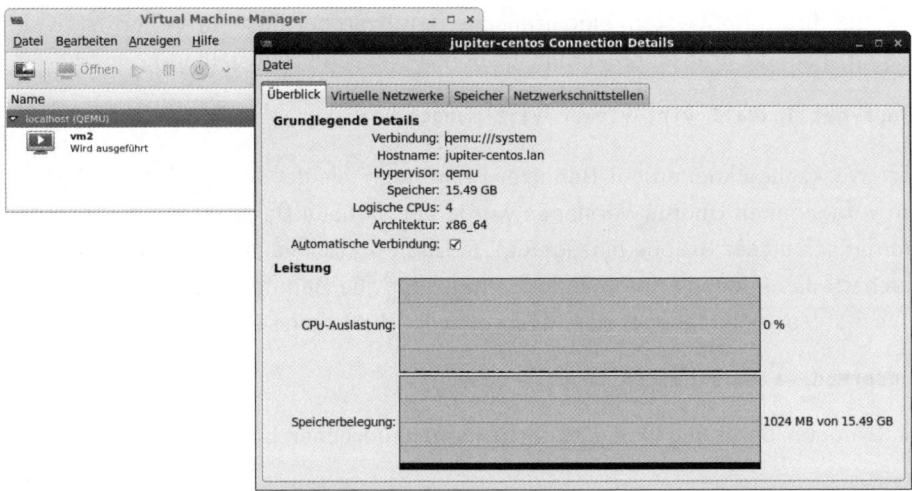

Abbildung 2.1: **Eckdaten der Verbindung zwischen dem Virtual Machine Manager und dem libvirt-Dämon**

Virtuelle Maschinen ausführen und bedienen

Das Hauptfenster des Virtual Maschine Managers enthält eine Liste aller libvirt-Verbindungen. Standardmäßig besteht diese Liste nur aus einem Eintrag, nämlich LOCALHOST (QEMU). Sie können aber mit DATEI|VERBINDUNG HINZUFÜGEN die Eckdaten weiterer KVM-Hosts angeben.

Ein Doppelklick auf einen Eintrag dieser Liste stellt die Verbindung zum KVM-Host her und zeigt dann alle virtuellen Maschinen dieses Hosts an. Bei jeder virtuellen Maschine zeigt ein Icon, ob die Maschine heruntergefahren ist, läuft oder pausiert ist.

Um eine virtuelle Maschine zu starten, klicken Sie deren Eintrag mit der rechten Maustaste an und führen AUSFÜHREN aus. Ein Doppelklick auf den Eintrag öffnet ein neues Fenster, das in zwei Ansichten den Zustand der virtuellen Maschine zeigt:

» **Die Konsolenansicht** zeigt das Grafiksystem der virtuellen Maschine. Hier sehen Sie die Ausgaben der virtuellen Maschine und können per Tastatur und Maus Eingaben durchführen. Bei virtuellen Maschinen, die im Textmodus laufen, wird der Mauscursor durch einen Klick in der virtuellen Maschine gleichsam eingefangen. Strg+Alt löst den Cursor wieder.

» **Die Detailansicht** zeigt die Eckdaten der virtuellen Maschine an. Hier können Sie die Hardware-Ausstattung der virtuellen Maschine verändern. Die meisten Änderungen können allerdings nur durchgeführt werden, wenn die virtuelle Maschine gerade nicht läuft.

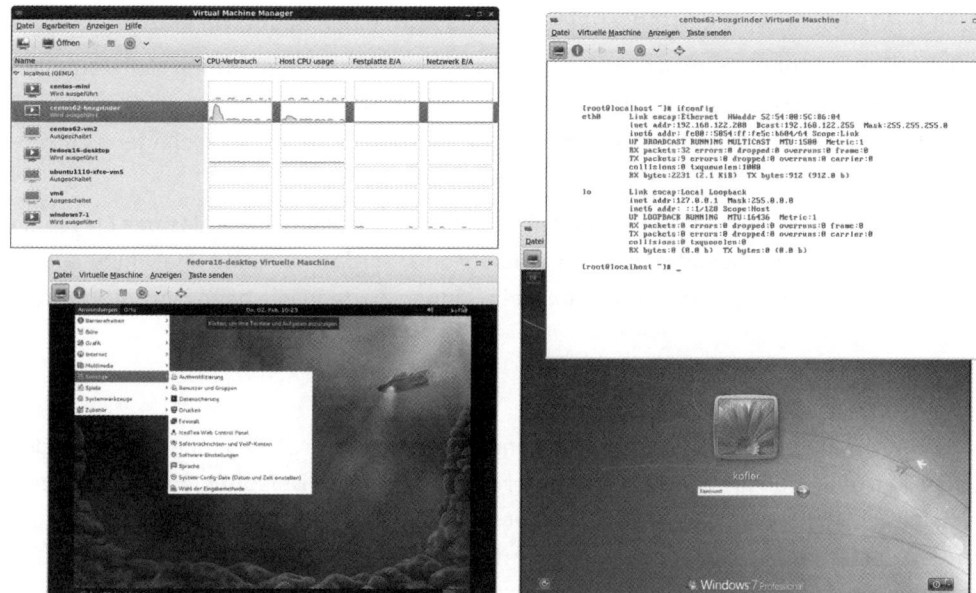

Abbildung 2.2: **Der Virtual Machine Manager mit drei aktiven virtuellen Maschinen**

Um zwischen den beiden Ansichten umzuschalten, führen Sie ANZEIGEN|KONSOLE bzw. ANZEIGEN|DETAILS aus bzw. klicken in der Symbolleiste auf die enstprechenden Buttons.

> **TIPP**
>
> Unter RHEL und Fedora werden die Fenster zur Darstellung virtueller Maschinen standardmäßig ohne Symbolleiste angezeigt. ANZEIGEN|WERKZEUGLEISTE behebt dieses Manko und ermöglicht dann ein wesentlich komfortableres Wechseln zwischen der Konsolen- und Detailansicht.

Virtuelle Maschinen stoppen

Die virtuellen Maschinen laufen vollkommen unabhängig vom Virtual Machine Manager! Sie können also die Fenster des Virtual Machine Managers schließen und später wieder öffnen – die virtuellen Maschinen laufen in der Zwischenzeit weiter. Sie können sich sogar aus- und neu einloggen, ohne die Ausführung der virtuellen Maschinen zu beeinträchtigen.

Es gibt vier Möglichkeiten, eine virtuelle Maschine zu stoppen:

» HERUNTERFAHREN|NEUSTART sendet ein entsprechendes ACPI-Ereignis an die virtuelle Maschine. Wenn die virtuelle Maschine ACPI-Ereignisse verarbeitet (unter Linux ist dazu die Installation des Pakets acpid erforderlich), leitet sie einen Shutdown und anschließend einen Neustart ein.

» HERUNTERFAHREN|HERUNTERFAHREN leitet via ACPI einen Shutdown ein.

» HERUNTERFAHREN|FORCIERTES AUSSCHALTEN beendet die Ausführung der virtuellen Maschine sofort – so, als würden Sie bei einem realen Rechner das Stromkabel ziehen. Naturgemäß sollten Sie versuchen, diese Variante des Ausschaltens zu vermeiden, da sie mit Datenverlusten verbunden sein kann.

» HERUNTERFAHREN|SPEICHERN speichert den Inhalt des virtuellen RAMs der Maschine in einer Datei und beendet dann die Ausführung. Wird die virtuelle Maschine später wieder gestartet, befindet sie sich exakt im selben Zustand wie beim Herunterfahren.

Grundeinstellungen

Im Dialog BEARBEITEN|EINSTELLUNGEN können Sie einige grundlegende Optionen des Virtual Machine Managers einstellen, unter anderem einige Defaulteigenschaften neuer virtueller Maschinen, das Verhalten der Maus, die gewünschte Tastenkombination, um den Tastaturfokus aus einer virtuellen Maschine zu lösen etc. Weiters können Sie nicht nur die CPU-Auslastung, sondern auch I/O- und Netzwerktransfers aufzeichnen. Die Anzeige dieser Daten für jede virtuelle Maschine aktivieren Sie mit ANZEIGEN|GRAPH.

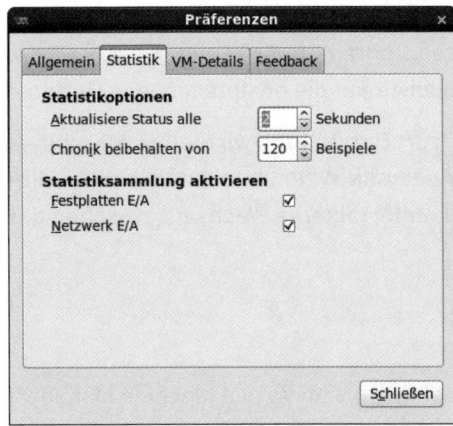

Abbildung 2.3: **Einstellungen des Virtual Machine Managers**

Speicherort der Image-Dateien

Beim Einrichten virtueller Maschinen ist es am einfachsten, so genannte Image-Dateien als virtuelle Festplatten für die Gäste zu verwenden. Der Virtual Machine Manager speichert solche Image-Dateien standardmäßig im Verzeichnis /var/lib/libvirt/images. Dieses Verzeichnis kann im Virtual Machine Manager nicht geändert werden. Es ist aber möglich, im Dialogblatt BEARBEITEN|VERBINDUNGSDETAILS|SPEICHER mit dem Plus-

Button einen neuen Datenträgerpool hinzuzufügen, wobei Sie den Typ DIR: FILESYSTEM DIRECTORY wählen und ein beliebiges Verzeichnis angeben.

Beim Einrichten der virtuellen Maschine müssen Sie im vierten Schritt des Assistenten NEUE VM die Option VERWALTETEN ODER ANDEREN SPEICHER aktivieren und können dann mit DURCHSUCHEN eine Image-Datei im neuen Speicherpool erzeugen und auswählen. Umfassende Informationen zum Umgang mit Image-Dateien und Speicherpools folgen dann in Kapitel 4.

Administration von virtuellen Maschinen im Netzwerk via SSH

Sie können den Virtual Machine Manager auch verwenden, um einen via SSH erreichbaren externen KVM-Host zu administrieren. Dazu definieren Sie zuerst mit DATEI|VERBINDUNG HINZUFÜGEN eine Verbindung zu diesem Server, wobei Sie als Verbindungsmethode SSH auswählen. Beim Verbindungsaufbau müssen Sie zudem das entsprechende Login-Passwort angeben (siehe Abbildung 2.4).

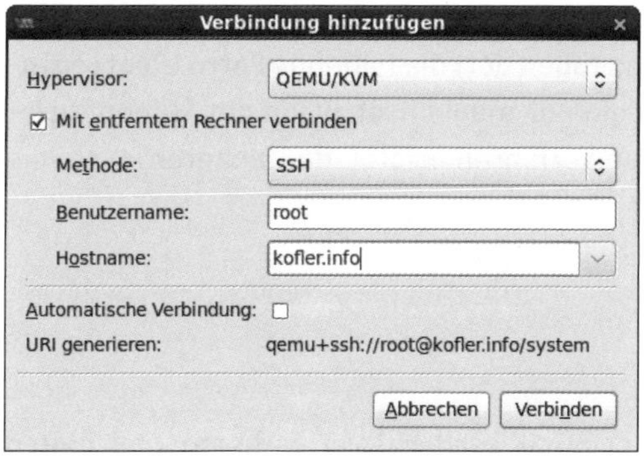

Abbildung 2.4: **Verbindungsaufbau via SSH**

Wenn der externe KVM-Host unter RHEL oder Fedora läuft, erfordert die libvirt-Administration root-Rechte und somit einen root-Login via SSH. Aus Sicherheitsgründen sind SSH-Server aber häufig so konfiguriert, dass ein direkter root-Login unmöglich ist.

Ein Kompromiss kann so aussehen, dass Sie den SSH-Server so konfigurieren, dass ein root-Login nur bei einer Authentifizierung durch einen Schlüssel akzeptiert wird, nicht aber per Passwort. Dazu erzeugen Sie zuerst auf Ihrem lokalen Rechner mit ssh-keygen ein Schlüsselpaar. Diesen Schlüssel sollten Sie durch eine Passphrase selbst verschlüsseln. (Eine Passphrase ist ein aus mehreren Wörtern bestehendes Passwort.)

```
user@localmachine$   ssh-keygen
Generating public/private rsa key pair.
Enter file in which to save the key (/home/user/.ssh/id_rsa):   <Return>
```

```
Enter passphrase (empty for no passphrase):  ********
Enter same passphrase again:  ********
Your identification has been saved in /home/user/.ssh/id_rsa.
Your public key has been saved in /home/user/.ssh/id_rsa.pub.
```

Wenn Sie die Passphrase-Frage einfach mit ⏎ oder mit der Eingabe empty beantworten, verzichtet ssh-keygen auf die Verschlüsselung. Das ist bequem, weil es eine SSH-Nutzung ohne Passwort-Rückfrage ermöglicht. Sie gehen damit aber ein Sicherheitsrisiko ein: Wem immer Ihr Schlüssel auf dem lokalen Rechner in die Hände gerät, der kann sich ohne Weiteres auf allen Rechnern anmelden, auf denen Sie den öffentlichen Teil des Schlüssels installiert haben!

Anschließend fügen Sie mit ssh-copy-id den öffentlichen Teil Ihres Schlüssels in die Datei .ssh/autorized_keys auf dem Server ein:

```
user@localmachine$  ssh-copy-id -i root@kvmhost:key
root@kvmhost's password:  *******
```

Nachdem Sie den SSH-Login ohne Schlüssel getestet haben, ändern Sie auf dem KVM-Host die Datei /etc/ssh/sshd_config und fügen dort die folgende PermitRootLogin-Anweisung ein. Sie bewirkt, dass ein root-Login nur möglich ist, wenn die Authentifizierung mit einem Schlüssel oder einem anderen Verfahren erfolgt, das sicherer ist als die simple Passwortangabe.

```
# in /etc/ssh/sshd_config
...
PermitRootLogin without-password
```

Die geänderten Einstellungen werden mit service sshd reload wirksam und gelten dann für jedes Programm, das sich via SSH authentifiziert, somit also auch für den Virtual Machine Manager.

Authentifizierung per SASL/Kerberos und TSL/x509

Der Virtual Machine Manager bzw. die zugrunde liegenden libvirt-Bibliotheken unterstützen außer der gerade beschriebenen SSH-Variante auch eine Authentifizierung und Verschlüsselung der Netzwerkkommunikation durch SASL/Kerberos sowie durch TSL/x509. Die Datei /etc/libvirt/libvirtd.conf steuert, welche Verfahren zulässig sind und wo sich gegebenenfalls die Schlüsseldateien befinden. Detaillierte Anleitungen und Konfigurationstipps finden Sie in Abschnitt 5.6.

2.3 Linux-Gast einrichten

Grundsätzlich eignen sich alle aktuellen Linux-Distributionen zur Installation als KVM-Gast. Vorweg sollten Sie sich aber einige Gedanken zum richtigen Desktop-System machen.

» **Gnome 3 und Unity:** KVM kann keine 3D-Funktionen an den Gast weitergeben. Deswegen funktionieren in einer virtuellen Maschine weder Gnome 3 noch das von Ubuntu favorisierte Desktop-System Unity. Natürlich können Sie dennoch auf Gnome 3 oder Unity basierende Distributionen installieren – zur Desktop-Bedienung müssen Sie dann aber auf die jeweiligen Fallback-Lösungen zurückgreifen: Bei Gnome 3 sieht der Fallback-Modus ähnlich aus wie bei Gnome 2. Bei Ubuntu wird seit Version 11.10 Unity-2D mitgeliefert. Dabei handelt es sich um eine Unity-Variante, die ganz ähnlich wie das originale Unity aussieht, aber keine 3D-Funktionen voraussetzt und in virtuellen Maschinen gut funktioniert.

» **XFCE, LXDE:** Gut geeignet für den Einsatz in virtuellen Maschinen sind die Desktop-Systeme XFCE und LXDE. Ihre Installation kostet weniger Platz auf der (virtuellen) Festplatte. Im Betrieb ist der Ressourcenbedarf geringer als bei Gnome oder Unity. 3D-Funktionen sind nicht erforderlich.

» **Server-Installation ohne Desktop:** Wenn eine virtuelle Maschine nur Server-Funktionen erfüllen soll, ist eine Installation ganz ohne Desktop-System naheliegend. Die virtuelle Maschine kann dann allerdings nur im Textmodus bzw. via SSH gesteuert und konfiguriert werden. Tipps zur Durchführung einer Minimalinstallation von RHEL/Fedora und Ubuntu folgen auf Seite 38).

Neue virtuelle Maschine erstellen

Wir setzen jetzt voraus, dass der Virtual Machine Manager läuft und Sie eine Verbindung zu einem QEMU/KVM-Host hergestellt haben. Das Einrichten einer neuen virtuellen Maschine beginnt mit dem Button NEUE VIRTUELLE MASCHINE ERSTELLEN. Bei der Einstellung der Eckdaten hilft ein Assistent in fünf Schritten:

» Im **ersten Schritt** geben Sie den Namen der virtuellen Maschine und deren Installationsquelle an. Bei einer Linux-Installation handelt es sich üblicherweise um eine ISO-Datei. Es ist aber auch möglich, die Installationsdaten vom DVD-Laufwerk des Host-Rechners zu lesen oder über ein entsprechend eingerichtetes Netzwerk zu beziehen. Die Option VORHANDENES FESTPLATTEN-ABBILD IMPORTIEREN erzeugt eine Kopie einer bereits vorhandenen Image-Datei mit einer virtuellen Maschine.

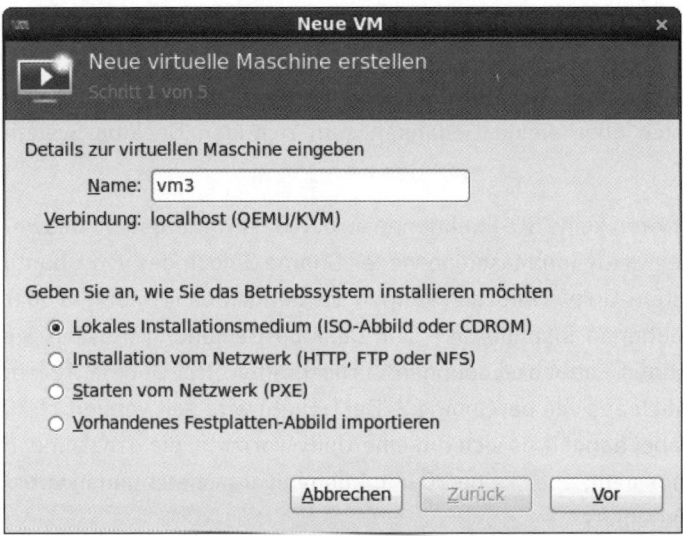

Abbildung 2.5: **Der Assistent zum Einrichten einer neuen virtuellen Maschine**

» Wenn Sie im ersten Schritt ein ISO-Abbild oder eine CD/DVD als Installationsquelle ausgewählt haben, können Sie im **zweiten Schritt** den Dateinamen einer ISO-Datei oder das CD/DVD-Laufwerk angeben. Der Button DURCHSUCHEN führt in einen Dialog, der vorerst nur die dem Virtual Machine Manager bekannten STORAGE POOLS anzeigt. Um eine ISO-Datei direkt auszuwählen, müssen Sie in diesem Dialog den Button LOKAL DURCHSUCHEN anklicken.

Außerdem stellen Sie im zweiten Schritt des Assistenten den Typ des Betriebssystems (z. B. WINDOWS oder LINUX) und die Version des Gastsystems ein (z. B. RED HAT ENTERPRISE LINUX 6). Diese Einstellungen haben Einfluss darauf, wie der Assistent in der Folge die (virtuellen) Hardware-Komponenten einrichtet. Beispielsweise verwendet der Virtual Machine Manager die effizienten paravirtualisierten virtio-Treiber für den Festplatten- und Netzwerkzugriff nur bei aktuellen Linux-Distributionen.

» Im **dritten Schritt** geben Sie an, wie viel Speicher (RAM) und wie viele CPU-Cores Sie der virtuellen Maschine zuweisen möchten.

» Im **vierten Schritt** richten Sie die virtuelle Festplatte ein. Normalerweise werden Sie die bereits vorselektierte Option PLATTENABBILD AUF FESTPLATTE DES SYSTEMS ERSTELLEN nutzen. Die neue Image-Datei wird standardmäßig im Verzeichnis /var/lib/libvirt/images angelegt. Beachten Sie, dass eine nachträgliche Vergrößerung der virtuellen Festplatte mit großem Aufwand verbunden ist.

Neben der Größe können Sie auch auswählen, ob der virtuelle Festplattenspeicher sofort zugewiesen wird oder ob die virtuelle Festplatte erst bei Bedarf wachsen soll.

Ersteres ist effizienter und schließt aus, dass zu einem späteren Zeitpunkt vielleicht nicht genug Platz auf der Festplatte ist, um dem steigenden Platzbedarf der virtuellen Maschine gerecht zu werden.

Die Alternative VERWALTETEN ODER ANDEREN SPEICHER WÄHLEN ist nur dann von Relevanz, wenn Sie vorher mit BEARBEITEN|VERBINDUNGSDETAILS im Dialogblatt SPEICHER weitere Speicherpools eingerichtet haben (siehe Kapitel 4).

» Im **fünften Schritt** können Sie schließlich in den ERWEITERTEN OPTIONEN die Netzwerkschnittstelle konfigurieren. Der Assistent weist dem Netzwerkadapter jeder virtuellen Maschine eine eindeutige MAC-Adresse der Form 52:54:00:nn:nn:nn zu. Standardmäßig wird die virtuelle Maschine mittels NAT (Network Address Translation) mit dem Hostsystem verbunden. Damit kann die virtuelle Maschine den Internetzugang des Host-Rechners nutzen, aber keine Verbindungen zu anderen Rechnern in Ihrem lokalen Netzwerk herstellen. Andere Formen der Netzwerkanbindung sind in Kapitel 5 beschrieben.

Mit dem Button ABSCHLIESSEN wird die Konfiguration beendet und die neue virtuelle Maschine sofort gestartet. Wenn Sie das nicht wünschen, aktivieren Sie im letzten Dialogblatt des Assistenten die Option KONFIGURATION BEARBEITEN VOR DER INSTALLATION. Damit gelangen Sie nach dem Ende des Assistenten in einen Dialog, der die Hardware-Komponenten der virtuellen Maschine zusammenfasst (siehe Abbildung 2.6).

Mit dem Abschluss der Konfiguration der virtuellen Maschine wird diese gestartet. Die Ausgaben der virtuellen Maschine sehen Sie in einem neuen Fenster des Virtual Machine Managers. (Hinter den Kulissen agiert dieses Fenster als VNC- oder Spice-Client.)

Solange die virtuelle Maschine ein Linux-System im Textmodus ausführt, ist die Maus nach einem Klick in das Fenster gewissermaßen »gefangen«. Alle Tastatureingaben werden jetzt an die virtuelle Maschine weitergeleitet. Um den Eingabefokus zu lösen und die Maus wieder zu befreien, drücken Sie gleichzeitig die linken Strg- und Alt-Tasten. Sobald in der virtuellen Maschine ein Grafiksystem gestartet wird, kann die Maus einfach aus dem Fenster hinausbewegt werden.

Die eigentliche Linux-Installation unterscheidet sich nicht von einer Installation auf einem realen Rechner (siehe Abbildung 2.7). Einzig die (virtuelle) Festplatte ist vermutlich kleiner, als Sie es sonst gewohnt sind.

Das Fenster einer virtuellen Maschine kann jederzeit geschlossen werden, ohne die Ausführung einer virtuellen Maschine zu beeinträchtigen. Sie können sich auch aus- und neu einloggen, den Virtual Machine Manager neu starten und dann die Verwaltung der weiterhin laufenden virtuellen Maschinen fortsetzen.

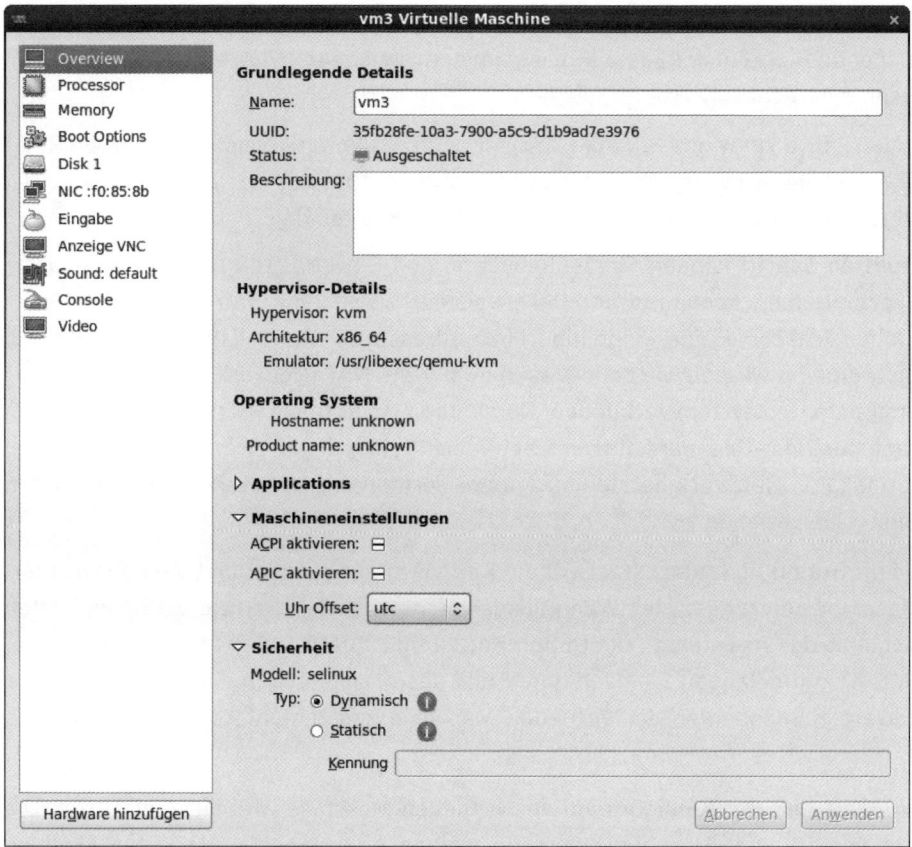

Abbildung 2.6: **Hardware-Verwaltung im Virtual Machine Manager**

Die Hardware-Komponenten der virtuellen Maschine

Wenn Sie eine virtuelle Linux-Maschine einrichten und dabei die Defaulteinstellungen beibehalten, gelten unter anderem die folgenden Hardware-Einstellungen:

» eine CPU mit einem Core

» einen virtio-Netzwerkadapter, NAT-Netzwerk

» eine virtio-Festplatte (ist im Gast als /dev/vda sichtbar)

» eine Cirrus-kompatible VGA-Karte, Auflösung maximal 1024*768 Pixel

Innerhalb der virtuellen Maschine können Sie mit lsmod überprüfen, welche virtio-Treiber geladen sind:

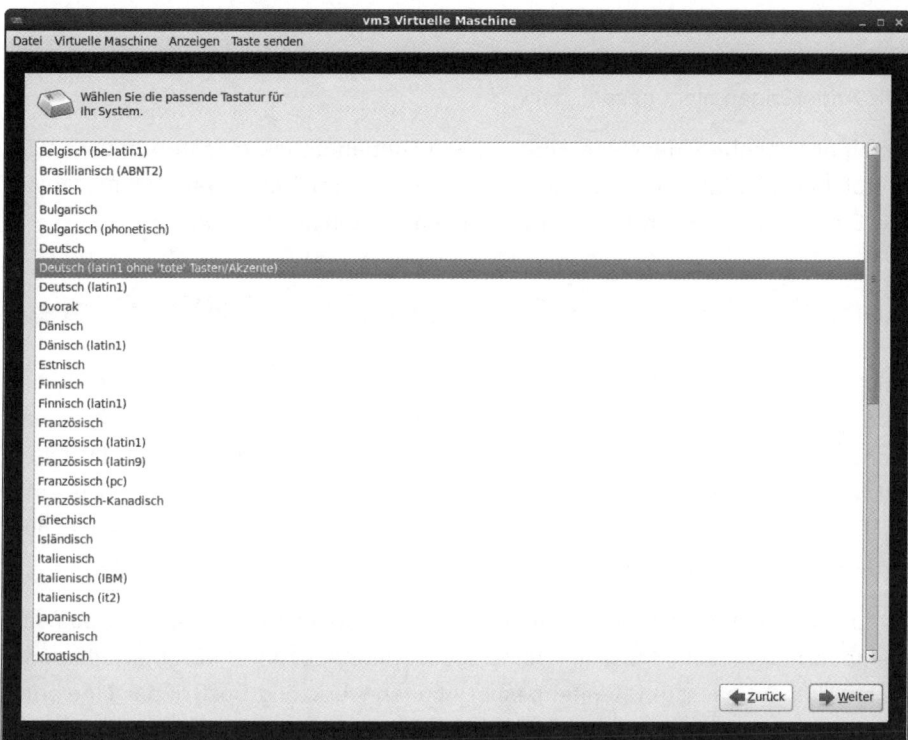

Abbildung 2.7: **Installation eines Linux-Gasts in einer virtuellen Maschine**

```
user@gast$   lsmod | grep virtio
virtio_balloon     4347  0
virtio_net        15839  0
virtio_blk         6671  3
virtio_pci         6687  0
virtio_ring        7729  4 virtio_balloon,virtio_net,virtio_blk,virtio_pci
virtio             4890  4 virtio_balloon,virtio_net,virtio_blk,virtio_pci
```

Wenn Sie die Parameter einer virtuellen Maschine verändern möchten, öffnen Sie per Doppelklick das Fenster der virtuellen Maschine und wechseln dann in die sogenannte Detailansicht (ANZEIGEN|DETAILS, die wie Abbildung 2.6 auf Seite 36 aussieht.

Für die meisten Modifikationen muss die virtuelle Maschine vorher heruntergefahren werden. Die Benutzeroberfläche des Virtual Machine Managers ist mitunter nicht in der Lage, einzelne Optionen einer Hardware-Komponente zu verändern. Vielmehr müssen Sie zunächst die ganze Komponente löschen und dann wieder neu anlegen. Details zu den möglichen Hardware-Einstellungen folgen in den Kapitel 4 bis 8.

Achten Sie darauf, dass Sie geänderte Einstellungen für jedes Dialogblatt zuerst explizit mit ANWENDEN bestätigen, bevor Sie in ein anderes Dialogblatt wechseln – andernfalls werden die Änderungen nicht gespeichert.

Wenn Sie einer virtuellen Maschine einen neuen Namen geben möchten, müssen Sie diese zuerst herunterfahren. Anschließend geben Sie im Dialogblatt OVERVIEW der Hardware-Einstellungen den neuen Namen an und klicken auf ANWENDEN.

2.4 Konfigurationstipps für Fedora- und RHEL-Gäste

In diesem Abschnitt erfahren Sie, wie Sie eine minimale Fedora- oder RHEL-Installation durchführen und wie Sie die Basiskonfiguration im Textmodus durchführen. Minimalinstallationen sind dann zweckmäßig, wenn Sie möchten, dass Ihre virtuelle Maschine möglichst wenige Ressourcen beansprucht. Im Server-Einsatz ist das zumeist zweckmäßig. Eine Minimalinstallation erschwert freilich auch die Konfiguration, weil die aus dem Desktop-Betrieb gewohnten Administrationswerkzeuge nicht zur Verfügung stehen.

Die Tipps aus diesem Abschnitt werden Ihnen auch dann weiterhelfen, wenn Sie aus dem Internet eine fertige virtuelle Maschine (eine sogenannte *Appliance*) herunterladen oder wenn Sie mit dem im nächsten Kapitel beschriebenen Werkzeug BoxGrinder eine automatisierte Installation durchführen.

Minimalinstallation

Um eine Minimalinstallation von Fedora durchzuführen, stellen Sie bei der Software-Auswahl anstelle der vorgegebenen Option GRAFISCHE OBERFLÄCHE die Option MINIMAL ein. Bei RHEL-Distributionen ist diese Option bereits voreingestellt.

Außer root werden keine Benutzer eingerichtet. Immerhin wird standardmäßig ein SSH-Server installiert und eine Firewall eingerichtet. Auch SELinux ist aktiv. Die gesamte weitere Administration muss nun mit textbasierten Werkzeugen erfolgen und setzt daher gute Fedora- oder RHEL-Grundlagenkenntnisse voraus. Das betrifft auch die Netzwerkkonfiguration – standardmäßig ist nur die Loopback-Schnittstelle aktiv.

Tastatur

Wenn Sie die virtuelle Maschine nicht selbst installiert haben, sondern auf eine fertige virtuelle Maschine zurückgreifen oder eine BoxGrinder-Installation erstmalig starten, gilt das US-Tastaturlayout. Unmittelbar Abhilfe schafft das folgende Kommando:

```
root#  loadkeys de
```

Das neue Tastaturlayout gilt damit allerdings nur bis zum nächsten Neustart der virtuellen Maschine. Um das Tastenlayout dauerhaft zu ändern, ändern Sie die Datei /etc/ sysconfig/keyboard wie folgt:

```
# Datei /etc/sysconfig/default
KEYTABLE="de-latin1-nodeadkeys"
MODEL="pc105"
LAYOUT="de"
KEYBOARDTYPE="pc"
VARIANT="nodeadkeys"
```

Damit die neuen Einstellungen unmittelbar beim Start berücksichtigt werden, müssen sie in die Initrd-Datei übernommen werden. Diese Datei mit diversen Modulen und Einstellungen wird beim Systemstart an den Kernel übergeben. Um die zum aktuellen Kernel passende Initrd-Datei neu zu erzeugen, führen Sie dieses Kommando aus:

root# **dracut -f**

Zeitzone

Bei virtuellen Maschinen, die Sie vorkonfiguriert aus dem Internet heruntergeladen haben oder mit BoxGrinder erstellt haben, ist die Zeitzone häufig falsch eingestellt. Abhilfe schafft das folgende Kommando, wobei Sie Europe/Berlin gegebenenfalls durch einen anderen Ort ersetzen müssen:

root# **cp /usr/share/zoneinfo/Europe/Berlin /etc/localtime**

Netzwerkkonfiguration

Wenn Sie selbst eine Minimalinstallation durchgeführt haben, ist die Netzwerkschnittstelle nicht konfiguriert und Sie haben somit im Gast noch keinen Netzwerk- und Internetzugang. Wenn die virtuelle Maschine ihre Netzwerkparameter via DHCP bezieht, richten Sie einfach die Datei /etc/sysconfig/network-scripts/ifcfg-eth0 wie folgt ein:

```
# Datei /etc/sysconfig/network-scripts/ifcfg-eth0
DEVICE=eth0
HWADDR=52:54:00:xx:xx:xx      (eigene MAC-Adresse)
NM_CONTROLLED=no
ONBOOT=yes
BOOTPROTO=dhcp
TYPE=Ethernet
USERCTL=no
PEERDNS=yes
IPV6INIT=no
```

Die MAC-Adresse des Netzwerkadapters der virtuellen Maschine können Sie entweder der XML-Datei mit der Beschreibung der virtuellen Maschine entnehmen (/etc/libvirt/ qemu/name.xml) oder in der virtuellen Maschine mit ifconfig -a ermitteln.

Bei einer statischen Konfiguration muss die Datei dem folgenden Muster entsprechen, wobei Sie die IP-Adressen und -Masken durch eigene Werte ersetzen müssen:

```
# Datei /etc/sysconfig/network-scripts/ifcfg-eth0
DEVICE=eth0
HWADDR=52:54:00:xx:xx:xx      (eigene MAC-Adresse)
NM_CONTROLLED=no
ONBOOT=yes
BOOTPROTO=none
TYPE=Ethernet
USERCTL=no
IPV6INIT=no
IPADDR=10.0.17.33
NETMASK=255.255.255.0
NETWORK=10.0.17.0
BROADCAST=10.0.17.255
GATEWAY=10.0.17.1
```

Die Gateway-Adresse können Sie auch in /etc/sysconfig/network einstellen. Das ist dann zweckmäßig, wenn es ein zentrales Gateway für alle Netzwerkschnittstellen gibt. Den oder die Nameserver tragen Sie in /etc/resolv.conf ein:

```
# /etc/resolv.conf
nameserver 10.0.17.1     # erster DNS
nameserver 10.0.17.2     # zweiter DNS
```

Falls Sie den Hostnamen verändern möchten, finden Sie den entsprechenden Parameter in der Datei /etc/sysconfig/network. Im Regelfall ist es zweckmäßig, die Zuordnung der IP-Adresse des Rechners zu seinem Hostnamen auch in /etc/hosts einzutragen:

```
# /etc/hosts
...
10.0.17.33      myhostname.mydomainname myhostname
```

Das folgende Kommando aktiviert die Netzwerkeinstellungen:

```
root#  service network restart
```

TIPP

Während dieser Konfigurationsarbeiten steht Ihnen als einziger Editor vi **zur Verfügung. Wenn Sie einen anderen Editor vorziehen, können Sie die Netzwerkschnittstelle** eth0 **vorweg durch das Kommando** dhclient eth0 **aktivieren. (Das setzt voraus, dass die virtuelle Maschine in einem Netzwerk mit DHCP-Server läuft.) Anschließend können Sie mit** yum **einen anderen Editor installieren, z. B.** nano.

Netzwerkkonfiguration bei einer Desktop-Installation

Haben Sie Fedora oder RHEL samt Desktop installiert, ersparen Sie sich die manuelle Bearbeitung von Konfigurationsdateien. Falls Sie eine statische Netzwerkkonfiguration durchführen möchten, ist es aber vielfach zweckmäßig, den vorinstallierten Network-Manager zu deinstallieren.

```
root#  yum remove NetworkManager
```

Anschließend führen Sie die Netzwerkkonfiguration wie oben beschrieben in der Datei /etc/sysconfig/network-scripts/ifcfg-eth0 durch. Entscheidend ist dabei die Einstellung NM_CONTROLLED=no – der NetworkManager hat also keine Kontrolle mehr über die Schnittstelle. Zuletzt starten Sie das Init-Script, das für die manuelle Netzwerkkonfiguration verantwortlich ist:

```
root#  service network start     (gilt sofort)
root#  chkconfig network on      (gilt ab dem nächsten Neustart)
```

ACPI-Dämon installieren

Damit Sie virtuelle Maschinen via virsh shutdown oder über den Virtual Machine Manager herunterfahren können, muss der ACPI-Dämon laufen. Bei Minimalinstallationen ist das nicht der Fall. Abhilfe schaffen die folgenden Kommandos:

```
root#  yum install acpid
root#  service acpid start
```

Serielle Schnittstelle aktivieren

In der Regel werden Sie Ihre virtuelle Maschine via VNC oder SSH steuern. Alternativ können Sie stattdessen auch die Konsole verwenden, in der Sie das KVM-Kommando oder virsh ausführen (siehe Seite 208). Damit ein Getty-Prozess auf der seriellen Schnittstelle arbeitet, richten Sie unter RHEL die folgende Upstart-Konfigurationsdatei ein:

```
# Datei /etc/init/ttyS0.conf     (RHEL)
start on stopped rc RUNLEVEL=[12345]
stop on runlevel [!12345]
respawn
exec /sbin/mingetty /dev/ttyS0
```

Fedora verwendet seit Version 15 Systemd als Init-System (also nicht mehr Upstart). Damit auch hier ein Getty-Prozess für die serielle Schnittstelle gestartet wird, müssen Sie den folgenden Link einrichten:

```
root#  ln -s /lib/systemd/systemd/serial-getty@.service \
   /etc/systemd/system/getty.target.wants/serial-getty@ttyS0.service
```

HINWEIS

Wenn Sie sich über die serielle Konsole als root anmelden möchten (nicht als gewöhnlicher Benutzer), dann müssen Sie unabhängig vom Init-System an das Ende der Datei /etc/securetty eine Zeile mit dem Eintrag ttyS0 anfügen! Andernfalls ist der root-Login aus Sicherheitsgründen blockiert.

GRUB-Wartezeit minimieren

Beim Start der virtuellen Maschine wird für fünf Sekunden das GRUB-Menü angezeigt. Da virtuelle Maschinen in der Regel ohne interaktiven Eingriff gestartet werden, ist diese Wartezeit unnötig. Außerdem ist diese Zeitspanne auf einem performanten KVM-Host größer als die anschließende Boot-Zeit!

Unter RHEL kommt bis einschließlich Version 6.2 GRUB 0.97 zum Einsatz. (Ob bzw. wann RHEL auf GRUB 2 umsteigen wird, ist momentan nicht bekannt.) Die GRUB-Wartezeit wird durch den Parameter timeout in /etc/grub.conf gesteuert. In dieser Datei durchgeführte Änderungen werden beim nächsten Bootprozess wirksam.

Fedora verwendet seit Version 16 GRUB 2. In diesem Fall bestimmt der Parameter GRUB_TIMEOUT in der Datei /etc/default/grub die Zeit, während der das GRUB-Menü angezeigt wird. Hier durchgeführte Änderungen werden allerdings erst wirksam, wenn Sie danach das folgende Kommando ausführen:

```
root#  grub2-mkconfig -o /boot/grub2/grub.cfg     (nur bei GRUB 2!)
```

2.5 Konfigurationstipps für Ubuntu-Gäste

Dieser Abschnitt fasst einige Tipps zusammen, wie Sie eine minimale Ubuntu-Installation durchführen und wie Sie die grundlegende Konfiguration im Textmodus bewältigen (Tastatur, Zeitzone, Netzwerk etc.). Die hier gesammelten Ratschläge sind auch dann wertvoll, wenn Sie aus dem Internet eine fertig konfigurierte Ubuntu-Maschine herunterladen oder wenn Sie mit dem im nächsten Kapitel beschriebenen Script VMBuilder eine automatisierte Installation durchführen.

Minimalinstallation

Wenn Sie in einer virtuellen Maschine eine minimale Ubuntu-Installation durchführen möchten, sollten Sie als Installationsquelle das ISO-Image der Alternate- oder Server-CD verwenden (nicht die ISO-Datei zur Desktop-Installation). Sollten Sie später doch eine Desktop-Umgebung wünschen, können Sie deren Installation jederzeit mit yum install ubuntu-desktop (mit Gnome) bzw. yum install xubuntu-desktop (mit XFCE) nachholen.

Am Beginn einer Ubuntu-Server-Installation können Sie mit F4 die Installationsvariante EINE MINIMALE VIRTUELLE MASCHINE INSTALLIEREN auswählen. Der Vorteil gegenüber einer herkömmlichen Server-Installation besteht darin, dass ein spezieller Kernel eingesetzt wird, der für den Einsatz in virtuellen Maschinen optimiert ist und mit wenig zusätzlichem Ballast auskommt.

Tastatur und Konsole

Nach einer Minimalinstallation oder bei der Verwendung einer fertigen virtuellen Maschine gilt in der Regel das US-Tastaturlayout. Abhilfe schafft das folgende Kommando, dessen Eingabe Sie trotz US-Tastaturlayout schaffen sollten. (Y und Z sind vertauscht, den Bindestrich geben Sie auf einer deutschen Tastatur mit ß ein.)

```
root#  dpkg-reconfigure keyboard-configuration
```

Während der Ausführung des Kommandos können Sie dann interaktiv mit den Cursortasten Ihr Tastaturmodell, das Layout sowie einige weitere Optionen eingeben. Die Einstellungen werden in /etc/default/keyboard gespeichert. Außerdem wird im Anschluss an die Konfiguration die Datei /etc/console-setup/cached.kmap.gz erzeugt und update-initramfs ausgeführt.

Nur in seltenen Fällen muss auch der Zeichensatz bzw. die Schrift für die Konsole richtig eingestellt werden:

```
root#  dpkg-reconfigure console-setup
```

Zeitzone

Die virtuelle Maschine erhält vom KVM-Host üblicherweise die koordinierte Weltzeit (UTC-Zeit). Welche lokale Zeit in der virtuellen Maschine gilt, hängt davon ab, wie die Zeitzone konfiguriert ist. Wenn date die falsche Zeit liefert, stellen Sie mit dem folgenden Kommando die Zeitzone richtig ein. (Intern wird dadurch die Datei /etc/localtime mit dem Inhalt einer Zeitzonendatei aus /usr/share/zoneinfo überschrieben.)

```
root#  dpkg-reconfigure tzdata
```

Netzwerkkonfiguration

Das Ubuntu-Installationsprogramm hilft Ihnen auch bei einer Minimalinstallation bei der Netzwerkkonfiguration. Wenn Sie die Konfiguration später ändern möchten, ist der zentrale Dreh- und Angelpunkt die Datei /etc/network/interfaces. Bezieht die virtuelle Maschine ihre Netzwerkparameter von einem DHCP-Server, muss diese Datei so aussehen:

```
# /etc/network/interfaces
auto lo
iface lo inet loopback

auto eth0
iface eth0 inet dhcp
```

Bei einer statischen Konfiguration können Sie sich am folgenden Muster orientieren:

```
# /etc/network/interfaces
auto lo
iface lo inet loopback

auto eth0 inet static
   address 10.0.17.33
   netmask 255.255.255.0
   gateway 10.0.17.1
```

Den oder die Nameserver tragen Sie in /etc/resolv.conf ein. Dabei gilt dieselbe Syntax wie bei einer Fedora-Installation (siehe Seite 40). Falls Sie den Hostnamen neu einstellen möchten, führen Sie die Änderungen in /etc/hostname und /etc/hosts durch. Bei einer Ubuntu-Desktop-Installation ist es zudem ratsam, den Network Manager zu deinstallieren:

root# **apt-get remove libnm* network-manager***

Damit Änderungen an der Konfiguration wirksam werden, führen Sie das folgende Kommando aus:

root# **/etc/init.d/networking restart**

HINWEIS

Das obige Kommando liefert die Warnung */etc/init.d/networking restart is deprecated*, **funktioniert aber in der Regel. Eine vernünftige Alternative zu dem Kommando existiert momentan nicht, wie Sie hier nachlesen können:**

http://bugs.debian.org/cgi-bin/bugreport.cgi?bug=565187
http://tinyurl.com/6uqdbpt

ACPI-Dämon installieren

Um virtuelle Ubuntu-Maschinen via virsh shutdown oder über den Virtual Machine Manager herunterfahren zu können, muss der ACPI-Dämon laufen. Bei einer Minimalinstallation ist das standardmäßig nicht der Fall. Abhilfe schafft apt-get install acpid.

Serielle Schnittstelle aktivieren

Wenn Sie die virtuelle Maschine in einer Konsole im Textmodus steuern möchten (siehe Seite 208), muss während des Systemstarts ein Getty-Prozess für die serielle Schnittstelle gestartet werden. Dazu richten Sie die folgende neue Upstart-Konfigurationsdatei ein:

```
# Datei /etc/init/ttyS0.conf (Ubuntu)
start on stopped rc RUNLEVEL=[12345]
stop on runlevel [!12345]
respawn
exec /sbin/getty -L -8 38400 ttyS0 vt102
```

Wenn Sie möchten, dass auch die Kernelmeldungen über die serielle Schnittstelle ausgegeben werden, ändern Sie /etc/default/grub wie folgt und führen dann update-grub aus:

```
# Datei /etc/default/grub (Ubuntu)
...
GRUB_CMDLINE_LINUX_DEFAULT="console=ttyS0"
GRUB_TERMINAL=console
...
```

2.6 Windows-Gast einrichten

KVM ist Windows-kompatibel, und prinzipiell unterscheidet sich eine Windows-Installation nur unwesentlich von einer Linux-Installation. Sie beginnen abermals damit, dass Sie eine neue virtuelle Maschine einrichten. Achten Sie darauf, dass Sie im zweiten Schritt des Assistenten den Betriebssystemtyp WINDOWS und die entsprechende Windows-Version auswählen! Nur dann verwendet der Virtual Machine Manager für Windows geeignete virtuelle Hardware-Komponenten.

Selbstverständlich erfordert eine Windows-Installation eine entsprechende Lizenz. Warten Sie mit der Online-Registrierung aber so lange, bis Sie mit der Leistung zufrieden sind. Wenn Sie später in den Einstellungen der virtuellen Maschine das RAM vergrößern oder andere virtuelle Hardware-Parameter ändern, müssen Sie die Registrierung unter Umständen wiederholen!

Uhrzeit

Große Probleme gab es bei unseren Tests mit der Uhr, die im Windows-Gast viel zu schnell lief: Alle fünf Sekunden (real) sprang die Uhrzeit um eine Minute voraus. In der

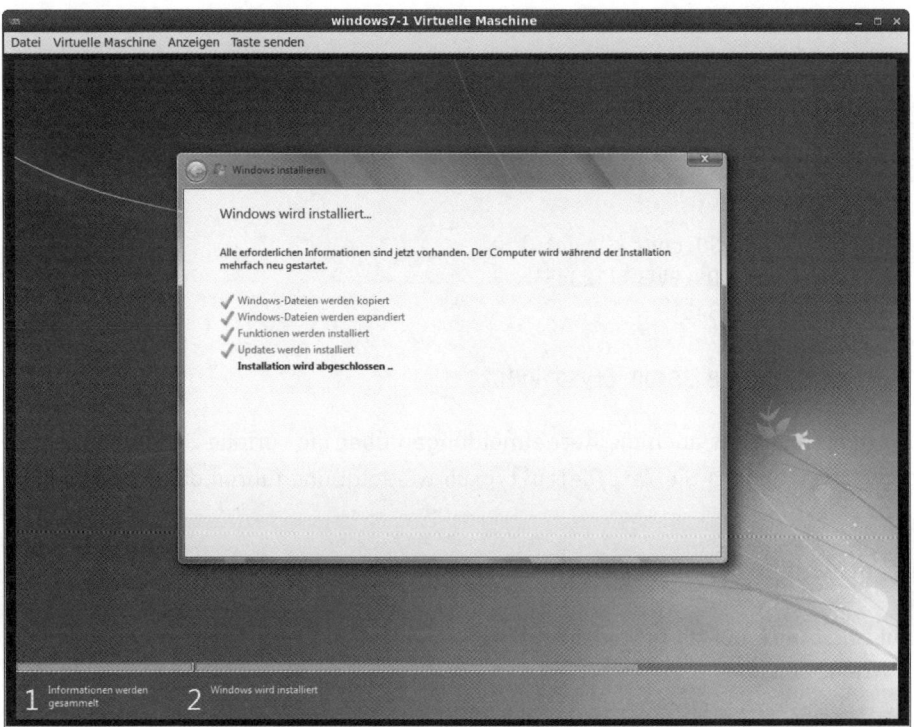

Abbildung 2.8: **Installation von Windows 7**

analogen Uhrendarstellung sieht der rasende Sekundenzeiger aus wie in einem Science-Fiction-Film, in dem der Effekt einer Zeitmaschine demonstriert werden soll.

Unter Windows 7 bzw. Windows Server 2008 beheben Sie dieses Problem, indem Sie die Uhr von Time Stamp Counter (TSC) auf Real-Time Clock (RTC) umstellen. Dazu öffnen Sie im Windows-Gast das Startmenü, klicken den Eintrag ALLE PROGRAMME|ZUBEHÖR| EINGABEAUFFORDERUNG mit der rechten Maustaste an und wählen den Kontextmenüeintrag ALS ADMINISTRATOR AUSFÜHREN aus. Im Kommandofenster führen Sie die folgende Anweisung aus:

```
> bcdedit /set default USEPLATFORMCLOCK on
```

Falls Sie Windows XP oder den Windows Server 2003 virtualisieren, stellen Sie das gewünschte Timing-Verfahren in der Datei boot.ini ein. Dazu fügen Sie am Ende dieser Datei die folgende Zeile ein:

```
/usepmtimer
```

Unabhängig von der Windows-Version gilt: Die geänderte Uhr wird erst mit einem Neustart aktiv. Hintergründe zu den hier beschriebenen Timing-Problemen, die auch bei der

Virtualisierung alter Linux-Distributionen auftreten können, sind in Abschnitt 8.4 ab Seite 230 beschrieben.

virtio-Treiber

Standardmäßig kommen unter Windows 7 die folgenden virtuellen Hardware-Komponenten zum Einsatz:

» eine CPU mit einem Core

» ein RTL-8139-Netzwerkadapter im NAT-Netzwerk

» eine IDE-Festplatte

» eine Cirrus-kompatible VGA-Karte mit nahezu beliebiger Auflösung (bei unseren Tests bis zu 2560*1200 Pixel), wobei Windows aber anfänglich nur 800*600 Pixel nutzt

Um Netzwerk- und Festplattenzugriffe effizienter zu gestalten, sollten Sie nun unbedingt virtio-Treiber unter Windows installieren und anschließend die Hardware-Einstellungen der virtuellen Maschine entsprechend ändern.

Auf der folgenden Website finden Sie Download-Links für eine ISO-Datei mit signierten Treibern für alle gängigen Windows-Versionen von Windows XP bis Windows 7:

http://www.linux-kvm.org/page/WindowsGuestDrivers/Download_Drivers

Nachdem Sie die ISO-Datei auf das Hostsystem heruntergeladen haben, fahren Sie Ihren Windows-Gast herunter. Mit ANZEIGEN|DETAILS wechseln Sie in die Hardware-Ansicht der virtuellen Maschine. Dort geben Sie die ISO-Datei als Quelle für das virtuelles CD-Laufwerk an. Außerdem fügen Sie der virtuellen Maschine zusätzlich zu den vorhandenen Netzwerk- und Festplattenadaptern eine neue virtio-Netzwerkkarte und eine virtio-Festplatte hinzu. Die Image-Datei für die neue Festplatte muss nicht groß sein – es geht nur darum, dass Windows beim nächsten Start die neuen Hardware-Komponenten bemerkt.

Anschließend starten Sie den Windows-Gast neu und öffnen den Geräte-Manager (SYSTEMSTEUERUNG|HARDWARE UND SOUND|GERÄTE-MANAGER). Dort erscheinen die noch unbekannten Hardware-Komponenten als ETHERNET- und SCSI-CONTROLLER. Bei beiden Komponenten öffnen Sie nun per Doppelklick den Eigenschaftendialog, klicken auf EINSTELLUNGEN ÄNDERN, dann auf TREIBER AKTUALISIEREN und schließlich auf AUF DEM COMPUTER NACH TREIBERSOFTWARE SUCHEN. Bei dieser Suche müssen Sie mithelfen und geben als Ort der Treibersoftware das DVD-Laufwerk an (also üblicherweise D:).

Nun fahren Sie Windows herunter und entfernen in der Hardware-Übersicht des Virtual Machine Managers die IDE-Festplatte, die virtio-Festplatte und den RTL-8139-Netzwerkadapter. Außerdem richten Sie eine neue virtio-Festplatte ein, wobei Sie die

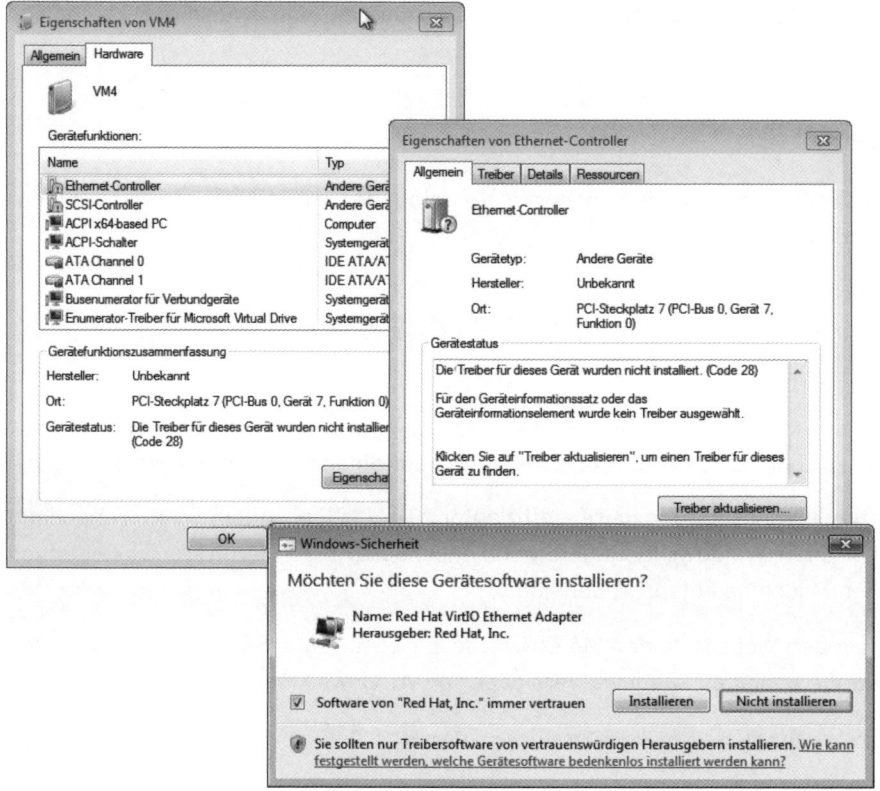

Abbildung 2.9: **virtio-Treiberinstallation unter Windows 7**

ursprüngliche Image-Datei auswählen (also die, die bisher mit der IDE-Festplatte verbunden war). Das Ergebnis ist eine virtuelle Maschine mit einem virtio-Netzwerkadapter und einer virtio-Festplatte. Unter Windows sollten Sie nochmals einen Blick in den Geräte-Manager werfen, der so wie in Abbildung 2.10 aussehen sollte.

Spice

Standardmäßig kommt in der virtuellen Maschine eine Cirrus-kompatible VGA-Grafikkarte zum Einsatz, deren Ausgaben via VNC im Virtual Machine Manager angezeigt werden. Das funktioniert auch in hohen Auflösungen zufriedenstellend. Lediglich auf die Aero-Effekte müssen Sie verzichten.

Wenn Sie auf eine höhere Grafikleistung Wert legen, empfiehlt sich der Einsatz des effizienteren Spice-Systems. Dazu müssen Sie zuerst unter Windows den Spice-QXL-Treiber installieren und dann im Virtual Machine Manager das Grafiksystem auf Spice umstellen. Im Detail ist der Umgang mit Spice in Kapitel 6 beschrieben. Erwarten Sie sich von

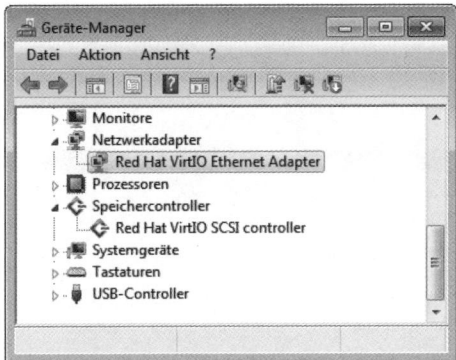

Abbildung 2.10: **Die virtio-Geräte im Windows-Geräte-Manager**

Spice aber keine Wunder! 3D-Funktionen oder Aero-Effekte stehen auch damit nicht zur Verfügung.

2.7 Fertige Appliances und vereinfachte Gast-Installation

Die manuelle Installation einer virtuellen Maschine geht zwar mit etwas Routine rasch von der Hand, aber bis das virtuelle System vollständig konfiguriert ist, alle Updates eingespielt sind etc., vergehen dennoch rasch ein, zwei Stunden. Diese Zeit können Sie sich mitunter sparen, wenn Sie einen der in diesem Abschnitt beschriebenen Wege beschreiten.

Virtuelle Maschine klonen

Im Virtual Machine Manager können Sie virtuelle Maschinen per Kontextmenü KLONEN. Die virtuelle Maschine muss dazu pausiert oder (noch besser) heruntergefahren werden. »Klonen« bedeutet, dass die Image-Datei mit dem Inhalt der virtuellen Festplatte dupliziert wird. Den Ort und Namen der neuen Image-Datei können Sie über das Dropdown-Menü DIESE FESTPLATTE KLONEN|DETAILS einstellen.

Außerdem werden die meisten Parameter der virtuellen Maschine übernommen und in einer neuen Konfigurationsdatei gespeichert. Ein Sonderfall ist der Netzwerkadapter: Er erhält beim Klonen eine neue MAC-Adresse, um Adresskonflikte im Netzwerk zu vermeiden.

Nach dem Klonen müssen Sie unter Umständen innerhalb des Gasts noch die Netzwerkkonfiguration anpassen (insbesondere dann, wenn die IP-Konfiguration statisch ist). Je

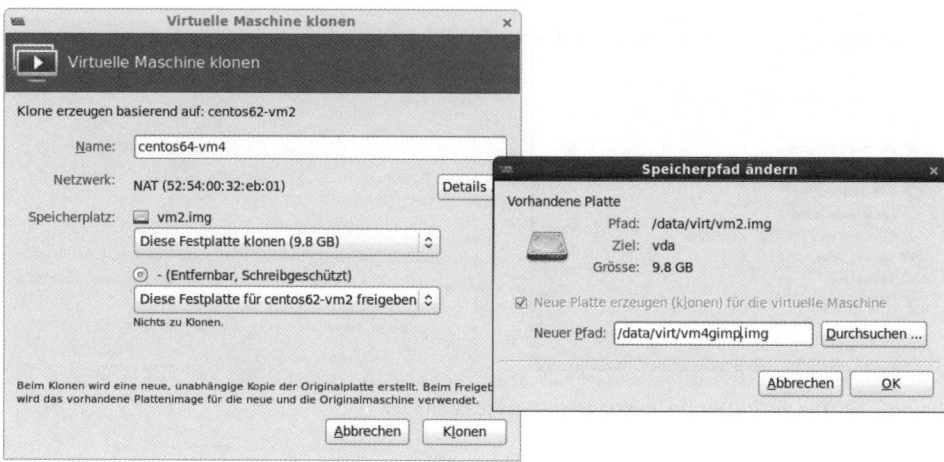

Abbildung 2.11: **Eine virtuelle Maschine klonen**

nach Distribution kann es auch sein, dass sich die virtuelle Maschine darüber beklagt, dass die Schnittstelle eth0 fehlt. Der neue Netzwerk-Adapter erhält dann in der Regel den Device-Namen eth1.

Falls Sie im Gast einen SSH-Server laufen haben, müssen Sie aus Sicherheitsgründen dessen Schlüssel neu erzeugen. Wenn im Gast Fedora oder RHEL läuft, erreichen Sie das mit diesen Kommandos:

```
root#  service sshd stop
root#  rm /etc/ssh/ssh_host_*
root#  service sshd start
```

Unter Debian oder Ubuntu führen Sie dazu diese Kommandos aus:

```
root#  service ssh stop
root#  rm /etc/ssh/ssh_host_*
root#  dpkg-reconfigure openssh-server
```

Fertige Appliances herunterladen

Im Internet gibt es mehrere Sites, von denen Sie kostenlos oder gegen eine kleine Gebühr virtuelle Maschinen mit einer vorkonfigurierten Linux-Distribution herunterladen können. Zum Teil handelt es sich dabei einfach um eine Minimalinstallation für den Server-Einsatz, zum Teil sind auch Anwendungen vorinstalliert (z. B. ein Datenbank- oder Mail-Server). Es hat sich eingebürgert, derartige vorkonfigurierte virtuelle Maschinen als *Appliances* zu bezeichnen.

Die bekannteste derartige Seite ist http://stacklet.com. Auch auf den Homepages der wichtigsten Linux-Distributionen sowie anderer Open-Source-Produkte finden Sie Image-

Dateien mit sofort einsatzfähigen virtuellen Maschinen. Mitunter werden auch Demo-Versionen kommerzieller Programme in Form von Appliances angeboten.

Achten Sie beim Download darauf, dass die virtuelle Maschine für KVM optimiert ist! Für VirtualBox oder VMware gedachte virtuelle Maschinen sind für KVM zumeist aus zwei Gründen ungeeignet:

» Zum einen ist das Festplatten-Image oft über mehrere Dateien verteilt. KVM unterstützt zwar die VMware- und VirtualBox-Image-Formate, aber nur, wenn sich das gesamte Image in einer Datei befindet. (VMware-Image-Dateien können mit dem Kommando vmware-vdiskmanager vereint werden. Dieses Kommando wird mit diversen VMware-Produkten mitgeliefert, steht aber auf einem KVM-Host nicht zur Verfügung.)

» Zum anderen verursachen die in der Regel vorinstallierten Gasterweiterungen mit VMware- oder VirtualBox-spezifischen Treibern oft Grafik- oder Mausprobleme.

Nach dem Download einer KVM-Image-Datei ist deren Inbetriebnahme mit dem Virtual Machine Manager schnell erledigt: Als Erstes packen Sie die Image-Datei aus der komprimierten Archivdatei aus und verschieben sie in das Verzeichnis mit den Image-Dateien (standardmäßig /var/lib/libvirt/images). Anschließend führen Sie im Virtual Machine Manager NEUE VIRTUELLE MASCHINE ERSTELLEN aus.

Im ersten Schritt des Assistenten wählen Sie die Option VORHANDENES FESTPLATTEN-ABBILD IMPORTIEREN. Die Option ist ein wenig irreführend bezeichnet: Die Image-Datei wird nicht importiert, sondern bleibt dort, wo sie ist. Beachten Sie, dass die Sicherheitseinstellungen auf dem Hostsystem bei RHEL/Fedora voraussetzen, dass sich die Image-Datei in einem Speicherpool befindet. Sie können die Image-Datei also nicht beispielsweise im Downloads-Verzeichnis belassen.

Im zweiten Schritt geben Sie den Ort der Image-Datei an. Dabei müssen Sie im Dialog SPEICHERDATENTRÄGER LOKALISIEREN den Button LOKAL DURCHSUCHEN verwenden, weil der Virtual Machine Manager die neue Image-Datei im Speicherpool nicht automatisch berücksichtigt. Bei den restlichen Einstellungen im Assistenten gehen Sie so vor wie beim Einrichten einer neuen virtuellen Maschine.

TIPP

Vergessen Sie nicht, sofort nach der Inbetriebnahme der virtuellen Maschine das vordefinierte root-Passwort durch ein eigenes zu ersetzen! Außerdem müssen Sie das Tastaturlayout, die Sprache und die Zeitzone korrekt einstellen.

Virtuelle Maschinen per Kommando oder Script erzeugen

Sehr häufig wird KVM dazu eingesetzt, auf einem Server mehrere Instanzen einer bestimmten Distribution auszuführen. Beispielsweise läuft auf dem Host-Rechner

RHEL 6, und in den virtuellen Maschinen sollen diverse RHEL-Gäste verschiedene Server-Aufgaben erfüllen. Beim Einrichten mehrerer gleichartiger virtueller Maschinen helfen je nach Distribution spezielle Kommandos oder Programme. Mit diesen Kommandos ist es möglich, das Erzeugen neuer virtueller Maschinen weitgehend zu automatisieren und innerhalb weniger Minuten durchzuführen. Die beiden populärsten Programme sind BoxGrinder und VMBuilder, die wir im nächsten Kapitel näher vorstellen (siehe ab Seite 76).

» **BoxGrinder (Fedora/RHEL):** BoxGrinder erzeugt aus einer kompakten Textdatei, die die Eckdaten einer virtuellen Maschine beschreibt, die entsprechende Image-Datei und richtet sie auf dem Virtualisierungshost ein.

» **VMBuilder (Ubuntu):** VMBuilder ist ein Python-Script, das beim Einrichten virtueller Ubuntu-Maschinen hilft.

3. KVM per Kommandozeile steuern

Der Virtual Machine Manager ist zweifellos ein nützliches Hilfsmittel, um KVM kennenzulernen und Installationsarbeiten komfortabel durchzuführen. Aber spätestens dann, wenn es darum geht, eine Menge virtueller Maschinen auf unterschiedlichen Servern zu verwalten, ziehen die meisten Administratoren Textkommandos vor. Damit lassen sich virtuelle Maschinen auch in der Konsole effizient steuern. Außerdem ermöglichen die libvirt-Kommandos die Automatisierung administrativer Aufgaben.

3.1 KVM-Kommando

Grundsätzlich gehen wir in diesem Kapitel davon aus, dass Sie Ihre virtuellen Maschinen mit libvirt-Werkzeugen einrichten und administrieren. Ob Sie dabei den Virtual Machine Manager oder die im weiteren Verlauf dieses Kapitels vorgestellten libvirt-Kommandos verwenden, ist sekundär.

Daneben besteht aber auch die Möglichkeit, virtuelle Maschinen *direkt* einzurichten und auszuführen, also ohne den Umweg über libvirt. Wenn Sie das machen möchten, müssen Sie sich mit dem KVM-Kommando anfreunden. Es wird je nach Distribution mit unterschiedlichen Namen angesprochen:

Fedora: qemu-kvm
RHEL 6:   /usr/libexec/qemu-kvm
Ubuntu: kvm -enable-kvm
Alle Distributionen: qemu -enable-kvm

Der direkte Einsatz des KVM-Kommandos ist nur selten zu empfehlen. Mitunter gibt es aber ganz neue KVM-Features, die über die libvirt-Werkzeuge (noch) nicht genutzt werden müssen. Spätestens dann müssen Sie sich mit den unübersichtlichen KVM-Optionen anfreunden, von denen die wichtigsten in der Kommandoreferenz am Ende des Buchs zusammengefasst sind.

KVM-Kommunikation

Nach der Installation des qemu-kvm-Pakets wird üblicherweise automatisch das Kernelmodul kvm geladen, außerdem je nach CPU das Modul kvm-intel oder kvm-amd. Davon überzeugen Sie sich am einfachsten mit lsmod:

```
user$  lsmod | grep kvm
kvm_amd                 36575  0
kvm                    261526  1 kvm_amd
```

Bei den meisten Distributionen kümmert sich das Init-System um die Aktivierung der Kernelmodule. Sollte das nicht funktionieren, müssen Sie manuell eingreifen:

```
root#  modprobe kvm-intel   (für Intel-VT-Prozessoren)
root#  modprobe kvm-amd     (für AMD-V-Prozessoren)
```

Die Kommunikation zwischen den KVM-Kommandos (also kvm oder qemu-kvm) und dem Kernel erfolgt über die Datei /dev/kvm. Unter RHEL und Fedora haben alle Benutzer Lese- und Schreibrechte auf diese Datei, unter Ubuntu hingegen nur Mitglieder der Gruppe kvm. Deswegen müssen alle Benutzer, die das KVM-Kommando direkt ausführen (also nicht indirekt via libvirt-Werkzeuge), der Gruppe kvm zugeordnet werden:

```
root#  usermod -a -G kvm benutzername     (Ubuntu)
```

Diese Änderung wird erst wirksam, wenn sich der Benutzer aus- und neu einloggt.

Image-Datei erzeugen

Bevor Sie mit dem KVM-Kommando eine virtuelle Maschine starten können, müssen Sie mit dem Kommando qemu-img eine Image-Datei für die virtuelle Festplatte einrichten. Hierfür stehen verschiedene Formate zur Wahl, auf die wir in Kapitel 4 näher eingehen. Für erste Experimente ist das QCOW2-Format gut geeignet. Die Image-Datei ist anfänglich nicht einmal ein MByte groß und wächst erst bei Bedarf bis zur maximal vorgegebenen Größe.

```
user$  qemu-img create -f qcow2 disk.img 10G
```

Nun brauchen Sie noch eine ISO-Datei mit dem Installations-Image des Betriebssystems, das Sie in der virtuellen Maschine installieren möchten. Bei Linux-Installationen können Sie die ISO-Datei einfach aus dem Internet herunterladen. Bei anderen Betriebssystemen übertragen Sie den Inhalt der CD oder DVD mit dd in eine ISO-Datei:

```
user$  dd if=/dev/scd0 of=cd.iso bs=2048
```

Virtuelle Maschinen einrichten und ausführen

Die Installation einer neuen virtuellen Maschine starten Sie mit dem KVM-Kommando (je nach Distribution kvm oder qemu-kvm oder /usr/libexec/qemu-kvm). Kurz eine Erklärung zu den eingesetzten Optionen: -m bestimmt den gewünschten Speicher (RAM) der virtuellen Maschine in MByte. -boot once=d gibt an, dass die virtuelle Maschine beim ersten Bootprozess vom virtuellen CD-Laufwerk booten soll. -cdrom cd.iso verweist auf den Ort der ISO-Datei für das virtuelle CD-Laufwerk. Der letzte Parameter bestimmt schließlich den Ort der Image-Datei.

```
user$  qemu-kvm -m 1024 -boot once=d -cdrom cd.iso vm1.img
VNC server running on ::1:5900
```

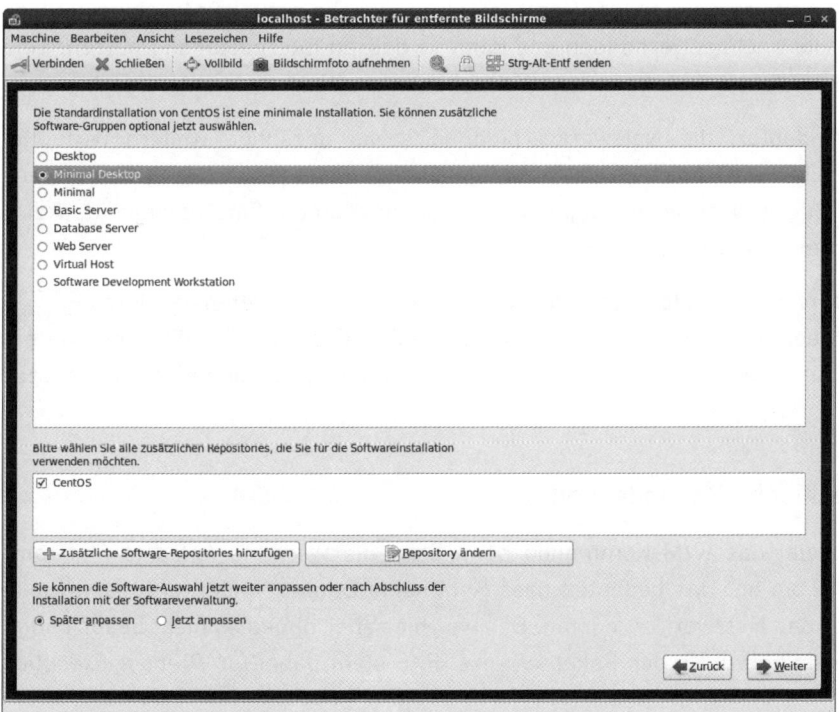

Abbildung 3.1: **Steuerung einer virtuellen Maschine via VNC in Vinagre**

Die virtuelle Maschine zur Installation eines Gastsystems läuft nun, ist aber unsichtbar. Damit Sie den Inhalt des Grafiksystems sehen und die virtuelle Maschine bedienen können, müssen Sie einen VNC-Client starten. (Installieren Sie gegebenenfalls das Paket vinagre, wenn kein VNC-Client zur Verfügung steht.) Damit Tastatureingaben an die virtuelle Maschine weitergeleitet werden, müssen Sie in das Vinagre-Fenster klicken. [Strg]+[Alt] löst den Tastaturfokus wieder.

```
user$  vinagre :5900
```

Die weitere Installation der virtuellen Maschine erfolgt exakt gleich wie im Virtual Machine Manager. Der KVM-Prozess endet, sobald Sie die virtuelle Maschine herunterfahren.

Um eine bereits vorhandene virtuelle Maschine neuerlich zu starten, führen Sie das folgende Kommando aus. Im Vergleich zum obigen Kommando entfällt die Angabe der ISO-Datei als Bootmedium:

```
user$  qemu-kvm -m 1024 vm1.img
VNC server running on ::1:5900
```

Standardmäßig stellt das KVM-Kommando dem Gast einen virtuellen Netzwerkadapter zur Verfügung, der kompatibel zum Gerät RTL-8139 ist. Die virtuelle Maschine wird via NAT mit dem Hostrechner verbunden und kann so dessen Internetzugang nutzen. Eine Verbindung in das lokale Netzwerk des Hostrechners ist allerdings nicht möglich.

Der Netzwerkadapter, die Netzwerkverbindung sowie unzählige weitere (virtuelle) Hardware-Details werden sich durch unzählige Optionen gesteuert. Die Syntaxreferenz am Ende des Buchs fasst die wichtigsten Optionen zusammen. Eine vollständige Referenz gibt man qemu-kvm bzw. man kvm.

ACHTUNG

Wie jedes andere Kommando lässt sich auch qemu-kvm im Terminalfenster durch [Strg]+ [C] vorzeitig beenden. Für die virtuelle Maschine hat das dieselbe Wirkung wie ein Stromausfall für einen physikalischen Rechner – Datenverluste sind also nicht auszuschließen!

Ubuntu-spezifische Besonderheiten

Unter Ubuntu gibt das KVM-Kommando beim Start die Warnung *failed to find rom-file pxe_rtl8139.bin* an. Das bedeutet, dass KVM keine Dateien findet, um die virtuelle Maschine über das Netzwerk zu booten. Das war hier aber ohnedies nicht beabsichtigt. (Falls doch, installieren Sie das Paket kvm-pxe. PXE steht dabei für *Preboot Execution Environment*.)

Außerdem wird unter Ubuntu und einigen weiteren Distributionen bei der Ausführung des KVM-Kommandos standardmäßig ein QEMU-Fenster geöffnet, in dem das Grafiksystem der virtuellen Maschine angezeigt wird. Dabei kommt die Simple DirectMedia Library (SDL) zum Einsatz, die von aktuellen RHEL- und Fedora-Versionen aber nicht mehr unterstützt wird.

Innerhalb des QEMU-Fensters können Sie mit Tastenkürzeln diverse Zusatzfunktionen nutzen. Die wichtigsten sind in Tabelle 3.1 zusammengefasst.

TASTENKÜRZEL	FUNKTION
Strg + Alt	Tastaturfokus lösen
Strg + Alt + F	Vollbildmodus ein-/ausschalten
Strg + Alt + 1	Standardausgabe anzeigen
Strg + Alt + 2	QEMU-Monitor anzeigen
Strg + Alt + 3	serielle Konsole anzeigen
Strg + Alt + S	Änderungen in der Image-Datei speichern (nur wenn das KVM-Kommando mit der Option -snapshot gestartet wurde)
Strg + Alt + U	optimale Fenstergröße herstellen
Strg + Alt + X	Programm beenden

Tabelle 3.1: **KVM-/QEMU-Tastenkürzel**

Wenn Sie die Größe des KVM-Fensters verändern, wird sein Inhalt entsprechend skaliert. Darunter leidet die Schriftqualität massiv. Strg + Alt + U stellt die korrekten Fenstermaße wieder her.

Mit Strg + Alt + 2 aktivieren Sie den QEMU-Monitor. Dabei handelt es sich um eine Textkonsole, in der Sie Kommandos zur Steuerung der virtuellen Maschine ausführen können (siehe den folgenden Abschnitt). Mit Strg + Alt + 1 zeigt das QEMU-Fenster wieder den Inhalt der virtuellen Maschine an. Sofern die virtuelle Maschine die serielle Schnittstelle für Ein- und Ausgaben verwendet, können Sie die virtuelle Maschine auch in der seriellen Konsole bedienen, in die Sie mit Strg + Alt + 3 gelangen.

Eine Bedienung via VNC ist natürlich auch unter Ubuntu möglich. Dazu muss bei der Ausführung des KVM-Kommandos der VNC-Server von QEMU/KVM explizit durch die Option -vnc 127.0.0.1:0 aktiviert werden:

```
user$  kvm -m 1024 -boot once=d -cdrom cd.iso -vnc 127.0.0.1:0 vm1.img
```

Der QEMU-Monitor

Das Virtualisierungssystem kann im laufenden Betrieb durch Kommandos gesteuert werden. Dazu dient der QEMU-Monitor, der seinen Namen auch dann behält, wenn KVM im Einsatz ist. Damit Sie den Monitor nutzen können, müssen Sie das KVM-Kommando im Terminal mit der Option -monitor stdio ausführen. (Statt stdio können Sie auch eine Device-Datei angeben, die dann für die Verarbeitung der Ein- und Ausgaben verantwortlich ist.)

```
user$   qemu-kvm -m 1024 vm1.img -monitor stdio
```

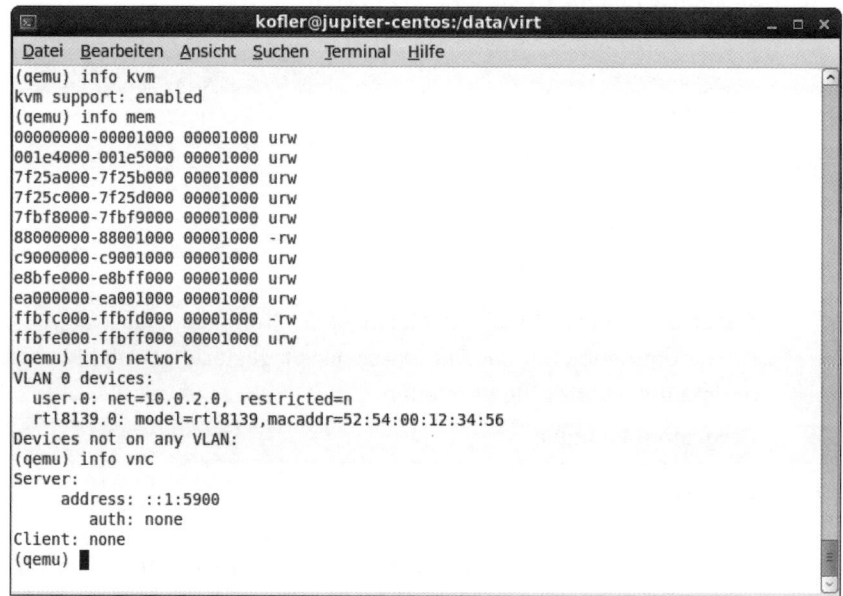

Abbildung 3.2: **Steuerung des QEMU-Monitors in einem Terminalfenster**

Unter Ubuntu sowie bei anderen Distributionen, die KVM-Versionen mit SDL-Unterstützung ausliefern, gelangen Sie mit [Strg]+[Alt]+[2] aus dem QEMU- bzw. KVM-Fenster in den QEMU-Monitor. Sie können nun wie in einer Konsole Kommandos ausführen und deren Ergebnisse ansehen. [Strg]+[Alt]+[1] führt zurück in die Standardansicht, in der das Grafiksystem der virtuellen Maschine zu sehen ist.

help stellt alle zulässigen Kommandos kurz vor, und help command beschreibt ein Kommando genauer. Mit [Strg]+[Bild ↑] bzw. [Strg]+[Bild ↓] können Sie durch die Ergebnisse von QEMU-Kommandos blättern. Eine übersichtlichere Beschreibung der QEMU-Kommandos finden Sie hier:

http://en.wikibooks.org/wiki/QEMU/Monitor

http://wiki.qemu.org/download/qemu-doc.html#pcsys_005fmonitor

Die meisten QEMU-Kommandos dienen dazu, um Parameter und Hardware-Eigenschaften der virtuellen Maschine im laufenden Betrieb zu ermitteln bzw. zu verändern. Sie können beispielsweise einer virtuellen Maschine USB- oder PCI-Geräte hinzufügen, Wechselmedien wie CDs auswerfen (eject), den Gast vorübergehend anhalten bzw. die

Virtualisierung fortsetzen (stop und cont), den Gast herunterfahren oder neu starten (system_powerdown, system_reset), den zugewiesenen Speicher verändern (Ballooning), Snapshots erzeugen, die virtuelle Maschine auf einen anderen Host verschieben (Live-Migration) etc.

Der QEMU-Monitor ist in der Regel nur von untergeordneter Bedeutung, wenn Sie virtuelle Maschinen mit den libvirt-Werkzeugen ausführen. In diesem Fall gibt es für die meisten Monitorkommandos einfacher zu bedienende virsh-Kommandos. Sollte die direkte Ausführung eines Terminal-Kommandos doch erforderlich sein, gelingt dies mit dem virsh-Kommando qemu-monitor-command:

```
virsh#  qemu-monitor-command --hmp vmid 'qemu-kommando'
```

3.2 virsh

Nach diesem kurzen Exkurs zur direkten Verwendung des KVM-Kommandos gehen wir in den weiteren Abschnitten dieses Kapitels wieder davon aus, dass Sie mit den libvirt-Werkzeugen arbeiten. Im Mittelpunkt dieses Abschnitts steht die libvirt-Shell, die Sie mit dem Kommando virsh starten. Innerhalb der Shell können Sie nun Kommandos zur Verwaltung aller virtuellen Maschinen ausführen, die den libvirt-Werkzeugen bekannt sind: die also zuvor mit virt-install oder dem Virtual Machine Manager eingerichtet wurden.

Der Umgang mit virsh ist einfach: Sie starten die Shell und führen dann Administrationskommandos aus:

```
root#  virsh
virsh#  list --all
 Id Name                 Status
----------------------------------
 13 centos64-vm4         laufend
  - centos62-vm2         ausschalten
  - centos62-vm3         ausschalten
  - ubuntu1110-xfce-vm5  ausschalten
  - vm6                  ausschalten
  - windows7-1           ausschalten

virsh#  start vm6
Domain vm6 gestartet

virsh#  vncdisplay vm6
:1

virsh#  exit
```

Mit der virsh können Sie virtuelle Maschinen mit start, suspend/resume, shutdown, destroy, save/restore bzw. undefine starten, vorübergehend anhalten und wieder fortsetzen, geordnet herunterfahren (ACPI Shutdown), sofort ausschalten, speichern und wieder fortsetzen oder aus der Liste der libvirt-Definitionen löschen.

edit ermöglicht es, die XML-Datei mit der Beschreibung der virtuellen Maschine direkt in einem Editor zu bearbeiten. Als Editor kommt üblicherweise vi zum Einsatz. Wenn Sie mit einem anderen Editor arbeiten möchten, müssen Sie die Umgebungsvariable EDITOR entsprechend einstellen.

Bei allen oben aufgezählten virsh-Kommandos müssen Sie den Namen der virtuellen Maschine, deren UUID-Nummer oder bei laufenden virtuellen Maschinen die ID-Nummer angeben. Die UUID-Nummer geht aus der XML-Definitionsdatei hervor. Auskunft über die ID-Nummern laufender virtueller Maschinen gibt das virsh-Kommando list.

Darüber hinaus gibt virsh Ihnen die Möglichkeit, Speicherpools und Image-Dateien einzurichten (vol-xxx-Kommandos), Netzwerke und Netzwerkschnittstellen zu verwalten (net-xxx- und iface-xxx-Kommandos) etc. Insgesamt kennt virsh weit über 100 Kommandos! help liefert eine thematisch gruppierte Übersicht.

Im weiteren Verlauf dieses Buchs werden diverse virsh-Kommandos detailliert beschrieben. Eine Zusammenfassung der wichtigsten virsh-Kommandos finden Sie in der Syntaxreferenz ab Seite 316. Das virsh-Kommando help *kommandoname* sowie man virsh liefern ebenfalls Detailinformationen.

Verbindungsaufbau

Sofern virsh erkennt, dass der Rechner ein KVM-Host ist, stellt es nach Möglichkeit eine Verbindung zu dem auf Systemebene laufenden Dämon libvirtd her. Wenn virsh nur mit Benutzerrechten ausgeführt wird, erfordert eine Verbindung auf Systemebene unter Ubuntu die Zugehörigkeit zur Gruppe libvirtd. Unter RHEL und Fedora müssen Sie das Kommando als root starten, wenn Sie auf Systemebene arbeiten möchten. (Den Unterschied zwischen Benutzer- und Systemebene haben wir bereits im ersten Kapitel erläutert – siehe Seite 18).

Es ist möglich, innerhalb der virsh-Shell die Verbindung mit dem Kommando connect zu verändern: qemu:///session bezeichnet dabei eine Verbindung auf Benutzerebene, qemu:///system eine Verbindung auf Systemebene.

```
virsh# connect qemu:///system
```

Via SSH können Sie auch eine Verbindung zum Dämon libvirtd auf einem anderen Rechner herstellen. Wenn es sich beim KVM-Host um einen RHEL- oder Fedora-Rechner handelt, müssen Sie als Benutzername root angeben (weil auf diesen Systemen nur root eine Verbindung zum libvirt-Systemdämon herstellen darf). Beachten Sie, dass nach qemu+ssh: nur zwei Schrägstriche folgen, nicht drei! Wenn auf dem KVM-Host aus Sicherheitsgründen ein root-Login mit Passwortangabe via SSH unmöglich ist, müssen Sie vor dem ersten Verbindungsaufbau Ihren öffentlichen SSH-Schlüssel auf dem KVM-Host einrichten (siehe Seite 31).

```
virsh# connect qemu qemu+ssh://user@hostname/system
user@hostname's password: *******
```

Anstatt virsh interaktiv zu verwenden, können Sie ein einzelnes virsh-Kommando in der Form virsh kommando ausführen:

```
root# virsh list --all
...
```

Wenn Sie dabei nicht die von virsh standardmäßig vorgesehene Verbindung verwenden möchten, geben Sie die Verbindungszeichenkette mit der Option -c an:

```
root# virsh -c qemu:///session list --all
...
```

Grundsätzlich unterstützt virsh auch verschlüsselte Verbindungen via SASL/Kerberos oder TSL/x509, sofern der KVM-Host entsprechend konfiguriert ist.

3.3 libvirt-Kommandos

Dieser Abschnitt gibt eine Einführung in die wichtigsten libvirt-Kommandos. Die Kommandos helfen beim Einrichten und Verwalten virtueller Maschinen. Einzelne Kommandos müssen extra installiert werden, worauf wir gegebenenfalls hinweisen. Eine Menge weiterer Tipps, Tutorials und fallweise sogar Videos zum Einsatz der Kommandos finden Sie auf dieser von Red Hat administrierten Website:

http://virt-tools.org/l

virt-install

Mit dem Kommando virt-install richten Sie eine neue virtuelle Maschine ein. virt-install kann wahlweise mit oder ohne root-Rechte ausgeführt werden. Im ersten Fall wird die virtuelle Maschine auf Benutzerebene eingerichtet (qemu:///session), im zweiten Fall auf Systemebene (qemu:///system). Dementsprechend finden Sie nach der Installation die XML-Konfigurationsdatei in den Verzeichnissen ~/.virtlib/qemu/ oder /etc/libvirt/qemu/.

Im folgenden Beispiel gehen wir davon aus, dass Sie auf Systemebene arbeiten. Bevor Sie virt-install ausführen, müssen Sie eine Image-Datei für die virtuelle Festplatte erzeugen. Damit die Image-Datei wie die virtuelle Maschine unter der Verwaltung der libvirt-Werkzeuge steht, richten Sie diese am besten mit virsh vol-create-as ein. Der erste Parameter dieses Kommandos gibt den gewünschten Speicherpool an (standardmäßig ist nur der Pool default eingerichtet), der zweite Parameter den Namen der Image-Datei, der dritte Parameter die Größe. Mit --format geben Sie das gewünschte Image-Format an.

```
root#  virsh
virsh#  vol-create-as default disk.qcow2 10G --format qcow2
virsh#  exit
```

Mit dem Kommando virt-install richten Sie nun eine neue virtuelle Maschine ein. An das Kommando müssen zumindest die Größe des virtuellen RAMs, der gewünschte Name der virtuellen Maschine, der Ort der Image-Datei sowie die gewünschte Installationsart (in der Regel z. B. --cdrom) angefügt werden.

Für alle anderen Eckdaten der virtuellen Maschine wählt virt-install selbst geeignete Einstellungen. Hilfreich ist dabei die Option --os-variant: Damit kann virt-install die für das installierte Betriebssystem optimalen virtuellen Hardware-Komponenten einsetzen, z. B. einen virtio-Netzwerkadapter. Die Einstellungen können Sie nach der Installation in der Datei /etc/libvirt/qemu/name.xml nachlesen. Eine Liste der virt-install bekannten Betriebssystembezeichnungen liefert virt-install --os-variant list.

```
root#  virt-install --name myvmname --ram 1024 --cdrom install.iso \
         --os-variant rhel6  --disk vol=default/disk.qcow2 --graphics vnc \
         --noreboot
```

HINWEIS Wenn Sie unter Fedora oder Red Hat arbeiten, muss sich die Image-Datei für die virtuelle Festplatte in einem von den libvirt-Werkzeugen verwalteten Speicherpool befinden und muss die ISO-Datei mit der Installations-DVD im lokalen Dateisystem vorhanden sein. Andernfalls meldet SELinux ein verdächtiges Verhalten und blockiert den Zugriff.

Die eigentliche Installation des Betriebssystems erfolgt in einem Fenster des Programms virt-viewer via VNC. Stellen Sie sicher, dass das Paket virt-viewer installiert ist! Sollte der virt-viewer nicht zur Verfügung stehen (z. B. wenn Sie auf einem Windows- oder OS X-Rechner arbeiten), können Sie die VNC-Verbindungsdaten mit dem virsh-Kommando vncdisplay ermitteln und die Installation mit einem beliebigen anderen VNC-Client durchführen.

```
root#  virsh
virsh#  list
```

```
 Id Name                    Status
----------------------------------
  2 myvmname                laufend
virsh# vncdisplay 2
10.0.0.44:0
```

Sollte während der Installation etwas schiefgehen, können Sie möglicherweise noch laufende virtuelle Maschinen mit virsh beenden und löschen. Die Image-Datei der virtuellen Festplatte bleibt dabei erhalten.

```
root# virsh
virsh# list
 Id Name                    Status
----------------------------------
  2 myvmname                laufend
virsh# destroy myvmname
virsh# undefine myvmname
virsh# quit
```

virt-install via SSH auf einem externen KVM-Host

Ein wenig umständlicher verläuft eine Installation, wenn KVM auf einem (Root-)Server läuft, zu dem Sie nur SSH-Zugang haben. Das virt-install-Kommando wird zwar ausgeführt, virt-install kann aber den virt-viewer nicht starten. Ein direkter VNC-Zugang von Ihrem lokalen Rechner zum KVM-Host scheitert an den libvirt-Sicherheitsrichtlinien: Die VNC-Verbindung ist standardmäßig nur vom lokalen Rechner aus erlaubt.

Der nächstliegende Ausweg besteht darin, bei der Ausführung von virt-install mit den Optionen listen=n.n.n.n die IP-Adresse des KVM-Hosts anzugeben. Bei öffentlich erreichbaren Rechnern ist das aus Sicherheitsgründen aber nicht optimal. Ein akzeptabler Kompromiss ist die zusätzliche Angabe eines VNC-Passworts. Die virt-viewer-Dokumentation warnt allerdings davor, dass das Passwort in Logging-Dateien auftauchen kann. Verwenden Sie also kein anderweitig aktives Passwort!

```
root# virt-install --name myvmname ... \
       --graphics vnc,listen=10.0.0.44,password=abc
```

HINWEIS

Unter Fedora und RHEL verhindert die standardmäßig aktive Firewall VNC- und Spice-Verbindungen von außen. Abhilfe: Fügen Sie der Firewall-Konfiguration eine entsprechende Ausnahmeregel hinzu. Sie finden vordefinierte Regeln im Dialogblatt ANDERE PORTS des Firewall-Konfigurationsprogramms. Suchen Sie nach den Einträgen VNC-SERVER bzw. SPICE.

Sicherer ist es, den VNC-Server von QEMU/KVM so auszuführen, wie dies standard-mäßig vorgesehen ist. Um dennoch von einem externen Rechner auf den VNC-Server zuzugreifen, verwenden Sie SSH-Port-Forwarding. Diese Vorgehensweise erspart Ihnen Firewall-Änderungen auf dem Host-Rechner. Die einzige Voraussetzung besteht darin, dass auf dem KVM-Host ein SSH-Server läuft. Das `virt-install`-Kommando enthält in diesem Fall keine speziellen Optionen.

```
root@kvmhost#  virt-install --name myvmname ... --graphics vnc
```

Unter Fedora wird SSH-Port-Forwarding aber durch eine SELinux-Regel blockiert. Wenn Sie also Fedora als KVM-Host einsetzen und Ihre virtuellen Maschinen auf einem anderen Rechner via SSH plus VNC steuern möchten, müssen Sie auf dem KVM-Host das Port-Forwarding explizit erlauben. Dazu führen Sie dieses Kommando aus:

```
root@fedora-kvm-host# setsebool -P sshd_forward_ports 1
```

Die Hintergründe dieses Problems können Sie hier nachlesen:

https://bugzilla.redhat.com/show_bug.cgi?id=653579

Merkwürdigerweise gibt es die SELinux-Regel sshd_forward_ports nur unter Fedora, aber nicht unter RHEL. Somit gilt dieser Hinweis explizit nur für Fedora, aber nicht für RHEL!

Als VNC-Viewer empfehlen wir Ihnen das Programm TightVNC (Paketname `tigervnc` unter Fedora/RHEL, Paketname `xtightvncviewer` unter Ubuntu). Wenn dieses Pro-gramm installiert ist, stellen Sie die Verbindung zum auf dem KVM-Host laufenden VNC-Server so her:

```
user@client$  vncviewer -via user@kvmhost localhost:0
```

Der unter Gnome standardmäßig installierte VNC-Viewer Vinagre sollte auch in der Lage sein, eine entsprechende Verbindung herzustellen. Bei den mit Ubuntu 11.10 und Fedora 16 mitgelieferten Versionen weist diese Funktion allerdings einen Fehler auf, der hoffentlich in zukünftigen Versionen von Vinagre behoben wird.

https://bugzilla.gnome.org/show_bug.cgi?id=644432

Während der Arbeit im VNC-Client kann es passieren, dass die Verbindung verloren geht, z. B. wenn das Installationsprogramm den Grafikmodus bzw. die Auflösung ändert. Das macht jedoch nichts: Stellen Sie die VNC-Verbindung einfach neu her. Die virtuelle KVM-Maschine läuft in der Zwischenzeit weiter und wird vom Verbindungsabbruch nicht beeinträchtigt.

Standardmäßig weisen die libvirt-Wirkzeuge den virtuellen Maschinen, die VNC nutzen, den ersten freien Port ab 5900 zu. Sofern auf dem Hostrechner keine grafische Benutzer-oberfläche läuft, bekommt die erste virtuelle Maschine den Port 5900, die zweite 5901 etc. Im X-Window-System ist es üblich, den Offset 5900 von der Portadresse abzuziehen, woraus sich die für den VNC-Client relevanten Adressen `localhost:0`, `localhost:1` etc. ergeben. Wenn Sie nicht wissen, welchen Port eine virtuelle Maschine hat, können Sie diesen mit dem `virsh`-Kommando `vncdisplay` *name* herausfinden.

virt-clone

Das Einrichten einer neuen virtuellen Maschine mit `virt-install` nimmt geraume Zeit in Anspruch. Wenn Sie eine virtuelle Maschine wünschen, die im Wesentlichen dieselben Eckdaten wie eine bereits vorhandene virtuelle Maschine hat, ist es wesentlich schneller, diese einfach zu kopieren (zu »klonen«). Dabei hilft das Kommando `virt-clone`: Standardmäßig erzeugt es eine neue XML-Definitionsdatei, kopiert die Image-Datei für die virtuelle Festplatte und gibt dem Netzwerkadapter eine neue, zufällige MAC-Adresse. Die restlichen Hardware-Komponenten bleiben unverändert. Eine Referenz mit den wichtigsten Optionen des Kommandos finden Sie auf Seite 324. Die virtuelle Maschine muss vor dem Kopieren heruntergefahren werden.

Das folgende Kommando kopiert eine Ubuntu-Server-Installation. Die neue virtuelle Maschine erhält den Namen userver6, und die neue Image-Datei wird in der Datei `/var/lib/libvirt/images/userver6.img` gespeichert. Achten Sie darauf, die neue Image-Datei in einem libvirt-Speicherpool anzulegen. So verhindern die SELinux-Regeln unter RHEL/Fedora die Ausführung der virtuellen Maschine.

```
root#  virt-clone --original userver5 --name userver6 \
              --file /var/lib/libvirt/images/userver6.img
```

Nach dem Kopieren müssen in der virtuellen Maschine diverse Anpassungen vorgenommen werden. Beispielsweise müssen Sie die Netzwerkkonfiguration ändern, damit es keine IP-Adresskonflikte gibt. Je nach Konfiguration ist es erforderlich, auch die Dateien `/etc/hosts` und `/etc/hostname` zu aktualisieren. Wenn es in der ursprünglichen virtuellen Maschine einen SSH-Server gab, sollten Sie unbedingt den SSH-Schlüssel der neuen virtuellen Maschine regenerieren. Eine entsprechende Anleitung finden Sie auf Seite 50.

virt-viewer

`virt-viewer` ist ein VNC-Client zur Darstellung des Bildschirminhalts sowie zur Kommunikation mit einer virtuellen Maschine. `virt-viewer` *vm-name* stellt die Verbindung zu einer laufenden virtuellen Maschine her. Das setzt voraus, dass die virtuelle Maschine VNC nutzt. Bei virtuellen Maschinen, die mit `virt-install` eingerichtet werden, ist das standardmäßig der Fall.

```
root#  virt-viewer  vm-name
```

Wenn Sie virt-viewer ohne root-Rechte ausführen, aber die Verbindung zu einer auf Systemebene laufenden virtuellen Maschine herstellen möchten, geben Sie die Verbindungszeichenkette mit der Option -c an:

```
user$  virt-viewer -c qemu:///system  vm-name
```

Statt virt-viewer können Sie jeden beliebigen anderen VNC-Client einsetzen. Der einzige Unterschied besteht darin, dass Sie zuerst mit dem virsh-Kommando vncdisplay die Verbindungsdaten ermitteln müssen.

virt-top

Das Kommando virt-top aus dem gleichnamigen Paket liefert ähnlich wie top eine Auflistung aller virtuellen Maschinen. Zu jeder virtuellen Maschine werden deren Speicher- und CPU-Bedarf sowie diverse andere Parameter angezeigt.

```
user$  virt-top
virt-top 10:41:40 - x86_64 4/4CPU 1600MHz 15860MB 0,6%
6 domains, 2 active, 2 running, 0 sleeping, 0 paused, 4 inactive D:0 0:0 X:0
CPU: 25,0%  Mem: 2048 MB (2048 MB von Gast)

   ID S RDRQ WRRQ RXBY TXBY %CPU %MEM   TIME  NAME
   15 R    0    0    0    0 24,8  6,0  0:07.57 ubuntu1110-xfce-vm5
   13 R    0    0  104    0  0,2  6,0  1:24.07 centos62-vm2
    -                                          (centos62-vm3)
    -                                          (centos64-vm4)
    -                                          (vm6)
    -                                          (windows7-1)
```

virt-what

Das Kommando virt-what aus dem gleichnamigen Paket zählt *nicht* zu den üblichen libvirt-Werkzeugen, die auf dem KVM-Host oder einem anderen Rechner zur Administration der virtuellen Maschinen ausgeführt werden. Vielmehr wird virt-what in einer virtuellen Maschine ausgeführt, um festzustellen, ob das System virtualisiert wird (und wenn ja, von welchem Virtualisierungssystem).

```
root@gast#  virt-what
kvm
```

virt-what erkennt die meisten gängigen Virtualisierungssysteme, inklusive Hyper-V, KVM, OpenVZ, QEMU (ohne KVM), VirtualBox, VMware und Xen.

3.4 Migration und Konvertierung von virtuellen Maschinen

Leider ist jedes Virtualisierungssystem eine geschlossene Welt. Unterschiedliche Formate zur Beschreibung der virtuellen Maschinen sowie zur Speicherung der Disk-Images erschweren den Wechsel von einem Virtualisierungssystem zum einem anderen. Eine weitere Hürde besteht darin, dass viele Virtualisierungssysteme die Installation von Gasterweiterungen mit (paravirtualisierten) Hardware-Treibern erfordern. Wenn das Virtualisierungssystem gewechselt wird, ist deswegen häufig eine Deinstallation dieser Treiber erforderlich, mitunter auch die Installation neuer Treiber.

Das heißt aber nicht, dass die Konvertierung virtueller Maschinen gänzlich unmöglich ist. Dieser Abschnitt zählt einige Werkzeuge auf, die bei der Migration helfen.

virt-convert und qemu-img convert

virt-convert verspricht, virtuelle Maschinen von einem Format in ein anderes umzuwandeln. Das Kommando unterstützt als Quellformate KVM (virt-image), VMware (vmx) und das Open Virtualization Format (ovf). Als Zielformat kommen nur KVM und VMware infrage.

Leider sind beim Test des Kommandos erhebliche Mängel aufgetreten. Insbesondere sind die von virt-convert produzierten XML-Dateien inkompatibel zu aktuellen libvirt-Versionen. Ein weiteres Problem von virt-convert besteht darin, dass es auf Dateiebene arbeitet und die neue virtuelle Maschine nicht in die libvirt-Verwaltung integriert. Darum müssen Sie sich im Anschluss an die Konvertierung selbst kümmern.

Wir raten Ihnen deswegen vom Einsatz dieses schlecht gewarteten Kommandos ab. Wenn es Ihnen nur darum geht, eine Image-Datei vom VMware-Format (*.vmdk) in ein für KVM geeignetes Image-Format umzwandeln (RAW oder QCOW2), verwenden Sie hierfür besser das Kommando qemu-img convert:

```
user$   qemu-convert -O qcow2 vmware-in.vmdfk kvm-out.qcow2
```

Anschließend verschieben Sie die Image-Datei in einen libvirt-Speicherpool, richten dann mit virt-install oder dem Virtual Machine Manager eine neue KVM-Maschine ein und verwenden die neue Image-Datei als virtuelle Festplatte. Falls in der virtuellen Maschine die VMware-spezifischen Gasttreiber installiert waren, sollten Sie diese deinstallieren.

HINWEIS

qemu-img kann leider keine Images verarbeiten, die über mehrere Dateien verteilt sind. Auf diese Einschränkung werden Sie häufig stoßen, wenn Sie VMware-Maschinen umwandeln möchten. Diese Einschränkung gilt im Übrigen auch für virt-convert, weil dieses Kommando auf qemu-img zurückgreift.

Eine mögliche Lösung besteht darin, die VMware-Images vorweg mit dem vmware-vdiskmanager zu vereinen. Dieses Kommando wird mit diversen VMware-Produkten mitgeliefert, unter anderem mit dem unter Linux frei verfügbaren VMware Server. Dieses Programm sollten Sie allerdings nach Möglichkeit nicht auf Ihrem KVM-Host installieren, sondern auf einem anderen Rechner.

virt-v2v

Wesentlich ambitioniertere Ziele als virt-convert verfolgt das relativ neue Kommando virt-v2v: Es konvertiert VMware-ESX- und Xen-Maschinen in KVM-Maschinen und integriert die neue virtuelle Maschine auch gleich in die Sammlung der durch libvirt verwalteten virtuellen Maschinen. Dabei aktiviert es nach Möglichkeit die virtio-Treiber. Bei Windows-Gästen installiert virt-convert sogar die Windows-virtio-Treiber.

Das Paket virt-v2v steht momentan allerdings nur unter Fedora und RHEL ab Version 5.6 zur Verfügung. Anfang 2012 gab es keine Pakete für Debian oder Ubuntu.

Die Nutzung von virt-v2v setzt voraus, dass die zu konvertierende virtuelle Maschine auf einem anderen aktiven Rechner unter der Verwaltung von VMware ESX oder Xen/libvirt steht. virt-v2v stellt über das Netzwerk eine Verbindung zum VMware- oder Xen-Host her. virt-v2v ist hingegen *nicht* in der Lage, eine virtuelle Maschine zu konvertieren, die nur in Form von *.vmx und *.vmdk-Dateien vorliegt!

Das folgende Kommando stellt eine Verbindung zu VMWare ESX auf dem Host vmware-host her und liest dessen virtuelle Maschine guest. Die Image-Datei der neuen KVM-Maschine wird im Speicherpool default gespeichert.

```
root#  virt-v2v -ic esx://vmware-host/ -os default guest
```

Umfassende Informationen zum Einsatz von virt-v2v geben die man-Seite sowie die folgenden Seiten:

http://libguestfs.org/virt-v2v/
http://docs.redhat.com/docs/en-US/Red_Hat_Enterprise_Linux/6/html-single/V2V_Guide/index.html
http://www.redhat.com/summit/2011/presentations/summit/decoding_the_code/wednesday/
  booth_w_1020_guest_conversion_in_rhel_02.pdf

Manuell eingerichtete KVM-Maschinen mit libvirt verwalten

Virtuelle Maschinen, die Sie durch die manuelle Ausführung des KVM-Kommandos erstellt haben, sind den libvirt-Werkzeugen nicht bekannt. Es besteht aber die Möglichkeit, die Image-Dateien der virtuellen Maschinen unter die libvirt-Verwaltung zu stellen. Dazu kopieren Sie die Image-Datei der virtuellen Maschine in das Verzeichnis eines libvirt-Speicherpools (standardmäßig also in /var/lib/libvirt/images/). Anschließend führen Sie virt-install mit der Option --import aus:

```
root#  virt-install --name name --ram n  --os-variant rhel6 \
       --disk /var/lib/libvirt/images/disk.img  --import
```

Je nachdem, welche Eigenschaften die virtuellen Hardware-Komponenten aufweisen sollen, empfiehlt es sich, diese Details sowie das Betriebssystem des Gasts durch weitere virt-install-Optionen anzugeben. Die virtuelle Maschine wird sofort gestartet. Wenn virt-viewer installiert ist, wird die Maschine dort angezeigt.

Der Netzwerkadapter bekommt beim Import eine neue MAC-Adresse. Das kann dazu führen, dass in der virtuellen Maschine aus eth0 das Device eth1 wird. Dieses ist nicht konfiguriert, weshalb die virtuelle Maschine keine Netzwerkverbindung mehr hat. Abhilfe: Passen Sie innerhalb der virtuellen Maschine entweder die für die eth-Nummerierung verantwortlichen udev-Regeln an (bei den meisten Distributionen in der Datei /etc/udev/rules.d/70-persistent-net.rules), oder führen Sie für den neuen Device-Namen abermals eine Netzwerkkonfiguration durch.

3.5 libvirt-Konfiguration und -Interna

Damit Sie KVM über die libvirt-Funktionen steuern können, muss auf dem Hostsystem der Dämon libvirtd laufen. Dieses Programm wird beim Hochfahren des Rechners automatisch durch das Init-System gestartet.

Unter RHEL und Fedora erfordert die Verwendung der libvirt-Werkzeuge root-Rechte. Wesentlich liberaler ist hier Ubuntu: Alle Benutzer, die der Gruppe libvirtd zugeordnet sind, dürfen die libvirt-Werkzeuge verwenden. Für den Benutzer, der das Paket libvirt-bin installiert hat, ist dies automatisch der Fall, weitere Benutzer können bei Bedarf mit usermod -a -G libvirtd benutzername der Gruppe libvirtd zugeordnet werden.

libvirt-Konfiguration

Die zentrale libvirt-Konfigurationsdatei ist /etc/libvirt/libvirtd.conf. Die mit vielen Kommentaren und Erklärungen versehene Datei enthält standardmäßig kaum aktive Einstellungen, sodass die libvirt-Standardkonfiguration gilt.

libvirtd.conf bestimmt unter anderem, welche Mechanismen zum Verbindungsaufbau zwischen den libvirt-Werkzeugen und libvirtd zulässig sind und welche Authentifizierungs- und Sicherheitsfunktionen aktiv sind. Änderungen an libvirtd.conf sind insbesondere dann erforderlich, wenn die Netzwerkkommunikation via SASL/Kerberos oder TSL/x509 abgesichert werden soll (siehe auch Seite 32) oder wenn die Anzahl der gleichzeitigen Verbindungen limitiert werden soll.

Standardmäßig sind nur zwei Kommunikationsmechanismen aktiv: die lokale Kommunikation über die Socket-Datei /var/run/libvirt/libvirt-sock und die verschlüsselte Kommunikation via SSH. Die zweite Variante setzt voraus, dass auf dem KVM-Host ein SSH-Server läuft und nc (Netcat) installiert ist.

QEMU-Konfiguration

Beim Ausführen von virtuellen Maschinen greifen die libvirt-Werkzeuge auf das KVM-Kommando zurück, das wiederum auf QEMU basiert. Eine Menge Grundeinstellungen für das KVM-Kommando (also je nach Distribution kvm, qemu-kvm oder /usr/libexec/qemu-kvm) sind durch die Datei /etc/libvirt/qemu.conf vorgegeben.

qemu.conf steuert unter anderem die Defalteinstellungen des VNC- bzw. Spice-Servers der virtuellen Maschine. Dabei kommt standardmäßig die IP-Adresse 127.0.0.1 zum Einsatz. Somit sind nur lokale Verbindungen zulässig (wobei eine Weiterleitung via SSH-Port-Forwarding möglich ist). Alternativ können dem VNC- und Spice-Server auch andere IP-Adressen zugeordnet werden. In diesem Fall ist es aber empfehlenswert, die Verbindung durch TSL/x509 oder SASL abzusichern, was den Konfigurationsaufwand deutlich vergrößert.

In qemu.conf ist auch festgelegt, ob und durch welches Sicherheitssystem die Ausführung des KVM-Kommandos überwacht wird (üblicherweise SELinux bei Fedora/RHEL, AppArmor bei Ubuntu), welche Benutzer- und Gruppen-ID der KVM-Prozess verwenden soll, welche cgroups-Controller berücksichtigt werden sollen, ob Speicherabbilder von virtuellen Maschinen komprimiert werden sollen etc. Die entsprechenden qemu.conf-Parameter werden im weiteren Verlauf dieses Buchs teilweise näher vorgestellt.

XML-Dateien virtueller Maschinen

Die libvirt-Werkzeuge speichern alle Einstellungen der virtuellen Maschinen in XML-Dateien. Dabei kommen standardmäßig die folgenden Verzeichnisse zum Einsatz:

/etc/libvirt/qemu/   (für virtuelle Maschinen auf Systemebene)
~/.libvirt/qemu/   (für virtuelle Maschinen auf Session-/Benutzerebene)

Die folgenden Zeilen einer XML-Datei zeigen die Definition einer virtuellen KVM-Maschine, die mit dem Virtual Machine Manager eingerichtet wurde:

```
<domain type='kvm'>
  <name>centos62-vm2</name>
  <uuid>3b82e5e9-ecaa-f188-e05c-bf01847d8f77</uuid>
  <memory>1048576</memory>
  <currentMemory>1048576</currentMemory>
  <vcpu>1</vcpu>
  <os>
    <type arch='x86_64' machine='rhel6.2.0'>hvm</type>
    <boot dev='hd'/>
  </os>
  <features>
    <acpi/>
    <apic/>
    <pae/>
  </features>
  <clock offset='utc'/>
  <on_poweroff>destroy</on_poweroff>
  <on_reboot>restart</on_reboot>
  <on_crash>restart</on_crash>
  <devices>
    <emulator>/usr/libexec/qemu-kvm</emulator>
    <disk type='file' device='disk'>
      <driver name='qemu' type='qcow2' cache='none'/>
      <source file='/data/virt/vm2.img'/>
      <target dev='vda' bus='virtio'/>
      <address type='pci' domain='0x0000' bus='0x00' slot='0x05'
              function='0x0'/>
    </disk>
    <disk type='block' device='cdrom'>
      <driver name='qemu' type='raw'/>
      <target dev='hdc' bus='ide'/>
      <readonly/>
      <address type='drive' controller='0' bus='1' unit='0'/>
    </disk>
```

```
      <controller type='ide' index='0'>
        <address type='pci' domain='0x0000' bus='0x00' slot='0x01'
                function='0x1'/>
      </controller>
      <interface type='network'>
        <mac address='52:54:00:32:eb:01'/>
        <source network='default'/>
        <model type='virtio'/>
        <address type='pci' domain='0x0000' bus='0x00' slot='0x03'
                function='0x0'/>
      </interface>
      <serial type='pty'>
        <target port='0'/>
      </serial>
      <console type='pty'>
        <target type='serial' port='0'/>
      </console>
      <input type='tablet' bus='usb'/>
      <input type='mouse' bus='ps2'/>
      <graphics type='vnc' port='-1' autoport='yes'/>
      <sound model='ich6'>
        <address type='pci' domain='0x0000' bus='0x00' slot='0x04'
                function='0x0'/>
      </sound>
      <video>
        <model type='cirrus' vram='9216' heads='1'/>
        <address type='pci' domain='0x0000' bus='0x00' slot='0x02'
                function='0x0'/>
      </video>
      <memballoon model='virtio'>
        <address type='pci' domain='0x0000' bus='0x00' slot='0x06'
                function='0x0'/>
      </memballoon>
    </devices>
</domain>
```

Die meisten Einstellungen sind ohne weitere Erklärung verständlich und korrespon-
dieren direkt mit entsprechenden KVM- oder virt-install-Optionen. Im Detail ist das
Format der libvirt-XML-Dateien auf folgender Seite dokumentiert:

http://libvirt.org/format.html

> **ACHTUNG**
>
> **Ändern Sie die Datei nicht direkt mit einem Editor, sondern verwenden Sie dazu das virsh-Kommando** edit**! Andernfalls riskieren Sie, dass ein anderes libvirt-Werkzeug Ihre Änderungen überschreibt.**

Um den Start von kvm und somit um die Auswertung der XML-Datei und die Übergabe der korrekten Optionen kümmern sich die libvirt-Werkzeuge. Wenn Sie die resultierende, über mehrere Zeilen reichende Optionsliste des kvm-Kommandos ansehen möchten, führen Sie nach dem Start der virtuellen Maschine ps ax | grep kvm aus. Das folgende Beispiel zeigt das KVM-Kommando zur oben abgedruckten XML-Datei, wobei wir die Ausgabe zur besseren Lesbarkeit neu formatiert haben.

```
root#  ps ax | grep kvm
/usr/libexec/qemu-kvm
  -S
  -M rhel6.2.0
  -enable-kvm
  -m 1024
  -smp 1,sockets=1,cores=1,threads=1
  -name centos62-vm2
  -uuid 3b82e5e9-ecaa-f188-e05c-bf01847d8f77
  -nodefconfig
  -nodefaults
  -chardev socket,id=charmonitor,\
          path=/var/lib/libvirt/qemu/centos62-vm2.monitor,server,nowait
  -mon chardev=charmonitor,id=monitor,mode=control
  -rtc base=utc
  -no-shutdown
  -drive  file=/data/virt/vm2.img,if=none,id=drive-virtio-disk0,\
          format=qcow2,cache=none
  -device virtio-blk-pci,bus=pci.0,addr=0x5,drive=drive-virtio-disk0,\
          id=virtio-disk0,bootindex=1
  -drive  if=none,media=cdrom,id=drive-ide0-1-0,readonly=on,format=raw
  -device ide-drive,bus=ide.1,unit=0,drive=drive-ide0-1-0,id=ide0-1-0
  -netdev tap,fd=22,id=hostnet0,vhost=on,vhostfd=23
  -device virtio-net-pci,netdev=hostnet0,id=net0,mac=52:54:00:32:eb:01,\
          bus=pci.0,addr=0x3
  -chardev pty,id=charserial0 -device isa-serial,chardev=charserial0,id=serial0
  -usb
  -device usb-tablet,id=input0
  -vnc 127.0.0.1:0
  -vga cirrus
  -device intel-hda,id=sound0,bus=pci.0,addr=0x4
  -device hda-duplex,id=sound0-codec0,bus=sound0.0,cad=0
  -device virtio-balloon-pci,id=balloon0,bus=pci.0,addr=0x6
```

XML-Dateien von Speicherpools

Auch die Verzeichnisse, in denen Image-Dateien gespeichert werden, sind durch XML-Dateien definiert. Sie finden diese Dateien im Verzeichnis /etc/libvirt/storage. Die XML-Datei für den Speicher-Pool /var/lib/libvirt/images hat den Namen default.xml und sieht so aus:

```
<pool type='dir'>
  <name>default</name>
  <uuid>a4e9e516-8220-0fb2-f397-4250a1399377</uuid>
  <capacity>0</capacity>
  <allocation>0</allocation>
  <available>0</available>
  <source>
  </source>
  <target>
    <path>/var/lib/libvirt/images</path>
    <permissions>
      <mode>0700</mode>
      <owner>-1</owner>
      <group>-1</group>
    </permissions>
  </target>
</pool>
```

Das Format der XML-Dateien ist ausführlich dokumentiert:

http://www.libvirt.org/formatstorage.html

XML-Dateien zur Netzwerkkonfiguration

Der Virtual Machine Manager und die anderen libvirt-Werkzeuge ermöglichen das Einrichten virtueller Netzwerke (siehe Kapitel 5). Deren Eckdaten werden in XML-Dateien im Verzeichnis /var/lib/libvirt/network gespeichert. Die folgenden Zeilen zeigen die Konfiguration des Standardnetzwerks (Datei default.xml). Darin sind der IP-Adressbereich (129.168.122.*), die Netzmaske und das Verbindungsverfahren NAT zum Host-Rechner festgehalten.

```
<network>
  <name>default</name>
  <uuid>482ab163-9f5b-4bd9-aceb-81f5084a49c6</uuid>
  <forward mode='nat'/>
  <bridge name='virbr0' stp='on' delay='0' />
  <mac address='52:54:00:D4:A4:3F'/>
```

```
<ip address='192.168.122.1' netmask='255.255.255.0'>
  <dhcp>
    <range start='192.168.122.2' end='192.168.122.254' />
  </dhcp>
</ip>
</network>
```

3.6 Verhalten beim Neustart des Hostsystems

Was passiert mit den virtuellen Maschinen, wenn Sie das Hostsystem herunterfahren? In diesem Punkt gibt es grundlegende Unterschiede zwischen den Distributionen.

Reboot-Verhalten bei RHEL und Fedora

Fedora- und aktuelle RHEL-Distributionen sichern mit dem virsh-Kommando save den Speicherinhalt aller virtuellen Maschinen, die durch libvirtd auf Systemebene ausgeführt werden. Beim nächsten Start des Rechners wird der Zustand der virtuellen Maschinen automatisch wiederhergestellt (restore), d. h., die virtuellen Maschinen laufen weiter, als wäre in der Zwischenzeit nichts passiert.

Verantwortlich für diesen Mechanismus ist unter Fedora bzw. RHEL das Init-V-Script /etc/init.d/libvirt-guests. Einige Konfigurationsparameter können Sie in /etc/sys-config/libvirt-guests einstellen.

Bei der Sicherung bzw. Wiederherstellung mehrerer virtueller Maschinen muss jeweils deren gesamtes RAM auf der Festplatte gespeichert bzw. von dort gelesen werden. Das setzt ausreichend freien Speicherplatz im Verzeichnis /var/lib/libvirt/qemu/save voraus und dauert natürlich einige Zeit.

ACHTUNG Das Script libvirt-guests **ignoriert virtuelle Maschinen auf Benutzerebene sowie direkt durch das KVM-Kommando (also ohne libvirt) ausgeführte virtuelle Maschinen. Beachten Sie, dass der hier beschriebene Sicherungsmechanismus erst ab Red Hat Enterprise Linux 6.1 implementiert ist, in RHEL 6.0 also noch nicht zur Verfügung steht!**

Reboot-Verhalten bei Ubuntu

Ubuntu versucht beim Herunterfahren, alle laufenden virtuellen Maschinen durch das virsh-Kommando shutdown herunterzufahren. Wenn das nicht gelingt bzw. wenn die virtuellen Maschinen sich für ein geordnetes Ende zu viel Zeit nehmen, werden sie gewaltsam beendet (virsh-Kommando shutdown). Der dafür verantwortliche Code befindet sich in der Upstart-Konfigurationsdatei /etc/init/libvirt-bin.conf.

libvirt-Autostart-Funktion

Vollkommen losgelöst von den oben beschriebenen Init-Scripts sehen die libvirt-Werkzeuge ein Autostart-Attribut für virtuelle Maschinen vor. Es kann im Virtual Machine Manager in der Detailansicht der virtuellen Maschine im Dialogblatt BOOT OPTIONS eingestellt werden oder durch virsh autostart *name* aktiviert werden.

Virtuelle Maschinen auf Systemebene, deren Autostart-Attribut gesetzt ist, werden beim Start des Dämons libvirtd automatisch neu gestartet. Im Gegensatz zu den Init-Scripts libvirt-guests bzw. libvirt-suspendonreboot gilt das auch für Maschinen, die vor dem Neustart des Hostsystems manuell heruntergefahren wurden.

Beachten Sie, dass das Autostart-Attribut auf Benutzerebene nur von eingeschränktem Nutzen ist: Zwar gilt es auch dann, allerdings wird der Dämon libvirtd bei Bedarf gestartet, also erst, wenn nach dem Login zum ersten Mal ein libvirt-Werkzeug verwendet wird.

3.7 BoxGrinder (Fedora, RHEL)

BoxGrinder ist ein von Red Hat initiiertes Open-Source-Projekt, um ausgehend von einer kurzen Textdatei neue virtuelle Maschinen zu erzeugen. Zurzeit (im Frühjahr 2012) steht BoxGrinder nur unter Fedora zur Verfügung; es ist aber zu erwarten, dass BoxGrinder demnächst in RHEL integriert wird.

Eingeschränkt ist auch die Auswahl der Distributionen, die in den neuen virtuellen Maschinen installiert werden können. Momentan werden neben Fedora nur RHEL, CentOS und Scientific Linux unterstützt. Dafür ist BoxGrinder kein KVM-spezifisches Werkzeug, sondern kommt auch mit diversen anderen Virtualisierungs- und Cloud-Systemen zurecht. Neben KVM unterstützt es auch VMware, Amazon EC2 und VirtualBox.

Viele Funktionen von BoxGrinder sind in Plugins implementiert. Es gibt drei Typen von Plugins:

» OS-Plugins steuern betriebssystemspezifische Details der virtuellen Maschinen.

» Plattform-Plugins sind für die Besonderheiten des jeweiligen Virtualisierungssystems verantwortlich. Wenn kein Plattform-Plugin zum Einsatz kommt, werden virtuelle KVM-Maschinen erstellt.

» Delivery-Plugins kümmern sich schließlich darum, wie die virtuelle Maschine ausgeliefert wird, d. h., wie sie zum Virtualisierungs-Host übertragen wird.

Einen Überblick über alle Plugins liefert boxgrinder-build --version:

```
user$  boxgrinder-build --version
WARNING: no socket to connect to
BoxGrinder Build 0.10.0

Available os plugins:
 - fedora plugin for Fedora
 - sl plugin for Scientific Linux
 - centos plugin for CentOS
 - rhel plugin for Red Hat Enterprise Linux

Available platform plugins:
 - virtualbox plugin for VirtualBox
 - virtualpc plugin for VirtualPC
 - ec2 plugin for Amazon Elastic Compute Cloud (Amazon EC2)
 - vmware plugin for VMware

Available delivery plugins:
 - elastichosts plugin for ElasticHosts
 - sftp plugin for SSH File Transfer Protocol
 - ebs plugin for Elastic Block Storage
 - libvirt plugin for libvirt Virtualisation API
 - s3 plugin for Amazon Simple Storage Service (Amazon S3)
 - openstack plugin for OpenStack
 - cloudfront plugin for Amazon Simple Storage Service (Amazon S3)
 - local plugin for Local file system
 - ami plugin for Amazon Simple Storage Service (Amazon S3)
```

Aktuelle Informationen zu BoxGrinder sowie Details zu den diversen Plugins finden Sie hier:

http://boxgrinder.org/

http://boxgrinder.org/tutorials/boxgrinder-build-plugins/

BoxGrinder installieren

Für dieses Buch haben wir BoxGrinder unter Fedora 16 getestet. Das macht die Installation besonders einfach:

```
root#  yum install rubygem-boxgrinder-build
```

Normalerweise werden Sie Fedora aber nicht als KVM-Host verwenden wollen. Das ist auch gar nicht nötig. Sie können BoxGrinder unter Fedora auf einem zweiten Rechner ausführen und die resultierende virtuelle Maschine dann z. B. via SFTP zum KVM-Host übertragen oder mit einer libvirt-Verbindung direkt dort einrichten.

Eine weitere Alternative besteht darin, BoxGrinder auf dem KVM-Host in einer virtuellen Maschine auszuführen. Auf der BoxGrinder-Website finden Sie hierfür sogar ein fertiges Image:

http://boxgrinder.org/tutorials/boxgrinder-build-meta-appliance/

Zu guter Letzt können Sie die BoxGrinder-Pakete aus der inoffiziellen rbel.co-Paketquelle direkt unter RHEL oder einer dazu kompatiblen Distribution installieren, wie es in diesem Blog-Beitrag beschrieben ist:

http://blog.frameos.org/2011/11/11/installing-boxgrinder-in-rhelcentos-6-distributions/

Beschreibung der virtuellen Maschine

Bevor Sie BoxGrinder ausführen können, müssen Sie die zu erzeugende virtuelle Maschine in einer Textdatei beschreiben (in dem sogenannten Appliance Definition File). Diese Datei kann wie das folgende Beispiel aussehen:

```
name: centos
summary: CentOS installation with BoxGrinder
os:
  name: centos
  version: 6
hardware:
  memory: 1024
  partitions:
    "/":
      size: 4
    "/home":
      size: 1
    "swap":
      size: 0.5
packages:
  - @core
  - @mysql
  - acpid
```

Zwingend erforderlich sind lediglich die Angaben name sowie os/name und os/version. Wenn Sie als Betriebssystem rhel, centos oder sl (für Scientific Linux) angeben, müssen Sie als Versionsnummer einfach 5 oder 6 angeben (bzw. in ferner Zukunft 7). BoxGrinder berücksichtigt dann automatisch die aktuellste passende Version. Zu dem Zeitpunkt, als wir unsere Tests durchgeführt haben, war das Version 6.2.

Für alle weiteren Parameter kommen gegebenenfalls Defaultwerte zur Anwendung. Im os-Abschnitt können Sie mit password das gewünschte root-Passwort angeben (standardmäßig boxgrinder).

Im hardware-Abschnitt können Sie eine oder mehrere Partitionen mit dem Mount-Punkt sowie der gewünschte Größe in GByte angeben. Falls Sie eine Swap-Partition wünschen, geben Sie statt des Mount-Punkts die Zeichenkette "swap" an. Wenn Sie keine Partitionierungsdaten angeben, wird lediglich eine ein GByte große Root-Partition eingerichtet. Außerdem können Sie mit cpus die Anzahl der CPU-Cores (standardmäßig eine) und mit memory die Größe des RAMs in MByte bestimmen (standardmäßig 256).

Der packages-Abschnitt bestimmt, welche Pakete in der virtuellen Maschine installiert werden. Dabei geben Sie die gewünschten Pakete zeilenweise an, wobei Sie jeweils ein Minuszeichen voranstellen müssen. @name bezeichnet Paketgruppen.

Standardmäßig ist die Paketgruppe core ausgewählt, die bei Fedora- und RHEL-Distributionen eine Minimalinstallation für den Textmodusbetrieb bewirkt (ca. 200 Pakete mit ca. 600 MByte Platzbedarf). Die Namen und der Umfang der Paketgruppen von Red-Hat-basierten Distributionen geht aus der Datei repodata/xxx-comps.xml hervor. Auch yum grouplist -v liefert eine Liste aller Gruppen, wobei die für den BoxGrinder relevanten Gruppen-IDs in Klammern angegeben werden. yum grouplist kennt die minimale core-Gruppe allerdings nicht.

Neben den hier beschriebenen Schlüsselwörtern können Sie im Appliance Definition File zusätzliche Paketquellen angeben (packages), andere Appliance-Dateien integrieren (appliances), einzelne Dateien hinzufügen (files) sowie nach Abschluss der eigentlichen Installation Kommandos ausführen (post). Im Detail sind diese Möglichkeiten hier beschrieben:

http://boxgrinder.org/tutorials/appliance-definition/

Virtuellen Maschine erzeugen

Im einfachsten Fall erzeugen Sie die neue virtuelle Maschine durch den simplen Aufruf von boxgrinder-build, wobei Sie als einzigen Parameter den Dateinamen des Appliance Definition Files angeben:

```
root# boxgrinder-build centos.appl
INFO -- : Validating appliance definition from centos.appl file...
INFO -- : Appliance definition is valid.
INFO -- : Building 'centos' appliance for x86_64 architecture.
INFO -- : Resolving packages added to centos appliance definition file...
```

```
INFO -- : All additional packages for centos appliance successfully
          resolved.
INFO -- : Building centos appliance...
...
WARN -- : Loading SELinux policy failed. SELinux may be not fully
          initialized.
INFO -- : Executing post operations after build...
INFO -- : Base image for centos appliance was built successfully.
```

boxgrinder-build muss mit sudo oder von root ausgeführt werden. Die Ausführung des Kommandos dauert einige Minuten. Wenn eine Distribution erstmals erzeugt wird, dauert es etwas länger, weil alle erforderlichen Pakete zuerst heruntergeladen werden müssen. boxgrinder speichert diese Pakete im Verzeichnis /var/cache/boxgrinder/rpms-cache, weswegen ein neuerlicher Aufruf des Kommandos dann wesentlich schneller erledigt wird.

Standardmäßig speichert BoxGrinder die resultierenden Dateien im Verzeichnis:

build/appliances/x86_64/*osplugin*/*osversion*/*name*/1.0/*osplugin*-plugin/

Bei der Verwendung des vorhin abgedruckten Appliance Definition Files ergibt sich also:

build/appliances/x86_64/centos/6/centos-boxbrinder/1.0/centos-plugin/

BoxGrinder verwendet normalerweise das RAW-Format für Image-Dateien. Wenn Sie das QCOW2-Format vorziehen, rufen Sie BoxGrinder wie folgt auf:

root# **boxgrinder-build centos.appl --os-config: format:qcow2**

In der virtuellen Maschine ist außer root kein weiterer Benutzer eingerichtet. Das root-Passwort lautet standardmäßig boxgrinder und sollte aus Sicherheitsgründen sofort beim ersten Start der virtuellen Maschine geändert werden!

> **ACHTUNG**
>
> **BoxGrinder testet bei jedem Aufruf, ob es eine virtuelle Maschine mit dem angegebenen Namen bereits existiert. In diesem Fall verzichtet das Kommando auf eine neuerliche Erzeugung. Das spart Zeit, führt aber dazu, dass Änderungen im Appliance Definition File ignoriert werden! Nach jeder Änderung in dieser Datei müssen Sie BoxGrinder explizit mit der Option -f dazu zwingen, die virtuelle Maschine neu einzurichten!**

Auslieferung der virtuellen Maschinen (libvirt-Plugin)

Natürlich können Sie die resultierende Image-Datei und die dazugehörige XML-Datei nun manuell am Virtualisierungs-Host installieren. BoxGrinder kann Ihnen aber auch diese Aufgabe abnehmen. Dazu wählen Sie mit der Option -d ein Delivery-Plugin aus. Für KVM-Maschinen ist das libvirt-Plugin am besten geeignet, also -d libvirt.

Ohne weitere Optionen kopiert BoxGrinder die Image-Datei dann in das Verzeichnis /var/
lib/libvirt/images und fügt die virtuelle Maschine in die Liste der von libvirt verwalteten Maschinen hinzu. Wenn der KVM-Host auf einem anderen Rechner läuft oder
wenn Sie die Image-Datei in einem anderen Speicherpool ablegen möchten, müssen Sie
zwei Zusatzoptionen angeben: connection_uri für die Auslieferung der Beschreibung
der virtuellen Maschine (XML-Datei) und image_delivery_uri für die Übertragung der
Image-Datei:

```
root#  boxgrinder centos.appl --os-config format:qcow2 -d libvirt \
         --delivery-config connection_uri:qemu+ssh://root@kvmhost/system,\
         image_delivery_uri:sftp://root@kvmhost/var/lib/libvirt/images
```

Das BoxGrinder-Kommando wird damit sehr unübersichtlich. Soweit die Zusatzoptionen
für jeden BoxGrinder-Aufruf zutreffen, ist es deswegen besser, diese in /root/.boxgrin-
der/config zu speichern (bzw. in ~/.boxgrinder/config, falls Sie mit sudo arbeiten).
Diese Datei kann z. B. so aussehen:

```
plugins:
  fedora:
    format: qcow2
  centos:
    format: qcow2
  libvirt:
    connection_uri: qemu+ssh://root@kvmhost/system
    image_delivery_uri: sftp://root@kvmhost/var/lib/libvirt/images
    bus: virtio
    overwrite: true
    domain_type: kvm
```

Der BoxGrinder-Aufruf vereinfacht sich damit wieder:

```
root#  boxgrinder centos.appl -d libvirt
```

Im obigen Listing kommen einige weitere libvirt-Optionen vor, die einer näheren Erklärung bedürfen: bus:virtio bewirkt, dass die virtuelle Maschine den virtio-Treiber zum
Zugriff auf die Image-Datei verwendet. domain_type:kvm aktiviert KVM. (Unbegreiflicher-
weise kommt ohne diese Option standardmäßig QEMU zum Einsatz.) overwrite:true
überschreibt eine bereits vorhandene virtuelle Maschine mit demselben Namen.

Probleme

Ein prinzipielles Problem von BoxGrinder besteht darin, dass diverse Einstellungen der
virtuellen Maschine standardmäßig anders ausfallen als beim manuellen Anlegen einer
neuen virtuellen Maschine mit libvirt-Werkzeugen:

» Die virtuellen Festplatten werden als IDE-Festplatten angesprochen (statt mit virtio).

» Die Netzwerkanbindung erfolgt über einen RTL8139-Adapter (statt mit virtio).

» Als Hypervisor kommt QEMU (!) und nicht KVM zum Einsatz. Das begründet auch, warum die virtuellen Maschinen in der Defaulteinstellung so langsam laufen.

» ACPI und APIC sind standardmäßig nicht aktiv. ACPI steht für *Advanced Configuration and Power Interface* und ermöglicht es, die virtuelle Maschine durch ein ACPI-Shutdown-Kommando geordnet herunterzufahren bzw. neu zu starten. APIC steht für *Advanced Programmable Interrupt Controller* und bezeichnet ein Schema, um Hardware-Interrupts an die CPUs weiterzuleiten.

Einige dieser Parameter lassen sich wie vorhin bereits beschrieben durch libvirt-Optionen in der BoxGrinder-Konfiguration korrigieren, insbesondere der Hypervisor und der Festplattenzugriff mit virtio-Treiber. Die restlichen Parameter müssen in der XML-Datei der virtuellen Maschine richtig gestellt bzw. durch ein paar Mausklicks im Virtual Machine Manager optimiert werden.

Die Gefahr ist aber groß, dass derartig suboptimale Optionen übersehen werden und die virtuelle Maschine deswegen weniger effizient läuft, als eigentlich möglich wäre. Es ist unverständlich, warum nicht von vorneherein zweckmäßigere Defaulteinstellungen zum Einsatz kommen.

3.8 VMBuilder (Ubuntu)

VMBuilder ist das Ubuntu-spezifische Gegenstück zu BoxGrinder. Es hilft dabei, virtuelle Ubuntu-Maschinen mit minimalem Aufwand einzurichten. Neben KVM/libvirt unterstützt es auch die Virtualisierungssysteme Amazon EC2, VirtualBox, VMware und Xen. Das Python-Script befindet sich im Paket `python-vm-builder`.

```
root#  apt-get install python-vmbuilder
```

Die offizielle Dokumentation finden Sie auf der folgenden Seite (wobei Sie in der URL 11.10 durch die gerade aktuelle Ubuntu-Versionsnummer ersetzen müssen):

https://help.ubuntu.com/11.10/serverguide/C/jeos-and-vmbuilder.html

Die man-Seite zu `vmbuilder` ist wenig hilfreich. Eine Liste aller Optionen liefert `vmbuilder kvm ubuntu --help`.

HINWEIS

Obwohl **VMBuilder** vom Ubuntu Virtualization Team entwickelt und gewartet wird, ist es grundsätzlich zu Debian und anderen von Debian abgeleiteten Distributionen kompatibel. Debian-spezifische Informationen können Sie hier nachlesen:

http://wiki.debian.org/VMBuilder

Leider ist das zurzeit (Anfang 2012) im VMBuilder enthaltene Debian-Plugin nicht aktuell. In diesem Abschnitt beziehen wir uns auf jeden Fall explizit auf den Einsatz unter Ubuntu und für das Virtualisierungssystem KVM/libvirt.

Virtuelle Maschinen erzeugen

VMBuilder muss mit root-Rechten ausgeführt werden. In der Minimalvariante sieht die Syntax wie im folgenden Beispiel aus:

```
root#  vmbuilder kvm ubuntu --suite oneiric --flavour virtual \
       --libvirt qemu:///system
```

Der erste Parameter gibt das gewünschte Virtualisierungssystem an, der zweite die Distribution. Die Option --suite bestimmt die Ubuntu-Version. Sie müssen daher oneiric durch den Namen der gewünschten Ubuntu-Version ersetzen (z. B. precise für Ubuntu 12.04). Die Option --flavour virtual bewirkt, dass eine für die Virtualisierung optimierter Kernel installiert wird. Die Option --libvirt uri gibt schließlich an, auf welchem KVM-Host VMBuilder die resultierende virtuelle Maschine einrichten soll.

VMBuilder führt grundsätzlich eine Minimalinstallation durch, die ca. 190 Pakete umfasst und 500 MByte Speicherplatz auf der Festplatte belegt. Die Installation umfasst keinen grafischen Desktop.

VMBuilder erstellt die Image-Datei für die virtuelle Festplatte im Unterverzeichnis ubuntu-kvm relativ zum gerade aktuellen Verzeichnis. Wenn Sie die virtuelle Maschine an einem anderen Ort speichern möchten, sollten Sie vor der Ausführung von VMBuilder das Verzeichnis wechseln oder mit der Option --dest das Zielverzeichnis vorgeben. (VMBuilder erzeugt das Zielverzeichnis selbst, es darf also noch nicht existieren! Ist das doch der Fall, meldet sich VMBuilder mit einer Fehlermeldung – ärgerlicherweise aber erst *nach* dem Ende des Build-Prozesses.)

Standardmäßig gelten für die von VMBuilder erzeugten virtuellen Maschinen die folgenden Eckdaten:

» Es kommt dieselbe CPU-Architektur wie auf dem Rechner zum Einsatz, auf dem VMBuilder ausgeführt wird. Wenn Sie VMBuilder also auf einer 64-Bit-Installation von Ubuntu ausführen, wird auch in der virtuellen Maschine eine 64-Bit-Version von Ubuntu installiert.

» Der virtuellen Maschine stehen eine CPU (ein Core) sowie 128 MByte RAM zur Verfügung.

» Das Dateisystem wird in einer QCOW2-Image-Datei mit 4 GByte abgebildet. Davon sind 3 GByte für die Systempartition und 1 weiteres GByte für die Swap-Partition reserviert. Die Image-Datei wird im Verzeichnis kvm-ubuntu gespeichert und wird nicht in einen libvirt-Speicherpool übertragen. Die Image-Datei wird über den IDE-Treiber an die virtuelle Maschine weitergegeben (also nicht über den effizienteren virtio-Treiber).

» Der Netzwerkadapter verwendet dagegen den virtio-Treiber. Die virtuelle Maschine befindet sich im Default-Netzwerk der libvirt-Werkzeuge.

» In der virtuellen Maschine wird der Benutzer ubuntu mit dem Passwort ubuntu eingerichtet. ubuntu wird auch als Hostname verwendet.

Wenn Sie von diesen Eckdaten abweichende Einstellungen wünschen, müssen Sie entsprechende Optionen angeben (siehe auch die Referenz der wichtigsten Optionen auf Seite 331). Das macht den Aufruf des VMBuilder-Kommandos dann leider recht unübersichtlich.

Das folgende Kommando zeigt eine reale Ubuntu-Server-Installation. Auf meinem KVM-Host dauerte die Installation gerade einmal vier Minuten. Das ist ein Bruchteil der Zeit, die eine gewöhnliche, interaktive Installation beansprucht!

```
root#   vmbuilder kvm ubuntu --suite oneiric --flavour virtual  \
        --libvirt qemu:///system  \
        --mem 512 --user kofler  \
        --iso /home/kofler/ubuntu-11.10-server-amd64.iso  \
        --dest /var/lib/libvirt/images/firma-abc.de \
        --hostname firma-abc.de \
        --bridge br0  \
        --ip 79.47.194.162 --mask 255.255.255.248 --net 79.47.194.160  \
        --gw 79.47.194.166 --dns 213.211.98.98  \
        --addpkg openssh-server --addpkg acpid  \
        -v
```

Mit den obigen Optionen (beachten Sie insbesondere --dest und --hostname) erzeugt vmbuilder die folgenden Dateien, wobei *xxxxxx* eine zufällige Zeichenkette ist:

/etc/libvirt/qemu/firma-abc.de.xml   (XML-Datei für libvirt)
/var/lib/libvirt/images/firma-abc.de/*xxxxxx*.qcow2   (Image-Datei)

Probleme und Eigenheiten

Ganz problemlos ist der Einsatz des VMBuilders leider nicht:

» Bei unseren Tests mit VMBuilder ist zum Ende des Build-Prozesses mehrfach ein Fehler aufgetreten: *umount /tmx/xxx/dev is busy*. Der Fehler ist hier dokumentiert:

https://bugs.launchpad.net/ubuntu/+source/vm-builder/+bug/879710

Abhilfe: Bis der Fehler endgültig behoben ist, müssen Sie in die Datei /usr/lib/python2.7/dist-packages/VMBuilder/plugins/ubuntu/dapper.py des Python-Codes ein sleep-Kommando einbauen (siehe Kommentar #3 im Bug-Report).

» VMBuilder weigert sich, die neue virtuelle Maschine in der libvirt-Verwaltung einzurichten, wenn schon eine gleichnamige Maschine existiert. Das ist so weit sinnvoll, schön wäre nur, wenn der entsprechende Test bereits zu Beginn erfolgen würde und nicht erst zum Ende des Build-Prozesses. Abhilfe: Geben Sie mit --hostname einen eindeutigen Namen an. Dieser wird nicht nur als Hostname verwendet, sondern auch als Name für die libvirt-Werkzeuge.

» Eine lästige Eigenheit von VMBuilder besteht darin, dass es beim Erzeugen virtueller Maschinen das Verzeichnis kvm-ubuntu (bzw. in allgemeiner Form: *hypervisor-distribution*) anlegt, dieses später aber nicht mehr löscht. Bei einem neuerlichen Aufruf liefert das Script dann die Fehlermeldung *ubuntu-kvm already exists*. Abhilfe: Löschen Sie das Verzeichnis. (Es ist in der Regel leer.)

» Der VMBuilder wählt die Hardware-Komponenten der virtuellen Maschine nicht immer optimal aus. Insbesondere der Festplattenzugriff über einen virtuellen IDE-Controller irritiert. Abhilfe: Wenn Sie den schnelleren virtio-Treiber nutzen möchten, ersetzen Sie in /etc/fstab in der virtuellen Maschine /dev/sda durch /dev/vda und fahren die virtuelle Maschine dann herunter. Anschließend stellen Sie in der Konfiguration der virtuellen Maschine von IDE auf VIRTIO um (am einfachsten im Virtual Machine Manager).

» Das Paket acpid wird nicht automatisch installiert. Die virtuelle Maschine reagiert deswegen nicht auf ACPI-Ereignisse (also z. B. auf die Shutdown-Anforderung des Virtual Machine Managers). Abhife: Installieren Sie acpid oder geben Sie beim Einrichten der virtuellen Maschine die Option --addpkg acpid an.

» In der virtuellen Maschine gilt standardmäßig das US-Tastaturlayout. Abhilfe schafft das Kommando dpkg-reconfigure keyboard-configuration.

» VMBuilder installiert in der virtuellen Maschine als Bootloader GRUB 0.97 und nicht die normalerweise bei Ubuntu zum Einsatz kommende Version 2. Änderungen an der GRUB-Konfiguration sind zum Glück selten erforderlich; falls doch, müssen Sie /boot/grub/menu.lst ändern und update-grub ausführen!

Caching

VMBuilder lädt die zur Installation der virtuellen Maschine erforderlichen Pakete aus dem Internet herunter. Der Download dieser Dateien beansprucht je nach Internetverbindung mehr Zeit als das eigentliche Zusammenstellen der virtuellen Maschine. Es gibt drei Möglichkeiten, um den Prozess zu beschleunigen:

» die Verwendung einer ISO-Datei als Paketquelle (Option --iso),

» die Verwendung eines Mirror-Servers, auf dem die Pakete lokal zur Verfügung stehen (Option --install-mirror oder (Option --mirror)) oder

» die Verwendung eines Proxy-Caches für die Pakete (Option --proxy).

An dieser Stelle finden Sie allerdings nur eine genauere Beschreibung der zweiten Methode. Bei den anderen beiden Verfahren sind in der Praxis leider massive Probleme aufgetreten.

Das Einrichten eines echten Mirrors, der den kompletten Inhalt eines Ubuntu-Paket-Servers lokal spiegelt, können Sie sich in der Regel sparen. Der Mirror würde zu 95 % Prozent Dateien enthalten, die Sie ohnedies nie brauchen. Es reicht aus, einen Proxy-Cache einzurichten: Jedes Mal, wenn ein Paket benötigt wird, kümmert sich der Proxy um dessen Download. Wird das Paket später ein zweites Mal gebraucht, steht es sofort zur Verfügung.

Es gibt diverse Proxy-Caches für Debian- bzw. Ubuntu-Pakete, z. B. apt-cacher, apt-cacher-ng, squid-deb-proxy, apt-proxy (wird nicht mehr gewartet) sowie approx. Wir haben, gerade im Zusammenspiel mit VMBuilder, die besten Erfahrungen mit approx gemacht:

```
root#  apt-get install approx
```

Nach der Installation müssen Sie die Konfigurationsdatei /etc/approx/approx.conf modifizieren. Dort tragen Sie die folgende Zeile ein, wobei Sie die HTTP-Adresse durch einen gut erreichbaren Ubuntu-Mirror-Server ersetzen.

```
# in /etc/approx/approx.conf
ubuntu   http://at.archive.ubuntu.com/ubuntu/
```

Beim Aufruf von VMBuilder müssen Sie nun die Option --install-mirror angeben:

```
root#  vmbuilder kvm ubuntu --suite oneiric --flavour virtual ... \
     --install-mirror http://localhost:9999/ubuntu
```

Falls der Proxy-Cache auf einem anderen Rechner läuft, müssen Sie natürlich dessen Hostnamen anstelle von localhost angeben. Bei unseren Tests dauerte der erste Durchlauf 4:20 Minuten, der zweite Durchlauf (also bereits mit gefülltem Cache) nur noch 2:39

Minuten. Wie stark die Zeitersparnis ist, hängt aber natürlich von der Geschwindigkeit Ihrer Internetverbindung ab.

Statt der Option `--install-mirror` können Sie auch einfach `--mirror` angeben. Das ändert nichts an der Installation, wohl aber an der Konfiguration der virtuellen Maschine: VMBuilder trägt dort nun die Mirror-Adresse in `/etc/apt/sources.list` ein. Das hat den Vorteil, dass die virtuelle Maschine nun auch für Paketinstallationen und Updates den Mirror nutzt. Sie müssen allerdings darauf achten, dass Sie mit `--mirror` einen Hostnamen oder eine IP-Adresse angeben, der bzw. die für die virtuellen Maschinen erreichbar ist. Falls Sie das libvirt-Defaultnetzwerk verwenden (also NAT im Adressbereich 192.168.122.*) und approx auf demselben Rechner läuft wie der KVM-Host, ist 192.168.122.1 eine geeignete IP-Adresse.

Um approx auch als Proxy für Sicherheitspakete zu verwenden, ergänzen Sie approx.conf um eine weitere Zeile:

```
# in /etc/approx/approx.conf
...
security   http://security.ubuntu.com/ubuntu/
```

An VMBuilder übergeben Sie nun diese zusätzliche Option:

```
root#  vmbuilder ... --security-mirror approx-hostname:9999/security
```

> **TIPP**
>
> **Sie können** approx **auch als Paket-Cache für den lokalen Rechner verwenden. Dazu müssen Sie** /etc/apt/sources.list **modifizieren. Eine entsprechende Anleitung gibt** man approx. **Die einfache Syntax von** approx **führt allerdings zu Problemen, wenn unterschiedliche Paketquellen mit demselben Verzeichnisnamen enden. In diesem Fall müssen Sie jeder dieser Paketquellen einen eigenen Namen geben, und das sowohl in** sources.list **(Verzeichnisname) als auch in** approx.conf **(erster Parameter).**

4. Virtuelle Datenträger

Dieses Kapitel beschreibt verschiedene Möglichkeiten, um virtuelle Datenträger zu erzeugen und zu verwalten. Auf dem Hostrechner ist es am einfachsten, mit Image-Dateien im lokalen Dateisystem zu arbeiten. KVM kann aber auch auf Logical Volumes, iSCSI-Datenträger oder andere Netzwerkspeicher zugreifen. Diese Alternativen erfordern zwar teilweise einen höheren Konfigurationsaufwand, bieten dafür aber auch mehr Performance.

4.1 Grundlagen

Es gibt zwar eine Menge Varianten, wie die virtuellen Datenträger realisiert werden, es gibt aber auch einige Gemeinsamkeiten. Dazu zählen insbesondere die Verbindung des Datenträgers mit der virtuellen Maschine (virtueller IDE-Adapter oder virtio) sowie die Caching-Mechanismen zur Beschleunigung der Datenträgerzugriffe.

IDE-Adapter versus virtio-Treiber

Die einfachste Methode, den Datenträger an die virtuelle Maschine weiterzureichen, besteht darin, dass Sie einen virtuellen IDE-Adapter einrichten. Der größte Vorteil des IDE-Adapters besteht darin, dass jedes Gastsystem damit zurechtkommt. Einen IDE-Adapter *müssen* Sie verwenden, wenn Sie eine sehr alte Linux-Distribution (vor Kernel 2.6.25) oder ein anderes Betriebssystem (Windows, BSD etc.) installieren möchten.

Wie wir bereits im ersten Kapitel dieses Buchs beschrieben haben, gibt es mit dem virtio-Blocktreiber eine deutlich effizientere Möglichkeit, auf virtuelle Datenträger zuzugreifen. Wenn dieser Treiber im Gastsystem zur Verfügung steht, können der KVM-Host und der Gast die Daten direkt austauschen und ersparen sich den Umweg über den virtuellen IDE-Adapter. Das beschleunigt jeden Datenzugriff spürbar. Besonders groß ist der Geschwindigkeitsgewinn, wenn in einer virtuellen Maschine mehrere parallele Zugriffe erfolgen oder wenn mehrere virtuelle Maschinen zugleich Dateien lesen oder speichern.

Der virtio-Blocktreiber steht unter Linux ab Kernel 2.6.25 standardmäßig zur Verfügung. Ein Linux-Gast erkennt daher virtio-Datenträger in der virtuellen Maschine ohne weitere Konfigurationsarbeiten. Beachten Sie, dass der Device-Name in der virtuellen Maschine für den ersten virtio-Datenträger /dev/vda lautet (also nicht /dev/sda!).

Der Virtual Machine Manager richtet automatisch virtio-Datenträger ein, wenn Sie im zweiten Dialog des Assistenten zum Einrichten der virtuellen Maschine als Betriebssystemtyp LINUX und als Version eine ausreichend aktuelle Linux-Distribution auswählen. Auch virt-install verwendet automatisch die virtio-Schnittstelle, wenn mit der Option --os-type oder --os-variant ein geeignetes Gastsystem spezifiziert wird (z. B. --os-variant virtio26 für eine Distribution mit einem virtio-kompatiblen Kernel).

Auch Windows-Gäste können vom virtio-Treiber profitieren. In diesem Fall muss die Installation zuerst in einer virtuellen Maschine mit IDE-Adapter durchgeführt werden. Danach wird der virtio-Treiber installiert, und zuletzt wird die Schnittstelle des Datenträgers in der virtuellen Maschine von IDE auf virtio umgestellt. Im Detail haben wir die Vorgehensweise ab Seite 47 beschrieben.

In der XML-Datei zur Beschreibung der virtuellen Maschine wird die Schnittstelle zum Datenträger durch das bus-Attribut im target-Element ausgedrückt:

```
...
<devices>
    <disk type='file' device='disk'>
      <driver name='qemu' type='qcow2' cache='none'/>
      <source file='/data/virt/centos.img'/>
      <target dev='vda' bus='virtio'/>
      <address type='pci' domain='0x0000' bus='0x00' slot='0x05' .../>
    </disk>
...
```

HINWEIS

QEMU unterstützt auch die Emulation einer virtuellen SCSI-Schnittstelle. Deren wesentlichster Vorteil besteht darin, dass sie Hotplugging erlaubt. Die SCSI-Schnittstelle steht allerdings im Virtual Machine Manager nicht zur Auswahl. (Es gibt Pläne, eine neue virtio-SCSI-Schnittstelle zu implementieren, um die Vorteile der virtio- mit denen der SCSI-Schnittstelle zu verbinden.)

Wenn Sie virtuelle Maschinen direkt mit dem KVM-Kommando einrichten, geben Sie die gewünschte Schnittstelle mit -drive if=xxx an. Neben ide, virtio und scsi sind einige weitere Einstellungen erlaubt, z. B. floppy, sd und mtd.

Caching

In der Detailansicht im Virtual Machine Manager können Sie im Dialogblatt des Datenträgers zwischen verschiedenen Caching-Modi wählen. Dazu müssen Sie zuerst die normalerweise versteckten Bereiche ADVANCED OPTIONS und PERFORMANCE OPTIONS ausklappen (siehe Abbildung 4.1). Anschließend stehen beim Feld CACHE MODE vier Einstellungen zur Auswahl:

» NONE: Es wird kein Caching verwendet.

» DEFAULT: Der Hypervisor entscheidet, ob bzw. welches Caching-Verfahren zum Einsatz kommt. Bei KVM ist das momentan Writethrough-Caching (siehe den nächsten Punkt). Vorsicht: Das Defaultverhalten kann sich in zukünftigen KVM-Versionen ändern!

» WRITETHROUGH: Mit dieser Einstellung werden Lese- und Schreibzugriffe durch den Zwischenspeicher des Hostsystems beschleunigt. Schreibzugriffe im Gastsystem werden aber erst dann abgeschlossen, wenn das Hostsystem den Speichervorgang quittiert hat. Jeder Synchronisationsvorgang (sync, fsync) muss physikalisch auf dem Hostsystem abschlossen werden, bevor der betreffende Prozess im Gastsystem weiterarbeiten kann. Aktuelle QEMU/KVM-Versionen berücksichtigen dabei I/O Barriers.

» WRITEBACK: In diesem Fall werden auch Schreibvorgänge durch das Gastsystem gepuffert (so wie bei jedem Programm, das in eine Datei schreibt). Synchronisationsvorgänge werden nicht direkt weitergeleitet, sondern vom Hostsystem nach dessen Ermessen durchgeführt. Das führt bei Schreibvorgängen zu erheblichen Geschwindigkeitsverbesserungen.

Natürlich hat diese Art des Cachings einen gravierenden Nachteil: Wenn das Hostsystem abstürzt, kann es passieren, dass das Dateisystem des Gasts inkonsistent und im schlimmsten Fall unbenutzbar wird. Besonders groß ist dieses Risiko bei QCOW2-Image-Dateien. Abstürze des Gasts verursachen hingegen nicht mehr Probleme, als dies grundsätzlich der Fall ist.

Standardmäßig kommt bei neu im Virtual Disk Manager eingerichteten virtuellen Maschinen mit Linux-Gästen CACHE MODE = NONE zum Einsatz. Wenn der Datenträger als Image-Datei abgebildet wird, ist das allerdings nicht die optimale Einstellung!

Bei der Installation virtueller Maschinen mit virt-install geben Sie den cache-Parameter bei der Option --disk an:

```
root#  virt-install ... --disk cache=writeback,path=disk.raw
```

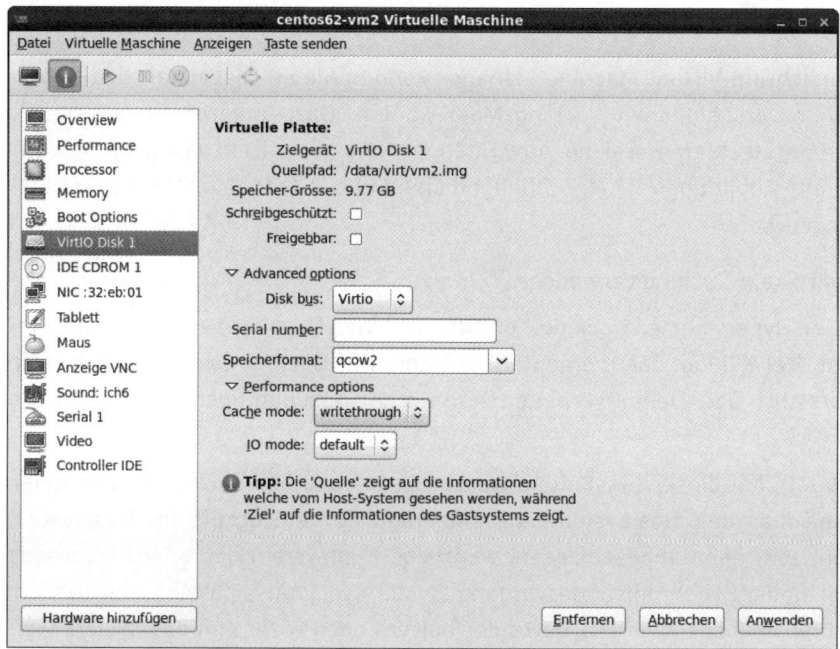

Abbildung 4.1: **I/O-Caching im Virtual Machine Manager einstellen**

In den XML-Dateien der virtuellen Maschinen bestimmt das Attribut cache im Element driver das Caching-Verhalten:

```
...
<devices>
    <disk type='file' device='disk'>
      <driver name='qemu' type='qcow2' cache='writethrough'/>
      <source file='/data/virt/centos.img'/>
      <target dev='vda' bus='virtio'/>
      <address type='pci' domain='0x0000' bus='0x00' slot='0x05' .../>
    </disk>
...
```

Wenn Sie direkt mit KVM arbeiten, erfolgt die Caching-Einstellung durch den Parameter cache=, z. B. so:

```
user$  qemu-kvm ... -drive if=virtio,boot=on,cache=writethrough,file=disk.raw
```

In diesem Fall steht Ihnen ein weiterer Cache-Modus zur Auswahl, den die libvirt-Werkzeuge nicht unterstützen: cache=unsafe. Wie der Name bereits andeutet, ist dieses sehr schnelle Caching-Verfahren unsicher. Es gibt keinerlei Garantien, innerhalb welcher Zeit der Cache-Inhalt physikalisch auf den Datenträger übertragen wird. Sollte es wirklich zu einem Absturz des Host-Systems kommen, ist das Dateisystem Ihrer virtuellen

Maschine mit großer Wahrscheinlichkeit defekt und möglicherweise nicht mehr zu retten. Das Caching-Verfahren ist somit für den Produktiveinsatz ungeeignet. Es kann aber Fälle geben (z. B. wenn KVM zum Test neu entwickelter Programmfunktionen eingesetzt wird), in denen die hohe Geschwindigkeit wertvoller ist als die Datensicherheit.

Caching-Empfehlungen

Mit welcher Caching-Einstellung erreichen Sie die beste Performance? Auf diese simple Frage gibt es leider keine ebenso simple Antwort. Eine erste Hilfestellung bieten die folgenden Faustregeln:

» Wenn Sie in der virtuellen Maschine direkt auf Speichergeräte oder Logical Volumes zugreifen, sollten Sie auf das Caching ganz verzichten. Für diesen Fall ist das Defaultverhalten des Virtual Machine Managers also korrekt.

» Wenn Sie mit Disk Images arbeiten müssen (aus Performance-Gründen ist das nicht wünschenswert), können Sie mit Writethrough- und Writeback-Caching eine deutliche Performance-Verbesserung erzielen. Deren Ausmaß hängt freilich von vielen Parametern ab – z. B. wie schnell der Datenspeicher des KVM-Hostsystems ist (herkömmliche Festplatte, SSD, Netzwerkspeicher etc.), wie viele Gäste parallel laufen und wie viele I/O-Prozesse in den Gästen laufen.

» Writeback-Caching hat gravierende Sicherheitsimplikationen, insbesondere in Kombination mit dem QCOW2-Format. Verwenden Sie diese Form des Cachings nur, wenn Sie einigermaßen sicher sind, dass Ihr KVM-Host nicht abstürzt und eine gesicherte Stromversorgung hat. Was nützen ein paar Prozent mehr Performance, wenn sich nach einem Absturz des Hostsystems die Dateisysteme Ihrer Gäste als irreparabel defekt erweisen?

Asynchrones I/O-Verhalten (AIO)

Ein-/Ausgabe-Operationen von virtuellen KVM-Maschinen werden grundsätzlich asynchron ausgeführt. Die Abkürzung AIO steht für *Asynchronous Input/Output*. Aktuelle QEMU-Versionen (seit ca. Mitte 2010) stellen zwei AIO-Verfahren zur Auswahl:

» `threaded`: Hier ist ein Pool von Worker Threads für die Abarbeitung der I/O-Operationen zuständig. Dieses Verfahren kommt bei Disk Images standardmäßig zum Einsatz. Es ist ausgereift und robust.

» `native`: In diesem Fall werden die I/O-Operationen direkt an den Linux-Kernel weitergegeben. Sofern es sich beim virtuellen Datenträger um ein Logical Volume oder um ein Block Device handelt und viele parallele I/O-Zugriffe stattfinden, ist Native AIO effizienter (wenngleich die Geschwindigkeitsgewinne selten dramatisch sind). In aktuellen Versionen des Virtual Machine Managers kommt Native AIO standardmäßig zum Einsatz, wenn der virtuelle Datenträger ein Logical Volume ist.

Native AIO darf nicht mit Caching kombiniert werden. (Im Virtual Machine Manager müssen Sie also CACHE MODE = NONE einstellen.)

Ein Red-Hat-Knowledgebase-Artikel warnt davor, Native AIO in Kombination mit Sparse Image Disks einzusetzen (also z. B. mit RAW-Dateien, deren tatsächliche Größe erst bei Bedarf wächst). Das kann zu Datenverlusten führen!

https://access.redhat.com/kb/docs/DOC-40644

Das gewünschte AIO-Verfahren können Sie im Virtual Machine Manager mit dem Listenfeld IO MODE einstellen. virt-install bietet zurzeit keine Option zur Einstellung der AIO-Methode. Bei der direkten Ausführung des KVM-Kommandos geben Sie den AIO-Modus mit -drive aio=threads/native an. In den libvirt-XML-Dateien bestimmt das Attribut io im Element driver das Caching-Verhalten:

```
...
<devices>
    <disk type='file' device='disk'>
      <driver name='qemu' type='qcow2' cache='none' io='native'/>
      <source file='/data/virt/centos.img'/>
      <target dev='vda' bus='virtio'/>
      <address type='pci' domain='0x0000' bus='0x00' slot='0x05' .../>
    </disk>
...
```

libvirt-Glossar

Im Regelfall werden Sie virtuelle Datenträger mit libvirt-Werkzeugen verwalten, also entweder mit dem Virtual Machine Manager oder mit virsh. Dabei müssen Sie sich an ein eigenes Glossar gewöhnen:

» **Pool:** Ein *Pool* ist ein Ort, in dem mehrere virtuelle Datenträger gespeichert werden. Im einfachsten Fall ist ein Pool ein Verzeichnis auf der Festplatte, in dem Image Disks gespeichert werden. Ein Pool kann aber auch eine Volume Group (LVM) sein oder eine ganze Festplatte oder ein iSCSI-Server.

» **Volume:** Die einzelnen virtuellen Datenträger heißen in der libvirt-Nomenklatur *Volumes*. Tatsächlich ist ein Volume je nach Pool-Typ eine Image-Datei, ein Logical Volume (LVM), eine Partition oder eine iSCSI-Freigabe.

Partitionierung innerhalb der virtuellen Maschine

Ganz egal, ob der virtuelle Datenträger im Hostsystem eine Image-Datei, ein Logical Volume oder ein externes Speichergerät ist – der Gast sieht den Datenträger so, als würde es sich um eine ganz gewöhnliche Festplatte handeln. Bei der Installation des Gastsystems haben Sie somit die Möglichkeit, auf dem virtuellen Datenträger mehrere Partitionen einzurichten (Boot-, Swap- und Systempartition) und eventuell auch LVM einzusetzen.

Dabei gilt der Grundsatz: Je einfacher, desto besser! Sollten Sie je in die Verlegenheit kommen, dass Sie das Dateisystem der virtuellen Maschine lesen möchten, *ohne* die virtuelle Maschine zu starten, macht jede zusätzliche Partition Ihre Arbeit komplizierter. Das gilt auch für eine nachträgliche Vergrößerung des virtuellen Datenträgers.

Unsere Empfehlungen:

» Verzichten Sie innerhalb der virtuellen Maschine auf LVM. Das einzige Argument, das eventuell für LVM spricht, ist die Möglichkeit, eine Partition einer virtuellen Maschine später unkompliziert zu vergrößern.

» Richten Sie nicht mehr Partitionen ein, als unbedingt notwendig sind! Beispielsweise ist eine eigene Boot-Partition in einer virtuellen Maschine ohne LVM selten erforderlich. (Wenn Sie in der virtuellen Maschine eine Distribution mit GRUB 2 ausführen, können Sie selbst mit LVM auf eine eigene Boot-Partition verzichten.)

» Platzieren Sie die Partition, deren Größe Sie am ehesten nachträglich ändern möchten, zuletzt. Im Regelfall wird das die Systempartition sein.

» Vermeiden Sie nach Möglichkeit *GUID Partition Tables* (GPTs). Die traditionelle Partitionierung der Fesplatte mit der Speicherung der Partitionstabelle im *Master Boot Record* (MBR) bietet für virtuelle Maschinen ausreichend Flexibilität und vermeidet Kompatibilitätsprobleme mit Werkzeugen zum direkten Zugriff auf Dateisysteme in Image-Dateien. (Fedora richtet auf leeren Festplatten ab Version 16 standardmäßig eine GPT ein. Bei unseren Tests mit einem Fedora-Gast mit einer GPT traten aber überraschend wenige Probleme auf. Allzu viel Angst vor der GPT ist also nicht angebracht.)

Unter Umständen können Sie sogar noch einen Schritt weiter gehen und im Gastsystem auf eine Partitionierung des Datenträgers ganz verzichten: Linux bietet die Möglichkeit, Dateisysteme direkt auf dem Datenträger einzurichten (also z. B. mit `mkfs.ext4 /dev/vdb`). Wenn Sie im Gastsystem mehrere getrennte Bereiche brauchen, können Sie diese im Hostsystem durch mehrere Datenträger abbilden.

Das Problem bei dieser Vorgehensweise ist die Installation: Die Installationsprogramme der meisten Linux-Distributionen verlangen eine Partitionierung, selbst wenn Sie nur eine einzige Partition einrichten möchten. Es ist aber z. B. möglich, ein vorhandenes Gastsystem um einen weiteren Datenträger zu erweitern, den Sie ohne Partitionierung direkt ansprechen.

Die Verwendung von virtuellen Datenträgern ohne Partitionierung kann in manchen Fällen die Administration vereinfachen. Unter anderem können Sie das Dateisystem im Hostsystem unkomplizierter ansprechen. Erwarten Sie aber keine Performance-Gewinne! Die Zugriffsgeschwindigkeit bleibt unverändert.

Virtuelle DVD-Laufwerke

Im Regelfall benötigen Sie in einer virtuellen Maschine nur einmal ein DVD-Laufwerk: während der Installation. Insofern ist die Konfiguration virtueller DVD-Laufwerke von untergeordneter Bedeutung. Die übliche Vorgehensweise besteht darin, eine ISO-Datei oder das physikalische DVD-Laufwerk des Hostsystems über den IDE-Bus an die virtuelle Maschine weiterzuleiten. Die entsprechenden Zeilen in der libvirt-XML-Datei zur Beschreibung der virtuellen Maschine sehen so aus:

```
<disk type='file' device='cdrom'>
  <driver name='qemu' type='raw'/>
  <source file='/data/iso/centos62.iso'/>
  <target dev='hdc' bus='ide'/>
  <readonly/>
  <address type='drive' controller='0' bus='1' unit='0'/>
</disk>
```

4.2 Image-Dateien und Speicherpools

Eine Datei im Dateisystem des Host-Computers ist zweifellos die primitivste Art und Weise, einen virtuellen Datenträger abzubilden. Der Gast sieht eine Festplatte, aber in Wirklichkeit finden alle Lese- und Schreibvorgänge in einer Datei des Hostrechners statt.

Der Hauptvorteil von Image-Dateien ist deren einfache Administration. Egal, ob Sie ein Backup Ihrer virtuellen Maschine erstellen möchten oder die virtuelle Maschine auf einen anderen Rechner (KVM-Host) verschieben möchten – es reicht aus, die Datei einfach zu kopieren. (Die virtuelle Maschine darf dabei allerdings nicht laufen!)

Image-Formate

QEMU/KVM unterstützt diverse Image-Formate, darunter auch die Image-Formate diverser anderer Virtualisierungssysteme:

» **RAW-Format:** Beim RAW-Format werden die Blöcke der virtuellen Festplatte einfach 1:1 abgebildet. Sofern das Dateisystem des Hostrechners sogenannte *Sparse Files* unterstützt (das ist unter anderem bei ext-, xfs- und btrfs-Dateisystemen der Fall), werden Blöcke, die ausschließlich Nullen enthalten, nicht physikalisch gespeichert. Das spart anfänglich eine Menge Platz. Diese Platzersparnis geht aber oft verloren, wenn die Image-Datei in einem Netzwerkverzeichnis gespeichert oder im Internet übertragen wird. Das RAW-Format ist das einfachste und schnellste Image-Format für virtuelle Maschinen.

» **QCOW2-Format:** QCOW2 steht für *Qemu Copy-on-Write, Version 2*. Dieses Format bietet gegenüber RAW eine Menge Zusatzfunktionen: Die Datenblöcke werden erst bei Bedarf reserviert, was anfänglich wie bei Sparse-Dateien eine Menge Platz spart, ohne aber ein Sparse-kompatibles Dateisystem vorauszusetzen. Außerdem kann das virtuelle Dateisystem komprimiert und verschlüsselt werden. Zu guter Letzt bieten QCOW2-Images die Möglichkeit, Snapshots zu verwalten (siehe Seite 118).

QCOW2-Images waren in der Vergangenheit deutlich langsamer als RAW-Images. Mittlerweile wurden die QCOW2-Bibliotheken aber stark verbessert, sodass der Geschwindigkeitsnachteil keine große Rolle mehr spielt.

» **COW- und QCOW-Format:** Hierbei handelt es sich um Vorgängerformate zu QCOW2. Diese Formate werden nur noch aus Kompatibilitätsgründen unterstützt und sollten nicht für neue virtuelle Maschinen eingesetzt werden.

» **QED-Format:** QEMU/KVM unterstützt seit Mitte 2011 das neue *QEMU Enhanced Disk Format*, kurz QED. Dieses Format bietet eine etwas höhere Geschwindigkeit als QCOW2, enthält dafür aber weniger Funktionen (unter anderem keine Snapshots). Möglicherweise wird QED langfristig QCOW2 ablösen.

Gegen den Einsatz des QED-Formats spricht in erster Linie der Umstand, dass das Format noch unzureichend getestet ist. Mit neuen Image-Formaten verhält es sich ähnlich wie mit neuen Dateisystemen: Wer seine Daten liebt, wartet mit dem Einsatz lieber ein, zwei Jahre ab.

» **VMDK- und VDI-Format:** Diese beiden Formate werden in VMWare bzw. in Virtual Box zur Speicherung von Image-Dateien verwendet. Die libvirt-Werkzeuge sind zwar in der Lage, derartige Image-Dateien zu erzeugen, KVM kann damit aber nichts anfangen und lässt sich nicht starten. Sie müssen die Images deswegen vorweg mit dem Kommando qemu-img convert in ein KVM-kompatibles Format umwandeln (siehe auch 67).

Für virtuelle KVM-Maschinen sind somit nur die Formate RAW und QCOW2 relevant (und in Zukunft möglicherweise auch QED).

Image-Dateien und Speicherpools mit dem Virtual Machine Manager verwalten

Sofern Sie Ihre Image-Dateien mit den libvirt-Werkzeugen verwalten möchten, muss sich jede Image-Datei in einem sogenannten Speicherpool befinden. Ein Speicherpool für Images ist ganz einfach ein Verzeichnis im Dateisystem des KVM-Hosts. Mit der Installation der libvirt-Werkzeuge wird als Default-Speicherpool das Verzeichnis /var/lib/libvirt/images eingerichtet.

Wenn Sie Image-Dateien an einem anderen Ort speichern möchten, müssen Sie zuerst einen neuen Speicherpool einrichten. (Aus Sicherheitsgründen verbieten unter RHEL und Fedora SELinux-Regeln KVM den Zugriff auf Image-Dateien, die sich nicht in einem Speicherpool befinden.)

Neue Speicherpools richten Sie am bequemsten im Virtual Machine Manager ein. Im Dialogblatt BEARBEITEN|VERBINDUNGSDETAILS|SPEICHER startet der Plus-Button links unten einen entsprechenden Assistenten. Darin geben Sie im ersten Schritt den Namen und Typ des Speicherpools an. Für Image-Dateien ist dies FILESYSTEM DIRECTORY (siehe Abbildung 4.2). Im zweiten Schritt wählen Sie das Verzeichnis aus.

Die Verwaltungsinformationen der Speicherpools werden in XML-Dateien im Verzeichnis /etc/libvirt/storage gespeichert. Die Syntax dieser XML-Dateien ist hier dokumentiert:

http://libvirt.org/formatstorage.html

In Zukunft müssen Sie beim Einrichten neuer Image-Dateien immer die Option VERWALTETEN ODER ANDEREN SPEICHER WÄHLEN. DURCHSUCHEN führt dann in einen Dialog, in dessen linker Spalte Sie den gewünschten Speicherpool auswählen. Mit dem Button NEUER DATENTRÄGER gelangen Sie schließlich in einen Dialog, in dem Sie die Eckdaten des Datenträgers angeben (siehe Abbildung 4.3).

> **HINWEIS**
>
> Im Virtual Machine Manager können Sie Image-Dateien auch in Formaten erzeugen, die gar nicht mit KVM kompatibel sind. Der Grund: Der Virtual Machine Manager ist auch zur Verwaltung virtueller Maschinen mit einem anderen Hypervisor konzipiert. Wenn Sie die Image-Datei für KVM nutzen möchten, müssen Sie eines der drei folgenden Formate wählen: RAW, QCOW2 oder QED. Mit dem Virtual Machine Manager eingerichtete Image-Dateien haben immer die Endung .img, unabhängig davon, welches Format zur Anwendung kommt.

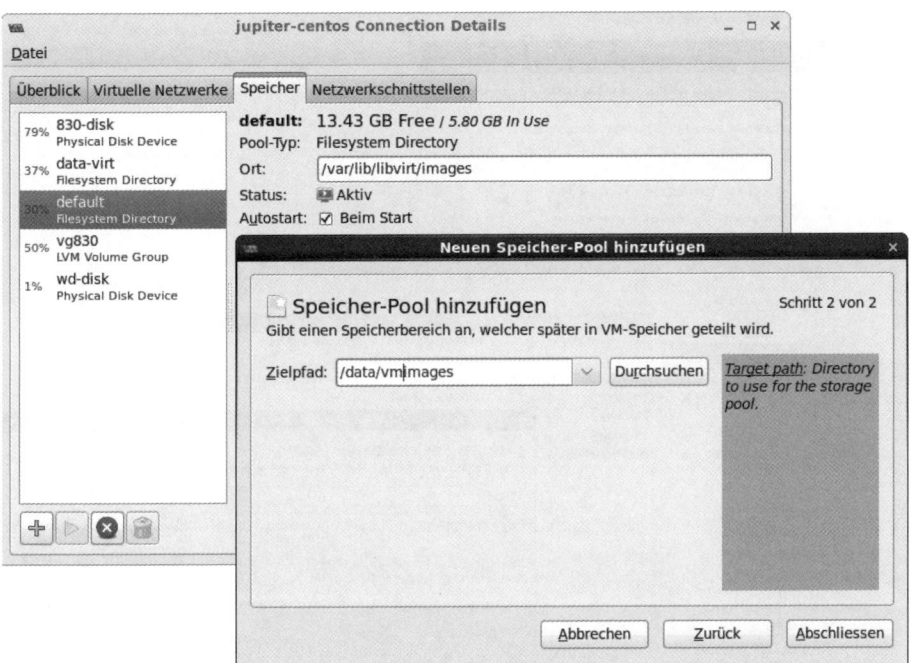

Abbildung 4.2: **Neuen Speicherpool für Image-Dateien einrichten**

Außer dem gewünschten Namen und dem Format müssen Sie hier zwei Größen angeben: Das Feld MAX. KAPAZITÄT bestimmt die maximale Größe der Image-Datei, und mit ZUWEISUNG geben Sie den Speicherplatz an, der bereits vorweg reserviert wird. Bei RAW-Images wird die Image-Datei dann tatsächlich in der entsprechenden Größe angelegt und beansprucht sofort den entsprechenden Platz auf Ihrer Festplatte oder SSD.

Bei Festplatten hat das den Vorteil, dass die gesamte Image-Datei an einem Stück gespeichert wird und nicht allmählich wächst und sich somit über verschiedene Orte der Festplatte verteilt. Das garantiert eine etwas höhere Zugriffsgeschwindigkeit, wobei der tatsächliche Geschwindigkeitsgewinn in der Praxis meist vernachlässigbar klein ist. Außerdem schließt die sofortige Allokation des gesamten Speichers aus, dass beim späteren Wachsen der Image-Datei zu wenig Platz auf der zugrunde liegenden Festplatte oder SSD des Hostsystems ist. Bei QCOW2-Images wird der Wert im Feld ZUWEISUNG allerdings ignoriert.

HINWEIS

Mit dem Virtual Machine Manager oder mit anderen libvirt-Werkzeugen erzeugte Image-Dateien gehören root**. Erst wenn Sie die dazugehörende virtuelle Maschine starten, wird der Besitzer der Image Datei auf** qemu **umgestellt, damit der ebenfalls unter dem** qemu**-Account laufende KVM-Prozess die Image-Datei lesen und schreiben kann. Sobald die virtuelle Maschine beendet wird, wird** root **wieder zum Besitzer der Datei.**

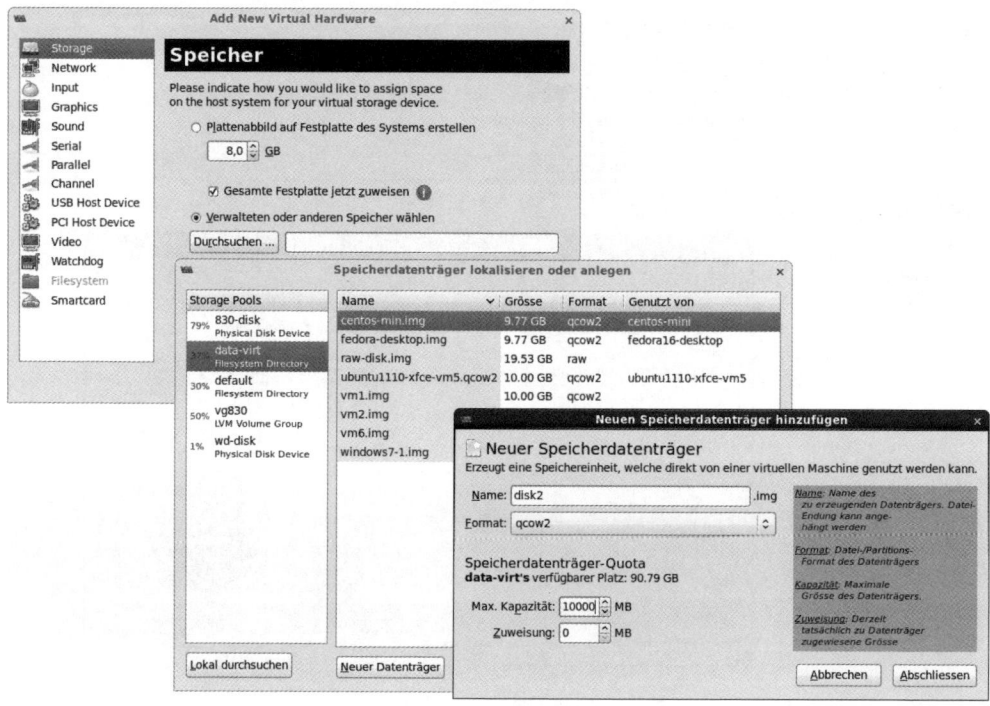

Abbildung 4.3: **Eine neue Image-Datei in einem bestimmten Speicherpool erzeugen**

Verwaltung von Speicherpools und Images mit virsh

In virsh verwenden Sie die Kommandos pool-xxx und vol-xxx zur Administration der Speicherpools und Datenträger. Die folgenden Zeilen geben dafür einige Beispiele.

```
root#  virsh
virsh #  pool-list
Name                    Status     Automatischer Start
-----------------------------------------
default                 Aktiv      yes
my-pool                 Aktiv      yes
vg2                     Aktiv      yes
virsh #  vol-list my-pool
Name                    Pfad
-----------------------------------------
centos-test1.img        /data/my-pool/vm-centos/centos-test1.img
centos-test2.img        /data/my-pool/vm-centos/centos-test2.img
...
```

pool-define-as richtet einen neuen Pool ein. Der erste Parameter gibt den Namen, der zweite den Typ an, z. B. dir für ein lokales Verzeichnis für Image-Dateien, logical für eine Volume Group (LVM) oder disk für eine ganze Festplatte. Im zweiten Parameter geben Sie den Namen des neuen Speicherpools an. Beachten Sie, dass das -target-Verzeichnis bei Pools des Typs dir bereits existieren muss.

pool-start aktiviert den neuen Pool. pool-autostart bewirkt, dass der neue Pool in Zukunft automatisch beim Start des libvirt-Dämons aktiviert wird.

```
virsh #  pool-define-as new-pool dir --target /data/new-pool
Pool new-pool definiert.
virsh #  pool-start new-pool
Pool new-pool gestartet
virsh #  pool-autostart new-pool
Pool new-pool marked as autostarted
```

vol-create-as erzeugt in einem Verzeichnis-Pool standardmäßig RAW-Images, wobei der gesamte Speicherplatz sofort alloziert wird. Das können Sie durch die Option -allocate 0G verhindern.

```
virsh #  vol-create-as new-pool test1.img 10G --allocation 0G
```

Wenn Sie ein anderes Image-Format wünschen, geben Sie dieses mit -format qcow2 oder -format qed an. Beide Formate sehen keine Vorweg-Allozierung vor; die resultierenden Dateien sind daher anfänglich sehr klein. Davon können Sie sich mit qemu-img info überzeugen:

```
virsh #  vol-create-as new-pool test2.img 10G --allocation 0G
virsh #  vol-info --pool my-pool test2.img
Name:          test2.img
Typ:           Datei
Kapazität:     10,00 GB
Zuordnung:     0,00
```

vol-info verrät leider nicht das Image-Format. Diese Information können Sie mit vol-dumpxml ermitteln:

```
virsh #  vol-dumpxml --pool new-pool test1.img
<volume>
  <name>test1.img</name>
  <key>/data/new-pool/test1.img</key>
  <source>
  </source>
  <capacity>10737418240</capacity>
  <allocation>0</allocation>
  <target>
    <path>/data/new-pool/test1.img</path>
```

```
    <format type='raw'/>
    <permissions>
      <mode>0600</mode>
      <owner>0</owner>
      <group>0</group>
      <label>system_u:object_r:file_t:s0</label>
    </permissions>
  </target>
</volume>
```

vol-delete löscht ein Volume. Etwas komplizierter ist das Löschen eines Pools: Der Pool muss leer sein (d. h., Sie müssen vorher alle enthaltenen Volumes löschen), und er muss vorher mit pool-destroy deaktiviert werden. (pool-destroy hat, auch wenn der Kommandoname das Gegenteil vermuten lässt, keine zerstörerische Wirkung. Der Pool kann mit pool-start wieder aktiviert werden.) Erst pool-delete löscht den leeren und inaktiven Pool.

```
virsh #  vol-delete --pool new-pool test1.img
virsh #  vol-delete --pool new-pool test2.img
virsh #  pool-destroy new-pool
virsh #  pool-delete new-pool
```

Wenn Sie mit virt-install eine neue virtuelle Maschine einrichten, können Sie mit --disk pool=name,vol=name auf einen bereits definierten Datenträger verweisen.

Images mit qemu-img erzeugen

Wenn Sie nicht mit den libvirt-Werkzeugen arbeiten und KVM direkt aufrufen, müssen Sie sich um die Erzeugung der Image-Dateien selbst kümmern. Das ist nicht weiter schwierig. Das folgende Kommando erzeugt eine 15 GByte große RAW-Image-Datei:

```
root#  qemu-img create -f raw disk.img 15G
```

Wenn Sie stattdessen QCOW2- oder QED-Images erzeugen möchten, verwenden Sie die Optionen -f qcow2 bzw. -f qed. Beim QCOW2-Format können Sie mit der Option -o preallocation=full den gesamten Speicherplatz vorweg reservieren. Wenn Sie mit herkömmlichen Festplatten (nicht mit SSDs) arbeiten, können sich daraus Geschwindigkeitsvorteile ergeben.

```
root#  qemu-img create -f qcow2 -o preallocation=full disk.img 15G
```

Umgang mit Sparse-Dateien

RAW-Image-Dateien beanspruchen anfänglich nur sehr wenig Platz auf der Festplatte. Das liegt daran, dass alle gängigen Linux-Dateisysteme bei Dateien, die viele 0-Bytes enthalten, nur jene Sektoren der Datei physikalisch speichern, die tatsächlich Daten enthalten.

ls -l datei.img liefert immer die maximale Größe der Image-Datei. Erst du -h datei.img verrät, wie viel Platz die Image-Datei im Dateisystem tatsächlich beansprucht. Bei einem neu erzeugten, noch ungenutzten RAW-Image ist das Ergebnis 0, weil alle Datenblöcke leer sind. Ausführliche Informationen zur maximalen und tatsächlichen Größe der Image-Datei liefert qemu-img info.

```
root#  ls -lh disk.img
... 12G ... disk1.img              (Maximalgröße in Byte)
root#  du -h disk1.img
4,7G    disk1.img                  (tatsächlicher Platzbedarf)
root#  qemu-img info disk1.img
image: disk1.img
file format: raw
virtual size: 12G (12582912000 bytes)
disk size: 4.7G
```

Sparse-Dateien bleiben auch beim Kopieren durch cp erhalten, d. h., auch die Kopie einer RAW-Image-Datei beansprucht nur so viel Platz auf der Festplatte, wie tatsächlich Daten vorhanden sind. Beachten Sie aber, dass nicht alle Backup-Tools optimal mit Sparse-Dateien umgehen.

ACHTUNG

Der größte Vorteil von Sparse-Dateien besteht naturgemäß darin, dass sie (zumindest anfänglich) Platz im Dateisystem des Hostrechners sparen. Dieser Vorteil wird freilich zum Nachteil, wenn das Dateisystem des Hostrechners voll ist und die virtuelle Maschine neue Dateien speichern möchte. Beim Versuch, die Image-Datei entsprechend zu vergrößern, stürzt die virtuelle Maschine unkontrolliert ab! Behalten Sie also den auf Ihren Host-Festplatten verfügbaren Platz im Blick!

Sparse-Dateien haben einen weiteren Nachteil: Da die Dateien immer wieder stückweise vergrößert werden, verteilen sich ihre Sektoren über die ganze Festplatte. Deswegen kann der Zugriff auf eine langsam gewachsene Sparse-Image-Datei mit der Zeit langsamer werden, verglichen mit einer Image-Datei, die von Anfang an ohne Sparse-Funktionen erzeugt wurde.

Um eine RAW-Image-Datei ohne Sparse-Optimierung zu erzeugen, nehmen Sie das Kommando dd zu Hilfe. Dabei handelt es sich um ein simples Kopierkommando, bei dem

Sie mit if die Quelle und mit of das Ziel angeben. bs bestimmt, wie viele Bytes auf einmal verarbeitet werden, und mit count legen Sie die Anzahl der Kopiervorgänge fest.

Das folgende Kommando erzeugt eine 10 GByte große Datei, die aus lauter 0-Bytes besteht. Das dauert geraume Zeit, weil nun tatsächlich 10 GByte auf die Festplatte übertragen und gespeichert werden müssen. Mit qemu-img info können Sie sich davon überzeugen, dass es sich wirklich um eine korrekte RAW-Datei handelt.

```
root#  dd if=/dev/zero of=disk1.img bs=1M count=10240
root#  qemu-img info disk1.img
image: disk1.img
file format: raw
virtual size: 10G (10737418240 bytes)
disk size: 10G
```

4.3 Logical Volumes als virtuelle Datenträger

Sofern Sie auf dem Hostsystem LVM einsetzen, können Sie anstelle einer Image-Datei auch ein *Logical Volume* (LV) als virtuellen Datenträger verwenden. Der Hauptvorteil besteht darin, dass der Zugriff auf LVs etwas effizienter ist als bei Image-Dateien. Unsere Benchmark-Tests (siehe ab Seite 136) haben allerdings nur relativ kleine Vorteile im Vergleich zu RAW-Images ergeben.

Die KVM-Dokumentation empfiehlt, bei virtuellen Maschinen mit LVs als Datenträger auf das Caching zu verzichten. Unsere eigenen Tests haben aber ergeben, dass die Aktivierung des Writethrough-Caches erhebliche Performance-Vorteile mit sich bringen kann.

HINWEIS

Wir gehen in diesem Buch davon aus, dass Sie mit den Grundlagen des Logical Volume Managers (LVM) vertraut sind. Sollte das nicht der Fall sein, finden Sie in jedem guten Linux-Buch eine Einführung zu diesem Thema (z. B. »Linux 2012«, ISBN 978-3-8273-3147-2).

Verwaltung von LVs und Speicherpools im Virtual Machine Manager

Ein Speicherpool für Logical Volumes ist ganz einfach eine *Volume Group* (VG). Diese müssen Sie zuerst mit dem Kommando vgcreate einrichten. Um diese Volume Group nun als libvirt-Speicherpool anzumelden, führen Sie im Virtual Machine Manager BEARBEITEN|VERBINDUNGSDETAILS aus und klicken im Dialogblatt SPEICHER links unten auf den Plus-Button.

Im Assistenten EINEN NEUEN SPEICHERPOOL HINZUFÜGEN wählen Sie im ersten Schritt den Typ LVM VOLUME GROUP aus. Im zweiten Schritt stehen im Eingabefeld ZIELPFAD die Device-Dateien der auf dem Hostrechner verfügbaren Volume Groups zur Auswahl. Das

Feld QUELLPFAD bleibt leer. Die Option POOL ERZEUGEN muss nicht aktiviert werden (die Volume Group existiert ja schon).

In der Liste der Speicherpools erscheint nun die gerade ausgewählte Volume Group. Bereits existierende Logical Volumes werden aufgelistet und können als Datenträger für virtuelle Maschinen benutzt werden. Mit NEUER DATENTRÄGER können Sie zudem direkt im Virtual Machine Manager neue LVs einrichten, ohne dafür auf das LVM-Kommando lvcreate zurückzugreifen. Achten Sie aber darauf, dass Sie im Virtual Machine Manager nur solche LVs für virtuelle Maschinen nutzen, die nicht auch im KVM-Host genutzt werden. Der parallele Zugriff auf ein Logical Volume durch eine virtuelle Maschine und den KVM-Host führt zur defekten Daten.

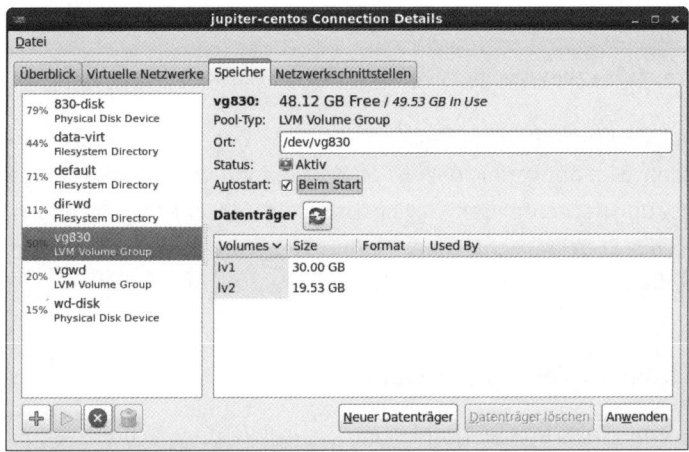

Abbildung 4.4: **Verwaltung von Logical Volumes im Virtual Disk Manager**

Verwaltung von LVs mit virsh

Nachdem Sie zuerst eine Volume Group eingerichtet haben, können Sie diese mit den folgenden virsh-Kommandos zu einem Speicherpool machen:

```
virsh #   pool-define-as new-pool logical --target /dev/vgwd \
              --source-format lvm2
virsh #   pool-start new-pool
virsh #   pool-autostart new-pool
```

Der Speicherpool ist damit aktiv und wird auch in Zukunft automatisch aktiviert. Zum Anlegen neuer Logical Volumes können Sie nun einfach das Kommando vol-create-as verwenden. Das folgende Kommando erzeugt ein 10 GByte großes Volume mit dem Namen vol1:

```
virsh #   vol-create-as --pool new-pool vol1 10G
```

Bei der Ausführung von `pool-delete` wird die Volume Group mit `vgremove` endgültig gelöscht. Wenn Sie die Volume Group erhalten und lediglich deren Nutzung als libvirt-Speicherpool beenden möchten, führen Sie besser `pool-undefine` aus. Damit wird lediglich die XML-Datei gelöscht, die den Speicherpool beschreibt.

Logical Volumes auf Kommandoebene

Sie können Logical Volumes auch auf KVM-Kommandoebene nutzen. In diesem Fall richten Sie neue LVs mit `lvcreate` ein. An das KVM-Kommando übergeben Sie dann die Device-Datei des Logical Volume:

```
root#  lvcreate -L 10G -n userver vg1
root#  qemu-kvm -m 512 \
         -drive  if=virtio,file=/dev/mapper/vg1-userver
```

Es ist nicht erforderlich, das LV zu formatieren. Damit der direkte Zugriff auf die Device-Datei des LV gelingt, müssen Sie entweder das KVM-Kommando mit root-Rechten ausführen oder vorher die Zugriffsrechte der Device-Datei entsprechend verändern. Beachten Sie aber, dass Sie die Zugriffsrechte nach jedem Neustart des Hostrechners neu einstellen müssen, weil die LVM-Device-Dateien dynamisch erzeugt werden.

Eine Image-Datei in ein Logical Volume umwandeln

Es ist nicht weiter schwierig, eine RAW-Image-Datei in ein Logical Volume zu übertragen. (Image-Dateien in anderen Formaten müssen aber vorher in das RAW-Format umgewandelt werden.) Dazu ermitteln Sie mit `ls -l` die exakte Größe der Datei und erzeugen dann mit `lvcreate` ein LV in genau dieser Größe. Dabei müssen Sie das Suffix b verwenden, damit `lvcreate` die Größenangabe in Byte interpretiert. Anschließend übertragen Sie den Inhalt der Image-Datei mit dd direkt in das Device des LV.

```
root#  ls -l disk.raw
... 10485760000 ... disk.raw
root#  lvcreate  -L 10485760000b -n kvmdisk vg1
root#  dd if=disk.raw of=/dev/mapper/vg1-kvmdisk bs=64M
156+1 Datensätze ein
156+1 Datensätze aus
10485760000 Bytes (10 GB) kopiert, 158,732 s, 66,1 MB/s
```

Logical Volumes vergrößern

Wenn Sie auf dem Datenträger einer virtuellen Maschine mehr Platz benötigen, fahren Sie die virtuelle Maschine herunter und vergrößern dann im KVM-Host das Logical Volume mit dem Kommando `lvextend`.

Beim nächsten Start der virtuellen Maschine ist deren Festplatte nun entsprechend größer. Der freie Speicher kann nun dazu genutzt werden, um neue Partitionen anzulegen. Im Rahmen unserer Tests ist es dabei zu keinen Problemen gekommen.

4.4 Festplatten und Partitionen

Partitionen direkt verwenden

Vielleicht hat die direkte Verwendung eines Devices eines Logical Volumes Sie auf die Idee gebracht, in ähnlicher Weise auch mit Festplatten- oder SSD-Partitionen zu verfahren. Grundsätzlich ist das möglich: Wenn Sie KVM direkt als Kommando aufrufen, können Sie eine einzelne Partition einfach als Datenträger übergeben (`-drive file=/dev/sdb3`). Innerhalb der virtuellen Maschine erscheint diese Partition dann wie bei Image-Dateien oder LVs als Festplatte.

Mit den libvirt-Werkzeugen können Sie eine Festplatte als Pool definieren (Typ PHYSICAL DISK DEVICE im Virtual Machine Manager) und anschließend die Partitionen der Festplatte als Datenträger an eine virtuelle Maschine weitergeben. Dabei müssen Sie natürlich darauf achten, dass Sie nie eine Partition von mehreren Gästen bzw. vom Host-System und einem Gast zugleich ansprechen.

Bei unseren Tests haben sich daraus aber nur relativ kleine Effizienzgewinne gegenüber Logical Volumes ergeben. (Werfen Sie einen Blick auf die Benchmark-Ergebnisse am Ende des Kapitels.) Begraben Sie also die Hoffnung, in einer virtuellen Maschine durch die direkte Nutzung einer Partition dieselbe I/O-Performance zu erzielen wie auf dem KVM-Host!

Gleichzeitig fehlt bei der Administration die Flexibilität von LVM. Außerdem warnt der *RHEL Virtualization Administration Guide* davor, dass im Gast angelegte Partitionen und LVM-Systeme die Partitions- und LVM-Verwaltung auf dem Hostsystem durcheinanderbringen können. Kurzum: Im Regelfall sind Sie gut beraten, Logical Volumes als virtuelle Datenträger zu verwenden, nicht aber Festplattenpartitionen.

Bei unseren Tests mit den libvirt-Werkzeugen wurden die Partitionen auf einem PHYSI-CAL DISK DEVICE ungünstig ausgerichtet (nicht an 4-KByte-Grenzen). Je nach Festplatte kann das zu erheblichen Performance-Verlusten führen. Verwenden Sie zur Partitionierung daher statt des Virtual Machine Managers lieber parted oder dessen grafische Benutzeroberfläche gparted.

Festplatten oder SSDs direkt verwenden

Mit den libvirt-Werkzeugen ist es leider unmöglich, eine *ganze Festplatte* oder SSD exklusiv einer virtuellen Maschine zuzuweisen, sodass diese dem Gast alleine zur Verfügung steht. QEMU bietet diese Möglichkeit, empfiehlt aber dringend, ausschließlich read-only zuzugreifen. Der praktische Nutzen ist damit gering. (Das zugrunde liegende Problem besteht darin, dass der direkte Zugriff auf eine Festplatte sowohl durch das Host-System als auch durch den Gast Konflikte verursacht. Linux gibt aber keine Möglichkeit, den Festplattenzugriff auf einen Prozess zu beschränken.)

4.5 iSCSI-Anbindung

iSCSI erlaubt die Nutzung des SCSI-Protokolls über TCP-Netzwerke. Somit können Sie mit iSCSI Speichernetzwerke (Storage Area Networks, SAN) aufbauen, ohne in Spezial-Hardware investieren zu müssen. Es genügen normale Switches, Router und Netzwerkkabel.

Bevor Sie sich jedoch freuen und glauben, zum Nulltarif ein eigenes SAN aufbauen zu können, sollten Sie sich überlegen, dass es dennoch sinnvoll ist, hierfür ein dediziertes Netzwerk zu verwenden. Dieses sollte redundant ausgelegt werden. Das bedeutet, dass Sie sämtliche aktiven Komponenten wie Switches und Router redundant auslegen müssen. Dann relativieren sich die Kostenvorteile gegenüber einem FibreChannel-SAN durchaus ein wenig. Dennoch müssen Sie sich nicht mit einem neuen Protokoll beschäftigen. Die Lernkurve ist flacher.

Wieso schauen wir uns in diesem Buch iSCSI an? Nun, libvirt unterstützt als Bibliothek direkt iSCSI-Pools. Das bedeutet, dass Ihre virtuellen Gäste als Festplatte die iSCSI-Festplatte aus einem SAN nutzen können. Eine iSCSI-Festplatte genügt auch als Voraussetzung für die Live-Migration, die wir uns noch ansehen werden.

In dem Zusammenhang mit iSCSI ist die Definition einiger Begriffe sinnvoll:

» **iSCSI-Target:** Dies ist der iSCSI-Server. Hier werden Blockgeräte im SAN zur Verfügung gestellt. Korrekterweise ist der Server eigentlich das Portal. Als iSCSI-Target wird bereits ein zur Verfügung gestelltes Gerät bezeichnet. Diese Begriffe werden aber häufig vertauscht, und wir verwenden im folgenden *Target* sowohl für den Server als auch für das Gerät.

» **iSCSI-Initiator:** Dies ist der iSCSI-Client. Dieser meldet sich auf dem Target an und verbindet sich mit ausgewählten Blockgeräten, die er dann lokal als SCSI-Festplatte zur Verfügung stellt.

» **iSCSI Qualified Name (iQN):** Der iQN kennzeichnet sowohl das Target als auch den Initiator eindeutig im Netzwerk. Dieser wird in den RFCs 3720 und 3721 spezifiziert. Der Name beginnt immer mit **iqn**. Darauf folgt, getrennt durch einen Punkt, das Datum (Jahr-Monat), wann dieser iQN erzeugt wurde, z. B. 2012-02. Wieder getrennt durch einen Punkt wird die DNS-Domäne rückwärts angehängt, z. B. *com.example*. Durch einen Doppelpunkt können dann Bezeichner für Storage-Geräte angehängt werden. Ein typischer iQN ist zum Beispiel **iqn.2012-02.com.example:disk1.partition5**.

» **iSNS:** iSNS ist der Internet Storage Naming Service. Dieser wird jedoch nicht zwingend benötigt, und viele Administratoren verzichten daher auf die zusätzliche Verwaltung.

Da die Verwaltung des iSCSI-Target unter Ubuntu und RHEL leicht unterschiedlich ist, werden wir die beiden Distributionen in unterschiedlichen Abschnitten besprechen. Die aktuelle Fedora-Distribution verhält sich in weiten Teilen genauso wie RHEL 6.

Als iSCSI-Client (Initiator) wird unter Linux meist Open-iSCSI eingesetzt. Wir werden dessen Konfiguration jedoch nicht vorstellen, da der Zugriff über die libvirt erfolgen wird. (Diese Bibliothek nutzt dann wieder Open-iSCSI.)

Unabhängig von der eingesetzten Distribution müssen Sie sicherstellen, dass eine möglicherweise installierte Firewall den Zugriff auf den iSCSI-Port 3260 erlaubt. Bei RHEL6 mit der Default-Firewall geht das ganz einfach mit den folgenden Befehlen:

```
root#  iptables -I INPUT -p tcp --dport 3260 -j ACCEPT
root#  service iptables save
iptables: Firewall-Regeln in /etc/sysconfig/iptables speichern [  OK  ]
```

Im Weiteren werden wir auch Sicherheitsfunktionen von iSCSI betrachten. libvirt unterstützt leider noch keine Authentifizierung an iSCSI-Targets. Daher müssen Sie auf diese Funktionen im Zusammenhang mit libvirt (noch) verzichten.

iSCSI-Target mit RHEL

Unter Red Hat Enterprise Linux und auch Fedora installieren Sie die scsi-target-utils. Dieses Paket enthält das iSCSI-Target und die Administrationswerkzeuge. Ursprünglich gab es lediglich den Befehl tgtadm zur Administration. Dieser erlaubt jedoch nur temporäre Änderungen eines laufenden iSCSI-Targets. Er liest keine Konfigurationsdatei.

Seit einiger Zeit wird aber auch der Befehl tgt-admin mitgeliefert, der als Konfigurationsdatei für das iSCSI-Target die Datei /etc/tgt/targets.conf verwendet. Diese Datei ist sehr gut dokumentiert. Bevor Sie jedoch diese Datei editieren, zeigen wir Ihnen, dass Sie das iSCSI-Target sehr gut komplett auf der Kommandozeile konfigurieren können. Am Ende erzeugen wir dann hieraus die dauerhafte Konfiguration.

Hierzu starten Sie zunächst das iSCSI-Target mit der unmodifizierten Konfigurationsdatei:

```
root#  /etc/init.d/tgtd start
SCSI target daemon starten:                             [  OK  ]
root#  chkconfig tgtd on
```

Die Administration erfolgt nun mit dem Befehl tgtadm. Die folgende Zeile zeigt die aktuell vorhandenen Targets (noch gibt es keine):

```
root#  tgtadm --lld iscsi --mode target --op show
```

Die Option --lld|-L wählt den aktuellen Treiber. Hier wollen wir auf ein iSCSI-Target zugreifen. Die Option --mode|-m wählt die Ebene aus, auf der wir operieren wollen. Mögliche Werte sind target und logicalunit. Mit --op definieren wir die Operation:

» **show**: Hiermit erzeugen Sie eine Liste der verfügbaren Targets.

» **new|delete**: Hiermit erzeugen bzw. löschen Sie ein neues Target.

» **bind|unbind**: Hiermit erlauben bzw. verbieten Sie einer IP-Adresse den Zugriff auf das Target.

» **update**: Hiermit verändern Sie einzelne Parameter des Targets.

Die folgende Zeile erzeugt ein Target:

```
root#  tgtadm --lld iscsi --mode target --op new --tid 1 \
          --targetname iqn.2012-02.de.os-t:disk
```

Die Option --tid gibt die ID an und mit der Option --targetname legen Sie den Namen des neuen Targets fest.

Um nun ein Blockgerät (Logical Unit) an dieses Target zu binden, verwenden Sie den folgenden Befehl:

```
root#  tgtadm --lld iscsi --mode logicalunit --op new --tid 1 --lun 1 \
          -b <gerät>
```

Mit --lun|-1 geben Sie die Nummer des logischen Gerätes an. Die Option --backing-store|-b definiert das tatsächliche Gerät. Hier können Sie eine Datei, eine echte Partition oder auch ein Logical Volume verwenden. Speziell Letzteres ist für die Produktion zu empfehlen, da Sie dann auf dem iSCSI-Target die Größen leicht im laufenden Betrieb anpassen können. Im Folgenden nutzen wir daher Logical Volumes aus der Volume-Gruppe CentOS6:

```
root#  lvcreate -n iSCSI1 -L2G CentOS6
  Logical volume "iSCSI1" created
root#  lvcreate -n iSCSI2 -L2G CentOS6
  Logical volume "iSCSI2" created
root#  tgtadm --lld iscsi --mode logicalunit --op new --tid 1 --lun 1 \
          -b /dev/CentOS6/iSCSI1
root#  tgtadm --lld iscsi --mode logicalunit --op new --tid 1 --lun 2 \
          -b /dev/CentOS6/iSCSI2
```

Leider speichert der Befehl tgtadm die Modifikationen nicht dauerhaft. Ein Reboot, und unsere Konfiguration ist verloren. Zum dauerhaften Speichern dient der Befehl tgt-admin. Mit diesem Befehl können Sie aus der aktuellen Konfiguration eine Konfigurationsdatei erstellen:

```
root#  tgt-admin --dump
default-driver iscsi

<target iqn.2012-02.de.os-t:disk>
        backing-store /dev/CentOS6/iSCSI1
        backing-store /dev/CentOS6/iSCSI2
</target>
root#  tgt-admin --dump > /etc/tgt/targets.conf
```

Die Datei /etc/tgt/targets.conf wird beim Start des iSCSI-Targets gelesen, und die entsprechenden Einstellungen werden übernommen.

iSCSI-Sicherheit

Damit nicht jeder auf die nun zur Verfügung gestellten iSCSI-Targets zugreifen darf, können noch Berechtigungen eingestellt werden. Hier können wir zwischen einer Authentifizierung mit Benutzernamen/Kennwort und einer Authentifizierung wählen, die auf der IP-Adresse basiert.

Betrachten wir zunächst die IP-basierte Autorisierung. Um sämtlichen iSCSI-Inititatoren (Clients) den Zugriff auf das Target mit der ID 1 zu erlauben, können Sie die folgende Zeile verwenden:

```
root#  tgtadm --lld iscsi --mode target --op bind --tid 1 -I ALL
```

Dies ist aber auch der Default. Wenn Sie die Zugriffe einschränken wollen, müssen Sie zunächst diesen Default löschen und anschließend nur bestimmte IP-Adressen erlauben:

```
root# tgtadm --lld iscsi --mode target --op unbind --tid 1 -I ALL
root# tgtadm --lld iscsi --mode target --op bind --tid 1 -I 192.168.0.7
```

Mit der Option --initiator-adress|-I geben Sie die IP-Adresse des Initiators an. Mit bind erlauben Sie den Zugriff und mit unbind verbieten Sie ihn.

Bei der Benutzerauthentifizierung müssen wir zunächst zwischen der Initiator- (incoming) und der Target-(outgoing-)Authentifizierung unterscheiden. Sie können für beide eine getrennte Authentifizierung definieren. Eine Target-Authentifizierung ist nur nach einer Initiator-Authentifizierung möglich.

Für die Initiator-Authentifizierung müssen Sie zunächst einen Benutzer mit Kennwort auf dem Target erzeugen. Anschließend können Sie den Benutzer den erlaubten Targets zuweisen:

```
root#  tgtadm --lld iscsi --mode account --op new --user ralf \
          --password g3h31m
root#  tgtadm --lld iscsi --mode account --op bind --tid 1 --user ralf
```

Für die Target-Authentifizierung muss ebenfalls zunächst der Benutzer angelegt werden. Dann wird er als outgoing-Benutzer bei dem Target eingetragen.

```
root#  tgtadm --lld iscsi --mode account --op new --user iscsi-tgt \
          --password 1scs1
root#  tgtadm --lld iscsi --mode account --op bind --tid 1 \
          --user iscsi-tgt --outgoing
```

Diese Authentifizierung basiert auf dem CHAP-Mechanismus. Dieser stellt sicher, dass die Kennwörter nicht über das Netzwerk übertragen werden, sondern dass die Authentifizierung mit einem Challenge-Response-Mechanismus erfolgt.

Wenn Sie nun die Konfiguration auslesen wollen, um sie in der Konfigurationsdatei zu hinterlegen, werden Sie feststellen, dass die Kennwörter fehlen. Dies ist ein Sicherheitsfeature:

```
root#  tgt-admin --dumpdefault-driver iscsi
<target iqn.2012-02.de.os-t:disk>
        backing-store /dev/CentOS6/iSCSI1
        backing-store /dev/CentOS6/iSCSI2
        incominguser ralf PLEASE_CORRECT_THE_PASSWORD
        outgoinguser iscsi-tgt PLEASE_CORRECT_THE_PASSWORD
        initiator-address 192.168.0.7
</target>
```

Dies verhindert ein Auslesen der Kennwörter auf dem Target. Die Kennwörter müssen Sie daher manuell in der Datei korrigieren. Natürlich hätten Sie auch direkt die Konfigurationsdatei erstellen können. Dann hätten Sie sich die tgtadm-Befehle gespart. Mit diesen können Sie aber auch recht gut vorübergehende Änderungen oder Anpassungen testen.

iSCSI-Target mit Ubuntu

Auf dem Ubuntu-System installieren Sie das iscsitarget- und iscsitarget-dkms-Paket. Das letztere Paket enthält den Sourcecode für die iSCSI-Kernelmodule fertig vorbereitet für das DKMS-Tool. Das *DynamicKernelModuleSupport*-Tool baut passend für sämtliche installierten Kernel die Module und installiert sie direkt an der richtigen Stelle.

```
root#  aptitude install iscsitarget  iscsitarget-dkms
```

Damit das iSCSI-Target bei einem Reboot automatisch gestartet wird, editieren Sie die Datei /etc/default/iscsitarget:

ISCSITARGET_ENABLE= **true**

Die Blockgeräte, die das iSCSI-Target zur Verfügung stellen soll, werden in der Datei /etc/iet/ietd.conf angegeben. Diese Datei ist gut dokumentiert, sodass wir hier lediglich die Konfiguration wiederholen, die wir auch bei RHEL6 verwendet haben:

```
Target iqn.2012-02.de.os-t:disk
        IncomingUser ralf g3h31m
        OutgoingUser iscsi-tgt 1scs1
        Lun 0 Path=/dev/Ubuntu/iSCSI1,Type=fileio
        Lun 1 Path=/dev/Ubuntu/iSCSI2,Type=fileio
```

Auch hier verwenden wir als Backing-Store zwei Logical Volumes der Volume-Gruppe Ubuntu. Der Initiator muss sich als *IncomingUser* authentifizieren. Ist die Authentifizierung erfolgreich, muss sich das iSCSI-Target als *OutgoingUser* authentifizieren und gibt den Zugriff auf die beiden Logical Units Lun 0 und 1 frei.

Um eine Autorisierung in Abhängigkeit einer IP-Adresse zu konfigurieren, müssen Sie eine zweite Datei /etc/iet/initiators.allow anpassen. Per Default erlaubt der Eintrag ALL ALL in dieser Datei jeden Zugriff auf alle Geräte.

```
iqn.2012-02.de.os-t:disk 192.168.0.7
```

Nachdem Sie die Konfigurationsdateien angepasst haben, müssen Sie den Dienst neu starten:

```
root#  /etc/init.d/iscsitarget restart
* Removing iSCSI enterprise target devices:              [ OK ]
* Stopping iSCSI enterprise target service:              [ OK ]
* Removing iSCSI enterprise target modules:              [ OK ]
* Starting iSCSI enterprise target service               [ OK ]
```

> **TIPP**
>
> Auch Ubuntu hat ein Kommando ietadm, das die Administration des iSCSI-Targets zur Laufzeit erlaubt.

Test des Targets

Um die Funktion des Targets zu testen, installieren Sie einen iSCSI-Initiator:

» **Ubuntu**: open-iscsi, open-iscsi-utils

» **RHEL**: iscsi-initiator-utils

Auf beiden Distributionen lautet der Befehl zur Konfiguration des Initiators dann identisch: iscsiadm.

Um nun die von einem iSCSI-Portal (Server) zur Verfügung gestellten Targets zu entdecken (discovery) nutzen Sie die folgende Variante des Befehls:

```
root#  iscsiadm --mode discovery --type sendtargets --portal 192.168.0.203
192.168.0.203:3260,1 iqn.2012-02.de.os-t:disk
```

Das Portal 192.168.0.203 stellt also das iSCSI-Target iqn.2012-02.de.os-t:disk zur Verfügung. Um testweise zuzugreifen, können Sie sich bei dem Target anmelden (login):

```
root#  iscsiadm -m node --login
Logging in to [iface: default, target: iqn.2012-02.de.os-t:disk,
  portal: 192.168.0.203,3260]
```

Dies funktioniert natürlich nur, wenn Sie keine Authentifizierung konfiguriert haben. Ansonsten müssen Sie diese Parameter zunächst setzen:

```
root#  iscsiadm -m node --portal 192.168.0.203 --op=update \
          --name node.session.auth.username --value=ralf
root#  iscsiadm -m node --portal 192.168.0.203 --op=update \
          --name node.session.auth.password --value=g3h31m
root#  iscsiadm -m node --portal 192.168.0.203 --op=update \
          --name node.session.auth.authmethod --value=CHAP
```

Funktioniert alles? Dann können wir nun im Virtual Machine Manager oder mit virsh einen iSCSI-Pool konfigurieren. Wichtig ist, dass Sie aktuell noch auf die Authentifizierung verzichten. Weder der Virtual Machine Manager noch die virsh unterstützen die Authentifizierung an einem iSCSI-Target. Entfernen Sie daher die entsprechenden Zeilen aus Ihrer Konfiguration, und starten Sie die Dienste neu.

iSCSI mit dem Virtual Machine Manager

Starten Sie den Virtual Machine Manager, und verbinden Sie sich mit Ihrem KVM-Host. Anschließend wählen Sie DATEI|VERBINDUNGDETAILS. In dem neuen Fenster wählen Sie die Registerkarte SPEICHER aus und können hier durch Anwahl des Plus-Zeichen in der unteren linken Ecke einen neuen Pool hinzufügen (siehe Abbildung 4.5).

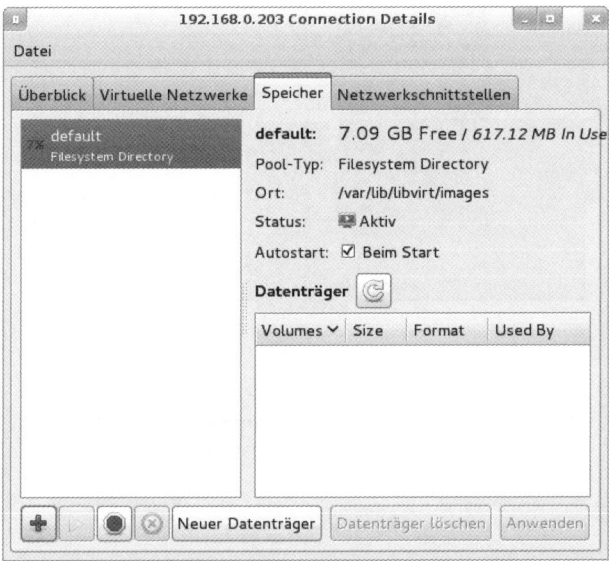

Abbildung 4.5: **Der Virtual Machine Manager erlaubt die Verwaltung der Speicherpools.**

Geben Sie dem Pool einen aussagekräftigen Namen, und wählen Sie als Typ iscsi aus (siehe Abbildung 4.6).

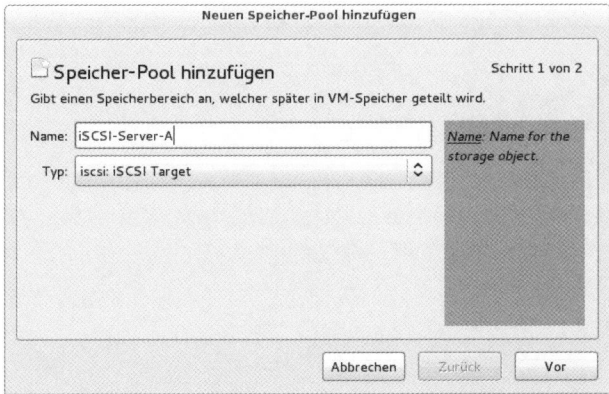

Abbildung 4.6: **Der Name des Pools sollte aussagekräftig sein.**

Auf dem nächsten Bildschirm geben Sie nun den Namen des Portalservers und den iQN als QUELLPFAD an (siehe Abbildung 4.7).

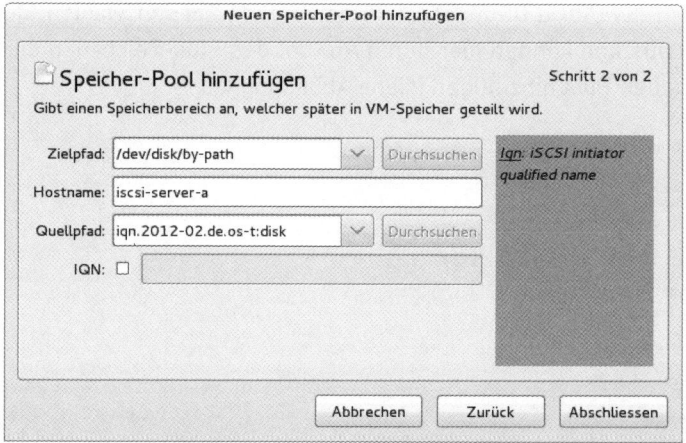

Abbildung 4.7: **Als Quellpfad verwenden Sie den iQN.**

Nun können Sie die Datenträger (LUNs) dieses Pools direkt für einzelne virtuelle Gäste nutzen (siehe Abbildung 4.8).

Abbildung 4.8: **Der Virtual Machine Manager zeigt Ihnen nun den Pool im Überblick.**

iSCSI mit virsh

Mit dem Befehl virsh ist das Erzeugen eines iSCSI-Speicherpools ähnlich einfach. Hierzu müssen Sie zunächst, wie üblich, eine XML-Datei erzeugen:

```
<pool type='iscsi'>
    <name>iSCSI-Server-A</name>
    <source>
        <host name='iscsi-server-a'/>
        <device path='iqn.2012-02.de.os-t:disk'/>
    </source>
    <target>
        <path>/dev/disk/by-path</path>
    </target>
</pool>
```

Speichern Sie diese Datei in /tmp/pool.xml, und rufen Sie anschließend den folgenden Befehl auf:

```
root#  virsh pool-define /tmp/pool.xml
Pool iSCSI-Server-A definiert von /tmp/pool.xml
root#  virsh pool-list --all
Name                  Status     Automatischer Start
-------------------------------------------
default               Aktiv      yes
iSCSI-Server-A        Inaktiv    no
```

Während der Virtual Machine Manager den Pool direkt startet und auch das entsprechende Flag autostart setzt, ist das bei der virsh nicht der Fall. Ändern Sie dies:

```
root#  virsh pool-start iSCSI-Server-A
Pool iSCSI-Server-A gestartet
root#  virsh pool-autostart iSCSI-Server-A
Pool iSCSI-Server-A marked as autostarted
```

Um nun die verfügbaren Datenträger in dem Pool anzuzeigen, können Sie auch wieder virsh verwenden:

```
root#  virsh vol-list iSCSI-Server-A
Name                  Pfad
-------------------------------------------
unit:0:0:1            /dev/disk/by-path/ip-192.168.0.203:3260-iscsi-iqn.\
                      2012-02.de.os-t:disk-lun-1
unit:0:0:2            /dev/disk/by-path/ip-192.168.0.203:3260-iscsi-iqn.\
                      2012-02.de.os-t:disk-lun-2
```

```
root#   virsh vol-info /dev/disk/by-path/ip-192.168.0.203:\
                3260-iscsi-iqn.2012-02.de.os-t:disk-lun-1
Name:           unit:0:0:1
Typ:            block
Kapazität:      2,00 GB
Zuordnung:      2,00 GB
```

4.6 Snapshots

Snapshots helfen dabei, den Zustand bzw. das Dateisystem einer virtuellen Maschine zu einem bestimmten Zeitpunkt zu speichern. Dazu gibt es allerdings unterschiedliche Verfahren. Insgesamt behandeln wir in diesem Buch gleich drei verschiedene Snapshot-Methoden:

» **QCOW2- bzw. VM-Snapshots:** In QCOW2-Images kann der akutelle Inhalt des Images in Form eines Snapshots festgehalten werden. Der alte Zustand kann dann bei Bedarf später wiederhergestellt werden.

   Das KVM-Kommando und die libvirt-Werkzeuge bieten darüber hinaus die Möglichkeit, zugleich mit dem Snapshot auch den Zustand der virtuellen Maschine (also insbesondere deren RAM-Abbild) zu speichern. Für diese erweiterte Variante eines Snapshots einer virtuellen Maschine hat sich der Begriff *VM-Snapshots* eingebürgert.

» **Snapshot-Modus:** Im Snapshot-Modus (Option -snapshot) speichert das KVM-Kommando Änderungen an der virtuellen Festplatte vorerst nicht. Damit können Sie in einer virtuellen Maschine etwas ausprobieren, ohne bleibende Änderungen zu hinterlassen. Der Snapshot-Modus wird allerdings nicht von den libvirt-Werkzeugen unterstützt.

» **LVM-Snapshots:** Der Logical Volume Manager bietet die Möglichkeit, das Abbild eines Logical Volumes gewissermaßen einzufrieren. An sich hat diese Funktion nichts mit KVM zu tun. Im Zusammenspiel mit KVM bieten LVM-Snapshots aber eine elegante Möglichkeit, um Backups einer laufenden virtuellen Maschine zu erstellen.

An dieser Stelle gehen wir nur auf QCOW2-Snapshots und den Snapshot-Modus näher ein. Tipps zur Anwendung von QCOW2- und LVM-Snapshots zur Durchführung von KVM-Backups folgen in Abschnitt 9.5 ab Seite 262.

QCOW2-Snapshots

Die Grundidee von QCOW2-Snapshots besteht darin, dass die Image-Datei aus relativ kleinen Blöcken zusammengesetzt wird. Jeder Snapshot gilt als Read-only-Abbild des gesamten Images. Änderungen nach der Durchführung des Snapshots werden in neuen Blöcken gespeichert.

Es ist erlaubt, mehrere Snapshots zu erstellen. Allerdings beanspruchen Änderungen, die nach dem Snapshot gespeichert werden, zusätzlichen Speicherplatz. Somit liegen nun zwei oder mehr Versionen des Images vor; die Image-Datei kann deswegen größer werden als die beim Erzeugen definierte Maximalgröße!

Losgelöst von virtuellen Maschinen können Sie QCOW2-Snapshots mit dem Kommando qemu-img snapshots administrieren, also neue Snapshots anlegen, vorhandene Snapshots löschen etc. qemu-img info listet alle Snapshots auf.

```
user$  qemu-img snapshot -c new-snapshot-name disk.img
user$  qemu-img snapshot -l centos-min.img
Snapshot list:
ID         TAG              VM SIZE               DATE       VM CLOCK
1          1329128928         579M 2012-02-13 11:28:48  00:01:19.473
2          1329129054         587M 2012-02-13 11:30:54  00:00:27.927
3          new-snapshot-name  579M 2012-02-13 11:36:35  00:00:53.613
```

ACHTUNG

Erzeugen, löschen bzw. aktivieren Sie keine Snapshots mit qemu-img snapshot, **während die Image-Datei aktiv von einer virtuellen Maschine genutzt wird! Snapshots von laufenden virtuellen Maschinen dürfen nur mit den im nächsten Abschnitt beschriebenen Snapshot-Kommandos des KVM-Kommandos bzw. der libvirt-Werkzeuge bearbeitet werden.**

Um Snapshots bleibend in einer externen Backup-Datei zu sichern, führen Sie qemu-img convert aus, wobei Sie bei der Datenquelle mit der Option -s den Namen des gewünschten Snapshots angeben.

```
user$  qemu-img convert -f qcow2 -s snapshotname -O qcow2 vm.img backup.img
```

Die Option -s steht erst ab der QEMU-Version 1.0 zur Verfügung. Wenn Sie mit einer älteren Version arbeiten und einen einzelnen Snapshot aus einem QCOW2-Image extrahieren möchten, müssen Sie zuerst das ganze Image kopieren (cp) und bei der Kopie dann den Snapshot anwenden (qemu-img snapshot -a snapshotname).

Mit der zusätzlichen Option -c erreichen Sie, dass das Backup-Image gleich komprimiert wird. Das spart Platz, beansprucht aber die CPU für geraume Zeit. Verzichten Sie auf -c, wenn Ihr KVM-Host ohnedies schon stark beansprucht ist.

Details zur internen Verwaltung der Snapshots in einem QCOW2-Image können Sie auf dieser Seite nachlesen:

http://people.gnome.org/~markmc/qcow-image-format.html

VM-Snapshots

Das Kommando qemu-img snapshot ist nur für nicht aktive Disk-Images gedacht. Wenn Sie einen Snapshot einer laufenden virtuellen Maschine erstellen möchten, stehen Ihnen dazu die in Tabelle 4.1 zusammengefassten Kommandos zur Auswahl. Der Virtual Machine Manager unterstützt Snapshots momentan allerdings noch nicht.

AUFGABE	VIRSH-KOMMANDO	QEMU-MONITOR-KOMMANDO
Snapshot erstellen	snapshot-create	savevm
Snapshot laden	snapshot-revert	loadvm
Snapshot löschen	snapshot-delete	delvm
Snapshots auflisten	snapshot-list	

Tabelle 4.1: **QCOW2-Snapshots**

Standardmäßig erhalten Snapshots die aktuelle Unix-Timestamp-Zahl als Namen. Um dem Snapshot einen eigenen Namen zu geben, verwenden Sie in virsh das Kommando snapshot-create-as:

```
root#  virsh snapshot-create-as vmname snapshotname
```

Ein wesentlicher Unterschied der in Tabelle 4.1 aufgezählten Kommandos im Vergleich zu qemu-img snapshot besteht darin, dass neben dem Snapshot für die Image-Datei auch der Zustand der virtuellen Maschine gespeichert wird (inklusive aller CPU-Register, eines Abbilds des RAMs etc.). Diese Daten werden in einem eigenen Segment innerhalb der QCOW2-Datei gespeichert. Die libvirt-Dokumentation spricht in diesem Zusammenhang von »VM-Snapshots«. Während der Ausführung von snapshot-create bzw. savevm wird die virtuelle Maschine vorübergehend angehalten. Sie läuft dann aber weiter.

Bei einer Aktivierung eines alten Snapshots wird nicht nur die Image-Datei in den alten Zustand zurückversetzt, sondern auch die virtuelle Maschine. Die virtuelle Maschine läuft also exakt in dem Zustand weiter, in dem der Snapshot erstellt wurde. Wenn Sie möchten, können Sie gleich beim Start des KVM-Kommandos angeben, welcher VM-Snapshot verwendet werden soll (qemu-kvm -loadvm snapshotname).

Bei unseren Tests dauerte das Erstellen eines Snapshots auf einem QCOW2-Image mit Caching extrem lange (z. B. 8:02 Minuten mit Writethrough-Caching und immer noch 1:50 Minuten mit Writeback-Caching). Laut der Kommentare im folgenden Bug-Report besteht das Problem in der Speicherung des RAM-Abbilds in Kombination mit dem Caching. Tatsächlich gelingt die Snapshot-Erzeugung ohne Caching wesentlich schneller – in derselben Testumgebung z. B. in nur sieben Sekunden.

https://bugs.launchpad.net/ubuntu/+source/qemu-kvm/+bug/741887

Ab Version 0.9.5 unterstützen die libvirt-Werkzeuge das Erzeugen von Snapshots, bei denen nur der Festplatteninhalt gesichert wird, nicht aber der Zustand der virtuellen Maschine. Dazu führen Sie in virsh das Kommando snapshot-create mit der Option --disk-only aus.

Zusammen mit RHEL 6.2 wird libvirt 0.9.4 ausgeliefert. Die Option --disk-only ist in dieser Version zwar schon bekannt, führt aber zum Fehler *unknown command snapshot_blkdev*.

Der Vorteil dieser reduzierten Snapshots besteht darin, dass diese äußerst schnell erstellt werden können. Leider ist damit auch ein gravierender Nachteil verbunden: Da mit dem Snapshot einfach das Dateisystem der virtuellen Maschine zu einem bestimmten Zeitpunkt eingefroren wird, kann dessen Konsistenz nicht garantiert werden. Wenn Sie die virtuelle Maschine auf diesen Snapshot zurücksetzen, verhält sich diese beim Start wie ein Rechner, der plötzlich ausgeschaltet wurde. Es muss also das Dateisystem repariert werden (was dank der Journaling-Funktionen von ext4 nur wenige Sekunden dauert). Dateien, in die während des Erstellens des Snapshots gerade geschrieben wurde, enthalten möglicherweise alte Daten.

Snapshot-Modus

Wenn Sie das KVM-Kommando mit der Option -snapshot starten, speichert KVM Schreibvorgänge nicht in den Datenträgern der virtuellen Festplatten, sondern in einer Datei im Verzeichnis /tmp. Diese Datei ist als gelöscht gekennzeichnet und daher für ein normales ls-Kommando unsichtbar. Wenn Sie den Namen dieser Datei herausfinden möchten, führen Sie das folgende Kommando aus:

```
root#  ls -l /proc/$(pgrep qemu-kvm)/fd
...
lrwx------. 1 root root 64 28. Jan 10:46 7 -> /tmp/vl.Pg4c3T (deleted)
```

Der Snapshot-Modus bietet die Möglichkeit, probeweise eine Installation, ein Update oder eine andere Operation in einer virtuellen Maschine auszuführen, ohne bleibende Änderungen befürchten zu müssen. Sie haben sogar die Möglichkeit, sich nachträglich doch dafür zu entscheiden, die Änderungen zu speichern. Dazu führen Sie im QEMU-Monitor das Kommando commit aus (siehe auch Seite 57). Bei KVM-Versionen mit SDL-Unterstützung können Sie stattdessen im QEMU-Fenster Strg+Alt+S drücken. Die libvirt-Werkzeuge unterstützen den Snapshot-Modus leider nicht.

Overlay-Dateien

Eine Variante zum Snapshot-Modus sind Overlay-Dateien. Dabei wird vorweg eine sogenannte Overlay-Datei erzeugt, die zum Speichern der Änderungen dient:

```
user$  qemu-img create -f qcow2 -o backing_file=basis.img overlay.img
```

Beim Start des KVM-Kommandos wird nur die Overlay-Datei als Disk-Image angegeben. In der Overlay-Datei ist der Name der Basis-Datei gespeichert, auf die das KVM-Kommando ebenfalls zugreift – aber nur lesend.

```
root#  qemu-kvm ... overlay.img
```

Wie im Snapshot-Modus besteht die Möglichkeit, die in der Overlay-Datei gesammelten Änderungen in der zugrunde liegenden Basisdatei zu speichern. Dazu führen Sie im QEMU-Monitor commit all aus.

Eine Anwendungsmöglichkeit für Overlay-Dateien ist im Schulungsbetrieb gegeben: Zu Beginn der Schulung bereiten Sie das Testsystem in einer Image-Datei vor. Außerdem erzeugen Sie für jeden Schulungsteilnehmer eine Overlay-Datei. Jeder Schulungsteilnehmer kann dann Experimente in seiner »eigenen« virtuellen Maschine durchführen. Am Ende der Schulung müssen Sie nur die Overlay-Dateien löschen. Der Vorteil dieser Vorgehensweise: Nicht nur die organisatorische Abwicklung ist einfach, auch der Ressourcen-Aufwand und insbesondere der erforderliche Speicherplatz für Overlay-Dateien ist minimal!

4.7 Direkter Zugriff auf virtuelle Datenträger

In diesem Abschnitt geht es um die Frage, wie Sie den Inhalt eines virtuellen Datenträgers auslesen oder verändern können, ohne die virtuelle Maschine selbst zu starten. Das ist beispielsweise praktisch, um von außen Reparaturen durchzuführen oder um Konfigurationsdateien durch ein Script zu verändern.

Für den Zugriff auf den virtuellen Datenträger gibt es verschiedene Vorgehensweisen:

» Sie können den Inhalt der virtuellen Datenträger direkt im Hostsystem lesen oder verändern,

» Sie können ein Linux-Live-System zu Hilfe nehmen, also die virtuelle Maschine vom ISO-Image einer Linux-Distribution starten und von dort aus auf die virtuellen Festplatten zugreifen, oder

» Sie können auf diverse libguestfs-Werkzeuge zurückgreifen, die wir in einem eigenen Abschnitt beschreiben (siehe ab Seite 125).

Manche der in diesem Abschnitt vorgestellten Werkzeuge können ausschließlich RAW-Images bearbeiten. Gegebenenfalls müssen Sie eine in einem anderen Format vorliegende Image-Datei in dieses Format umwandeln:

```
user$  qemu-img convert -f qcow2 image.qcow2 -O raw image.raw
```

Mit dem folgenden Kommando erzeugen Sie aus einem Logical Volume oder einer Festplattenpartition ein äquivalentes RAW-Image:

```
root#  dd if=/dev/mapper/vg830-lv2 of=copy.raw bs=64M
312+1 Datensätze ein
312+1 Datensätze aus
20971520000 Bytes (21 GB) kopiert, 133,462 s, 157 MB/s
```

ACHTUNG

Ein Schreibzugriff auf einen virtuellen Datenträger ist nur zulässig, wenn die virtuelle Maschine vollkommen heruntergefahren ist! Andernfalls riskieren Sie ein kaputtes Dateisystem!

Zugriff auf nicht partitionierte RAW-Images oder Block-Devices

Besonders einfach ist der Zugriff auf Image-Dateien oder Block-Devices, wenn sich darin direkt ein Dateisystem befindet – wenn der virtuelle Datenträger also weder eine Partitionentabelle noch LVM enthält. Derartige Block-Devices können Sie direkt mit mount in das lokale Dateisystem einbinden, beispielsweise so:

```
root#  mkdir /repair
root#  mount -t ext4 /dev/mapper/vg1-lv1 /repair
```

Bei RAW-Images müssen Sie zusätzlich die Option -o loop angeben:

```
root#  mount -t ext4 -o loop raw-disk.img /repair
```

Wenn Sie den virtuellen Datenträger nur lesen, aber nicht verändern möchten, ist es am sichersten, mount mit der Option -r im Read-only-Modus auszuführen:

```
root#  mount -r -t ext4 -o loop raw-disk.img /repair
```

Zugriff auf partitionierte RAW-Images direkt im Hostsystem

Mit dem Kommando kpartx aus dem gleichnamigen Paket verbinden Sie alle in einer RAW-Datei enthaltenen Partitionen mit Loop-Devices:

```
root#  kpartx -av image.raw
add map loop0p1 (252:12): 0 1024000 linear /dev/loop0 2048
add map loop0p2 (252:13): 0 19945472 linear /dev/loop0 1026048
```

Bei unseren Tests hat dies auch funktioniert, wenn die Image-Datei eine GUID Partition Table enthält (also keine traditionelle Partitionstabelle im Master Boot Record). Sofern es sich um normale Partitionen handelt, können Sie diese nun direkt mit mount in das Dateisystem einbinden:

```
root#  mkdir /repair1
root#  mount /dev/mapper/loop0p1 /repair1
```

Wenn Sie innerhalb der virtuellen Maschine LVM konfiguriert haben, stehen die resultierenden Physical und Logical Volumes sowie Volume Groups direkt zur Verfügung. Listen der LVM-Elemente liefern lvscan, pvscan und vgscan. Der Zugriff auf die LVs setzt voraus, dass auf dem Hostsystem die LVM-Werkzeuge installiert sind.

```
root#  lvscan
ACTIVE              '/dev/VolGroup/lv_root' [7,56 GiB] inherit
ACTIVE              '/dev/VolGroup/lv_swap' [1,94 GiB] inherit
...
root#  mkdir /repair2
root#  mount /dev/VolGroup/lv_root /repair2
```

Nun können Sie über die Verzeichnisse repair*n* auf die Dateisysteme der virtuellen KVM-Festplatte zugreifen. Wenn Sie damit fertig sind, müssen Sie aufräumen:

```
root#  umount /repair1
root#  umount /repair2
root#  kpartx -dv image.raw
```

Bei unseren Experimenten unter Ubuntu hatten wir mitunter Probleme, einmal aktivierte Physical Volumes wieder zu deaktivieren. kpartx -dv lieferte die Fehlermeldung *device or resource busy*. Abhilfe: Ermitteln Sie mit dmsetup info eine Liste aller aktiven Volume Groups, und deaktivieren Sie dann die Volume Group des KVM-Images mit dmsetup remove [-f] *devicename* (z. B. loop0p2). Anschließend sollte ein neuerlicher Aufruf von kpartx -dv zum Erfolg führen.

Zugriff über ein Live-System

Zu guter Letzt können Sie Reparaturarbeiten in einer virtuellen Maschine auch durchführen, indem Sie KVM mit einem Live-System zu starten, also von einem ISO-Image einer selbstständig ausführbaren Linux-CD wie Knoppix. Gut geeignet für diesen Zweck sind auch die Ubuntu-Desktop-CDs, wobei Sie allerdings nach dem Start die LVM-Werkzeuge nachinstallieren müssen (sudo apt-get install lvm2). Ebenfalls ausreichend, aber weniger komfortabel sind die Notfallsysteme, die auf den Installations-CD/DVDs von RHEL oder Fedora enthalten sind.

```
user$  qemu-kvm -m 512 -boot d -cdrom knoppix.iso disk.raw
```

4.8 libguestfs-Werkzeuge

Anstatt die Image-Datei selbst zu analysieren und die relevanten Partitionen in das lokale Dateisystem zu integrieren, können Sie diese Aufgaben diversen auf der libguestfs-Bibliothek aufbauenden Werkzeugen überlassen.

Die Bibliothek libguestfs erlaubt den direkten Zugriff auf die Dateisysteme, die sich innerhalb einer Image-Datei befinden. libguestfs unterstützt alle erdenklichen Image-Formate (auch QCOW2 oder das bei VMware gebräuchliche VMDK-Format), Partitionen, LVM, alle möglichen Dateisysteme (inklusive ext*n*, btrfs, NTFS und VFAT) etc. Die Bedienung der libguestfs-Werkzeuge ist auf der folgenden Website sowie auf der man-Seite libguestfs umfassend dokumentiert.

http://libguestfs.org

RHEL und Fedora liefern alle erforderlichen Pakete gleich mit (yum install *guestf*), bei Ubuntu müssen Sie auf eines der folgenden Download-Verzeichnisse zurückgreifen. Für künftige Ubuntu-Versionen passen Sie die Adresse einfach an.

http://libguestfs.org/download/binaries/ubuntu1204-packages/

Unter Ubuntu müssen Sie außerdem die Kernel-Dateien in /boot/ für alle Benutzer lesbar machen:

```
user$  sudo chmod a+r /boot/vmlinuz*
```

libguestfs-tools

Das Paket libguestfs-tools enthält diverse Kommandos zur Manipulation von Image-Dateien. Die zu bearbeitende oder zu analysierende Image-Datei geben Sie in der Regel mit -a image-datei an. Alternativ können Sie mit -d vmname den libvirt-Namen der virtuellen Maschine angeben.

virt-df gibt einen raschen Überblick über die Auslastung aller Dateisysteme aller virtuellen Maschinen, die den libvirt-Werkzeugen bekannt sind. Das Kommando kommt auch mit Logical Volumes innerhalb von virtuellen Datenträgern zurecht.

```
root#  virt-df
Filesystem                          1K-blocks      Used  Available  Use%
centos-mini:/dev/sda1                  495844     52091     418153   11%
centos-mini:/dev/sdb1                20157836    253468   18880396    2%
centos-mini:/dev/vg_centosmini/lv_root
                                      9571132   1051104    8033836   11%
centos62-boxgrinder:/dev/sda1         3937052    733416    3163640   19%
centos62-boxgrinder:/dev/sda2          984248     17628     956620    2%
```

```
centos62-vm2:/dev/sdb              4319462    4319462          0  100%
centos62-vm2:/dev/sda1              495844      32918     437326    7%
centos62-vm2:/dev/vg_vm2/lv_root   7539088    2369932    4786180   32%
fedora16-desktop:/dev/sda2          495844      35191     435053    8%
...
```

Wenn Sie nur an den Ergebnissen einer einzelnen virtuellen Maschine interessiert sind, geben Sie den Dateinamen der Image-Datei mit -a oder den libvirt-Namen der virtuellen Maschine mit -d an.

virt-filesystems verrät, welche Dateisysteme sich in einer Image-Datei befinden. Mit den Optionen --all, --long und --uuid listet das Kommando auch LVM- und Swap-Partitionen auf und gibt die UUID-Nummern der Dateisysteme an.

```
root#  virt-filesystems -a vm2.img --all --long --uuid
Name                    Type       VFS   Label Size         Parent      UUID
/dev/sda1               filesystem ext4  -     524288000    -           7a95...
/dev/vg_vm2/lv_root     filesystem ext4  -     7843348480   -           e69f...
/dev/vg_vm2/lv_swap     filesystem swap  -     2113929216   -           e0f4...
/dev/vg_vm2/lv_root     lv         -     -     7843348480   /dev/vg_vm2 Ay1w...
/dev/vg_vm2/lv_swap     lv         -     -     2113929216   /dev/vg_vm2 0beZ...
/dev/vg_vm2             vg         -     -     9957277696   -           yXL5...
/dev/sda2               pv         -     -     9957277696   -           43op...
/dev/sda1               partition  -     -     524288000    /dev/sda    -
/dev/sda2               partition  -     -     9960423424   /dev/sda    -
/dev/sda                device     -     -     10485760000  -           -
```

virt-inspector wirft einen Blick in die Dateisysteme einer Image-Datei und verrät, welche Distribution darin installiert ist, welche Partitionen es gibt, welche Kernelversion und welche Pakete installiert sind etc. virt-inspector kennt sowohl das RPM- als auch das Debian-Paketsystem. Die mit RHEL 6.2 ausgelieferte Version versagt allerdings bei Distributionen, die GRUB 2 verwenden (also unter anderem auch bei Fedora ab Version 16).

```
root#  virt-inspector disk.img
linux centos x86_64 6.2 (CentOS release 6.2 (Final)) on /dev/vg_vm2/lv_root:
  Mountpoints:
    /dev/vg_vm2/lv_root             /
    /dev/sda1                       /boot
    /dev/vg_vm2/lv_swap             swap
  Filesystems:
    /dev/sda1:
      label:
      UUID: 7a95ebf4-4a3d-4a87-888f-93c08505156c
```

```
        type: ext4
        content: linux-grub
...
```

`virt-cat` gibt eine Datei einer virtuellen Maschine aus:

```
root#  virt-cat -d centos62 /etc/fstab
LABEL=79d3d2d4  / ext4    defaults,noatime 0 0
...
```

Um die Datei in einem Editor zu verändern, verwenden Sie anstelle von `virt-cat` das Kommando `virt-edit`. Es darf nur für ausgeschaltete virtuelle Maschinen verwendet werden! Abweichend von den anderen Kommandos wird der Name der Image-Datei bzw. der virtuellen Maschine ohne die Optionen -a bzw. -d angegeben. `virt-edit` berücksichtigt bei der Wahl des Editors die Umgebungsvariable EDITOR. Standardmäßig wird der Editor vi ausgeführt.

```
root#  virt-edit centos62 /etc/fstab
```

Mit `virt-tar` können Sie ein Archiv von Dateien aus dem Dateisystem der virtuellen Maschine lesen oder es dorthin schreiben (Letzteres nur, wenn die virtuelle Maschine ausgeschaltet ist). Das folgende Kommando liest das Verzeichnis /root der virtuellen Maschine vm1 aus und speichert es in einem tar-Archiv.

```
root#  virt-tar -z -x vm1 /root root-backup.tar.gz
```

Im zweiten Beispiel wird der Inhalt von `bilder.tar.gz` in das Verzeichnis /home/kofler/Bilder der virtuellen Maschine vm2 eingefügt (hochgeladen):

```
root#  virt-tar -z -u vm2 bilder.tar.gz /home/kofler/Bilder
```

`virt-make-fs` erzeugt eine neue Image-Datei und speichert darin den Inhalt eines Verzeichnisses oder eines tar-Archivs:

```
root#  virt-make-fs mydata.tar.gz new-disk.img
```

guestfish

guestfish ist eine Shell zur Manipulation des Inhalts einer Image-Datei. Im folgenden Beispiel wurde die Shell mit der Option --ro aus Sicherheitsgründen nur lesend gestartet:

```
root#  guestfish --ro -a centos.img
Welcome to guestfish, the libguestfs filesystem interactive shell for
editing virtual machine filesystems.
Type: 'help' for help on commands
```

```
        'man' to read the manual
        'quit' to quit the shell
><fs>  run
><fs>  list-filesystems
/dev/vda1: ext4
/dev/vg_vm2/lv_root: ext4
/dev/vg_vm2/lv_swap: swap
><fs>  mount /dev/vg_vm2/lv_root /
><fs>  cat /etc/resolv.conf
...
><fs>  quit
```

guestfs-browser

Das Programm guestfs-browser ist eine grafische Benutzeroberfläche zur libguestfs-Bibliothek. Das Programm steht momentan nur unter Fedora als fertiges Paket zur Verfügung. Wenn Sie mit einer anderen Distribution arbeiten, müssen Sie das Programm selbst kompilieren. Den Quellcode sowie umfassende Informationen finden Sie hier:

http://people.redhat.com/~rjones/guestfs-browser/

Nach dem Start des Programms können Sie entweder eine Verbindung zu den libvirt-Werkzeugen herstellen oder eine Image-Datei direkt öffnen. Anschließend können Sie durch den Verzeichnisbaum navigieren sowie diverse Informationen über das Gastsystem ermitteln (siehe Abbildung 4.9). Das Programm bietet allerdings keine Möglichkeit, Dateien des Gastsystems zu verändern.

virt-rescue

Das Kommando virt-rescue startet eine eigene virtuelle Maschine und bindet wahlweise direkt die angegebene Image-Datei (Option -a) oder die Datenträger einer virtuellen Maschine, die den libvirt-Werkzeugen bekannt ist (Option -d).

Im Unterschied zu guestfish, mit dem Sie nur auf die vordefinierten Kommandos dieser Shell zurückgreifen können, stehen Ihnen in virt-rescue alle Möglichkeiten eines laufenden Linux-Systems zur Verfügung. Das setzt voraus, dass Sie auf einem Rechner arbeiten, der KVM unterstützt. Das Rescue-System stellt alle gängigen Kommandos zur Administration des Dateisystems zur Verfügung (unter anderem fdisk, fsck sowie alle LVM-Kommandos). Als Editor ist aber leider nur vi installiert.

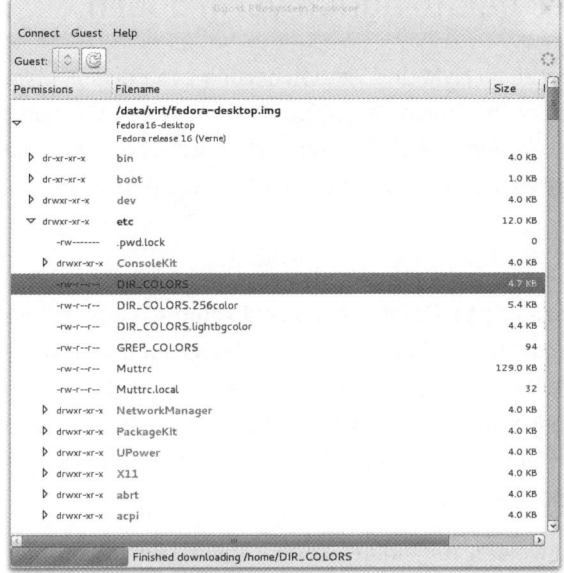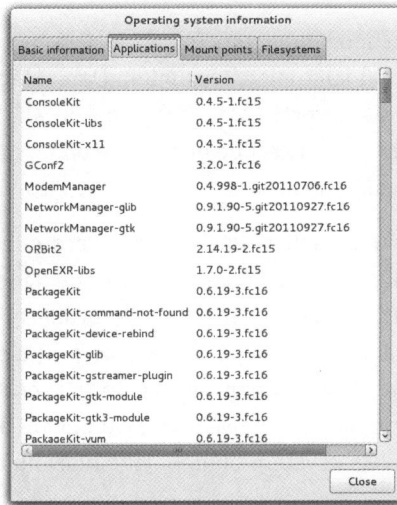

Abbildung 4.9: **guestfs-browser**

```
root#  virt-rescue -a name.img   oder   virt-rescue -d vmname
... (diverse Meldungen vom Start der virtuellen Rescue-Maschine)

  Reading all physical volumes.  This may take a while...
  Found volume group "vg_vm2" using metadata type lvm2
  2 logical volume(s) in volume group "vg_vm2" now active

  Welcome to virt-rescue, the libguestfs rescue shell.

  Note: The contents of / are the rescue appliance.
  You have to mount the guest's partitions under /sysroot
  before you can examine them.
><rescue>  mount /dev/mapper/vg_vm2-lv_root /sysroot/
><rescue> ...
```

Die Bedienung von virt-rescue erfolgt direkt in einer Textkonsole. Um das Programm zu beenden, drücken Sie einfach ⎡Strg⎤+⎡D⎤ oder führen exit aus. Ein weiteres Beispiel für die Anwendung von virt-rescue finden Sie auf Seite 133.

> **HINWEIS**
> guestfish und virt-rescue sind übrigens beliebte Werkzeuge für die Computer-Forensik, also für die Analyse von virtuellen Maschinen, auf denen ein Einbruch oder eine andere kriminelle Tätigkeit stattgefunden hat.

4.9 Virtuelle Datenträger nachträglich vergrößern

Zu den häufigsten Fragen in diversen Foren zu KVM und Virtualisierung zählt diese: »Wie kann ich meinen virtuellen Datenträger nachträglich vergrößern?« Und wie so oft lautet die Antwort: »Das hängt davon ab ...« In jedem Fall ist Handarbeit erforderlich – die libvirt-Werkzeuge und insbesondere der Virtual Machine Manager helfen Ihnen bei dieser Arbeit nicht.

Grundsätzlich umfasst die Vergrößerung eines virtuellen Datenträgers *zwei* Schritte: Zuerst müssen Sie die zugrunde liegende Image-Datei, das Logical Volume, die Partition etc. auf dem Hostsystem vergrößern. Anschließend müssen Sie auch das auf dem Datenträger enthaltene Dateisystem entsprechend anpassen. Das können Sie wahlweise im Gastsystem oder mit den im vorigen Abschnitt vorgestellten Werkzeugen im Hostsystem erledigen. Der zweite Schritt gelingt am einfachsten, wenn Sie den virtuellen Datenträger im Gastsystem ohne Partitionierung und LVM nutzen.

Dieser Abschnitt beschreibt Vorgehensweisen für einige Standardfälle. Wir gehen hier immer davon aus, dass es sich bei den virtuellen Maschinen um Linux-Installationen handelt (nicht Windows) und dass in den virtuellen Maschinen das ext4-Dateisystem verwendet wird.

ACHTUNG

Die Vergrößerung des virtuellen Datenträgers und des darauf enthaltenen Dateisystems ist eine gefährliche Operation. Führen Sie vorher ein Backup durch, und bearbeiten Sie nie die Datenträger einer laufenden virtuellen Maschine! Sie müssen also die virtuelle Maschine zuerst herunterfahren, dann den virtuellen Datenträger vergrößern und die virtuelle Maschine dann wieder starten.

TIPP

Falls Sie bei der Installation der virtuellen Maschine LVM eingesetzt haben (also LVM im Gastsystem), können Sie sich das umständliche Vergrößern der virtuellen Datenträger ganz ersparen. Fügen Sie einfach einen zweiten Datenträger hinzu, definieren Sie diesen im Gastsystem als Physical Volume (PV) für LVM (Kommando pvcreate**), fügen Sie das PV der vorhanden Volume Group hinzu (**vgextend**), und vergrößern Sie dann die Logical Volumes und die darauf enthaltenen Dateisysteme (**lvextend **und** resize2fs**).**

Logical Volume vergrößern

Ein Logical Volume vergrößern Sie ganz einfach mit dem Kommando lvextend (im folgenden Beispiel um 10 GByte):

```
root@host#  lvextend -L +10G /dev/mapper/vg1-lv2
```

RAW-Image vergrößern

Mit qemu-img können Sie ab der QEMU-Version 0.13 RAW-Images mühelos vergrößern:

```
root#  qemu-img resize disk.img +10G
```

Auf vielen KVM-Hosts sind allerdings ältere QEMU-Versionen installiert. Unter RHEL 6.2 läuft z. B. Version 0.12.4 (siehe rqm -qi qemu-kvm). Zur Vergrößerung eines RAW-Images müssen Sie dann auf das folgende, merkwürdig aussehende dd-Kommando zurückgreifen. Es schreibt kein einziges Byte in die vorhandene Datei (count=0), verändert aber die Position, an der die Datei endet (seek=20G). Auf einem Sparse-tauglichen Dateisystem bleibt der Platzbedarf der Image-Datei unverändert. Erst wenn die virtuelle Maschine den zusätzlichen Speicher tatsächlich zum ersten Mal nutzt, wächst die Datei.

```
root#  qemu-img info disk.img
image: disk.img
file format: raw
virtual size: 9.8G (10485760000 bytes)
disk size: 3.9G
root#  dd if=/dev/zero of=disk.img bs=1 count=0 seek=20G
root#  qemu-img info disk.img
image: disk.img
file format: raw
virtual size: 20G (21474836480 bytes)
disk size: 3.9G
```

QCOW2-Images vergrößeren

Mit QCOW2-Images verhält es sich wie mit RAW-Images. Ab der QEMU-Version 0.13 verwenden Sie einfach qemu-img resize, um das Image zu vergrößern:

```
root#  qemu-img resize qcow2-disk.img +10G
```

Wesentlich komplizierter und zeitaufwendiger ist die Vorgehensweise, wenn nur eine ältere QEMU-Version zur Verfügung steht. Sie müssen das Image daher in das RAW-Format konvertieren, dort vergrößern und es dann wieder zurückkonvertieren. Das ist umständlich und kostet eine Menge Zeit. Außerdem gehen alle gespeicherten Snapshots verloren. Im folgenden Beispiel wird das Image auf eine Gesamtgröße von 20 GByte vergrößert.

```
root#  qemu-img convert -f qcow2 -O raw qcow2-disk.img tmp.raw
root#  dd if=/dev/zero of=tmp.raw bs=1 count=0 seek=20G
root#  qemu-img convert -f raw -O qcow2 tmp.raw qcow2-disk.img
```

QED-Images vergrößern

QED-Images sehen momentan keine Größenänderung vor. Sie müssen das Image in das RAW-Format umwandeln, es dort vergrößern und dann rückkonvertieren. Die Vorgehensweise ist exakt dieselbe wie bei QCOW2-Images, wenn Sie mit einer alten QEMU-Version arbeiten (siehe oben).

Gastdateisystem ohne Partitionierung vergrößern

Nachdem der virtuelle Datenträger vergrößert wurde, muss nun auch das darauf enthaltene Dateisystem angepasst werden. Das gelingt am einfachsten, wenn der Datenträger von der virtuellen Maschine ohne Partitionierung genutzt wird, wenn sich das Dateisystem also direkt auf dem Datenträger befindet.

Zur Vergrößerung des Dateisystems können Sie die virtuelle Maschine starten und das Dateisystem darin *live* vergrößern. Im folgenden Beispiel gehen wir davon aus, dass sich das Dateisystem auf der zweiten virtio-Disk befindet, daher der Device-Name /dev/vdb:

```
root@gast#  resize2fs /dev/vdb
```

Alternativ können Sie das Dateisystem auch vorweg schon im Host-System vergrößern. Die beiden folgenden Kommandos gelten für den Fall, dass Sie mit Logical Volumes arbeiten. Wenn sich der virtuelle Datenträger in einer Image-Datei befindet, ersetzen Sie den Device-Namen durch die Image-Datei.

```
root@host#  e2fsck -f /dev/mapper/vg1-lv2
root@host#  resize2fs /dev/mapper/vg1-lv2
```

Gastdateisystem mit Partitionierung vergrößern

Wesentlich komplizierter ist die Vorgehensweise, wenn auf dem virtuellen Datenträger Partitionen eingerichtet wurden. Grundsätzlich kann nur die letzte Partition vergrößert werden, ohne die anderen Partitionen zu beeinträchtigen. Dazu wird diese Partition zuerst gelöscht und dann neu erzeugt. Es ist entscheidend, dass der Startpunkt der Partition unverändert bleibt!

Falls die letzte Partition eine Swap-Partition ist, können Sie diese löschen, dann die vorletzte Partition bearbeiten und schließlich die Swap-Partition am Ende des vergrößerten Datenträgers wieder anlegen. Damit das Gastsystem die neue Swap-Partition erkennt, müssen Sie entweder darauf achten, dass die UUID der Swap-Partition unverändert bleibt, oder die Datei /etc/fstab im Gastsystem entsprechend aktualisieren.

Da Veränderungen an der Partitionierung in einem laufenden System schwierig sind, ist es zweckmäßiger, die Arbeiten auf dem Hostsystem durchzuführen. Die Kommandos parted und fdisk können Sie direkt auf Logical Volumes, Festplattenpartitionen oder RAW-Images anwenden. Zur Bearbeitung von QCOW2- oder QED-Images verwenden Sie am besten ein Linux-Live-System oder das im vorigen Abschnitt vorgestellte Kommando virt-rescue.

Im folgenden Beispiel liegt die folgende Partitionierung eines QCOW2-Images vor, das von 10 GByte auf 20 GByte vergrößert wurde:

```
user$  virt-filesystems -a disk.img --all --uuid --long
Name       Type    VFS      Size        Parent   UUID
/dev/sda1  filesys unknown  1048576     -        -
/dev/sda2  filesys ext4     524288000   -        6fec... (Bootpartition)
/dev/sda3  filesys ext4     8902410240  -        b7ac... (Systempartition)
/dev/sda4  filesys swap     1055916032  -        07ac... (Swap)
```

Hinter der Swap-Partition befindet sich 10 GByte ungenutzter Speicherplatz. Das Ziel besteht darin, das in der dritten Partition befindliche ext4-Dateisystem zu vergrößern und die Swap-Partition an das Ende des virtuellen Datenträgers zu verschieben. Bei dieser Gelegenheit wird die Swap-Partition gleich auf 500 MByte verkleinert. Diese Schritte werden mit dem Kommando parted erledigt, das innerhalb von virt-rescue ausgeführt wird.

parted erkennt bei der Ausführung von print, dass sich der virtuelle Datenträger vergrößert hat, und passt die Partitionstabelle in zwei Schritten entsprechend an.

```
root#  virt-rescue -a disk.img
><rescue> parted
GNU Parted 2.1
Using /dev/vda
Welcome to GNU Parted! Type 'help' to view a list of commands.
(parted) print
Error: The backup GPT table is not at the end of the disk, as it should be.
This might mean that another operating system believes the disk is smaller.
Fix, by moving the backup to the end (and removing the old backup)?
Fix/Ignore/Cancel? fix

Warning: Not all of the space available to /dev/vda appears to be used,
you can fix the GPT to use all of the space (an extra 21463040 blocks) or
continue with the current setting?
Fix/Ignore? fix

Model: Virtio Block Device (virtblk)
Disk /dev/vda: 21.5GB
Sector size (logical/physical): 512B/512B
Partition Table: gpt
```

```
Number  Start     End      Size     File system   Name   Flags
  1     1049kB    2097kB   1049kB                         bios_grub
  2     2097kB    526MB    524MB    ext4          ext4   boot
  3     526MB     9429MB   8902MB   ext4
  4     9429MB    10.5GB   1056MB   linux-swap(v1)
```

Als Nächstes wird Partition 4 gelöscht und die Maßeinheit von parted auf Byte umgestellt. Das stellt sicher, dass die Startposition von Partition 3 exakt bestimmt werden kann.

```
(parted)  rm 4
(parted)  unit B
(parted)  print
Number  Start        End           Size          File system  Name   Flags
  1     1048576B     2097151B      1048576B                           bios_grub
  2     2097152B     526385151B    524288000B    ext4         ext4   boot
  3     526385152B   9428795391B   8902410240B   ext4
```

Nun wird auch Partition 3 gelöscht und anschließend in neuer Größe wieder angelegt. Die Endposition soll 500 MByte vor dem Ende der Festplatte liegen. Im verbleibenden Platz wird schließlich eine neue Swap-Partition angelegt.

```
(parted)  rm 3
(parted)  mkpart ext4 526385152B -500MiB
(parted)  print
Number  Start        End            Size           Filesys  Name   Flags
  1     1048576B     2097151B       1048576B                        bios_grub
  2     2097152B     526385151B     524288000B     ext4     ext4   boot
  3     526385152B   20950548479B   20424163328B   ext4     ext4
(parted)  mkpart linux-swap(v1) 20950548480 -1MiB
(parted)  print
Number  Start         End            Size           Filesys  Name   Flags
  1     1048576B      2097151B       1048576B                        bios_grub
  2     2097152B      526385151B     524288000B     ext4     ext4   boot
  3     526385152B    20950548479B   20424163328B   ext4     ext4
  4     20950548480B  21473787903B   523239424B              linux-swap(v1)
(parted)  quit
```

Damit sind die Arbeiten in parted erledigt. Jetzt muss das ext4-Dateisystem noch vergrößert und die Swap-Partition neu initialisiert werden, wobei die bisherige UUID wiederverwendet wird:

```
><rescue>  e2fsck -f /dev/vda3
><rescue>  resize2fs /dev/vda3
><rescue>  makeswap -U 07aca9ff-0b27-4f26-9128-9de2fd9bb085 /dev/vda4
><rescue>  exit
```

Nach dem nächsten Start der virtuellen Maschine überzeugen Sie sich mit df -h, dass nun in der Systempartition tatsächlich 10 GByte zusätzlicher Speicher frei geworden ist.

virt-resize

Das vorige Beispiel hat bewiesen, dass die nachträgliche Größenänderung eines Datei-systems in einer virtuellen Maschine recht mühsam sein kann. Das Kommando virt-resize bietet für derartige Probleme einen ganz anderen Lösungsansatz an: Die Par-titionen einer virtuellen Maschine werden vom vorhandenen Image in ein neues Image kopiert. Dabei kann eine Partition samt dem darin enthaltenen Dateisystem vergrößert werden.

Als Ausgangspunkt für das folgende Beispiel dient wie beim vorigen Beispiel ein 10 GByte großes QCOW2-Image. Innerhalb dieses Images soll das in der dritten Partition befind-liche ext4-Dateisystem um 10 GByte vergrößert werden. Dazu muss zuerst eine neue Image-Datei erzeugt werden, die um 10 GByte größer ist als die bisherige Image-Datei. Anschließend wird virt-resize aufgerufen. Es überträgt alle vorhandenen Partitionen unverändert in das neue Image, vergrößert aber die dritte Partition und das darin enthal-tene Dateisystem so weit, wie es die vergrößerte Image-Datei eben zulässt.

```
root#  qemu-img create -f qcow2 new-disk.img 20G
root#  virt-resize --expand /dev/sda3 old-disk.img new-disk.img
Summary of changes:
/dev/sda1: partition will be left alone
/dev/sda2: partition will be left alone
/dev/sda3: partition will be resized from 8.3G to 18.5G
/dev/sda3: content will be expanded using the 'resize2fs' method
/dev/sda4: partition will be left alone

...
```

Der Hauptnachteil von virt-resize gegenüber der manuellen Größenänderung besteht darin, dass alle vorhandenen Partitionen physikalisch kopiert werden müssen. Bei großen virtuellen Maschinen blockiert das die Festplatte des Hostsystems natürlich für geraume Zeit. Auf der anderen Seite erspart virt-resize Ihnen eine Menge fehleranfäl-lige Handarbeit. Insofern werden Sie mit virt-resize wahrscheinlich schneller zum Ziel kommen.

virt-resize kommt prinzipiell auch mit LVM sowie mit NTFS-Partitionen zurecht. Außerdem unterstützt das Kommando eine Menge weiterer Bearbeitungsschritte. Es ist allerdings nicht immer ganz einfach, alle möglichen Nebenwirkungen vorweg abzuschät-zen (siehe auch man virt-resize!). Löschen Sie old-disk.img erst, wenn Sie die virtuelle Maschine mit der neuen Image-Datei umfassend getestet haben!

4.10 Benchmark-Tests

Wir haben in diesem Kapitel eine Menge Empfehlungen zu diversen virtuellen Disk-Konfigurationen zusammengestellt. Um diese Ratschläge zu untermauern, fasst dieser Abschnitt die Ergebnisse einiger Benchmark-Tests zusammen, die wir während der Arbeit an diesem Buch durchgeführt haben.

Gleich vorweg eine Warnung. Es heißt: »Traue keiner Statistik, die du nicht selbst gefälscht hast!« Das gilt in noch viel größerem Ausmaß für Benchmark-Tests. Zur Durchführung solcher Tests gibt es unzählige Verfahren und Parameter. Um also jede Kritik von vornherein im Keim zu ersticken: Wir *wissen*, dass unseren Tests jegliches wissenschaftliche Fundament fehlt.

Es ging uns einzig und allein darum, auf einfache Weise die Performance beim Anlegen und Schreiben vieler, zumeist sehr kleiner Dateien zu messen. In vielen virtuellen Anwendungen ist das der Worst Case. Die Lese-Performance geht in unsere Tests kaum ein. Wir haben die Tests nur mit einer Kernelversion (2.6.32 mit den Patches von RHEL 6.2) und nur mit einem Dateisystem (ext4) durchgeführt. Während der Tests lief das Host-System im Leerlauf, es war nur eine virtuelle Maschine aktiv und in ihr lief nur unser Benchmark-Script. Im echten Server-Einsatz laufen hingegen unzählige Prozesse parallel; wie der KVM-Host in solchen Fällen skaliert, ist ein Thema für sich.

Kurzum: Die folgenden Ergebnisse sind nicht mehr als ein Mosaikstein, den Sie bei der Entscheidung für das Anlegen virtueller Disks betrachten sollten. Lassen Sie sich von den Zahlen nicht blenden, berücksichtigen Sie auch andere Informationsquellen, und vor allem: Führen Sie für Ihre ganz spezifischen Anforderungen selbst Tests durch, um die optimale Konfiguration zu ergründen!

Eckdaten

Als KVM-Host diene ein Desktop-PC mit den folgenden Eckdaten:

Intel i5-CPU (3,3 GHz, vier Cores)
16 GByte RAM
Samsung 830 SSD mit 512 GByte
Western Digital Caviar Green-Festplatte (5400 rpm) mit 1,5 TByte

Wir weisen explizit darauf hin, dass die Western-Digital-Festplatte eine vergleichsweise langsame Festplatte ist, die für den Einsatz auf einem KVM-Host nicht optimal geeignet ist. Die Samsung-SSD zählte dagegen zum Zeitpunkt des Tests (Anfang 2012) zu den schnellsten SATA-SSDs. Hier werden also wirklich Äpfel mit Birnen verglichen ...

Wir haben die Festplatte dennoch für diverse Messungen verwendet, um die Größenordnung des Geschwindigkeitsunterschieds zwischen Festplatten und SSD zu dokumentieren. Es steht außer Frage, dass Sie mit besseren Festplatten, idealerweise im RAID-Verbund, bessere Ergebnisse erzielen können.

Als Betriebssystem kam sowohl auf dem Host als auch in den Gastsystemen CentOS 6.2 mit der Kernel-Version 2.6.32 zum Einsatz. Als Dateisystem haben wir in allen Fällen ext4 ohne zusätzliche mount-Optionen verwendet. Den virtuellen Maschinen stand jeweils 1 GByte RAM und ein CPU-Core zur Verfügung.

Das Benchmark-Script

Unser Benchmark-Script packt den kompletten Kernel-Code der Kernel-Version 3.3 im Verzeichnis test1 aus und dupliziert dieses Verzeichnis dann neunmal (Verzeichnis test2 bis test10). Anschließend vergleicht diff das erste und das zweite Duplikat. Zuletzt werden alle angelegten Dateien gelöscht. sync schließt den Test ab:

```
#!/bin/bash
mkdir test1
tar xjf kernel.tar.bz2 -C test1
for i in $(seq 2 10); do
  cp -a test1 test$i
done
diff test1 test2
rm -rf test*
sync
```

Das Codearchiv kernel.tar.bz2 ist ca. 80 MByte groß und enthält ca. 40.000 Dateien. Im ausgepackten Zustand beträgt der Platzbedarf ca. 500 MByte. Somit werden im Verlauf des Tests ca. 400.000 Dateien erzeugt und wieder gelöscht. Dabei werden ca. 5 GByte Daten geschrieben.

Die Ausführungszeit des Scripts haben wir mit time gemessen. Dieses Kommando liefert drei Ergebnisse (siehe auch man time):

» real: die tatsächliche Laufzeit

» user: die beanspruchte CPU-Zeit auf Benutzerebene, also z. B. die Zeit zum Entpacken des komprimierten Archivs

» system: die CPU-Zeit auf Systemebene, also insbesondere die Zeit, der der Kernel und dessen ext4-Treiber benötigt, um die Daten tatsächlich zu speichern

Die Zeitdifferenz zwischen real und der Summe aus user und system ergibt sich aus Wartezeiten, während denen der Kernel das Abschließen von Schreiboperationen abwartet.

IO-Wartezeit = real - (user + system)

Tests auf dem KVM-Host

Tabelle 4.2 fasst die Ausführungszeiten des Benchmark-Scripts auf dem KVM-Host zusammen (also *ohne* Virtualisierung). Die Ergebnisse spiegeln die maximale Leistung wider, die auf dem Rechner erzielt werden kann. Die Werte dienen als Vergleichsbasis für die Ergebnisse, die in den virtuellen Maschinen erzielt wurden.

Die Benchmark-Tests wurden jeweils auf einem neu eingerichteten Dateisystem durchgeführt, wobei sich das Dateisystem entweder direkt auf einer Partition der Festplatte oder SSD befand oder aber in einem Logical Volume. Die LVM-Konfiguration war denkbar simpel: Eine Partition der Festplatte oder SSD diente als Physical Volume, das wiederum der einzige Bestandteil der Volume Group war.

Kurz zusammengefasst zeigen die Ergebnisse, dass der durch LVM verursachte Overhead sehr gering und mit unseren einfachen Benchmark-Tests nicht messbar ist. Die IO-Wartezeit war bei den Benchmark-Tests auf der SSD nahezu null, während sie auf einer herkömmlichen Festplatte circa die Hälfte der Zeit ausmacht.

Noch eine Anmerkung zur user-Zeit, die unabhängig vom Speicherort immer ca. 13 Sekunden beträgt. Der Großteil dieser Zeit (genau genommen rund 10 Sekunden) sind für das Auspacken des Kernel-Archivs erforderlich. Die SSD- bzw. Festplattengeschwindigkeit hat darauf keinen Einfluss. Nur eine schnellere CPU könnte diese Zeit reduzieren.

PARAMETER	REAL	USER	SYSTEM
SSD-Partition	0:41	0:13	0:27
SSD + LVM	0:41	0:13	0:27
Festplatten-Partition	1:25	0:13	0:27
Festplatte + LVM	1:26	0:13	0:27

Tabelle 4.2: **Benchmark-Ergebnisse auf dem Host-Rechner (in Minuten und Sekunden)**

Virtuelle Datenträger auf Disk Images

Alle weiteren Benchmark-Tests wurden *in* den virtuellen Maschinen durchgeführt. Sie unterscheiden sich durch die Art des virtuellen Datenträgers sowie durch dessen Optionen. Soweit nichts anderes angegeben ist, befinden sich die Image-Dateien in einer Partition des Host-Systems auf der SSD (also nicht auf der Festplatte).

Tabelle 4.3 zeigt die Performance-Unterschiede, die sich aus der Verwendung des Festplatten-Treibers (virtio versus IDE-Adapter) ergeben. Diese Tests wurden mit den Standardeinstellungen des Virtual Machine Managers durchgeführt, also mit CACHE = NONE und IO-MODE = DEFAULT (also Threaded AIO).

PARAMETER	REAL	USER	SYSTEM
QCOW2-Image, IDE	3:11	0:14	1:15
QCOW2-Image, virtio	2:48	0:16	0:49

Tabelle 4.3: **QCOW2-Images, IDE- versus virtio-Treiber auf einer SSD**

Erwartungsgemäß ergibt sich durch den Einsatz des virtio-Treibers ein spürbarer (wenn auch kein dramatischer) Geschwindigkeitsvorteil. Was aus unseren Tests nicht vorgeht: Der virtio-Treiber führt zu umso größeren Performance-Steigerungen, je mehr Prozesse parallel auf das Dateisystem zugreifen!

HINWEIS
Alle weiteren Benchmark-Tests wurden mit dem virtio-Treiber durchgeführt, ohne dass wir darauf jedes Mal neuerlich hinweisen. Es gibt einfach keinen Grund, virtio *nicht* einzusetzen.

QCOW2-Images

Tabelle 4.4 zeigt den Einfluss der Cache- und IO-Mode-Optionen auf die Schreibleistung in Disk Images im QCOW2-Format. Bei Verwendung eines Caches steigt die Geschwindigkeit umso mehr, je langsamer der Datenträger des Host-Systems ist. Insbesondere lohnt sich die Verwendung des potenziell unsichereren Writeback-Caches nur bei einer herkömmlichen Festplatte, während der Gewindigkeitsgewinn bei einer SSD gering ausfällt.

Der Einsatz von Native Asynchronous IO ist bei Disk-Images generell nicht zweckmäßig, was sich auch in den Benchmark-Ergebnissen niederschlägt.

Selbst bei optimalen Einstellungen ist der Schreibdurchsatz in einer Image-Datei somit deutlich geringer als direkt auf dem KVM-Host. Wenn eine SSD zugrunde liegt, dauert die Ausführung unseres Benchmark-Scripts im Gast mehr als doppelt so lange wie auf dem KVM-Host (1:32 versus 0:41). Kommen herkömmliche Festplatten zum Einsatz, ist das Missverhältnis ein klein wenig besser (2:22 versus 1:25).

In den Tabellen 4.4, 4.5 und 4.6 sind die vom Virtual Machine Manager vorgenommenen Defaulteinstellungen beim Einrichten einer QCOW2- oder QED-Image-Datei mit einem Stern gekennzeichnet.

PARAMETER	REAL	USER	SYSTEM
QCOW2 auf SSD, kein Cache, Threaded AIO *	2:48	0:16	0:49
QCOW2 auf SSD, Writethrough-Cache, Threaded AIO	1:38	0:15	0:57
QCOW2 auf SSD, Writeback-Cache, Threaded AIO	1:32	0:14	0:56
QCOW2 auf SSD, kein Cache, Native AIO	2:44	0:15	1:00
QCOW2 auf Festplatte, kein Cache, Threaded AIO *	7:41	0:16	0:59
QCOW2 auf Festplatte, Writethrough-C., Threaded AIO	3:29	0:15	0:56
QCOW2 auf Festplatte, Writeback-C., Threaded AIO	2:22	0:15	0:55
QCOW2 auf Festplatte, kein Cache, Native AIO	10:04	0:16	1:01

Tabelle 4.4: **Cache- und AIO-Optionen bei QCOW2-Images**

HINWEIS

In der Praxis wird der Geschwindigkeitsgewinn durch Caching zumeist geringer aus-fallen als in unseren Benchmarks. Der Grund: In unserem Setup hatte der KVM-Host nahezu unbegrenzt Speicherplatz, der für das Caching verwendet werden konnte. Im realen Betrieb mit mehreren virtuellen Maschinen steht dem KVM-Host in der Regel wesentlich weniger RAM zum Caching zur Verfügung. Dieser Hinweis gilt nicht nur für QCOW2-Images, sondern für alle weiteren Ergebnisse!

QED-Images

Tabelle 4.5 fasst die Ergebnisse äquivalenter Tests mit QED-Images zusammen. Es ist deutlich zu sehen, dass QED-Images in nahezu allen Tests ein wenig bessere Resultate liefern als QCOW2-Images.

PARAMETER	REAL	USER	SYSTEM
QED auf SSD, kein Cache, Threaded AIO *	2:42	0:15	0:57
QED auf SSD, Writethrough-Cache, Threaded AIO	1:31	0:15	0:58
QED auf SSD, Writeback-Cache, Threaded AIO	1:20	0:14	0:56
QED auf SSD, kein Cache, Native AIO	2:43	0:15	1:00
QED auf Festplatte, kein Cache, Threaded AIO *	6:28	0:15	0:58
QED auf Festplatte, Writethrough-C., Threaded AIO	3:07	0:14	0:46
QED auf Festplatte, Writeback-C., Threaded AIO	1:34	0:15	0:57
QED auf Festplatte, kein Cache, Native AIO	6:28	0:16	1:01

Tabelle 4.5: **Cache- und AIO-Optionen bei QED-Images**

RAW-Images

In einem weiteren Durchlauf haben wir schließlich RAW-Images mit verschiedenen Optionen getestet. Im Vergleich zu den QED-Ergebnissen ist die Performance auf RAW-Images nochmals ein wenig besser.

PARAMETER	REAL	USER	SYSTEM
RAW auf SSD, kein Cache, Threaded AIO *	2:44	0:16	0:58
RAW auf SSD, Writethrough-Cache, Threaded AIO	1:28	0:15	0:56
RAW auf SSD, Writeback-Cache, Threaded AIO	1:18	0:14	0:55
RAW auf SSD, kein Cache, Native AIO	2:42	0:16	1:01
RAW auf Festplatte, kein Cache, Threaded AIO *	6:22	0:15	0:58
RAW auf Festplatte, Writethrough-C., Threaded AIO	2:41	0:15	0:54
RAW auf Festplatte, Writeback-C., Threaded AIO	1:23	0:15	0:56
RAW auf Festplatte, kein Cache, Native AIO	6:21	0:15	1:01

Tabelle 4.6: **Cache- und AIO-Optionen bei RAW-Images**

In diversen KVM-Blogs ist zu lesen, dass es zweckmäßig ist, den Speicher für Image-Dateien aus Effizienzgründen vorweg zu reservieren. Diese Empfehlung gilt allerdings nur, wenn Sie auf dem Host-Rechner herkömmliche Festplatten verwenden und die Image-Dateien mehrerer virtueller Maschinen parallel allmählich wachsen. Die allozierten Blöcke der Image-Dateien verteilen sich dann über die ganze Festplatte. Das kann mit der Zeit zu spürbaren Geschwindigkeitseinbußen führen. Bei SSDs hat der Speicherort hingegen keinen Einfluss auf die Zugriffsgeschwindigkeit; insofern ist es selten zweckmäßig, den gesamten Speicher eines RAW-Images im Voraus zu reservieren. (Bei QED- und QCOW-Images besteht diese Möglichkeit gar nicht.)

Virtuelle Datenträger auf Logical Volumes

Es gibt praktisch keine Seite, die nicht den Einsatz von Logical Volumes zur Performance-Steigerung empfiehlt. Tatsächlich fallen die erzielten Geschwindigkeitsgewinne im Vergleich zu Image-Dateien aber enttäuschend aus. In einzelnen Tests sind die Logical Volumes sogar langsamer als QED- oder RAW-Images.

In Tabelle 4.7 sind die Default-Einstellungen des Virtual Machine Managers (Native AIO, kein Caching) mit einem Stern markiert. In der KVM-Dokumentation ist vielfach zu lesen, dass Logical Volumes so am effizientesten zu nutzen sind. Diese Empfehlung sollten Sie nicht ungeprüft übernehmen. Zumindest in unseren Tests brachte das Caching enorme Geschwindigkeitssteigerungen.

PARAMETER	REAL	USER	SYSTEM
LV auf SSD, kein Cache, Threaded AIO	2:41	0:16	0:57
LV auf SSD, Writethrough-Cache, Threaded AIO	1:27	0:16	0:57
LV auf SSD, Writeback-Cache, Threaded AIO	1:22	0:15	0:56
LV auf SSD, kein Cache, Native AIO *	2:41	0:15	1:00
LV auf Festplatte, kein Cache, Threaded AIO	10:03	0:15	0:57
LV auf Festplatte, Writethrough-Cache, Threaded AIO	2:44	0:15	0:46
LV auf Festplatte, Writeback-Cache, Threaded AIO	2:27	0:14	0:55
LV auf Festplatte, kein Cache, Native AIO *	9:49	0:15	1:00

Tabelle 4.7: **Logical Volumes als virtuelle Datenträger**

Virtuelle Datenträger in Festplattenpartitionen

Wenn Sie die Partitionen einer Festplatte des Hostsystems direkt als virtuelle Datenträger verwenden, ersparen Sie sich die LVM-Abstraktionsebene und den damit verbundenen Overhead. Tabelle 4.8 zeigt, dass auch das keine Geschwindigkeitswunder bringt, aber doch eine gewisse Verbesserung im Vergleich zu LVM darstellt – und zwar umso mehr, je langsamer der Datenträger des Hostsystems ist. Bei den Tests haben wir uns hier auf die wichtigsten Varianten beschränkt.

PARAMETER	REAL	USER	SYSTEM
SSD-Partition, Writethrough-Cache, Threaded AIO	1:23	0:15	0:46
SSD-Partition, kein Cache, Native AIO *	2:31	0:15	0:49
Festplattenpartition, Writethrough-Cache, Threaded AIO	2:43	0:15	0:46
Festplattenpartition, kein Cache, Native AIO *	5:58	0:15	0:50

Tabelle 4.8: **Partitionen als virtuelle Datenträger**

Fazit

» Wenn die I/O-Leistung nicht höchste Priorität hat, machen Sie mit Disk Images nichts falsch. QCOW2-Images sind aufgrund der Verbesserungen der letzten Jahre wesentlich besser als ihr Ruf. Noch schneller sind QED- und RAW-Images. Gegen ihren Einsatz spricht in erster Linie die fehlende Snapshot-Funktion. Das QED-Format ist zudem sehr neu und möglicherweise noch nicht ganz ausgereift.

» Logical Volumes bieten den besten Kompromiss aus Flexibilität und Geschwindigkeit.

» Die Kombination aus Threaded AIO mit Writethrough-Caching war bei uns in allen Fällen effizienter als das in der KVM-Dokumentation zumeist empfohlene Native AIO ohne Caching. Dies gilt auch für die Verwendung von Logical Volumes und Festplattenpartitionen als virtuelle Datenträger!

» Extrem langsam sind allerdings VM-Snapshots von QCOW2-Images, wenn das Writethrough- oder Writeback-Caching aktiviert ist. Falls Sie regelmäßig Snapshots im laufenden Betrieb erstellen möchten, müssen Sie das Caching wohl oder übel deaktivieren.

» Vom Writeback-Caching raten wir aus Sicherheitsgründen ab, obwohl sich damit weitere Performance-Verbesserungen erzielen lassen.

» Wenn Sie das letzte Quäntchen Performance herauskitzeln möchten, sollten Sie aktuelle Kernel- und KVM-Versionen einsetzen, nach Möglichkeit sowohl auf dem Host-System als auch im Gast. In solchen Fällen lohnt sich auch das Tuning des I/O-Schedulers des Kernels (mehr dazu im folgenden Abschnitt).

» Wenn Ihre Server nicht stark I/O-lastige Aufgaben erledigen, ist die I/O-Performance nur *ein* Puzzleteil, dessen Einfluss auf die Gesamtleistung oft gering ist. Wichtig sind auch das Tuning der Netzwerkkonfiguration sowie ausreichend RAM. Bei stark CPU-lastigen Anwendungen hilft es mitunter, einzelne CPU-Cores fix einer virtuellen Maschine zuzuordnen (CPU-Pinning).

» Glauben Sie nicht alles, was Sie in diesem Buch oder im Internet lesen! Viele Benchmarktests bilden nur einen Spezialfall ab, und viele Informationen im Web sind veraltet. (Das wird irgendwann auch für dieses Buch gelten.) Führen Sie in Ihren virtuellen Maschinen selbst Benchmark-Tests durch, idealerweise mit einem vergleichbaren Last-Szenario wie im realen Einsatz!

Die Tabellen 4.9 und 4.10 fassen zur besseren Vergleichbarkeit nochmals die wichtigsten Testergebnisse zusammen, die wir auf SSDs bzw. auf herkömmlichen Festplatten erzielt haben. Ergebnisse, die mit aktivem Writeback-Cache erzielt wurden, haben wir dabei nicht berücksichtigt. In der Praxis werden Sie diese Form des Cachings kaum anwenden.

Auf der SSD liegen sämtliche in den virtuellen Maschinen erzielte Testergebnisse sehr nahe aneinander. Erwartungsgemäß ist der direkte Zugriff auf eine Partition am schnellsten, aber der Rückstand der anderen Verfahren ist gering.

Die Festplattenergebnisse sind in einem Punkt überraschend: RAW-Images mit Writethrough-Caching sind überraschend schnell. Der Unterschied im Vergleich zur direkten Nutzung einer Partition oder zu einem Logical Volume ist kaum messbar.

PARAMETER	REAL	USER	SYSTEM
Host	0:41	0:13	0:27
Gast – Partition, Writethrough-Cache, Threaded AIO	1:23	0:15	0:46
Gast – LV, Writethrough-Cache, Threaded AIO	1:27	0:16	0:57
Gast – RAW-Image, Writethrough-Cache, Threaded AIO	1:28	0:15	0:56
Gast – QED-Image, Writethrough-Cache, Threaded AIO	1:31	0:15	0:58
Gast – QCOW2-Image, Writethrough-Cache, Threaded AIO	1:38	0:15	0:57

Tabelle 4.9: **SSD-Ergebnisse**

PARAMETER	REAL	USER	SYSTEM
Host	1:25	0:13	0:27
Gast – Partition, Writethrough-Cache, Threaded AIO	2:43	0:15	0:46
Gast – LV, Writethrough-Cache, Threaded AIO	2:44	0:15	0:46
Gast – RAW-Image, Writethrough-Cache, Threaded AIO	2:41	0:15	0:54
Gast – QED-Image, Writethrough-Cache, Threaded AIO	3:07	0:14	0:46
Gast – QCOW2-Image, Writethrough-Cache, Threaded AIO	4:21	0:15	0:54

Tabelle 4.10: **Festplatten-Ergebnisse**

Andere Benchmark-Tests

IBM hat 2010 das Dokument *Best practices for KVM* veröffentlicht. Es enthält unter anderem Ergebnisse des *Flexible File System Benchmarks* (FFSB), wobei insbesondere die Unterschiede zwischen dem IDE- und dem virtio-Treiber ausführlich gemessen wurden. Kurz zusammengefasst das Ergebnis: Die Effizienzabweichungen waren gering, solange nur ein Prozess auf die virtuelle Festplatte zugriff. Beim gleichzeitigen Zugriff von acht Prozessen stieg der Durchsatz mit dem virtio-Treiber aber circa auf das Vierfache im Vergleich zum IDE-Treiber!

http://publib.boulder.ibm.com/infocenter/lnxinfo/v3r0m0/topic/liaat/liaatbestpractices_pdf.pdf

Die IBM-Mitarbeiter Khoa Huynh und Stefan Hajnoczi haben auf der Linux Plumbers Conference 2010 den Vortrag zum Thema *KVM / QEMU Storage Stack Performance Discussion* gehalten. In den Benchmark-Tests kam überwiegend High-End-Hardware zum Einsatz, z. B. ein KVM-Host mit 8 CPU-Cores und 12 GByte RAM sowie einem externen RAID-Speichergerät (IBM DS3400), das über das Protokoll Fibre Channel mit dem KVM-Host verbunden war und von den virtuellen Maschinen direkt angesprochen wurde. Die besten I/O-Leistungen wurden dabei ohne Caching erzielt, wobei die virtuelle Maschine bis zu 90 % der I/O-Leistung des KVM-Hosts erzielte.

Bei Performance-Messungen mit Disk-Images hat sich das RAW-Format als deutlich leistungsfähiger als das QCOW2-Format erwiesen.

Schließlich erzielten die Autoren bei Tests mit vielen parallelen I/O-Prozessen mit dem *Deadline Scheduler* bessere Resultate als mit dem *Completely Fair Queuing*-Verfahren (CFQ). Dazu einige Hintergrundinformationen: Der I/O-Scheduler bestimmt, in welcher Reihenfolge I/O-Operationen tatsächlich durchgeführt werden. Seit der Kernelversion 2.6.18 ist CFQ der Standard-I/O-Scheduler des Linux-Kernels. CFQ ist für typische Linux-Anwendungen optimiert.

Der Deadline Scheduler ist ein alternatives Verfahren, das durch die Kernel-Option elevator=deadline beim Start des KVM-Hosts und der KVM-Gäste aktiviert werden kann. Dieser Scheduler ist besser für stark I/O-lastige Aufgaben optimiert (z. B. für die Anwendung als Datenbank-Server).

http://publib.boulder.ibm.com/infocenter/lnxinfo/v3r0m0/topic/liaav/LPC/LPCKVMSSPV2.1.pdf
http://www.wlug.org.nz/LinuxIoScheduler

In den Gästen können Sie statt elevator=deadline auch elevator=noop ausprobieren – mit dem Hintergedanken, in den Gästen auf kompliziertes I/O-Scheduling zu verzichten und diese Aufgabe ganz dem Host-System zu überlassen. Manche KVM-Anwender haben damit die besten Ergebnisse erzielt.

Im Vortrag *KVM Performance Improvements and Optimizations* kommt Mark Wagner (Red Hat) aber zum gleichen Ergebnis wie IBM: Die bei Red Hat durchgeführten Tests lieferten die besten Ergebnisse, wenn sowohl auf dem Host als auch auf dem Gast der Deadline-Scheduler im Einsatz war (siehe Slide 65):

http://www.redhat.com/summit/2011/presentations/summit/decoding_the_code/wednesday/
   wagner_w_420_kvm_performance_improvements_and_optimizations.pdf

Gionatan Danti hat auf seiner Website mehrere Artikel zur optimalen KVM-Performance mit Disk Images verfasst. Er berücksichtigt dabei die RHEL-Versionen 6.0, 6.1 und 6.2. Gionatan Danti kommt allerdings teilweise zu vollkommen anderen Ergebnissen als wir, insbesondere beim Writeback- und Writethrough-Caching. Das liegt möglicherweise an der sehr synthetischen Natur seiner Tests (dd-Kommando).

Außerdem hat sich offensichtlich die Qualität der QCOW2-Bibliotheken zuletzt stark verbessert. Unter RHEL 6.0 war es zweckmäßig, die QCOW2-Image-Dateien vorweg zu allozieren (qemu-img create -o preallocation=metadata). Unter RHEL 6.2 spielt dies hingegen kaum mehr eine Rolle.

http://www.ilsistemista.net/index.php/virtualization/23-kvm-storage-performance-and-cache-settings-
   on-red-hat-enterprise-linux-62.html

5. Netzwerk-konfiguration

Dieses Kapitel zeigt Ihnen die verschiedenen Möglichkeiten von KVM in Bezug auf die Konfiguration
des Netzwerks. Egal ob Sie Ihre Gäste über eine
Bridge mit der Außenwelt verbinden möchten oder
komplett von der physikalischen Welt getrennte Netze nutzen, dieses Kapitel zeigt Ihnen die möglichen Varianten. Schließlich betrachten wir in diesem
Kapitel auch den Zugriff auf die Virtualisierungsschicht libvirt über das Netzwerk und die Möglichkeiten, diesen Zugriff sinnvoll abzusichern.

Neueste Versionen von KVM erlauben auch die Anbindung der virtuellen Gäste an reale
Netzwerke ohne eine Bridge. In Abschnitt 5.7 betrachten wir diese neue Funktion des
MacVtap. Gleichzeitig beschreiben wir in diesem Abschnitt auch den VhostNet-Treiber,
der eine verbesserte Performanz bietet, und geben Tipps für den Einsatz.

Fast alle Netzwerkfunktionen lassen sich sowohl direkt über Qemu/KVM als auch die
über libvirt nutzen. Da die meisten Anwender jedoch die libvirt und ihre Werkzeuge
bevorzugen werden, sind die meisten fortgeschrittenen Beispiele auch entsprechend
beschrieben.

5.1 Netzwerkanbindung des Gastes

Wenn Sie einen virtuellen Gast mit KVM erzeugen, soll dieser sicherlich auch auf das
Netzwerk zugreifen können. Hier müssen Sie sich die Frage stellen, wie das erfolgen
soll. Grundsätzlich stehen mehrere Möglichkeiten zur Verfügung:

» **Bridging:** Der häufigste, aber leider nicht einfachste Fall ist die Nutzung einer Bridge.
   Hierbei wird der Gast über einen virtuellen Switch direkt mit der physikalischen Netz-
   werkkarte Ihres Hosts verbunden. Er kann dann so direkt mit dem physikalischen
   Netzwerk kommunizieren, per DHCP eine IP-Adresse beziehen etc.

» **Routing:** Auf Ihrem physikalischen System wird ein virtuelles Netzwerk erzeugt. Ihr physikalisches System erhält ebenfalls eine IP-Adresse in diesem Netz und muss die Pakete wie ein normaler Router weiterleiten.

» **NAT/Routing:** Dies entspricht dem Routing. Zusätzlich führt der Host auch noch ein NAT durch. Dabei tauscht er die IP-Adressen der Gäste gegen seine eigene aus.

Die libvirt-Werkzeuge verwenden in der Standardkonfiguration NAT. Die virtuellen Maschinen erhalten dabei eine IP-Adresse im Adressbereich 192.168.122.*. Die Gäste können mit dem Host-Rechner kommunizieren (IP-Adresse 192.168.122.1) und haben Internetzugang, sie sind aber selbst aus dem Internet nicht erreichbar und können nicht mit anderen Computern bzw. Servern im lokalen Netzwerk kommunizieren.

Diese Standardkonfiguration ermöglicht ein sicheres Ausprobieren virtueller Maschinen, ist aber für den Server-Einsatz ungeeignet. Hinter den Kulissen starten die libvirt-Werkzeuge eine dnsmasq-Instanz, die die Gäste via DHCP mit ihren IP-Parametern versorgt und zudem als lokaler Nameserver agiert.

Viele Unternehmen setzen in ihren Netzwerken Switches ein, die über Verwaltungsfunktionen verfügen (Managed Switches). Diese bieten auch Sicherheitsfunktionen wie Port Security, die häufig genutzt werden.

Eine typische Sicherheitsfunktion beschränkt die Anzahl der an einem Switchport erlaubten MAC-Adressen. Wenn diese Funktion bei Ihnen aktiv ist und nur ein oder zwei MAC-Adressen erlaubt, kann es sein, dass der Switch Ihre Netzwerkverbindung unterbricht, sobald Sie einen virtuellen Gast starten. Wenn Sie den Gast über eine Bridge mit der Außenwelt verbinden, sieht dies aus Sicht des Switches so aus, als ob an dem Anschluss zwei Systeme vorhanden sind!

Am häufigsten werden die Gäste über eine Bridge angebunden. Nur dann sind sie ohne weitere Maßnahmen in der Lage, uneingeschränkt auf das physikalische Netzwerk und alle weiteren Hosts zuzugreifen, und können auch von diesen ohne Umstände erreicht werden. Daher werden wir uns diesen Fall als ersten ansehen.

Netzwerkadapter

Neben der Art der Anbindung müssen Sie sich auch überlegen, welches Netzwerkkartenmodell KVM für Ihren Gast virtualisieren soll. Zur Verfügung stehen:

» virtio

» i82551

» i82557b

» i82559er

» ne2k_pci

» ne2k_isa

» pcnet

» rtl8139

» e1000

» smc91c111

» lance

» mcf_fec

Jedoch werden nicht alle Netzwerkkarten auf allen Systemen unterstützt. Die virtio-Netzwerkkarte besitzt die beste Performance. Sie benötigt jedoch spezielle Treiber, die in kommerziellen Betriebssystemen nachinstalliert werden müssen. Von den Hardware-Emulationen ist die e1000-Emulation die performanteste. Weitere Hinweise erhalten Sie in Abschnitt 5.7 in dem wir verschiedene Implementierungen in einem Benchmark-Test vergleichen.

5.2 Nutzung einer Bridge

Wahrscheinlich möchten Sie, wie die meisten Anwender, Ihre virtuellen Gäste möglichst einfach in Ihr vorhandenes Netzwerk einbinden. Möglicherweise kennen Sie auch bereits die von VMware oder VirtualBox genutzten Defaulteinstellungen, in denen die Gäste sich mit dem physikalischen System die Netzwerkkarte »teilen«.

Dieser Abschnitt erläutert den klassischen Weg über die Erzeugung eines virtuellen Switches (Bridge). Abschnitt 5.7 zeigt einen alternativen, einfacheren Weg über MacVtap auf. Dieser wird jedoch nur von recht aktuellen Distributionen (Fedora, RHEL/CentOS 6) unterstützt. Selbst Ubuntu Precise unterstützt MacVtap noch nicht.

Während die Verwendung einer Bridge bei VirtualBox oder VMware der Default ist, müssen Sie bei KVM hier zunächst selbst Hand anlegen. Dies ist unabhängig davon, ob Sie KVM direkt über Qemu oder über die libvirt-Bibliothek nutzen. Leider unterstützt die libvirt-Bibliothek selbst noch nicht die erforderlichen Funktionen.

Dieser Abschnitt zeigt Ihnen die Schritte für Ubuntu und Fedora auf. Diese lassen sich direkt auf andere Debian-basierte Distributionen und von Fedora abgeleitete Distributionen übertragen. Hierbei erfolgt die Anbindung über eine Bridge. Dabei handelt es sich um eine Art virtuellen Switch, über den die physikalische Netzwerkkarte des Host-Systems mit den virtuellen Netzwerkkarten der Gäste verbunden wird (siehe Abbildung 5.1).

Alle Gäste können dann gemeinsam mit dem physikalischen System dessen Netzwerkkarte nutzen. Sie wird sozusagen »gemeinsam« (Shared Device) genutzt. Für jeden

Gast wird auf dem physikalischen System eine virtuelle Netzwerkkarte erzeugt (Network Interface Card bzw. NIC, vnetX in den libvirt-Werkzeugen) und mit der Netzwerkkarte im Gast verbunden. Anschließend wird die NIC der Bridge hinzugefügt.

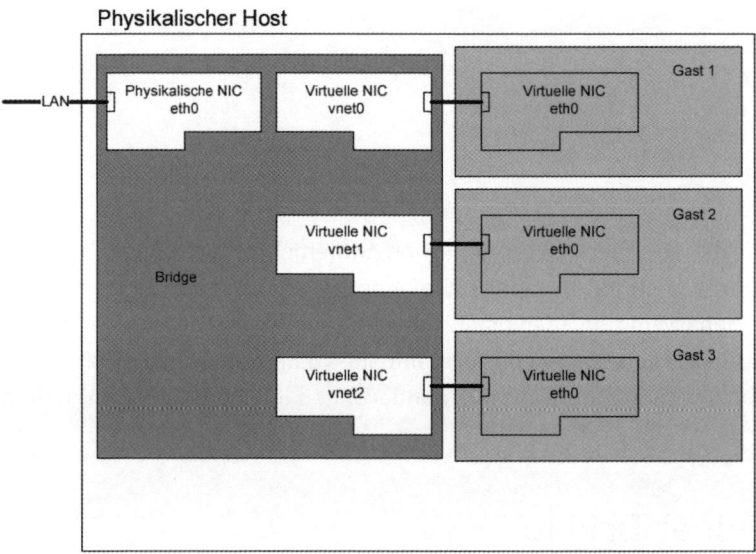

Abbildung 5.1: **Die virtuellen Gäste und der physikalische Host teilen sich die Netzwerkkarte über eine Bridge.**

Was ist eine Bridge?

Wahrscheinlich ist Ihnen die Funktion eines Switches bekannt. Um es kurz zu machen: eine Bridge ist ein Switch in Software-Form. Damit ist eigentlich alles gesagt. Dennoch folgt nun noch eine ausführlichere Erläuterung.

Das Ethernet-Protokoll kennt Kollisionsdomänen. Dies ist am einfachsten zu verstehen, wenn man eines der ursprünglichen Medien für Ethernet betrachtet: das Koaxial-kabel. Beim 10Base2-Ethernet-Medium sind alle Systeme über ein solches Koaxialkabel zusammengeschlossen. Sendet ein Rechner, so erreicht dieses Signal nach wenigen Millisekunden alle weiteren angeschlossenen Rechner. Natürlich darf ein Rechner nur senden, wenn das Koaxialkabel in diesem Moment keine Daten transportiert. Dennoch kann es vorkommen, dass zwei Rechner gleichzeitig senden möchten. Beide prüfen, ob das Kabel aktuell frei ist, und beginnen ihre Daten zu senden. Dabei kommt es zu einer Überlagerung der Signale auf dem Kabel.

Die Daten können von den anderen angeschlossenen Systemen nicht richtig gelesen wer-den. Diesen Zustand bezeichnet man als Kollision. Die Daten sind verloren und müssen von beiden Systemen erneut gesendet werden. Damit es nicht wieder zu einer Kollision

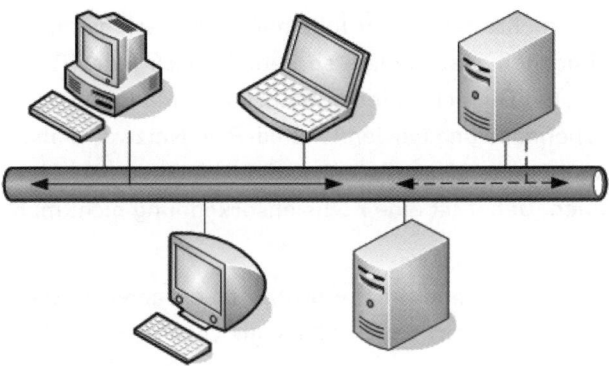

Abbildung 5.2: **Ein Ethernet-Koaxial-Kabel ist eine Kollisionsdomäne.**

kommt, warten die Systeme eine zufällige Zeit, bevor sie einen zweiten Versuch unternehmen. Je mehr Systeme sich in einer Kollisionsdomäne befinden und Daten senden möchten, desto mehr Bandbreite geht für die Kollisionen verloren und desto weniger steht für den tatsächlichen Datentransport zur Verfügung.

Eine Bridge (und natürlich auch ein Switch) können eine große Kollisionsdomäne in zwei oder mehrere kleine Kollisionsdomänen aufteilen (Siehe Abbildung 5.3). Sendet ein System aus dem linken Ethernet-Netz ein Paket in das rechte Ethernet-Netz über die Bridge, so empfängt die Bridge das Paket stellvertretend für das eigentliche System, speichert es lokal zwischen und versendet es ins rechte Ethernet-Netz, wenn dort das Koaxial-Kabel frei ist. Es können daher im oberen und unteren Ethernet-Netz gleichzeitig Ethernet-Frames versendet werden, ohne dass es hierdurch zur Kollision kommt. Dieses Verfahren wird als *Store And Forward* bezeichnet.

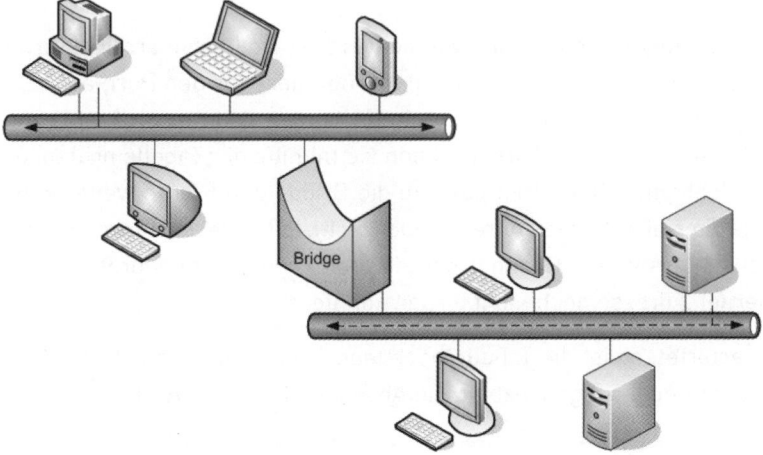

Abbildung 5.3: **Eine Bridge teilt ein Netzwerk in mehrere Kollisionsdomänen.**

TIPP

Wenn Sie einen Switch einsetzen, um mehrere Rechner miteinander zu verbinden, und an jedem Switch-Port nur einen Rechner anschließen, so befindet sich jeder Rechner in einer eigenen Kollisionsdomäne! Da sich in jeder Kollisionsdomäne nur noch zwei Systeme (Switch und Rechner) befinden und bei den Twisted-Pair-Netzwerkkabeln getrennte Adern für den Versand und Empfang von Daten zuständig sind, kann es hier nicht mehr zu einer Kollision kommen. Daher ist eine Kollisionserkennung nicht mehr erforderlich.

Bei dem Koaxialkabel muss der sendende Rechner immer prüfen, ob ein anderer Rechner gleichzeitig sendet und eine Kollision auftritt. Daher ist ein gleichzeitiger Empfang und Versand von Daten bei dem Koaxial-Kabel nicht möglich. Es ist nur ein Halb-Duplex-Betrieb machbar. Bei einem Switch kann das nicht mehr auftreten, daher können die Systeme das Netz im Full-Duplex-Modus betreiben und so theoretisch die doppelte Datenmenge transferieren.

Theoretisch könnte die Bridge nun sämtliche Pakete aus einem Netz in das andere Netz übertragen. Dies ist jedoch nicht sinnvoll und erhöht die erforderliche Bandbreite unnötig. Nur die Pakete, die für Systeme in dem unteren Netz bestimmt sind, müssen in dieses Netz gesandt werden. Hierzu lernt eine Bridge die in einem Netz verfügbaren Systeme und speichert diese in einer Tabelle ab. Für das obige Beispiel könnte dies so aussehen wie in Tabelle 5.1.

PORT	MAC
A	00:74:43:33:32:33
B	00:74:43:33:57:35

Tabelle 5.1: **Forwarding Table**

Wie füllt die Bridge diese Tabelle? Jedes Mal, wenn ein Frame die Bridge erreicht, prüft die Bridge die Absender-Ethernet-(MAC-)Adresse und trägt diese für den Port, auf dem der Frame die Bridge erreicht hat, in die Tabelle ein. Erhält sie dann einen Frame mit einer bestimmten Ziel-Ethernet-(MAC-)Adresse, kann sie mithilfe der Tabelle prüfen, ob der Frame bereits im richtigen Ethernet ist oder ob die Bridge den Frame weiterleiten muss. Kennt die Bridge die Ziel-Ethernet-Adresse noch nicht, leitet sie den Frame immer weiter. Es könnte ja sein, dass dieser Rechner gerade erst eingeschaltet wurde und die Bridge daher die Ethernet-Adresse noch nicht lernen konnte.

Wird die Bridge neu gestartet, so ist die Tabelle noch leer. Auch in diesem Fall leitet sie alle Frames immer weiter und lernt gleichzeitig die Absender-Ethernet-Adressen.

Außerdem muss die Bridge Frames an die Broadcast-Ethernet-Adresse ff:ff:ff:ff:ff:ff immer weiterleiten, da diese Pakete für alle Rechner bestimmt sind.

Da eine typische Bridge (Switch) nur die Ethernet-Adressen betrachtet, spricht man auch von einem Layer-2-Switch. Die Schicht 2 im OSI-Modell ist die Netz-Zugangsschicht und entspricht dem Ethernet-Protokoll.

Das Spanning-Tree-Protokoll

Da Bridges (und damit auch Switches) Kollisionsdomänen in kleinere Kollisionsdomänen aufteilen, erhöhen sie die Leistung des Netzes. Daher wird heute statt Koaxialkabel und Hubs im Netzwerkbereich nur noch Switching-Technologie eingesetzt. Dabei kann es aber zu fatalen Fehlern kommen, wenn ein Administrator eine Schleife mithilfe von Bridges oder Switches verkabelt. Da die Bridge alle Ethernet-Broadcast-Pakete weiterleitet und es bei Ethernet nicht wie bei dem Internet-Protokoll eine Time-To-Live gibt, kommt es zu Broadcast-Stürmen. Jeder Broadcast-Frame wird von den Bridges unendlich oft im Kreis weitergeleitet. Da immer wieder neue Broadcast-Frames erzeugt werden, schöpfen diese nach kurzer Zeit die gesamte Bandbreite aus.

Schleifen müssen daher unter allen Umständen vermieden werden!

Um den Administrator zu unterstützen, bieten die mächtigeren verwaltbaren (managebaren) Switches das Spanning-Tree-Protokoll, das auch von der Linux-Bridge unterstützt wird. Das Ziel des Protokolls ist es, einen schleifenfreien Pfad zu jedem System im Netz bereitzustellen. Sämtliche Details zu erläutern würde zu weit führen, daher wollen wir uns kurz auf die wesentliche Funktion beschränken. Im Virtualisierungsumfeld werden Sie das Protokoll meist deaktivieren.

Zunächst bestimmt das STP-Protokoll eine Root-Bridge im Netz. Hierzu nutzt es die MAC-Adressen der Bridges und Prioritäten. Dann ermittelt es den besten Weg von der Root-Bridge zu jedem System im Netz. Dieser Weg wird dann aktiviert. Alternative Wege werden deaktiviert. Um anschließend Schleifen zu erkennen, sendet die Root-Bridge auf jedem Anschluss BPDU-Hello-Frames (Bridge Protocol Data Unit). Dies erfolgt normalerweise alle 2 Sekunden. Empfängt die Root-Bridge einen Hello-Frame mit der eigenen Absender-Adresse, so muss an dem entsprechenden Anschluss eine Schleife vorhanden sein.

Dies könnte bereits zu spät sein, da wir ja nur alle 2 Sekunden einen Hello-Frame schicken. Um das zu verhindern, aktivieren Bridges und Switches mit STP-Protokoll einen Port nicht sofort, wenn es zu einer Verbindung kommt. Ein Port durchläuft mehrere Phasen, in denen er keine Frames weiterleitet, aber bereits BPDU-Hello-Frames verschicken und empfangen kann. Jeder Port kann die folgenden Zustände haben:

» **Listening:** Der Port versendet und empfängt BPDU-Frames, aber keine Nutzdaten.

» **Learning:** Der Port lernt bereits Ethernet-Adressen, aber leitet noch keine Frames weiter.

» **Forwarding:** Der Port ist voll funktionstüchtig.

» **Blocking:** Eine Schleife wurde erkannt, und der Port ist daher deaktiviert.

Üblicherweise verbleibt ein Port nach Erkennung des Links für jeweils 15 Sekunden in dem Listening- und Learning-Zustand, bevor er in den Forwarding-Zustand wechselt. Dies bezeichnet man als Forward-Delay. Da diese insgesamt 30 Sekunden in modernen Netzwerken inakzeptabel sind, wurden moderne Varianten des STP-Protokolls entwickelt. Das Rapid-Spanning-Tree-Protokoll wird jedoch nicht von der Linux-Bridge unterstützt und daher hier nicht weiter betrachtet.

Da in virtuellen Umgebungen üblicherweise nur eine Bridge mit nur einem externen Port zum Einsatz kommt, sind Schleifen unwahrscheinlich. Daher empfiehlt es sich, in diesen Umgebungen das STP-Protokoll abzuschalten, um die Verzögerung von 30 Sekunden zu vermeiden. Im Folgenden werden wir erläutern, wie das funktioniert.

Manueller Bau einer Bridge

Um zu verstehen, wie die Bridge konfiguriert wird, werden wir in diesem Abschnitt zunächst die manuelle Konfiguration vorstellen. Diese übersteht jedoch einen Reboot des Systems nicht. Daher stellen wir in den folgenden Abschnitten die persistente Konfiguration für Ubuntu und Fedora vor.

Um eine Bridge zu konfigurieren, benötigen Sie den Befehl brctl. Dieser Befehl ist üblicherweise in dem Paket bridge-utils enthalten. Installieren Sie das Paket nach, wenn Sie den Befehl auf Ihrem System nicht finden. Um den Befehl zu nutzen, benötigen Sie root-Privilegien. Entweder Sie nutzen sudo oder wechseln mit su - zu root. Wir werden im Weiteren nur die brctl-Befehle aufführen.

Erzeugung der Bridge

Bevor Sie eine neue Bridge erzeugen, prüfen Sie bitte, wie aktuell Ihre Netzwerkkarte benannt wird, über die Sie eine Verbindung in Ihr Netz herstellen. Einige Distributionen (z. B. Fedora 16) nutzen hier nicht mehr eth0, sondern Namen wie pci3p1, em0 oder p6p1. Ersetzen Sie dann im Folgenden den Namen eth0 durch die Bezeichnung Ihrer Netzwerkkarte. Sie können das recht einfach mit dem Befehl ip prüfen:

```
root-f16#  ip addr show
1: lo: <LOOPBACK,UP,LOWER_UP> mtu 16436 qdisc noqueue state UNKNOWN
    link/loopback 00:00:00:00:00:00 brd 00:00:00:00:00:00
    inet 127.0.0.1/8 scope host lo
    inet6 ::1/128 scope host
        valid_lft forever preferred_lft forever
2:  p6p1: <BROADCAST,MULTICAST,UP,LOWER_UP> mtu 1500 qdisc pfifo_fast
        state UP qlen 1000
    link/ether 00:1f:d0:d9:fd:cf brd ff:ff:ff:ff:ff:ff
    inet 192.168.0.5/24 brd 192.168.0.255 scope global p6p1
    inet6 fe80::21f:d0ff:fed9:fdcf/64 scope link
        valid_lft forever preferred_lft forever
```

Um nun eine neue Bridge zu erzeugen, verwenden Sie einfach:

```
root#  brctl addbr  bridgename
```

> TIPP
>
> **Der Linux-Kernel begrenzt den Namen der Bridge auf 15 Zeichen. Längere Namen werden einfach abgeschnitten. Die überflüssigen Zeichen werden ignoriert.**

Der Name der Bridge ist hierbei frei wählbar. In der im Internet verfügbaren Dokumentation wird häufig br0 verwendet. Wir geben den Bridges gerne sprechende Namen, wie zum Beispiel lan0 oder dmz0. Das ist aber Ihre Sache. In diesem Beispiel verwenden wir lan0.

Eine Netzwerkkarte, die später Bestandteil einer Bridge werden soll, darf nicht bereits über eine IP-Adresse verfügen. Am einfachsten fahren wir die physikalische Netzwerkarte eth0 zunächst herunter. Hierbei verlieren Sie Ihre Netzwerkverbindung, und die Netzwerkkarte verliert ihre IP-Adresse. Dies ist also auf einem entfernten System nicht zu empfehlen, solange Sie nicht eine alternative Verbindungsmöglichkeit, z. B. eine serielle Konsole, besitzen.

```
root#  ifdown eth0  (Ersetzen Sie eth0 entsprechend)
Gerätezustand: 30 (nicht verbunden)
```

Die Meldung bei Absetzen des Befehls muss nicht unbedingt angezeigt werden. Jetzt können Sie die physikalische Netzwerkkarte der Bridge hinzufügen. Dies ist der erste Port unserer Bridge.

```
root#  brctl addif lan0 eth0
root#  brctl show lan0
bridge name     bridge id            STP enabled     interfaces
lan0            8000.001fd0d9fdcf    no              eth0
```

Hier ist STP bereits abgeschaltet. Falls dies bei Ihnen nicht der Fall ist, holen Sie das nun nach:

```
root#   brctl stp lan0 off
root#   brctl setfd lan0 0
```

Der zweite Befehl setzt auch einen möglicherweise vorhandenen Forward-Delay auf 0 Sekunden. Mit brctl showstp lan0 können Sie dies kontrollieren. Jetzt aktivieren Sie die Bridge und die enthaltenen Ports:

```
root#   ip link set lan0 up
root#   ip link set eth0 up
```

Nun können Sie der Bridge eine IP-Adresse zuweisen. Die physikalischen Netzwerkkarten dürfen, wie bereits erwähnt wurde, keine IP-Adressen erhalten. Lediglich das virtuelle Bridge-Interface (hier lan0) erhält eine IP-Adresse. Wenn Sie vorher eine statische IP-Adresse hatten, können Sie diese mit den folgenden Befehlen wieder setzen:

```
root#   ip addr add 192.168.0.205/24 dev lan0
root#   ip route add default via 192.168.0.1
```

Bei einer dynamischen Adresse genügt meist der folgende Aufruf:

```
root#   dhclient lan0
```

Jetzt sollten Sie wieder über eine funktionsfähige Netzwerkverbindung verfügen. Im Virtual Machine Manager (siehe Abbildung 5.4) können Sie nun die Bridge verwenden, um virtuelle Systeme mit der Außenwelt zu verbinden. Diese nutzen nun die Bridge, um direkt auf das LAN zuzugreifen.

> **TIPP**
>
> **Leider funktioniert der Network-Manager (noch) nicht mit Bridges. Daher kann er Ihnen diese Bridge auch wieder zerstören. Für die folgenden Abschnitte weisen wir daher darauf hin, dass für eine dauerhafte Bridge der Network-Manager komplett oder zumindest für die entsprechenden Netzwerkkarten deaktiviert oder sogar deinstalliert werden sollte. Das ist schade, da gerade auf Laptops der Network-Manager ein sehr sinnvolles Werkzeug ist. Es erlaubt eine sehr flexible Netzwerknutzung über Ethernet, WLAN und UMTS.**

Abschalten der Bridge

Um die Bridge wieder zu löschen, müssen Sie diese zunächst deaktivieren und sämtliche Ports entfernen. Dann kann sie gelöscht werden. Anschließend können Sie Ihre physikalische Netzwerkkarte wieder aktivieren:

```
root#   ip link set lan0 down
root#   ip link set eth0 down
root#   brctl delif lan0 eth0
root#   brctl delbr lan0
root#   ifup eth0
```

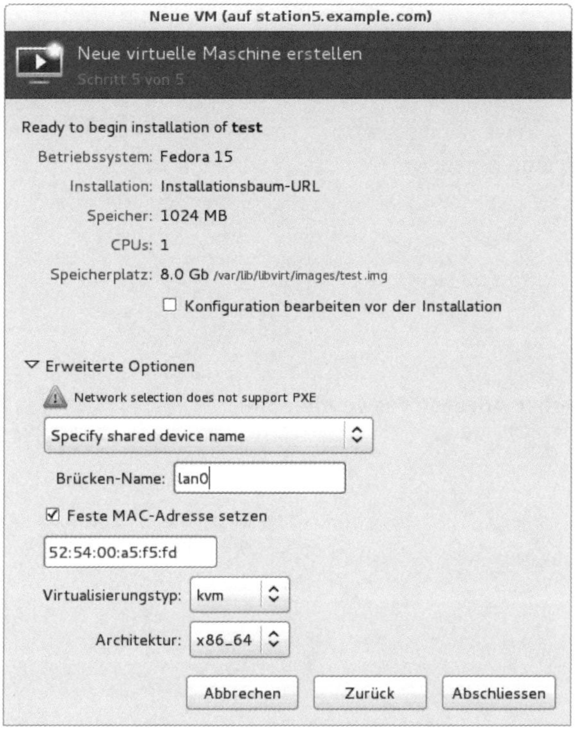

```
                    Neue VM (auf station5.example.com)

      ▶      Neue virtuelle Maschine erstellen
             Schritt 5 von 5

  Ready to begin installation of test

       Betriebssystem: Fedora 15

          Installation: Installationsbaum-URL

            Speicher: 1024 MB

               CPUs: 1

       Speicherplatz: 8.0 Gb /var/lib/libvirt/images/test.img

                  ☐ Konfiguration bearbeiten vor der Installation


    ▽ Erweiterte Optionen

      ⚠ Network selection does not support PXE

      Specify shared device name                ↕

       Brücken-Name: lan0

      ☑ Feste MAC-Adresse setzen

      52:54:00:a5:f5:fd

    Virtualisierungstyp: kvm     ↕

        Architektur: x86_64 ↕

                  Abbrechen      Zurück      Abschliessen
```

Abbildung 5.4: **Der Virtual Machine Manager erlaubt die Anbindung von Gästen an die Bridge.**

Falls der letzte Befehl Ihre Netzwerkkarte eth0 nicht automatisch wieder mit einer IP-Adresse konfiguriert, müssen Sie dies noch nachholen.

Eine Bridge mit Ubuntu

Unter Ubuntu werden die Netzwerkkarten in der Datei /etc/network/interfaces verwaltet. Um in dieser Datei eine Bridge zu konfigurieren, sollten Sie zunächst wieder prüfen, welchen Namen die Netzwerkkarte trägt, die anschließend ein Port der Bridge werden soll. Hier gehen wir wieder von eth0 aus.

Versehen Sie zunächst alle Zeilen, die sich auf diese Netzwerkkarte beziehen, mit einem Kommentarzeichen:

```
# This file describes the network interfaces available on your system
# and how to activate them. For more information, see interfaces(5).

# The loopback network interface
auto lo
iface lo inet loopback
```

```
# The primary network interface
#auto eth0
#iface eth0 inet dhcp
```

Nun fügen Sie die Konfiguration der Bridge hinzu:

```
auto lan0
iface lan0 inet dhcp
    bridge_ports eth0
    bridge_fd 0
    bridge_stp no
```

Im Falle einer Konfiguration mit statischer Adresse verwenden Sie:

```
auto lan0
iface lan0 inet static
    address 192.168.4.2
    netmask 255.255.255.0
    gateway 192.168.4.1
    bridge_ports eth0
    bridge_fd 0
    bridge_stp no
```

Weitere bridge-spezifische Parameter, die Sie hier angeben können, sind in der Datei /usr/share/doc/bridge-utils/README.Debian.gz dokumentiert.

Nun müssen Sie noch den Network-Manager deaktivieren oder besser sogar deinstallieren:

```
root#   aptitude purge network-manager
```

Möchten Sie auf den Network-Manager nicht verzichten, können Sie ihn anweisen, gezielt die Netzwerkkarte eth0 zu ignorieren. Fügen Sie die folgenden Zeilen zur obigen Datei hinzu:

```
auto eth0
iface eth0 inet manual
```

Bei einem Reboot sollte nun die Bridge automatisch gestartet werden.

> **TIPP**
>
> **Falls Sie nicht die manuelle Erzeugung der Bridge vorher getestet haben, stellen Sie sicher, dass Sie auf dem System die Bridge-Utilities (bridge-utils) installiert haben. Ansonsten kann die Bridge nach dem Reboot nicht gestartet werden!**

Eine Bridge mit Fedora/RHEL

Fedora verwaltet die Netzwerkkarten in einzelnen Dateien in dem Verzeichnis /etc/sys-config/network-scripts/. Hier findet sich für jede Netzwerkkarte eine Datei mit dem Namen ifcfg-*.

Prüfen Sie auch hier zunächst, welche Netzwerkkarte später Teil der Bridge werden soll. Auch hier gehen wir von eth0 aus.

Falls Sie den Network-Manager weiterhin nutzen wollen, stellen Sie sicher, dass Sie diese Änderungen nicht über das Netzwerk durchführen. Der Network-Manager erkennt, dass Sie die Datei editiert haben, und lädt sie sofort. Anschließend deaktiviert er die Netzwerkkarte, da er nun aufgefordert wird, die Karte zu ignorieren!

Editieren Sie zunächst die Datei ifcfg-eth0, und ändern Sie diese wie folgt ab:

```
DEVICE="eth0"
ONBOOT="yes"
BRIDGE=lan0
NM_CONTROLLED="no"
HWADDR="Ihre MAC-Adresse"
BOOTPROTO="none"
```

Wichtig sind die Parameter NM_CONTROLLED und Bridge. Der erste Parameter stellt sicher, dass der Network-Manager die Karte ignoriert. Der zweite Parameter weist die Karte der Bridge lan0 zu.

Erzeugen Sie nun die Datei ifcfg-lan0:

```
DEVICE="lan0"
TYPE="Bridge"
STP=off
DELAY=0
ONBOOT="yes"
NM_CONTROLLED="no"
BOOTPROTO="dhcp"
```

Wenn Sie eine statische Konfiguration für die IP-Adresse wünschen, nutzen Sie stattdessen:

```
DEVICE="lan0"
TYPE="Bridge"
STP=off
DELAY=0
ONBOOT="yes"
NM_CONTROLLED="no"
```

```
BOOTPROTO="static"
IPADDR=192.168.0.5
NETMASK=255.255.255.0
GATEWAY=192.168.0.1
```

Die Parameter STP und DELAY konfigurieren das Spanning-Tree-Protokoll und den Forward-Delay. Nun sollte Ihre Bridge bei jedem Systemstart gestartet werden. Falls dies nicht der Fall ist, prüfen Sie, ob der SysV-Service network automatisch gestartet wird:

```
root#  chkconfig --list network
network          0:Aus   1:Aus   2:Aus   3:Aus   4:Aus   5:Aus   6:Aus
root#  chkconfig network on
root#  chkconfig --list network
network          0:Aus   1:Aus   2:Ein   3:Ein   4:Ein   5:Ein   6:Aus
```

Bridge und IPtables

Die Pakete, die auf der Bridge von einem Port zu einem anderen Port weitergeleitet werden, können von IPtables gefiltert werden. Das bedeutet, dass IPtables entscheiden kann, ob ein Paket von der physikalischen Netzwerkkarte eth0 an einen virtuellen Gast weitergeleitet wird.

Meist ist dieses Verhalten unerwünscht. Sie können über einfache Parameter in /proc/sys/net/bridge definieren, ob die Bridge den Netzwerkverkehr filtern soll oder nicht:

» `bridge-nf-call-arptables`

» `bridge-nf-call-ip6tables`

» `bridge-nf-call-iptables`

Enthalten diese Dateien den Wert 1, so wird der Verkehr durch die entsprechende Funktionalität gefiltert. Bei einem Wert von 0 ist dies abgeschaltet.

Um die Parameter dauerhaft zu setzen, sollten Sie die Einstellungen in der Datei /etc/sysctl.conf speichern. Diese werden von dem Befehl sysctl beim Start des Systems ausgelesen.

```
# Disable netfilter on bridges.
net.bridge.bridge-nf-call-ip6tables = 0
net.bridge.bridge-nf-call-iptables = 0
net.bridge.bridge-nf-call-arptables = 0
```

Start eines Gastes mit Anbindung an die Bridge

Am einfachsten binden Sie nun einen Gast an die Bridge, indem Sie die libvirt-Bibliothek und ihre Werkzeuge nutzen. Entweder nutzen Sie den Virtual Machine Manager. Dort stellen Sie HOST-GERÄT =SPECIFY SHARED DEVICE NAME ein und geben dann den Namen der Brücke an (siehe Abbildung 5.5).

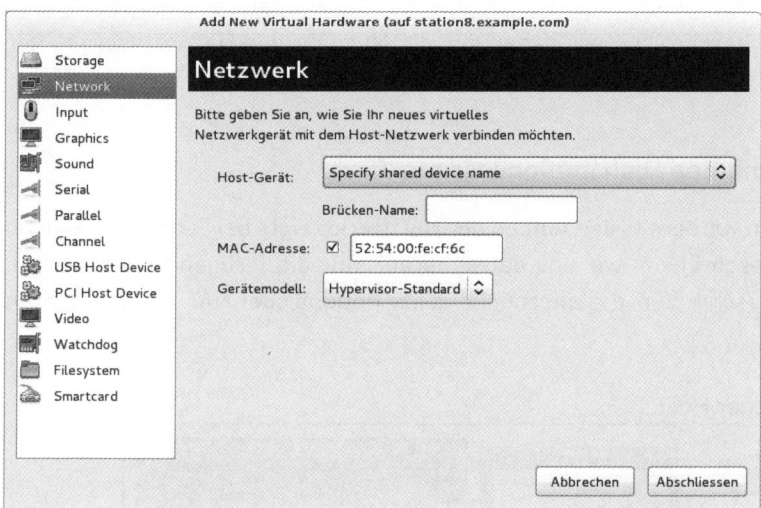

Abbildung 5.5: **Der Virtual Machine Manager erlaubt direkt die Angabe der Bridge.**

Alternativ können Sie auch die XML-Darstellung direkt mit `virsh edit <gast>` editieren. Dann müssen Sie folgende Zeilen in der Beschreibung Ihres Gastes anpassen:

```
<interface type='bridge'>
  <mac address='52:54:00:fe:cf:6c'/>
  <source bridge='lan0'/>
</interface>
```

5.3 Routing von Netzen

Wenn Sie nicht möchten, dass Ihre Gäste direkt aus dem LAN erreichbar sind und selbst direkt andere Systeme in Ihrem Local Area Network ansprechen können, bietet sich als Alternative das Routen der virtuellen Netze an. Am einfachsten verwenden Sie hierzu weiterhin eine Bridge. Jedoch weisen Sie der Bridge nicht eine physikalische Netzwerkkarte Ihres Hosts als Port zu. Damit handelt es sich um ein eigenständiges Netz ohne Verbindung zur Außenwelt. Diese Verbindung können Sie dann mithilfe von Routing und/oder Network Address Translation bereitstellen.

Grundsätzlich gibt es drei Möglichkeiten, derartige Bridges zu erzeugen. Sie können die Bridges manuell erzeugen, die Netzwerkscripts der Distribution nutzen oder libvirt mit der Erzeugung beauftragen. Während Sie sich im ersten Fall selbst darum kümmern müssen, dass die Bridges bei jedem Neustart erneut erzeugt werden, wird das in den beiden letzteren Fällen für Sie erledigt.

Da wir bereits im letzten Kapitel beschrieben haben, wie Sie manuell eine Bridge erzeugen, wiederholen wir die Befehle hier nicht. Verzichten Sie einfach darauf, der Bridge eine physikalische Netzwerkkarte als Port zuzuweisen. Dann hat sie keine Verbindung zur Außenwelt. Hier beschreiben wir daher nur die Nutzung der Netzwerkscripts der Distributionen und die Nutzung von libvirt.

Getrennte Netze mit den Distributionsscripts

In Abschnitt 5.2 haben wir bereits den Aufbau der Netzwerkscripts bei Fedora und Debian beschrieben. Hier beschränken wir uns daher darauf, nur die fertigen Scripts für ein getrenntes Netz zu beschreiben, das anschließend per Routing oder NAT auf die weiteren Netze zugreift.

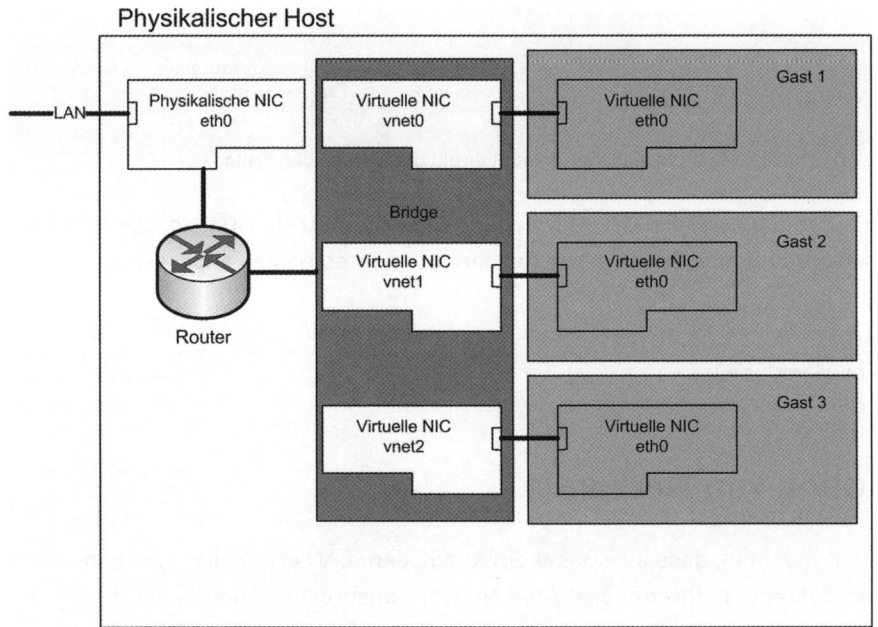

Abbildung 5.6: **Die virtuellen Gäste und der physikalische Host teilen sich die Netzwerkkarte über eine Bridge.**

Das Netz soll den Namen dmz0 erhalten. Außerdem werden in dem Netz die IP-Adressen 172.16.0.0/24 verwendet, und das spätere Default-Gateway in dem Netz erhält die IP-Adresse 172.16.0.1. Da das Routing über den physikalischen Rechner erfolgen soll, muss dieser diese IP-Adresse erhalten.

Fedora

Bei der Fedora-Distribution erzeugen Sie die Datei /etc/sysconfig/network-scripts/ ifcfg-dmz0. Diese füllen Sie mit den folgenden Zeilen:

```
DEVICE="dmz0"
TYPE="Bridge"
ONBOOT="yes"
NM_CONTROLLED="no"
BOOTPROTO="static"
IPADDR=172.16.0.1
NETMASK=255.255.255.0
STP=off
DELAY=0
```

Dies genügt. Ein ifup dmz0 startet die Bridge. Bei dem nächsten Neustart des Systems wird die Bridge durch die Distributionsscripts erstellt.

Debian und Ubuntu

Unter Debian und Ubuntu verhält es sich ähnlich. Hier fügen Sie die folgenden Zeilen zur Datei /etc/network/interfaces hinzu:

```
auto dmz0
iface dmz0 inet static
    address 172.16.0.1
    netmask 255.255.255.0
    bridge_ports none
    bridge_fd 0
    bridge_stp no
```

Mit ifup dmz0 wird auch hier die Bridge gestartet. Nach einem Reboot steht die Bridge ebenfalls automatisch zur Verfügung.

Routing und NAT

Damit nun Pakete zwischen Ihrem internen Netz dmz0 und dem LAN geroutet werden können, müssen Sie im Linux-Kernel das Forwarding aktivieren. Dies geht ganz einfach in der Datei /etc/sysctl.conf:

```
# IPv4
net.ipv4.ip_forward = 1
# IPv6
net.ipv6.conf.all.forwarding = 1
net.ipv6.conf.default.forwarding = 1
```

Diese Datei wird beim Booten automatisch von dem Befehl sysctl gelesen.

Denken Sie daran, dass Sie die IPtables-Hooks für die Bridge deaktivieren, wenn Sie Firewallregeln auf Ihrem physikalischen Host einsetzen möchten und die Bridge nicht extra in den Regeln berücksichtigen wollen (siehe Abschnitt 5.2).

Nachdem Sie das Forwarding aktiviert haben, ist der freie Paketaustausch zwischen dem Netz dmz0 und dem LAN bereits möglich. Falls Sie Firewallregeln auf Ihrem physikalischen System nutzen, müssen Sie möglicherweise mit der folgenden Regel dies aber noch spezifisch erlauben. Für IPv4 können Sie diese Regeln verwenden. Die Regeln für IPv6 lauten analog.

```
iptables -I FORWARD -i dmz0 -o eth0 -j ACCEPT
iptables -I FORWARD -i eth0 -o dmz0 -j ACCEPT
```

Falls Sie zusätzlich dem Netz dmz0 Zugriff auf die Außenwelt geben wollen, müssen Sie die IP-Adressen mit einem SNAT umsetzen. Hierzu benötigen Sie zusätzlich die folgende Regel:

```
iptables -t nat -I POSTROUTING -s 172.16.0.0/24 -o eth0 -j MASQUERADE
```

Falls Sie weitere Informationen über die Konfiguration der Firewall benötigen, können Sie diese in dem Buch »Linux Firewalls. Sicherheit für Linux-Server und -Netzwerke mit IPv4 und IPv6« von Ralf Spenneberg nachlesen, das im Addison-Wesley Verlag erschienen ist (ISBN 978-3-8273-3004-8).

5.4 Verwaltung der Netze mit libvirt

Mit libvirt ist es ebenfalls möglich, eigene private Netze zu erzeugen. libvirt erzeugt dann ebenfalls Bridges auf dem physikalischem Host, "spricht" jedoch intern von einem Netzwerk (*network*). Diese Netzwerke können jedoch auch auf einer bereits vorhandenen Bridge aufsetzen oder dynamisch direkt auf virtualisierende SR-IOV-Netzwerkkarten zugreifen. Einzelne der hier erwähnten Optionen deuten das an. Wir betrachten es genauer in den entsprechenden Abschnitten.

Zunächst werden wir die Erzeugung eines derartigen Netzwerks mit dem Kommandozeilenwerkzeug virsh erläutern. Anschließend leiten wir Sie durch den Virtual Machine Manager.

TIPP

libvirt erlaubt die automatische Erzeugung der entsprechenden IPtables-Regeln für das SNAT der Verbindungen. Außerdem können Sie direkt einen DHCP-Server für das getrennte Netz über libvirt starten. Damit ist die Verwaltung sehr komfortabel. Diese DHCP-Unterstützung beschränkt sich jedoch auf IPv4.

Verwaltung der Netze mit virsh

Das Kommando virsh hat mehrere Unterkommandos für die Verwaltung virtueller Netzwerke:

» net-autostart: Ein Netzwerk automatisch starten.

» net-create: Netzwerk aus einer XML-Datei erstellen.

» net-define: Definiere ein Netzwerk aus einer XML-Datei, ohne es zu starten.

» net-destroy: Stoppe ein Netzwerk.

» net-dumpxml: Gib die Netzwerk-Konfiguration in XML aus.

» net-edit: Editiere die XML-Konfiguration für ein Netzwerk.

» net-info: Zeige Informationen über ein Netzwerk an.

» net-list: Netzwerke auflisten.

» net-name: Eine Netzwerk-UUID in einen Netzwerk-Namen konvertieren.

» net-start: Ein (zuvor definiertes) inaktives Netzwerk starten.

» net-undefine: Ein inaktives Netzwerk löschen.

» net-uuid: Ermittele die UUID eines Netzwerks.

Wenn Sie libvirt verwenden, so startet der libvirt-Daemon bereits ohne weitere Konfiguration ein virtuelles Netz. Dieses trägt den Namen default. Sie können sich dessen Konfiguration mit virsh anzeigen lassen:

```
root#  virsh net-list
Name                    Status      Automatischer Start
----------------------------------------
default                 Aktiv       yes


root#  virsh net-dumpxml default
<network>
  <name>default</name>
  <uuid>262a5983-97dd-4ac1-8632-95d16213964a</uuid>
  <forward mode='nat'/>
  <bridge name='virbr0' stp='on' delay='0' />
  <mac address='52:54:00:B9:0D:CE'/>
  <ip address='192.168.122.1' netmask='255.255.255.0'>
    <dhcp>
      <range start='192.168.122.2' end='192.168.122.254' />
    </dhcp>
  </ip>
</network>
```

Die Ausgabe zeigt Ihnen alle wesentlichen Informationen. Mit name vergeben Sie einen Namen für das Netzwerk. Die uuid erlaubt eine eindeutige Zuordnung. Diesen Parameter müssen Sie, wenn Sie ein Netz selbst hinzufügen, nicht angeben. Er wird von libvirt dann selbst erzeugt. Der Parameter forward mode hat mehrere mögliche Werte:

» nat: libvirt erzeugt automatisch die erforderlichen IPtables-Regeln für ein SNAT zwischen dem virtuellen Netz und der Außenwelt. Verbindungen von der Außenwelt in das virtuelle Netz werden mit Firewallregeln unterbunden.

» route: Sämtlicher Verkehr zwischen der Außenwelt und dem virtuellen Netz wird in beiden Richtungen geroutet. Es erfolgt keine Network Address Translation.

» bridge: Hier müssen Sie selbst mit anderen Mitteln eine Bridge angelegt haben, die dann von libvirt genutzt wird. libvirt startet weder DNS-Server oder DHCP-Server und erzeugt auch keine IPtables-Regeln.

» private, vepa, passthrough: Diese Varianten nutzen eine MacVtap-Verbindung. Dies wird in einem eigenen Abschnitt (5.7) besprochen, da es hier zu weit führen würde.

Wenn Sie hier den Modus nat oder route wählen, können Sie die Weiterleitung auf eine spezielle Netzwerkkarte einschränken. Per Default werden die Pakete über beliebige Netzwerkkarten geroutet. Wenn Sie nur eine bestimmte Netzwerkkarte erlauben wollen, nutzen Sie den folgenden XML-Block:

```
<forward dev='eth0' mode='route'>
  <interface dev='eth0'/>
</forward>
```

Mit dem Parameter bridge geben Sie den Namen der Bridge an, die das virtuelle Netz bereitstellen soll. Wenn libvirt diese Bridge erzeugt (nat/route) dann können Sie mit stp und delay weitere Optionen für die Bridge spezifizieren. Die Bridge virbr0 ist für das Default-Netz reserviert! Allgemein sollten Sie hier einen Namen verwenden, der nicht mit virbr beginnt.

Der Parameter mac address gibt die MAC-Adresse der Bridge an. Diese kann zum Beispiel bei Verwendung des STP-Protokolls wichtig sein. Mit ip address geben Sie schließlich die IP-Adresse der Bridge an. Dies ist dann gleichzeitig die IP-Adresse des Gateways in dem virtuellen Netz. Zusätzlich zur IPv4-Adresse können Sie auch eine IPv6-Adresse angeben:

```
<ip family="ipv6" address="2001:db8:ca2:2::1" prefix="64" />
```

libvirt startet automatisch einen DNS-Server auf diesen IP-Adressen für die Clients in dem virtuellen Netz. Wenn Sie diesen DNS-Server konfigurieren möchten, so geschieht das ebenfalls über die XML-Konfiguration. Um zum Beispiel einen DNS-Eintrag hinzuzufügen, geben Sie die folgenden Zeilen an:

```
<dns>
  <host ip='192.168.122.2'>
    <hostname>myhost</hostname>
    <hostname>myhostalias</hostname>
  </host>
</dns>
```

Außerdem können auch DNS-TXT- und DNS-SRV-Records erzeugt werden.

Zusätzlich zum DNS-Server kann libvirt auch einen DHCP-Server für IPv4-Adressen starten. Hierzu geben Sie den vom DHCP-Server verwalteten Bereich an:

```
<dhcp>
  <range start="192.168.122.2" end="192.168.122.254" />
</dhcp>
```

Sie können auch einzelnen Hosts feste IP-Adressen entsprechend ihrer MAC-Adresse zuweisen:

```
<dhcp>
  <range start="192.168.122.2" end="192.168.122.254" />
  <host mac="00:16:3e:e2:ed" name="foo.example.com" ip="192.168.122.10" />
</dhcp>
```

Möchten Sie mit virsh das virtuelle DMZ-Netzwerk aus dem letzten Abschnitt erzeugen, dann erstellen Sie zunächst eine XML-Datei:

```
<network>
  <name>DMZ</name>
  <forward mode='route'/>
  <bridge name='dmz0' stp='off' delay='0' />
  <mac address='52:54:00:B9:0D:CF'/>
  <ip address='172.16.0.1' netmask='255.255.255.0'>
    <dhcp>
      <range start='172.16.0.2' end='172.16.0.254' />
    </dhcp>
  </ip>
</network>
```

Dieses Netz können Sie dann mit virsh anlegen, starten und für den automatischen Start konfigurieren:

```
root#  virsh net-define dmz.xml
Netzwerk DMZ von dmz.xml definiert
root#  virsh net-start DMZ
Netzwerk DMZ gestartet
```

```
root#  virsh net-autostart DMZ
Netzwerk DMZ als automatisch zu starten markiert
root#  ip addr show dev dmz0
12: dmz0: <NO-CARRIER,BROADCAST,MULTICAST,UP> mtu 1500 qdisc noqueue state DOWN
    link/ether 52:54:00:b9:0d:cf brd ff:ff:ff:ff:ff:ff
    inet 172.16.0.1/24 brd 172.16.0.255 scope global dmz0
```

Um einen Gast an ein derartiges Netz anzubinden, können Sie den folgenden XML-Schnipsel verwenden:

```
<interface type='network'>
  <mac address='52:54:00:9d:ac:b1'/>
  <source network='default'/>
  <model type='virtio'/>
</interface>
```

Verwaltung der Netze mit dem Virtual Machine Manager

Um nun diese virtuellen Netze mit den Virtual Machine Manager zu erzeugen, müssen Sie unter BEARBEITEN|VERBINDUNGDETAILS die Registerkarte VIRTUELLE NETZWERKE aus-wählen (siehe Abbildung 5.7).

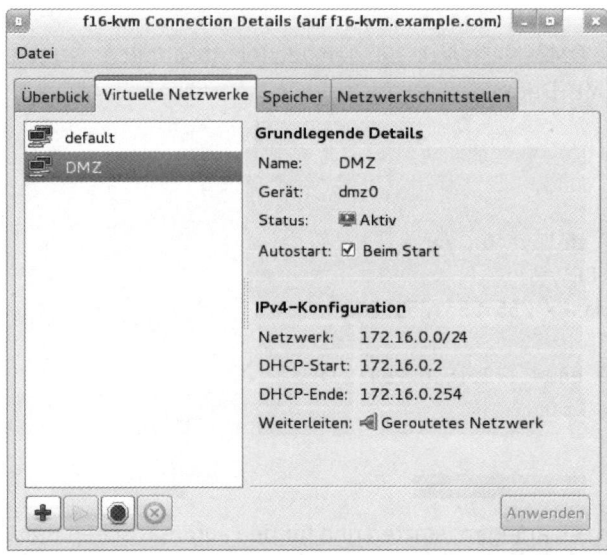

Abbildung 5.7: **Der Virtual Machine Manager erlaubt auch die Verwaltung der virtuellen Netzwerke.**

Hier ist das im letzten Abschnitt über virsh erzeugte Netzwerk bereits aufgeführt. Über die Icons am unteren linken Rand können weitere Netzwerke hinzugefügt und die vor-handenen Netzwerke gestoppt bzw. gelöscht werden.

Wenn Sie ein Netzwerk definieren möchten, wählen Sie das Plus-Icon. Sie werden von einem Assistenten in mehreren aufeinanderfolgenden Masken nach den notwendigen Informationen gefragt.

Wichtig ist hier, dass Sie nicht die IP-Adresse der zu erzeugenden Bridge (z.B. 172.16.0.1), sondern das Netzwerk 172.16.0.0/24 angeben müssen. Der Virtual Machine Manager wählt dann für die Bridge automatisch die erste IP-Adresse aus.

Zum Abschluss werden alle Informationen zur Kontrolle noch einmal angezeigt, bevor das Netzwerk von libvirt erzeugt wird. Wenn Sie das DMZ-Netzwerk mit dem Virtual Machine Manager anlegen, ähnelt diese Kontrollmaske der Abbildung 5.8.

Abbildung 5.8: **Der Virtual Machine Manager kann ebenfalls das virtuelle Netz DMZ anlegen.**

5.5 OpenvSwitch

Der OpenvSwitch basiert auf dem OpenFlow-Projekt der Universität Stanford. Openflow ist ein neuer offener Standard, der die Verwaltung von Switches und Routern mit beliebiger Software erlauben soll. Die Kernelkomponenten sind seit Version 3.3 fester Bestandteil des Linux Kernels. Ein Patch ist bei Verwendung eines entsprechenden Kernels nicht mehr erforderlich.

Die Dokumentation des OpenvSwitch ist noch sehr spärlich, und er selbst ist so mächtig, dass ein ganzes Buch über seine Konfiguration und seinen Einsatz geschrieben werden könnte. Er wurde speziell für den Citrix XenServer entwickelt wird dort bereits produktiv eingesetzt. Wir wollen versuchen, Ihnen in diesem Abschnitt einen ersten Einstieg zu geben, sodass Sie den OpenvSwitch statt der normalen Linux-Bridges einsetzen können.

Für alle weiteren Fragen möchten wir Sie aus Platzgründen auf die (noch nicht existente) OpenvSwitch-Dokumentation und auf die entsprechenden Mailinglisten verweisen.

Leider ist eine Integration von OpenvSwitch in libvirt noch nicht vorhanden. Sie müssen sich hier auf die bridge-kompatiblen Funktionen beschränken und auf einige fortgeschrittene Funktionen verzichten. Diese können nur bei manueller Konfiguration genutzt werden.

Die libvirt-Entwickler arbeiten jedoch an einer derartigen Unterstützung. So wurden am 10. Februar 2012 von Ansis Atteka Funktionen zur libvirt-Bibliothek hinzugefügt, sodass über libvirt an einem vorhandenen OpenvSwitch bereits Ports hinzugefügt werden können:

```
<interface type='bridge'>
  <source bridge='ovsbr'/>
  <mac address='00:55:1a:65:a2:8d'/>
  <virtualport type='openvswitch'>
    <parameters interfaceid='921a80cd-e6de-5a2e-db9c-ab27f15a6e1d'
                profileid='test-profile'/>
  </virtualport>
</interface>
```

OpenFlow und OpenvSwitch

Das OpenFlow-Projekt der Stanford University verändert das Switching und Routing grundlegend. Ein klassischer Router oder Switch vereinigt zwei Funktionen in einem Gerät:

» schnelle Weiterleitung der Pakete (Data Path)

» Entscheidung, wie und wohin die Pakete weiterzuleiten sind (Control Path)

Üblicherweise arbeiten diese beiden Funktionen unabhängig voneinander auf demselben Gerät. Nur wenn der Data-Path-Anteil nicht weiß, wie und wohin ein Paket zu senden ist, fragt er den Control Path. Dieser ermittelt den Pfad bzw. die Route und speichert diese in der Flow-Tabelle. Alle weiteren Pakete desselben Flows können dann von der Data Path Engine schnell weitergeleitet werden.

OpenFlow extrahiert nun den Control Path aus dem Switch auf einen separaten Controller. Der OpenFlow-Switch (Data Path) und der Controller kommunizieren dann über einen sicheren Kanal.

Der OpenFlow-Switch speichert die Flow-Tabelle. In dieser speichert der Controller die einzelnen Flows. Jeder Flow beschreibt die Eigenschaften der Pakete, die Bestandteil des Flows sind, und gibt vor wie der Switch diese Pakete behandeln soll (Drop, sendout-port etc.) Sobald der Switch ein Paket erhält, für das kein passender Eintrag in der

Tabelle existiert, sendet er das Paket an den Controller, der das Paket analysiert, eine Entscheidung trifft und diese in der Flow-Tabelle des Switches speichert.

Dies ist keine Zukunftsmusik mehr. Durch die Zusammenarbeit mit einzelnen kommerziellen Herstellern konnten die Entwickler die Unterstützung für OpenFlow bereits in einigen kommerziellen Netzwerkgeräten erreichen. So existieren Implementierungen für die Switches von Hewlett-Packard, NEC und anderen.

OpenvSwitch ist eine Software-Implementierung, die beide Funktionalitäten (Data Path und Controller) zur Verfügung stellt.

Mit OpenvSwitch kann der Administrator auf einem Linux System die folgenden Funktionen nutzen:

» funktionstüchtiger Layer-2-Switch

» Unterstützung für NetFlow, sFlow(R), SPAN, und RSPAN

» 802.1Q VLANs mit Trunking

» QoS

» Port-Aggregation

» GRE-Tunneling

» Kompatibilität zum Linux-Bridge-Code (brctl)

» Kernel- und Userspace-Switch-Implementierungen

» ab Version 3.3 fester Bestandteil des Kernels

» Bestandteil von Ubuntu Precise und Debian Wheezy

Installation

Bevor Sie OpenvSwitch nutzen können, müssen Sie es installieren. Für einige Distributionen stehen bereits Pakete zur Verfügung. Ansonsten erfolgt die Installation aus den Quellen. Im Folgenden nutzen wir die OpenvSwitch-Version 1.4.0 vom 30. Januar 2012.

Nach dem Auspacken der Quellen übersetzen Sie OpenvSwitch mit den üblichen Befehlen:

```
$  ./configure --with-linux=/lib/modules/$(uname -r)/build
$  make
$  sudo make install
```

Um das Kernel-Modul zu übersetzen, müssen die Kernel-Header und mögliche Kernel-Devel-Pakete installiert sein. Teilweise werden diese aber als Abhängigkeit bereits bei der Installation des C-Compilers mitinstalliert. Sollte Ihre Distribution bereits einen Kernel 3.3 verwenden, so ist der Kernel-Code möglicherweise schon vorhanden, und Sie können die Angabe des Kernel-Pfades bei dem configure-Aufruf oben weglassen.

> **TIPP**
>
> Um den Quelltext für RHEL zu übersetzen und direkt ein Paket zu bauen, befinden sich in dem Quelltext mehrere Spec-Dateien. Diese können Sie einfach nutzen, um ein RPM-Paket zu bauen: rpm-build -bb openvswitch.spec und rpm-build -bb openvswitch-kmod-rhel6.spec.

Um das übersetzte Kernel-Modul zu testen, laden Sie es einfach:

```
root#  mkdir /lib/modules/$(uname -r)/kernel/net/openvswitch/
root#  cp datapath/linux/*.ko \
          /lib/modules/$(uname -r)/kernel/net/openvswitch/
root#  depmod -a
root#  modprobe openvswitch_mod.ko
```

Schlägt dieser Befehl fehl, so ist wahrscheinlich noch ein Bridge-Modul geladen, das Sie zunächst entfernen:

```
root#  modprobe -r bridge
```

Bevor der OpenvSwitch genutzt werden kann, müssen Sie die Konfigurationsdatenbank initialisieren. Diese sollte an einem sinnvollen Ort abgelegt werden. Wir empfehlen hierzu ein eigenes Konfigurationsverzeichnis:

```
root#  mkdir /var/lib/openvswitch
root#  mkdir /var/run/openvswitch
root#  ovsdb-tool create /var/lib/openvswitch/ovs-vswitchd.conf.db \
          vswitchd/vswitch.ovsschema
Mar 08 13:32:11|00001|lockfile|INFO|/var/lib/openvswitch/
  .ovs-vswitchd.conf.db.~lock~: lock file does not exist, creating
```

Die Datei vswitch.ovsschema befindet sich in dem Unterverzeichnis vswitchd/ des Quelltextes oder bei Verwendung des RPM-Pakets in /usr/share/openvswitch.

> **TIPP**
>
> Die Datei INSTALL.Linux aus dem Quelltext-Archiv gibt ausführliche Hinweise zur Installation und Fehlersuche.

Während die Pakete entsprechende Startscripts für die einfache Nutzung liefern, müssen Sie bei manueller Installation die Dienste auch manuell starten oder ein eigenes Startscript erstellen. Der wichtigste Dienst ist die Konfigurationsdatenbank. Sie ist für die Verwaltung des Switches verantwortlich. Gestartet wird sie mit:

```
root# ovsdb-server /var/lib/openvswitch/ovs-vswitchd.conf.db \
        --remote=punix:/var/run/openvswitch/db.sock \
        --remote=db:Open_vSwitch,manager_options \
        --private-key=db:SSL,private_key \
        --certificate=db:SSL,certificate \
        --bootstrap-ca-cert=db:SSL,ca_cert \
        --pidfile --detach
```

Nun müssen Sie die Datenbank noch initialisieren und mit Werten füllen. Dies ist nur bei dem ersten Start und bei Erzeugung einer neuen Datenbank erforderlich. Anschließend können Sie den OpenvSwitch-Dienst starten:

```
root# ovs-vsctl --db=unix:/var/run/openvswitch/db.sock --no-wait init
root# ovs-vswitchd unix:/var/run/openvswitch/db.sock --pidfile --detach
Mar 08 13:56:11|00001|reconnect|INFO|unix:/var/run/openvswitch/db.sock:
   connecting...
Mar 08 13:56:11|00002|reconnect|INFO|unix:/var/run/openvswitch/db.sock:
   connected
```

Jetzt ist die Verwaltung funktionstüchtig, und Sie können Switches anlegen und verwalten sowie Ports erzeugen und konfigurieren. Hierzu dient der Befehl ovs-vsctl:

```
root# ovs-vsctl add-br lan0
root# ovs-vsctl add-port lan0 eth0
root# ovs-vsctl list-br
```

Da die meisten Scripts für KVM und auch libvirt die Bridge-Utilities voraussetzen und den Befehl brctl für die Administration der Bridge nutzen, bietet OpenvSwitch einen Bridge-Kompatibilitäts-Daemon. Um diesen zu starten, müssen Sie das Kernelmodul laden und anschließend den Dienst aufrufen:

```
root# modprobe brcompat_mod.ko
root# ovs-brcompatd --pidfile --detach -vANY:console:EMER
```

Schlägt das Laden des Moduls fehl, so ist wahrscheinlich noch ein Bridge-Modul geladen, das Sie zuvor entfernen müssen:

```
root# modprobe -r bridge
```

Nun können Sie den OpenvSwitch auch mit den Bridge-Utilities verwalten. Auch alle Scripts der Distributionen für die Erzeugung der Bridges funktionieren nun wie gewohnt. Natürlich können Sie auch den Befehl ovs-vsctl nutzen, um die Bridge zu verwalten. Beide Befehle lassen sich nun gleichzeitig nutzen:

```
root# brctl show
bridge name     bridge id                  STP enabled     interfaces
```

```
lan0              0000.00304879668c        no              eth0
root# ovs-vsctl list-ports lan0
eth0
```

Falls bei dem Befehl brctl show der Fehler auftritt, dass bestimmte Dateien in dem Verzeichnis /sys/ nicht gefunden werden können, ist die Ihre OpenvSwitch-Version zu alt.

Bis hierher verhält sich der OpenvSwitch ganz genauso wie eine Bridge, die Sie mit den Bridge-Utilities aufbauen können. Um die fortgeschrittenen Funktionen zu nutzen, müssen Sie nun OpenvSwitch-spezifische Anpassungen vornehmen. Diese können nicht über libvirt vorgenommen werden. Allerdings können Sie diese Funktionen nutzen, auch wenn Sie über libvirt Ihre Gäste an dem OpenvSwitch anbinden lassen.

Sämtliche Konfigurationen werden in der OpenvSwitch-Konfigurationsdatenbank mit dem Befehl ovs-vsctl verwaltet.

NetFlow

Eine NetFlow-Probe liefert Informationen über die Paketflüsse. Hierzu gehören der Zeitpunkt des Beginns und des Endes, IP-Adressen, Protokoll, Ports und die Datenmenge. Diese Netflows liefert die Probe an einen Collector, der die Daten sammelt und grafisch aufbereiten kann.

Der OpenvSwitch kann die innerhalb des Switches auftretenden Netflows exportieren. Hierzu müssen Sie zunächst eine neue Netflow-Probe anlegen und anschließend an die Bridge anbinden. (Die Angabe des Backslashs vor dem Doppelpunkt ist erforderlich!) Der OpenvSwitch identifiziert interne Ports über UUIDs:

```
root#  ovs-vsctl create netflow target='192.168.0.5\:5000'
65b331e5-00b5-467d-b405-a9baceb56fdd
root#  ovs-vsctl add bridge lan0 netflow 75545802-675f-45b2-814e-0875921e7ede
```

Wenn Sie auf dem Zielsystem 192.168.0.5 einen Netflow Collector auf Port 5000 gestartet haben (z. B. Ntop), kann dieser nun die Daten (siehe Abbildung 5.9) anzeigen.

Die Konfigurationseinstellungen in der Datenbank können Sie mit ovs-vsctl list bridge und ovs-vsctl list netflow kontrollieren und mit ovs-vsctl destroy ... zurücksetzen.

QoS

Ein häufiger Grund für den Einsatz des OpenvSwitches ist die Kontrolle der von den Gästen genutzten Bandbreite. libvirt und KVM können zwar selbst die Bandbreite kontrollieren, jedoch bietet der OpenvSwitch mehr Möglichkeiten.

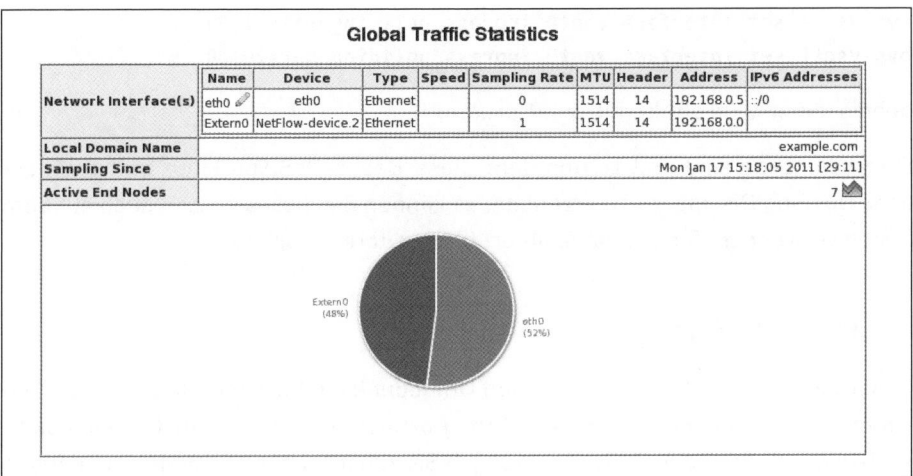

Global Traffic Statistics

	Name	Device	Type	Speed	Sampling Rate	MTU	Header	Address	IPv6 Addresses
Network Interface(s)	eth0	eth0	Ethernet		0	1514	14	192.168.0.5	::/0
	Extern0	NetFlow-device.2	Ethernet		1	1514	14	192.168.0.0	
Local Domain Name									example.com
Sampling Since								Mon Jan 17 15:18:05 2011 [29:11]
Active End Nodes									7

Abbildung 5.9: **Ntop zeigt die Flows der Bridge an.**

Dies ist insbesondere dann der Fall, wenn Sie unterschiedliche Kunden in einer virtuellen Umgebung bedienen. Entsprechend den ausgehandelten Service Level Agreements
weisen Sie den unterschiedlichen Gästen die bezahlte Leistung zu.

Der OpenvSwitch kann recht einfach die maximale Sendeleistung einzelner Gäste
beschränken. Um dies zu testen, sollte zunächst der normale Durchsatz gemessen werden. Hierzu bietet sich zum Beispiel iperf an. Starten Sie auf einem System iperf als
Server und auf einem virtuellen Gast iperf als Client.

Server:
```
root# iperf -s
```

Client:
```
root# iperf -c 192.168.0.5  -t 60
------------------------------------------------------------
Client connecting to 192.168.0.5, TCP port 5001
TCP window size: 16.0 KByte (default)
------------------------------------------------------------
[  3] local 192.168.0.210 port 60654 connected with 192.168.0.5 port 5001
[ ID] Interval       Transfer      Bandwidth
[  3]  0.0-60.0 sec  5.80 GBytes    830 Mbits/sec
```

Nun werden wir die Sendeleistung beschränken. Der Befehl erwartet die Sendeleistung
in Kbit/s. Neben der reinen Sendeleistung sollte auch der Burst angegeben werden. Ein
guter Startwert ist etwa ein Zehntel der Sendeleistung. Die Schnittstelle vnet0 in diesem
Beispiel ist der Switchport, an dem der virtuelle Gast hängt.

```
root# ovs-vsctl set Interface vnet0 ingress_policing_rate=1000
root# ovs-vsctl set Interface vnet0 ingress_policing_burst=100
```

Das Ergebnis können Sie direkt mit iperf prüfen.

Wenn Sie in der Lage sind, mit tc und dem Class-Based-QoS von Linux selbst unterschiedliche Queuing Disciplines zu erzeugen, so können Sie dieses Wissen auch auf dem OpenvSwitch verwenden. Die Manpage liefert hier weitere Beispiele.

Mirror- oder SPAN-Port

Falls Sie paranoid sind und in Ihrer virtuellen Umgebung ein Intrusion Detection System betreiben möchten, benötigen Sie einen Mirror-Port auf dem Switch. Auch diesen stellt der OpenvSwitch zur Verfügung. Hierzu erzeugen Sie zunächst den Mirror-Port und fügen ihn anschließend zum richtigen Switch hinzu. Um einen Mirror-Port zu erzeugen, der den Verkehr sämtlicher anderer Ports empfängt und auf vnet0 spiegelt, rufen Sie folgenden Befehl auf:

```
root#  ovs-vsctl create mirror name=mirror select_all=1 \
          output_port=33a122db-4af3-44a6-9294-b5749e93e8a4
e565defd-c690-4f04-bcd7-3d1172a027fb
```

Um die ID des Output-Ports zu ermitteln, verwenden Sie den Befehl ovs-vsctl list port vnet0.

Nun müssen Sie diesen Mirror-Port zur Bridge hinzufügen:

```
root#  ovs-vsctl add bridge extern0 mirrors \
          e565defd-c690-4f04-bcd7-3d1172a027fb
```

VLANs

Auch VLANs lassen sich mit dem OpenvSwitch realisieren. Hierfür bietet OpenvSwitch zwei verschiedene Möglichkeiten an. Zunächst ist jeder OpenvSwitch VLAN-fähig. Wenn Sie einen Port zum OpenvSwitch hinzufügen, so handelt es sich immer um einen VLAN-Trunk-Port, der alle VLANs getaggt transportiert.

Um einen Access-Port zu erzeugen, der ein VLAN nativ und ohne Tags transportiert, können Sie den folgenden Befehl nutzen:

```
root#  ovs-vsctl add-port lan0 vnet1 tag=1
```

Mit dem Befehl brctl können Sie nicht direkt einen derartigen Port erzeugen. Hierzu müssen Sie einen Umweg über eine Fake-Bridge gehen. Dies erlaubt dann auch die Nutzung von VLANs bei Verwendung des Kompatibilitätsmodus. OpenvSwitch unterstützt

Fake-Bridges, die Sie dann einzelnen VLANs zuordnen. Jeder Port an einer Fake-Bridge ist dann ein Access-Port in dem VLAN. Hierzu erzeugen Sie zunächst die Fake-Bridge. Diese wird immer als Tochter-Bridge einer übergeordneten Bridge angelegt.

```
root#  ovs-vsctl add-br VLAN1 lan0 1
```

Die neue Fake-Bridge hat nun den Namen VLAN1 und transportiert das VLAN mit dem Tag 1. Jetzt müssen Sie die Fake-Bridge noch aktivieren und eine IP-Adresse für die Bridge/VLAN vergeben.

```
root#  ifconfig VLAN1 192.168.1.1 up
```

Jeder Port, der nun an dieser Bridge erzeugt wird, ist ein Access-Port in dem VLAN 1. Damit kann nun auch wieder der brctl-Befehl genutzt werden.

Weitere Funktionen

Der OpenvSwitch bietet darüber hinaus noch viele weitere Funktionen. So kann er GRE-Tunnel zwischen mehreren Systemen aufbauen und darüber auch ein VLAN-Trunking durchführen. Damit ist es auch möglich, virtuelle Maschinen auf andere physikalische Hosts zu verschieben, wenn sich diese nicht in demselben LAN befinden. Die Kommunikation erfolgt dann über den GRE-Tunnel. Außerdem kann der OpenvSwitch Ports aggregieren. Damit können Sie mehrere physikalische Ports zu einem logischen Port zusammenfassen und diese zur Lastverteilung und Hochverfügbarkeit nutzen. Die Linux-Kernel-Entwickler sprechen hier von *Bündelung*. Cisco nennt diese Funktion *Etherchannel*.

5.6 libvirt-Absicherung mit TLS und Zertifikaten

Der libvirt-Daemon unterstützt die Kommunikation über das Netz. Diese sollte jedoch verschlüsselt und authentifiziert erfolgen. Die Klartext-Kommunikation über eine TCP-Verbindung ist per Default deaktiviert und sollte nur in geschützten Netzen verwendet werden. Wie im letzten Abschnitt gezeigt wurde, kann die Absicherung mit der Secure-Shell erfolgen. Dies ist die einfachste Variante. Wenn Sie den Anwendern, die die libvirt-Funktionalitäten nutzen sollen, keinen Zugriff auf die Shell des KVM-Hosts gewähren wollen, können Sie alternativ TLS mit Zertifikaten nutzen.

Hierzu müssen Sie sowohl für den libvirt-Daemon als auch für alle Clients Zertifikate erzeugen. Anschließend müssen Sie die Clients entsprechend konfigurieren. Wir werden Ihnen die notwendigen Schritte hierzu erläutern.

Erzeugung der Zertifikate

Um die Zertifikate zu erzeugen, benötigen Sie eine Certificate Authority (CA). Verschiedenste Werkzeuge können für die Erstellung und Verwaltung einer CA genutzt werden. Neben grafischen Werkzeugen stehen mit openssl und certtool auch mehrere Kommandozeilenbefehle zur Verfügung.

Im Folgenden werden wir die Zertifikate mit certtool erzeugen. Dies ist die in einem Buch am einfachsten zu beschreibende Variante. Dieser Befehl ist Bestandteil der GnuTLS-Bibliothek und kann üblicherweise über die Paketverwaltung Ihrer Distribution installiert werden. Falls er auf Ihrem System nicht verfügbar ist, installieren Sie bitte das Paket gnutls-bin (Ubuntu) bzw. gnutls-utils (Fedora).

Erzeugung der Zertifizierungsstelle

Zunächst legen wir ein Verzeichnis an, in dem wir im Weiteren die Schlüssel erzeugen. Dann erzeugen wir den privaten Schlüssel unserer Zertifizierungsstelle (CA):

```
root#  mkdir myca
root#  cd myca
root#  certtool --generate-privkey > cakey.pem
Generating a 2432 bit RSA private key...
```

Nun legen Sie eine Datei ca.info an. Diese enthält im Wesentlichen den Namen Ihrer CA.

```
cn = OS-T Ralf Spenneberg
ca
cert_signing_key
```

Jetzt können Sie bei Angabe dieser Datei die CA erzeugen:

```
root#  certtool --generate-self-signed --load-privkey cakey.pem \
       --template ca.info --outfile cacert.pem
Generating a self signed certificate...
```

Die Datei ca.info benötigen wir nun nicht mehr. Wichtig sind die beiden folgenden Dateien:

» **cakey.pem**: Dies ist der private Schlüssel der CA.

» **cacert.pem**: Dies ist das Zertifikat mit dem öffentlichen Schlüssel der CA. Diese Datei muss später auf allen KVM-Servern und allen Clients hinterlegt werden.

Erzeugung der Zertifikate für den libvirt-Daemon

Nun können Sie die Zertifikate für den libvirt-Daemon erzeugen. Zunächst erzeugen wir wieder einen privaten Schlüssel:

```
root#  cd myca
root#  certtool --generate-privkey > serverkey.pem
Generating a 2432 bit RSA private key...
```

> **TIPP**
>
> **Wenn Sie als Dateinamen** serverkey.pem **und** servercert.pem **verwenden, erleichtern Sie sich die Konfiguration, da dies die Default-Dateinamen sind.**

Nun erzeugen Sie wieder eine Datei (server.info) mit den Informationen für das Zertifikat. Achten Sie darauf, dass der Common-Name (cn) mit dem Rechnernamen des KVM-Servers übereinstimmt! Hierbei ist es wichtig, dass Sie den Namen verwenden, der auch später für die Kommunikation verwendet wird.

```
organization = OS-T Ralf Spenneberg
cn = f16-kvm
tls_www_server
encryption_key
signing_key
```

> **TIPP**
>
> **Damit Sie später gültige Zertifikate erzeugen, sollten Sie sicherstellen, dass alle KVM-Server über eindeutige Hostnamen verfügen, die Sie über DNS oder die /etc/hosts-Datei auflösen können. Dieser Hostname wird in dem Zertifikat hinterlegt und bei jeder Verbindung von dem Client geprüft. Falls bei Ihnen die Namen über das DNS aufgelöst werden, müssen Sie bei dem cn wahrscheinlich einen FQDN wie f16-kvm.spenneberg.net verwenden.**

Das Zertifikat erzeugen Sie dann wieder unter Angabe dieser Datei:

```
root#  certtool --generate-certificate --load-privkey serverkey.pem \
       --load-ca-certificate cacert.pem --load-ca-privkey cakey.pem \
       --template  server.info --outfile servercert.pem
Generating a signed certificate...
```

Sie haben nun zwei Dateien:

» **serverkey.pem**: Das ist der private Schlüssel für den libvirt-Daemon.

» **servercert.pem**: Das ist das Zertifikat für den libvirt-Daemon.

Clientzertifikate

Nun müssen Sie noch für jeden Client, der auf den libvirt-Daemon auf dem KVM-Server zugreifen soll, einen privaten Schlüssel und ein Zertifikat erzeugen. Dies erfolgt analog zu den bisherigen Zertifikaten. Sie erzeugen wieder eine Datei client.info mit dem folgenden Inhalt:

```
country = DE
locality = Steinfurt
organization = OS-T Ralf Spenneberg
cn = Ralf
tls_www_client
encryption_key
signing_key
```

Die Wahl des Common-Name ist hier unkritisch. Jeder Client sollte jedoch über einen eindeutigen Namen verfügen.

Dann erzeugen Sie den privaten Schlüssel und das Zertifikat:

```
root#  certtool --generate-privkey > clientkey.pem
Generating a 2432 bit RSA private key...
root#  certtool --generate-certificate --load-privkey clientkey.pem \
        --load-ca-certificate cacert.pem --load-ca-privkey cakey.pem  \
        --template client.info --outfile clientcert.pem
```

TIPP Wenn Sie als Dateinamen clientkey.pem und clientcert.pem verwenden, erleichtern Sie sich die Konfiguration, da dies die Default-Dateinamen sind.

Jetzt haben Sie wieder zwei Dateien:

» **clientkey.pem**: Das ist der private Schlüssel des Benutzers.

» **clientcert.pem**: Das ist das Zertifikat des Benutzers.

Installation der Zertifikate

Nun müssen Sie die privaten Schlüssel und Zertifikate auf den unterschiedlichen Systemen verteilen.

cacert.pem: Speichern Sie das Zertifikat der CA (cacert.pem) auf allen beteiligten Rechnern im Verzeichnis /etc/pki/CA. Dieses Verzeichnis müssen Sie auf Ubuntu-Systemen erzeugen!

libvirt-Daemon-Schlüssel: Legen Sie ein Verzeichnis /etc/pki/libvirt an. Speichern Sie dort die Datei servercert.pem. Zusätzlich legen Sie das Verzeichnis /etc/pki/libvirt/private an und speichern dort die Datei serverkey.pem.

Damit der libvirt-Daemon diese Dateien nutzt, editieren Sie anschließend die Konfigurationsdatei /etc/libvirt/libvirtd.conf und kontrollieren die folgenden Parameter bzw. passen sie an:

```
listen_tls = 1
tls_port = "16514"
key_file = "/etc/pki/libvirt/private/serverkey.pem"
cert_file = "/etc/pki/libvirt/servercert.pem"
ca_file = "/etc/pki/CA/cacert.pem"
```

Dies erlaubt sämtlichen Clients, die über ein von der CA signiertes Zertifikat verfügen, den Zugriff. Wenn Sie den Zugriff auf bestimmte Clients einschränken wollen, können Sie dies mit dem Parameter tls_allowed_dn_list erreichen.

Damit der libvirt-Daemon auch tatsächlich die Ports öffnet, muss ihm bei dem Start noch die Option -listen bzw. -l übergeben werden. Hierzu editieren Sie unter Fedora die Datei /etc/sysconfig/libvirtd und unter Ubuntu die Datei /etc/default/libvirt-bin. Anschließend sollte sich der libvirt-Daemon an den Port 16514 binden. Sie können das mit lsof oder netstat -ltpn überprüfen:

```
root# lsof -i | grep libvirt
libvirtd  16012    root   14u  IPv4 196094       0t0  TCP *:16514 (LISTEN)
libvirtd  16012    root   15u  IPv6 196095       0t0  TCP *:16514 (LISTEN)
```

Client-Schlüssel: Die Schlüssel für den Client können grundsätzlich an zwei Stellen abgelegt werden:

» im Heimatverzeichnis des Benutzers (außer bei root)

» in /etc/pki/libvirt

Wir betrachten hier nur die letztere Variante. Dazu erzeugen Sie die Verzeichnisse /etc/pki/libvirt, /etc/pki/CA und /etc/pki/libvirt/private, falls diese noch nicht existieren. Dann verschieben Sie die Dateien an die entsprechenden Orte:

» CA-Zertifikat: /etc/pki/CA/cacert.pem

» Client-Zertifikat: /etc/pki/libvirt/clientcert.pem

» Client-Schlüssel: /etc/pki/libvirt/private/clientkey.pem

Test der Verbindung: Nun können Sie die TLS-Verbindung testen, indem Sie auf dem Client Folgendes auf der Kommandozeile eingeben:

```
user$ virsh -c qemu+tls://f16-kvm/system
Willkommen bei virsh, dem interaktiven Virtualisierungsterminal.

Tippen Sie:  'help' für eine Hilfe zu den Befehlen
       'quit' zum Beenden
```

Statt des Namens f16-kvm verwenden Sie natürlich den Namen Ihres KVM-Servers, den Sie zuvor auch in dem Zertifikat hinterlegt haben (siehe Abschnitt Erzeugung der Zertifikate für den libvirt-Daemon) und der mindestens über die lokale /etc/hosts-Datei auflösbar ist.

Falls die Verbindung fehlschlägt, können Sie sowohl bei dem virsh-Kommando als auch bei dem Start des libvirt-Daemons die Option -debug angeben. Die Fehlermeldungen werden Ihnen bei der Fehlersuche helfen.

Um über den Virtual Machine Manager die Verbindung mit TLS aufzubauen, geben Sie hier die entsprechenden Optionen wie in Abbildung 5.10 an. Ein Benutzername ist nicht erforderlich, da die Authentifizierung und Autorisierung nun über die Zertifikate erfolgt.

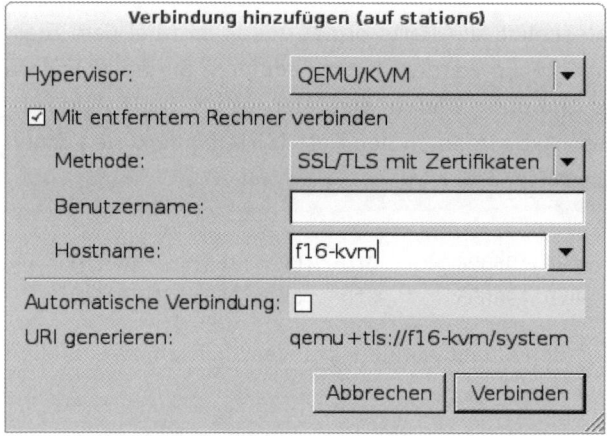

Abbildung 5.10: **Der Virtual Machine Manager unterstützt auch TLS-Verbindungen.**

5.7 Fortgeschrittene Netzwerkfunktionen

Dieser Abschnitt betrachtet Entwicklungen in dem KVM-Projekt, die erst seit wenigen Monaten in den meisten Distributionen produktiv einsetzbar sind. Hierbei handelt es sich um MacVtap, VhostNet u. a. Da MacVtap für den täglichen Einsatz die interessantere Entwicklung ist, wird dies am ausführlichsten betrachtet. Hierbei handelt es sich um die Möglichkeit, Gäste direkt über die physikalische Netzwerkkarte mit der Außenwelt zu verbinden, ohne zuvor eine Bridge zu konfigurieren oder bestimmte Hardware zu benötigen. Die VhostNet-Erweiterung ermöglicht unter bestimmten Umständen eine verbesserte Performance der Netzwerkkarten der virtuellen Gäste.

MacVtap

Die MacVtap-Funktionalität erlaubt virtuellen Gästen ohne Bridge einen direkten Zugang zur physikalischen Netzwerkkarte. Wie dieser Zugang aussieht und genutzt werden kann, hängt dann von dem MacVtap-Modus ab.

Grundsätzlich unterstützt MacVtap vier verschiedene Modi:

» **VEPA (Standardmodus):** Dieser Modus verlangt spezielle Switches, die die Virtualisierung nach 802.1Qbg oder 802.1Qbh unterstützen. Alternativ kann auch eine Bridge mit Hairpin-Modus genutzt werden. (Der Bridge-Code des aktuellen Linux-Kernels unterstützt diesen Modus.)

» **Bridge:** Hier können die Gäste untereinander und mit Systemen im LAN kommunizieren. Dieser Modus verlangt keine besondere Hardware.

» **Private:** Hier können die Gäste mit Systemen im LAN, jedoch nicht untereinander kommunizieren. Dieser Modus verlangt keine besondere Hardware.

» **Passthrough:** In diesem Modus wird jeder Gast mit genau einer physikalischen Netzwerkkarte verbunden. Je physikalischer Netzwerkkarte ist nur ein Gast möglich. Daher ist dieser Modus meist nur mit speziellen Netzwerkkarten sinnvoll, die selbst eine Virtualisierung unterstützen.

Bridge Modus

Für die meisten Anwender wird sicherlich der Bridge- und Private-Modus der interessanteste Modus sein. Die anderen beiden Modi benötigen spezielle Unterstützung durch entsprechend viele Netzwerkkarten oder physikalische Switches, die bisher kaum verfügbar sind. Wir werden uns im Weiteren daher zunächst auf den Bridge- und Private-Modus beschränken und im Anschluss die beiden anderen Modi erläutern.

TIPP

Die MacVtap-Funktion ist nur mit den virtio-Netzwerkkarten im Gast verfügbar. Auch ist sie nicht in allen Distributionen vorhanden.

Im MacVtap-Bridge-Modus nutzt der virtuelle Gast die physikalische Netzwerkkarte gemeinsam mit dem physikalischen Host. Hierbei verwendet der Gast seine eigene MAC-Adresse und kann so von dem physikalischen Host unterschieden werden. Der MacVtap-Treiber ist noch recht jung und daher nur in den aktuellsten Distributionen vorhanden.

Auch hier bestehen unter Umständen noch Einschränkungen. Der Virtual Machine Manager unter Fedora 16 ist aktuell noch nicht in der Lage, die MacVtap-Funktionalität bei der Erzeugung einer virtuellen Maschine im Assistent anzubieten. Wenn Sie bereits bei der Erzeugung des virtuellen Gastes dies nutzen möchten, müssen Sie im Assistent im letzten Schritt die Option KONFIGURATION BEARBEITEN VOR DER INSTALLATION auswählen (siehe Abbildung 5.11). Anschließend können Sie die Netzwerkkarte umkonfigurieren (siehe Abbildung 5.12).

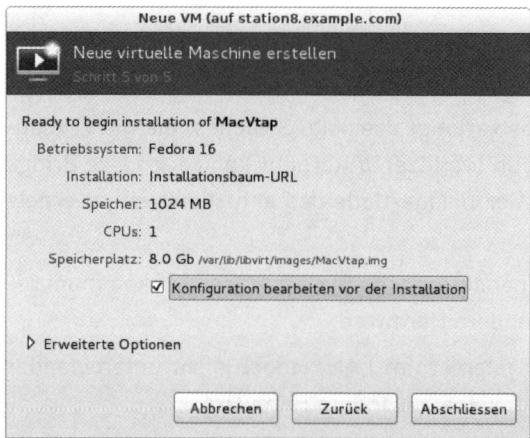

Abbildung 5.11: **Der Assistent selbst bietet nicht die Unterstützung für MacVtap.**

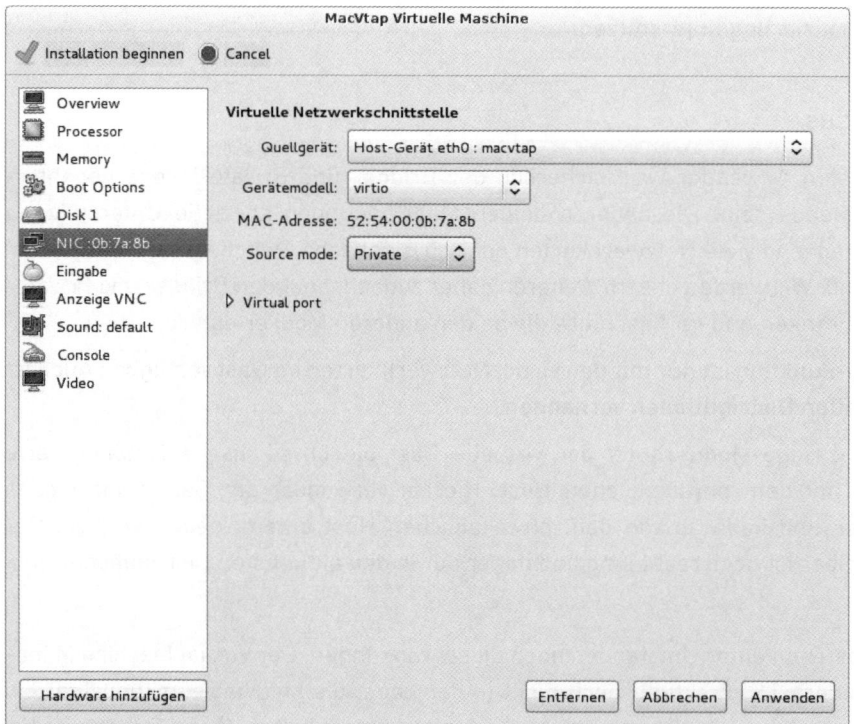

Abbildung 5.12: **Stellen Sie das Modell auf virtio für die MacVtap-Funktionalität.**

TIPP

Falls Sie die Funktionalität auf Ihrem System nicht nutzen können, prüfen Sie, ob Ihr Kernel diese Eigenschaft unterstützt: `grep MACVTAP /boot/config-$(uname -r)`. Grundsätzlich unterstützen nur Kernel ab 2.6.34 diese Funktion.

Wie funktioniert nun der MacVtap-Bridge-Modus? Jedes Paket, das von dem Gast erzeugt wird, wird ohne Umweg über eine Bridge direkt an die physikalische Netzwerkkarte durchgereicht. Diese versendet das Paket mit der für den Gast konfigurierten MAC-Adresse. Alle Ethernet-Frames, die aus dem LAN die physikalische Netzwerkkarte erreichen, werden auf Grund ihrer MAC-Adresse gefiltert.

Die Frames, die an die MAC-Adresse des physikalischen KVM-Hosts gerichtet sind, werden an dessen Netzwerk-Stack weitergereicht. Frames, deren Ziel die MAC-Adresse des Gastes ist, werden direkt an dessen virtuelle Netzwerkkarte durchgereicht. Jeder weitere Frame wird verworfen. So kann MacVtap auch die Geschwindigkeit der virtuellen Netzwerkkarte verbessern. Dies funktioniert ohne eine besondere Unterstützung durch die Netzwerkkarte.

TIPP

Einen Nachteil gegenüber einer klassischen Bridge hat dieser MacVtap-Bridge-Modus jedoch: Die Gäste können zwar untereinander und mit weiteren Systemen im LAN kommunizieren. Eine Kommunikation mit dem physikalischen Host, auf dem sie aktuell laufen, ist jedoch nicht möglich!

Wie wird dieser MacVtap-Modus auf dem physikalischen Host konfiguriert? Der Befehl ip zeigt die virtuellen Taps auf der physikalischen Karte. Im folgenden Beispiel lautet der Name der physikalischen Netzwerkkarte em1:

```
root#  ip link show
1: lo: <LOOPBACK,UP,LOWER_UP> mtu 16436 qdisc noqueue state UNKNOWN
    link/loopback 00:00:00:00:00:00 brd 00:00:00:00:00:00
2:  em1: <BROADCAST,MULTICAST,UP,LOWER_UP> mtu 1500 qdisc mq state UP
     qlen 1000
    link/ether 00:24:81:03:9e:da brd ff:ff:ff:ff:ff:ff
6:  macvtap0@em1: <BROADCAST,MULTICAST,UP,LOWER_UP> mtu 1500 qdisc pfifo_fast
     state UNKNOWN qlen 500
    link/ether 52:54:00:40:a4:c3 brd ff:ff:ff:ff:ff:ff
7:  macvtap1@em1: <BROADCAST,MULTICAST,UP,LOWER_UP> mtu 1500 qdisc pfifo_fast
     state UNKNOWN qlen 500
    link/ether 52:54:00:30:87:64 brd ff:ff:ff:ff:ff:ff
```

Entsprechend dem Index der Netzwerkkarte (oben 6 und 7) erzeugt der Kernel übrigens für jede MacVtap-Instanz auch eine Datei /dev/tapX:

```
root#  ls /dev/tap* -l
crw-------. 1 root root 250, 6 26. Jan 19:04 /dev/tap6
crw-------. 1 root root 250, 7 26. Jan 19:50 /dev/tap7
```

Dieses tapX-Gerät wird dann bei dem KVM-Aufruf genutzt.

Um eine derartige Netzwerkkarte für den Gast zu konfigurieren, können Sie den folgenden XML-Schnipsel verwenden:

```
<interface type='direct'>
  <mac address='52:54:00:30:87:64'/>
  <source dev='eth0' mode='bridge' />
  <model type='virtio'/>
</interface>
```

Die Angabe direct weist libvirt an, eine MacVtap-Bridge zu erzeugen.

Alternativ können Sie auch ein Netzwerk auf dem Host (siehe Abschnitt 5.4) erzeugen und Ihre Gäste damit verbinden. Hierzu speichern Sie die folgenden Zeilen in einer Datei net.xml:

```
<network>
  <name>Bridged-eth0</name>
  <forward mode='bridge'>
    <interface dev='eth0'/>
  </forward>
</network>
```

Das Netzwerk definieren und starten Sie dann mit net-define und net-start:

```
root#  virsh net-define net.xml
root#  virsh net-start net.xml
```

Falls das Netzwerk automatisch gestartet werden soll, geben Sie noch Folgendes ein:

```
root#  virsh net-autostart net.xml
```

Nun können Sie Ihren Gast mit dem Netz verbinden. Hierzu verwenden Sie den folgenden XML-Schnipsel in der Domänendefinition des Gastes:

```
<interface type='network'>
  <mac address='52:54:00:9d:ac:b1'/>
  <source network='Bridged-eth0'/>
  <model type='virtio'/>
</interface>
```

Der Private-Modus

Der Private-Modus entspricht dem Bridge-Modus mit einem Unterschied: Die Gäste können nicht untereinander kommunizieren. Er ähnelt damit einem Private-VLAN nach RFC 5517, in dem die Systeme nur mit einem zentralen Gateway, aber nicht untereinander Informationen austauschen können.

Dieser Modus ist daher geeignet, um aus Sicherheitsgründen die Gäste voneinander zu trennen, ohne umständlich jeden Gast in einem eigenen Netz zu segmentieren.

Um eine derartige Netzwerkkarte für den Gast zu konfigurieren, können Sie den folgenden XML-Schnipsel verwenden:

```
<interface type='direct'>
  <mac address='52:54:00:30:87:64'/>
  <source dev='eth0' mode='private' />
  <model type='virtio'/>
</interface>
```

Der VEPA-Modus

Die Nutzung von virtuellen Switches (Bridges) erzeugt eine Last auf dem virtualisierenden System. Das Host-System muss ständig die Ethernet-Frames zwischen den Systemen weiterleiten und bei neuen Verbindungen entscheiden, wie diese weiterzuleiten sind. Außerdem werden die virtuellen Switches, vielleicht mit Ausnahme des Cisco Nexus 1000 und des OpenvSwitch, nie die Komplexität und Möglichkeiten von physikalischen Enterprise-Switches erreichen.

Der *Virtual Ethernet Port Aggregator* (VEPA) ist Bestandteil des kommenden IEEE-Standards 802.1Qbg. Switches, die diesen Standard unterstützen, lassen sich durch virtuelle Ports erweitern, die dann von den Virtualisierungsschichten erzeugt und unter die Verwaltung des Switchs gestellt werden. Die Virtualisierungsschicht muss sich dann nicht mehr selbst um das Switching kümmern. Außerdem werden die Ports der virtuellen Gäste genauso wie die von allen anderen Systemen durch die physikalischen Switches verwaltet. Es existiert eine einheitliche Administrationsumgebung mit sämtlichen Möglichkeiten der physikalischen Switches. (Cisco bezeichnet diese Funktionalität als VN-Link.)

Wenn Sie entsprechende Hardware-Switches einsetzen (z. B. Cisco Nexus) kann die Virtualisierungsschicht durch die Auswahl eines VirtualPorts direkt den Netzwerkanschluss des Gastes durch den Switch verwalten lassen. Hierzu wird zum Beispiel in der libvirt-XML-Repräsentation die Netzwerkkarte folgendermaßen definiert:

```
<interface type='direct'>
  <source dev='eth0_0' mode='vepa'/>
  <virtualport type="802.1Qbg">
    <parameters managerid="11" typeid="1193047" typeidversion="2"
                instanceid="09b11c53-8b5c-4eeb-8f00-d84eaa0aaa4f"/>
  </virtualport>
</interface>
```

Hierbei handelt es sich um eine Netzwerkkarte, die SR-IOV unterstützt und deren erste virtuelle Funktion (siehe nächster Abschnitt) an den Gast direkt durchgereicht wird. Bei der Erzeugung der Netzwerkkarte wird der Switch beauftragt, diese Netzwerkkarte als einen virtuellen Port zu betrachten und mit den entsprechenden ACLs, QoS, VLANs etc. zu behandeln.

Ein großer Vorteil dieses Verfahrens ist die Tatsache, dass bei einer Live-Migration des Gastes diese Informationen mitwandern. Das bedeutet, dass der Gast immer auf dieselbe Weise mit dem physikalischen Netzwerk verbunden ist, da der Switch entsprechend informiert wird und mögliche Policies auch nach der Migration auf den neuen Port anwenden kann. Dies wird auch als *Automated Migration of Port Profile* (AMPP) bezeichnet. Auch verbleibt die Administration der entsprechenden Funktionen in der Hand der Switch-Administratoren.

Leider sind aktuell entsprechende Switches noch rar und teuer.

Der Passthrough-Modus

Der Passthrough-Modus leitet die Ethernet-Frames eines Gastes an genau eine physikalische Netzwerkkarte weiter. Dabei kann je physikalischer Netzwerkkarte nur ein Gast angebunden werden. Sinnvoll nutzen lässt sich dieser Modus mit speziellen Netzwerkkarten, die eine PCI-Virtualisierung unterstützen. Diese erlauben dann die Virtualisierung der physikalischen Netzwerkkarte, sodass scheinbar bis zu 64 verschiedene physikalische Netzwerkkarten zur Verfügung stehen.

Diese Virtualisierung wurde von Intel entwickelt und wird auch als *Single-Root I/O Virtualization* (SR-IOV) bezeichnet. Hiermit können virtuelle Funktionen (VF) erzeugt werden, die die Ressourcen einer physikalischen Funktion (PF) gemeinsam nutzen. Mehrere Gäste können so gemeinsam eine einzelne PCI-Karte nutzen. Eine genauere Beschreibung der Funktion und der Hintergründe finden Sie in Abschnitt 8.2.

Interessant für die Nutzung im MacVtap-Passthrough-Modus ist, dass der Chipsatz kein PCI-Passthrough (VT-d bzw. AMD-IOMMU) unterstützen muss. Der MacVtap-Passthrough funktioniert auch bei fehlender oder defekter IOMMU.

TIPP

Werden die Gäste über den MacVtap-Passthrough-Modus an die Netzwerkkarten gebunden, so unterstützen sie im Gegensatz zum PCI-Passthrough-Modus weiterhin die Live-Migration. Diese wird bei allen MacVtap-Varianten unterstützt.

Ob Sie nun eine einzelne physikalische Netzwerkkarte mit dem Passthrough-Modus oder eine virtuelle Funktion einer SR-IOV-Netzwerkkarte einem Gast zur Verfügung stellen wollen, ist für die anschließenden Schritte egal. Zunächst müssen Sie diese Netzwerkkarte auf dem physikalischen Host bekannt machen. Dieser muss den entsprechenden

Treiber laden. Sorgen Sie dafür, dass der Host die Netzwerkkarte nicht produktiv nutzt. Sobald sie durchgereicht wird, hat er keinen Zugriff mehr!

Für SR-IOV-Karten laden Sie nur den entsprechenden Treiber und stellen die benötigte Anzahl von virtuellen Funktionen (VF) zur Verfügung:

```
root#  modprobe -r igb
root#  modprobe igb max_vfs=2
```

Sie dürfen die Karten nun nicht mit virsh nodedev-dettach abmelden. Der Host muss die Karte ja per MacVtap durchreichen. Dies wird nicht von dem PCI-Bus realisiert. Die Namen der virtuellen Netzwerkkarten werden meist von der physikalischen Netzwerkkarte (eth0) abgeleitet und lauten dann eth0_0 usw.

Um die Karte mit libvirt durchzureichen, benötigen Sie den folgenden XML-Schnipsel:

```
<interface type='direct'>
  <mac address='52:54:00:7d:2b:5c'/>
  <source dev='eth0_0' mode='passthrough'/>
  <model type='virtio'/>
</interface>
```

Jetzt hat der Gast exklusiven Zugriff auf diese Karte und kann diese nutzen.

Alternativ können Sie dies auch über die Definition eines libvirt-Netzes erreichen. Hierzu definieren Sie zunächst ein libvirt-Netzwerk, z. B. mit virsh:

```
<network>
  <name>passthrough</name>
  <forward mode='passthrough'>
    <interface dev='eth0_0'/>
    <interface dev='eth0_1'/>
    <interface dev='eth0_2'/>
    <interface dev='eth0_3'/>
    <interface dev='eth0_4'/>
  </forward>
</network>
```

Ab libvirt-Version 0.9.10 können Sie diese Definition noch abkürzen:

```
<network>
  <name>passthrough</name>
  <forward mode='passthrough'>
    <pf dev='eth0'/>
  </forward>
</network>
```

Bei der Anbindung eines Gastes an dieses Netzwerk wird libvirt die nächste freie virtuelle Funktion nutzen.

VhostNet

Mit den virtio-Netzwerkkarten kann der Durchsatz gegenüber einer emulierten regulären e1000- oder ne2k-pci-Karte stark gesteigert werden. Jedoch sind auch die virtio-Netzwerkkarten nicht der Weisheit letzter Schluss. Aktuell bedeutet die Nutzung der virtio-Netzwerkkarten, dass die Pakete durch den Qemu-Code im Userspace des Hostes umgesetzt werden. Mit VhostNet wurde eine entsprechende Implementierung in den Kernel verlagert.

> **Es gibt Umgebungen, in denen VhostNet eine schlechtere Performance als der Userspace-Qemu-Code erreicht. Insbesondere bei hohem UDP-Verkehr kann es zu Problemen kommen. Sie sollten daher den Durchsatz testen. Ältere Implementierungen ohne MSI-X (*Message Signaled Interrupts*) sind ebenfalls von einem schlechteren Durchsatz betroffen. Auch ignoriert der VhostNet-Code die Prüfsummen der Frames und berechnet diese nicht. Falls Ihre Systeme dann die Pakete verwerfen, müssen Sie die Prüfsummen entweder über IPtables reparieren oder auf VhostNet verzichten.**

Um die VhostNet-Funktionalität zu nutzen, müssen mehrere Voraussetzungen erfüllt sein:

» Der Gast muss die virtio-Netzwerkkarte nutzen.

» Der Host muss das vhost_net-Kernelmodul laden.

» Die Netzwerkkarte des Gastes muss über ein libvirt-Netzwerk definiert werden. Eine direkte Definition als Interface im Gast funktioniert aktuell noch nicht.

Laden Sie zunächst das Kernel-Modul:

```
root#  modprobe vhost_net
root#  lsmod | grep vhost
vhost_net              27883  0
macvtap                 9319  3 vhost_net
tun                    16048  2 vhost_net
```

Erzeugen Sie nun ein Netzwerk, das Sie anschließend für Ihre Gäste nutzen:

```
<network>
  <name>private</name>
  <forward dev='eth0' mode='private'>
    <interface dev='eth0'/>
  </forward>
</network>
```

Nun definieren Sie in libvirt die Netzwerkkarte des Gastes mit virsh edit:

```
<interface type='network'>
  <mac address='52:54:00:7d:2b:5c'/>
  <source network='private'/>
  <model type='virtio'/>
</interface>
```

Starten Sie einen Gast, und prüfen Sie, ob der Parameter vhost=on gesetzt ist:

```
root#  ps -ef | grep vhost
qemu     11817    1 10 11:49 ?          00:01:30 /usr/bin/qemu-kvm
  -S -M pc-0.14 -enable-kvm -m 1024 -smp 1,sockets=1,cores=1,threads=1 ...
  -netdev tap,fd=21,id=hostnet0,vhost=on,vhostfd=24 ...
root     11821    2  4 11:49 ?          00:00:40 [vhost-11817]
```

Jetzt verwenden Sie die VhostNet-Funktion.

Um VhostNet für bestimmte Netzwerke abzuschalten, ändern Sie Ihr Netzwerk entsprechend, sodass es den virtio-Userspace-Code nutzt:

```
<network>
  <name>private</name>
  <forward dev='eth0' mode='private'>
    <interface dev='eth0'/>
  </forward>
  <model type='virtio'/>
</network>
```

Insbesondere DHCP-Clients haben teilweise Probleme mit falschen Prüfsummen. Diese können mit folgender IPtables-Regel korrigiert werden:

```
root#  iptables -A POSTROUTING -t mangle -p udp --dport 68 -j CHECKSUM \
       --checksum-fill
```

Network Benchmarks

In diesem Abschnitt haben wir Network Benchmarks zusammengestellt, die auf einem Intel QuadCore Q6600 durchgeführt wurden. Hierbei wurden als Netzwerkkarten sowohl eine *Broadcom BCM5775* als auch eine *Intel 82576* Gigabit-Netzwerkkarte eingesetzt. Das System verfügte über 4 GByte Arbeitsspeicher. Installiert war Fedora 16, sowohl auf dem Host als auch auf den Gast-Systemen. Zusätzlich wurde ein zweites System mit Fedora 16 direkt über ein Patchkabel angeschlossen, um Probleme durch einen Switch auszuschließen.

Die Tests wurden mit iperf durchgeführt. Zwischen den beiden physikalischen Hosts wurde mit iperf ein Durchsatz von 921 Mbit/s bzw. 793 Mbit/s in der Gegenrichtung gemessen. Der iperf-Aufruf des Clients erfolgte mit der Option -d, um die bidirektionale

Leistung zu messen. Eine maximale Last des Hosts ist auf Grund der QuadCore-CPU bei 400 % gegeben. Der Durchsatz ist in MBit/s angegeben.

GastNIC	Model	HostNIC	Durchsatz	CPU-Last
MacVtap/VhostNet	virtio	Intel 82576	930/690	55% / 35%
MacVtap-Passthr.-SR-IOV	virtio	Intel 82576	920/700	150%
MacVtap-Bridge	virtio	Intel 82576	925/680	110%
Brctl-Bridge	virtio	Intel 82576	920/690	115%
MacVtap-Private	virtio	BCM5775	921/700	160%
MacVtap-Bridge	virtio	BCM5775	921/700	160%
Brctl-Bridge	virtio	BCM5775	920/690	165%
Brctl-Bridge	e1000	BCM5775	257/160	100%
Brctl-Bridge	ne2k-pci	BCM5775	4.5/3.0	100%
Brctl-Bridge	pcnet	BCM5775	42/18	100%
Brctl-Bridge	rtl8139	BCM5775	135/47	110%

Tabelle 5.2: **Geschwindigkeiten der Netzwerkemulation (Durchsatz in MBit/s)**

Dass in der ersten Zeile zweimal die CPU-Last angegeben wurde, erklärt sich aus zwei laufenden Prozessen/Threads. Während in allen weiteren Zeilen lediglich die Auslastung durch den Qemu-Prozess angezeigt wird, zeigt die erste Zeile die Last des Qemu-Prozesses (55 %) und die Last des VhostNet-Threads im Kernel (35 %). Insgesamt ist dies jedoch die Variante, die die geringste Last auf dem System bei gleichbleibendem Durchsatz erlaubt.

QoS und Bandbreitenregulation

KVM kann die Netzwerkbandbreiten der Gäste beschränken. Hierzu können die Bandbreiten auch direkt über libvirt verwaltet werden. Dies unterstützt leider der Virtual Machine Manager noch nicht.

> **TIPP**
>
> **Leider funktioniert diese Bandbreitenregulation noch nicht in allen Kerneln über die MacVtap-Anbindung, sondern nur klassisch über eine Bridge, die mit** `brctl` **erzeugt wurde.**

Die Bandbreitenregulation kann an unterschiedlichen Stellen konfiguriert werden. Entweder Sie tragen die maximal ein- und ausgehenden Bandbreiten direkt bei dem Gast in der XML-Datei ein, oder Sie definieren diese global für das gesamte Netzwerk.

Um die Bandbreite eines Gastes zu beschränken, editieren Sie am einfachsten mit `virsh edit` die XML-Repräsentation des Gastes, sodass die Definition der Netzwerkkarte folgenden Aufbau hat:

```
<interface type='bridge'>
  <mac address='52:54:00:33:1c:73'/>
  <source bridge='lan0' />
  <model type='virtio'/>
  <bandwidth>
    <inbound average='1000' peak='5000' burst='512'/>
    <outbound average='1000' peak='5000' burst='512'/>
  </bandwidth>
</interface>
```

Die angegebenen Zahlen werden in KiloByte (!) gemessen. Sie können die ein- und ausgehende Bandbreite getrennt verwalten. Wenn Sie eine Richtung nicht angeben, wird diese auch nicht beschränkt.

Die Parameter peak und burst sind optional. Mit burst geben Sie an, wie viele Daten mit der maximalen Geschwindigkeit peak versendet werden dürfen, bevor die Bandbreite auf average beschränkt wird.

Um die Bandbreite für ein Netz zu definieren, geben Sie die entsprechenden Zeilen dort an:

```
<network>
   <name>slownet</name>
   <bridge name="dmz0" stp="on" delay="5"/>
   <forward mode="nat" dev="eth0"/>
  <bandwidth>
    <inbound average='1000' peak='5000' burst='2000'/>
    <outbound average='256' peak='512' burst='256'/>
  </bandwidth>
</network>
```

Die definierte Bandbreite wird dann gleichmäßig zwischen den angeschlossenen Gästen aufgeteilt.

Firewalling

Grundsätzlich können Sie sämtliche Linux-Firewallregeln auf Ihre virtuellen Gäste anwenden, wenn diese über einen gerouteten oder gebridgen Zugang auf das Netzwerk zugreifen. Hintergründe über das Filtern auf einer Bridge mit IPtables finden Sie im Internet oder auch in dem Buch »Linux Firewalls. Sicherheit für Linux-Server und -Netzwerke mit IPv4 und IPv6« von Ralf Spenneberg, das im Addison-Wesley Verlag erschienen ist.

Bei Verwendung einer Bridge müssen die entsprechenden Parameter in /proc gesetzt sein:

- » `/proc/sys/net/bridge/bridge-nf-call-arptables`
- » `/proc/sys/net/bridge/bridge-nf-call-ip6tables`
- » `/proc/sys/net/bridge/bridge-nf-call-iptables`

Sind diese Parameter nicht gesetzt, so werden die Pakete auf der Bridge nicht gefiltert (siehe auch Abschnitt 5.2).

Ein Firewalling auf dem Host ist bei der Nutzung von MacVtap nicht mehr möglich! Der Host kann die Pakete zwar mit tcpdump sehen, aber nicht mehr filtern, da die Pakete bereits abgefangen werden, bevor Netfilter tätig wird. Hier müssen entsprechende Regeln dann im Switch realisiert werden!

Neben diesen Möglichkeiten können Sie aber auch mit libvirt perspektivisch entsprechende automatische Regeln erzeugen lassen. Diese Funktionalität ist jedoch noch nicht komplett funktionstüchtig und kann zum aktuellen Zeitpunkt (Januar 2012) nicht empfohlen werden. Auch erfolgen noch recht viele Änderungen in diesem Bereich. Im Folgenden soll daher nur ein erster Einstieg gegeben werden. Weitere Informationen finden Sie unter http://libvirt.org/formatnwfilter.html.

libvirt bietet bereits einige vordefinierte Regelwerke:

```
root# virsh nwfilter-list
UUID                                   Name
----------------------------------------------------------------
27f9afda-8cd4-1613-bc12-94050deb5243   allow-arp
b0717143-20a8-0259-d7ae-73a505778c16   allow-dhcp
2f35c02a-36df-0046-b250-c9ab3d5e2109   allow-dhcp-server
7cc11506-1cc6-c980-713c-50fbafaa3b2d   allow-incoming-ipv4
e1f3de52-2237-bc76-63b6-9286b4a5f97c   allow-ipv4
b1760f26-742e-fb24-c9a6-47ccc1b3fe16   clean-traffic
f88f1932-debf-4aa1-9fbe-f10d3aa4bc95   no-arp-spoofing
ab39e255-0894-8bee-eae3-b9972b2727f8   no-ip-multicast
353ce03d-3c83-7116-9d8f-56e09987028e   no-ip-spoofing
211c3751-8d00-a974-ad98-f578baa72a5b   no-mac-broadcast
6c52b1ba-7fbf-1144-64b1-cd14c8f56970   no-mac-spoofing
5a51faac-91dd-14bb-1311-b2fae5862ee2   no-other-l2-traffic
53f96e4e-f2da-27c8-ab7b-e4482e2c30b8   no-other-rarp-traffic
6e480a1f-4bb5-4c15-9a20-0fa654698db8   qemu-announce-self
40d9d174-508e-9e4c-d25a-9740c03aefda   qemu-announce-self-rarp
```

Ein typischer Filter ist clean-traffic. Dieser Filter enthält selbst keine Regeln, sondern greift wiederum auf andere Regelsätze zu. Die Regelsätze können also verschachtelt sein.

```
root# virsh nwfilter-dumpxml clean-traffic
<filter name='clean-traffic' chain='root'>
  <uuid>be0d67b7-aa5c-3f98-439f-136a63d99364</uuid>
  <filterref filter='no-mac-spoofing'/>
  <filterref filter='no-ip-spoofing'/>
  <filterref filter='allow-incoming-ipv4'/>
  <filterref filter='no-arp-spoofing'/>
  <filterref filter='no-other-l2-traffic'/>
  <filterref filter='qemu-announce-self'/>
</filter>
```

Die eigentlichen Regeln sind in diesen Filtern hinterlegt:

```
root# virsh nwfilter-dumpxml no-ip-spoofing
<filter name='no-ip-spoofing' chain='ipv4'>
  <uuid>190fed52-ffc5-4a74-e74e-a57c5e01f9f8</uuid>
  <rule action='drop' direction='out' priority='500'>
    <ip match='no' srcipaddr='$IP'/>
  </rule>
</filter>
```

Hier ist auch zu erkennen, dass die Filter Variablen nutzen können. In diesem Fall wird die Variable IP angeboten.

Wie werden die Filter nun genutzt? Das ist recht einfach. Hierzu referenzieren Sie einfach den entsprechenden Filter in der Definition der Netzwerkkarte des Gastes. Der clean-traffic-Filter unterstützt die Angabe der IP-Adresse des Gastes. Der Gast darf dann keine andere Adresse nutzen.

```
<interface type='bridge'>
  <mac address='52:54:00:7d:2b:5c'/>
  <source bridge='lan0'/>
  <model type='virtio'/>
  <filterref filter='clean-traffic'>
    <parameter name='IP' value='10.0.0.1'/>
  </filterref>
  <address type='pci' domain='0x0000' bus='0x00' slot='0x03' function='0x0'/>
</interface>
```

Bei dem Start des Gastes werden dann diese Regeln implementiert. Durch die Angabe der IP-Adresse werden sämtliche Pakete des Gastes verworfen, die nicht die Adresse 10.0.0.1 tragen.

6. Grafik

Damit Sie die virtuelle Maschine mit einer grafischen Benutzeroberfläche bedienen können, ist eine virtuelle Grafikkarte erforderlich, deren Inhalt in einem Fenster dargestellt wird. Der Inhalt des Grafiksystems wird dabei in der Regel via VNC auf den lokalen Rechner übertragen. Das ermöglicht es, die virtuelle Maschine von jedem Rechner aus zu steuern, der eine Netzwerkverbindung zum KVM-Host herstellen kann bzw. darf. Dieses Kapitel stellt neben VNC auch die Verfahren SDL und Spice vor.

6.1 Grafikadapter

Wenn Sie mit dem Virtual Machine Manager eine neue virtuelle Maschine einrichten, wird diese standardmäßig mit einer Cirrus-kompatiblen virtuellen Grafikkarte ausgestattet. Auch bei den meisten anderen Installationsverfahren (z. B. virt-install) gilt die Cirrus-Grafikkarte als Defaulteinstellung.

KVM bzw. QEMU unterstützen neben Cirrus einige andere virtuelle Grafikkarten. Die folgende Aufzählung fasst die wichtigsten Eigenschaftem zusammen.

» **Cirrus-Grafikkarte:** Diese Grafikkarte wird von nahezu allen Gastsystemen korrekt erkannt und funktioniert ohne Konfigurationsarbeiten in einer akzeptablen Geschwindigkeit. Die maximale Auflösung beträgt allerdings magere 1024*768 Pixel.

» **Standard-VGA-Grafikkarte:** Der Vorteil dieser virtuellen Grafikkarte besteht darin, dass sie wesentlich höhere Auflösungen unterstützt (bei unseren Tests bis zu 2560*1600 Pixel). Die Grafikkarte wird unter Windows auf Anhieb korrekt erkannt, weswegen sie im Virtual Machine Manager bei Windows-Installationen standardmäßig zum Einsatz kommt. Unter Linux ist hingegen etwas Konfigurationsarbeit erforderlich (siehe Seite 198).

» **VMware-Grafikkarte:** Diese Grafikkarte wird seit geraumer Zeit von diversen VMware-Produkten eingesetzt. Die dazu passenden Open-Source-Grafiktreiber werden bei einigen Linux-Distributionen standardmäßig mitgeliefert. Unter dieser Voraussetzung ist die VMware-Grafikkarte eine gute Wahl: Sie unterstützt ohne großen

Konfigurationsaufwand hohe Auflösungen in der virtuellen Maschine. Falls Sie mit dem Virtual Machine Manager arbeiten, wählen Sie die Einstellung MODELL = VMVGA.

» **QXL-Grafikkarte:** Diese Grafikkarte kann nur in Kombination mit Spice eingesetzt werden (siehe Abschnitt 6.3 ab Seite 202).

Die Einstellung des Grafikadapters erfolgt im Virtual Machine Manager im Dialogblatt VIDEO der Detailansicht. Die Größe des Grafikspeichers ist nicht einstellbar und wird vom Virtual Machine Manager je nach Adapter passend eingestellt (zumeist 9 MByte, bei QXL 64 MByte). Es ist nicht möglich, den Grafikadapter aus der Liste der Hardware-Komponenten zu entfernen.

libvirt-intern wird der Grafikadapter im Element video in der XML-Datei der virtuellen Maschine gespeichert:

```
<!-- Datei /etc/libvirt/qemu/vmname.xml -->
<domain type='kvm'>
  ...
  <devices>
    ...
    <video>
      <model type='cirrus' vram='9216' heads='1'/>
      <address type='pci' domain='0x0000' bus='0x00' slot='0x02'
              function='0x0'/>
    </video>
```

Wenn Sie KVM direkt als Kommando ausführen, wählen Sie den gewünschten Grafikadapter mit der Option -vga aus. Zulässige Einstellungen sind cirrus, std, vmware und qxl.

Wenn Sie virtuelle Maschinen mit virt-install einrichten, bestimmt die Option -video den Grafikadapter. Erlaubte Einstellungen sind cirrus, vga, vmvga und qxl.

Manuelle X-Konfiguration für die Standard-VGA-Grafikkarte

Wenn Sie Ihre virtuelle Maschine mit einer Standard-VGA-Grafikkarte ausstatten, klappt bei vielen Linux-Gästen deren automatische Erkennung nicht. Das Grafiksystem funktioniert zwar, die maximale Auflösung beträgt aber wie bei einer Cirrus-Grafikkarte lediglich 1024*768 Pixel. Damit Sie eine höhere Auflösung nutzen können, müssen Sie die X11-Konfiguration manuell ändern. Das folgende Muster zeigt die Einstellungen, damit Sie mit einer Auflösung von 1600*1200 Pixel arbeiten können. (Diese Auflösung gilt dann als Standardauflösung. Sie können aber unter KDE oder Gnome bzw. mit dem Kommando xrandr auch eine geringere Auflösung einstellen.)

```
# Datei /etc/X11/xorg.conf oder /etc/X11/xorg.conf.d/vga.conf im Gast
Section "Device"
  Identifier "device0"
  Driver     "vesa"
EndSection
Section "Monitor"
  Identifier  "monitor0"
  HorizSync   20-60
  VertRefresh 40-80
  Option      "DPMS"
EndSection
Section "Screen"
  Identifier "screen0"
  Monitor    "monitor0"
  Device     "decice0"
  SubSection "Display"
    Modes    "1600x1200"
  EndSubSection
EndSection
```

Geschwindigkeit

Unabhängig davon, mit welcher virtuellen Grafikkarte Sie arbeiten, sollten Sie keine besonderen Erwartungen an die Darstellungsgeschwindigkeit haben. Die Geschwindigkeit ist ausreichend, um den Desktop der virtuellen Maschine komfortabel zu bedienen. Auf HD-Videos, Spiele sowie auf 3D-Effekte des Desktopsystems (z. B. Gnome 3.*n*, Ubuntu Unity oder Windows Aero) müssen Sie verzichten. Falls Sie die virtuelle Maschine via VNC darstellen, ist dessen Protokoll und nicht die Geschwindigkeit der Grafikkarte der limitierende Faktor.

6.2 VNC

VNC steht für *Virtual Network Computing* und ermöglicht es, den Bildschirminhalt eines anderen, auch virtuellen Rechners in einem Fenster (dem VNC-Viewer oder VNC-Client) darzustellen. Gleichzeitig werden per VNC lokale Tastatur- und Mauseingaben an die virtuelle Maschine weitergegeben. (VNC wird häufig auch zur Fernwartung gewöhnlicher Rechner verwendet. VNC wird von Linux, OS X und Windows unterstützt.)

Damit eine virtuelle Maschine per VNC gesteuert werden kann, führt das KVM-Kommando (qemu-kvm) einen VNC-Server aus und macht damit den Inhalt des virtuellen Grafikadapters im Netzwerk zugänglich. Der VNC-Server kann aus Sicherheitsgründen standardmäßig nur über die Adresse 127.0.0.1 angesprochen werden.

Zur Steuerung der virtuellen Maschine muss auf dem lokalen Rechner ein VNC-Client ausgeführt werden. VNC-Viewer sind für alle gängigen Betriebssysteme kostenlos und teilweise auch als Open-Source-Software verfügbar. Gängige Linux-Programme sind vncviewer oder das mit Gnome mitgelieferte Programm Vinagre. Auch der virt-viewer und das Konsolenfenster des Virtual Machine Managers sind VNC-Viewer.

VNC-Konfiguration

Auf KVM-Kommandoebene werden die VNC-Funktionen durch die Option -vnc gesteuert. Als Parameter wird die gewünschte IP-Adresse und die Display-Nummer angegeben, z. B. -vnc 127.0.0.1:1. Der IP-Port des VNC-Servers ergibt sich aus der Display-Nummer plus 5900, hier also 5901.

Wenn Sie mit dem Virtual Machine Manager arbeiten, kümmern sich die libvirt-Werkzeuge um die korrekten VNC-Optionen für das KVM-Kommando. Dabei werden auch die Einstellungen der libvirt-Konfigurationsdatei berücksichtigt, in denen einige globale VNC-Einstellungen festgeschrieben werden können, z. B. die gewünschte IP-Adresse oder das VNC-Passwort:

```
# Datei /etc/libvirt/qemu.conf
vnc_listen = "127.0.0.1"
vnc_password = "strengGeheim"
```

HINWEIS

Mit vnc_listen=0.0.0.0 **erreichen Sie, dass der VNC-Server mit jedem beliebigen Rechner im Netzwerk kommuniziert. Diese Einstellung sollten Sie aus Sicherheitsgründen aber vermeiden!**

Unter Fedora und RHEL verhindert die standardmäßig aktive Firewall VNC-Verbindungen von außen. Abhilfe: Fügen Sie der Firewall-Konfiguration eine entsprechende Ausnahmeregel hinzu. Sie finden vordefinierte Regeln im Dialogblatt ANDERE PORTS **des Firewall-Konfigurationsprogramms.**

Die libvirt-Werkzeuge kümmern sich selbst um die Administration der Display-Nummern. Jede neu gestartete virtuelle Maschine erhält die niedrigste gerade verfügbare Display-Nummer. Diese Nummer können Sie mit den virsh-Kommando vncdisplay herausfinden.

```
root# virsh
virsh # list
 Id Name                    Status
----------------------------------
  7 centos-spice            laufend
  8 centos-mini             laufend
virsh # vncdisplay 8
:1
```

In der Detailansicht des Virtual Machine Managers können Sie im Dialogblatt ANZEIGE VNC zwei VNC-Parameter einstellen: das VNC-Passwort und die Tastaturbelegung. Eine Änderung der Tastaturbelegung ist normalerweise nicht erforderlich. Die spezifischen VNC-Parameter der virtuellen Maschine werden in deren XML-Datei gespeichert:

```
<!-- Datei /etc/libvirt/qemu/vmname.xml -->
<domain type='kvm'>
  ...
  <devices>
    ...
    <graphics type='vnc' port='-1' autoport='yes' passwd='strengGeheim'/>
```

Tastaturlayout

Der in den Virtual Machine Manager bzw. in den virt-viewer integrierte VNC-Client überträgt Tastatureingaben in Form von RAW-Codes. Sofern im Host-System und im Gastsystem dasselbe Tastaturlayout eingestellt ist, werden Sie keine Probleme mit dem Tastaturlayout haben.

Andere VNC-Clients übertragen Tastatureingaben hingegen immer gemäß dem US-Layout. Um die daraus resultierenden Probleme zu kompensieren, kann beim Start des KVM-Kommandos mit der Option -k angegeben werden, welches Tastaturlayout für den VNC-Server gelten soll (z. B. -k de für das deutsche Layout). Die libvirt-Werkzeuge sehen eine Speicherung des Tastaturlayouts in der XML-Datei der virtuellen Maschine vor (Attribut keymap):

```
<graphics type='vnc' port='-1' autoport='yes' keymap='de'/>
```

VNC-Sicherheit im Netzwerk

VNC ist ein relativ unsicheres Protokoll. Die Verwendung eines VNC-Passworts ändert daran nur wenig. Beachten Sie auch, dass das VNC-Passwort im Klartext in der XML-Datei der virtuellen Maschine gespeichert wird! (Immerhin ist diese Datei nur für root lesbar.) Um VNC sicher einzusetzen, müssen Sie seinen Einsatz auf den lokalen Rechner beschränken und VNC-Netzwerkverbindungen via SSH tunneln. Im Detail haben wir die Vorgehensweise bereits ab Seite 64 beschrieben.

Alternativ bieten KVM und die Konfigurationsdatei /etc/libvirt/qemu.conf die Möglichkeit, die VNC-Kommunikation mit TSL zu verschlüsseln. Das setzt allerdings TSL-kompatible VNC-Viewer voraus. Tipps zur richtigen Konfiguration finden Sie hier:

http://wiki.libvirt.org/page/VNCTLSSetup

6.3 Spice

Das *Simple Protocol for Independent Computing Environments* (kurz Spice) ist ein neues Protokoll, um das Grafiksystem einer virtuellen Maschine über ein Netzwerk effizient zu bedienen. Spice unterstützt die Komprimierung von Bildern, das Streaming von Videos, die Übertragung von Audio-Daten, die Verschlüsselung (OpenSSL) etc. Die Kommunikation zwischen dem Host- und Gastsystem erfolgt über sogenannte *Virtual Device Interfaces* (VDIs). Gleichzeitig ermöglicht der Einsatz von Spice nahezu beliebig hohe Grafikauflösungen innerhalb der virtuellen Maschine.

Im Vergleich zu VNC ist Spice nicht nur effizienter, sondern hat zudem den Vorteil der besseren Audio-Unterstützung. Wenn Sie die Audio-Ausgaben Ihrer virtuellen Maschine hören möchten, führt an Spice momentan kein Weg vorbei. (Auch VNC sieht die Weitergabe von Audio-Daten vor; die unter Linux verfügbaren VNC-Clients sind dazu aber noch nicht in der Lage.)

Spice wurde ursprünglich wie KVM von der Firma Qumranet entwickelt. Nachdem Red Hat 2008 Qumranet erworben hatte, gab es Ende 2009 Spice als Open-Source-Projekt frei. Das Spice-Projekt ist prinzipiell unabhängig von KVM, kommt momentan aber nur in Kombination mit KVM bzw. QEMU zur Anwendung.

Technologisch weist Spice Ähnlichkeiten zu den virtio-Treibern für virtuelle Netzwerk- und Festplatten-Adapter auf. Auch Spice setzt voraus, dass in den virtuellen Maschinen paravirtualisierte Treiber zum Einsatz kommen.

Spice besteht aus drei Komponenten:

» Der **Spice-Server** ist direkt in QEMU/KVM integriert. Er ist für die Kommunikation nach außen zuständig, also für die Steuerung der virtuellen Maschine durch den Benutzer über eine Netzwerk-Verbindung. Für die virtuelle Maschine sieht der Spice-Server wie eine VGA-Grafikkarte aus.

» Der **Spice-Client** (bei aktuellen Distributionen das Kommando spicy aus dem Paket spice-gtk-tools, bei älteren Distributionen das Kommando spicec aus dem Paket spice-client) ist ein mit einem VNC-Viewer vergleichbares Programm, das das Grafiksystem der virtuellen Maschine in einem Fenster anzeigt. Aktuelle Versionen des Virtual Machine Managers, von virt-viewer bzw. von Vinagre sind ebenfalls Spice-kompatibel. Der Spice-Client ist auch als Windows-Programm verfügbar.

» Der **QXL-Treiber** wird in der virtuellen Maschine installiert und stellt sicher, dass die virtuelle Maschine das Grafiksystem effizient und in hohen Auflösungen benutzen kann. Der QXL-Treiber steht momentan sowohl für das X-System (Linux) als auch für Windows zur Verfügung.

Spice funktioniert prinzipiell auch ohne den QXL-Treiber, allerdings sind in der virtuellen Maschine dann nur Auflösungen von bis zu 1024*768 Pixel möglich. Außerdem bietet Spice dann keinen Geschwindigkeitsvorteil im Vergleich zu anderen Grafiklösungen.

Weitere Informationen zu Spice finden Sie hier:

http://www.spice-space.org/
http://fedoraproject.org/wiki/Features/Spice
http://docs.cslabs.clarkson.edu/wiki/SPICE
http://www.spice-space.org/docs/spice_for_newbies.pdf
http://www.redhat.com/f/pdf/summit/agilboa_11_spice.pdf

Spice unter Ubuntu

Die beste Spice-Unterstützung bieten traditionell Fedora- und RHEL-Distributionen. Alle weiteren Informationen in diesem Abschnitt beziehen sich auf Fedora 16 bzw. RHEL 6.2.

Ubuntu stellt erst ab Version 12.04 eine Spice-kompatible Version von QEMU/KVM zur Verfügung – und auch das nur in separaten Paketen. Die erforderlichen Pakete befinden sich in der *universe*-Paketquelle, werden also offiziell nicht gewartet. Die Pakete müssen extra installiert werden und genießen nicht den Langzeit-Support von Ubuntu 12.04 LTS!

```
root#  apt-get install qemu-kvm-spice spice-client-gtk python-spice-client-gtk
```

Generell ist die Nutzung von Spice nur auf Kommandoebene vorgesehen. Die Integration von Spice in den Virtual Machine Manager funktioniert nicht, weil die libvirt-Werkzeuge auf die KVM-Version ohne Spice-Integration zurückgreifen (Datei /usr/bin/kvm). Dieses Problem können Sie umgehen, indem Sie in /usr/bin einen symbolischen Link von kvm auf kvm-spice einrichten.

```
root#  cd /usr/bin
root#  mv kvm kvm-bak
root#  ln -s kvm-spice kvm
```

Es sollte Ihnen aber klar sein, dass das eine Notlösung ist, die nur zum Test von Spice geeignet ist. Wenn Sie KVM im Virtual Machine Manager mit Spice produktiv einsetzen möchten, sollten Sie auf eine Ubuntu-Version warten, die wirklich Spice-kompatibel ist, oder auf Fedora, RHEL bzw. einen RHEL-Clone umsteigen.

Spice im Virtual Machine Manager einsetzen

Mit aktuellen Versionen von RHEL oder Fedora können Sie Spice direkt mit dem Virtual
Machine Manager nutzten: Dazu stellen Sie im Dialogblatt ANZEIGE der Detailansicht TYP
= SPICE ein. Außerdem müssen Sie im Dialogblatt VIDEO die Einstellung MODELL = QXL
vornehmen. Nach dem Start wird das Grafiksystem wie bisher im Konsolenfenster des
Virtual Machine Managers angezeigt. Rein optisch werden Sie also keinen Unterschied
im Vergleich zu VNC bemerken.

In der XML-Datei zur Beschreibung der virtuellen Maschine sehen die für Spice relevanten Einträge so aus:

```
<!-- Datei /etc/libvirt/qemu/vmname.xml -->
<domain type='kvm'>
  ...
  <devices>
    ...
    <graphics type='spice' autoport='yes' listen='127.0.0.1'>
      <listen type='address' address='127.0.0.1'/>
    </graphics>
    <video>
      <model type='qxl' vram='65536' heads='1'/>
      <address type='pci' domain='0x0000' bus='0x00' slot='0x02'
               function='0x0'/>
    </video>
```

QXL-Treiber im Linux-Gast

Wenn Sie als Gast eine aktuelle Linux-Distribution installiert haben, erkennt diese das
QXL-Grafiksystem selbstständig und aktiviert automatisch den QXL-Treiber. Sie können
sich davon durch einen Blick in die X-Logging-Datei /var/log/Xorg.0.log überzeugen. In
diesem Fall können Sie die Auflösung des Grafiksystems nahezu beliebig hoch einstellen.

Bei manchen Linux-Distributionen müssen Sie das qxl-Treiberpaket unter Umständen
selbst installieren (Paketname z. B. xserver-xorg-video-qxl bzw. xorg-x11-drv-qxl).
Falls der Treiber beim nächsten Start von X nicht automatisch aktiviert wird, geben Sie in
/etc/X11/xorg.conf oder in /etc/X11/xorg.conf.d/spice.conf die folgenden Zeilen an:

```
# /etc/X11/xorg.conf.d/spice.conf
Section "Device"
  Identifier "device0"
  Driver     "qxl"
EndSection
```

Für ältere Linux-Distributionen gibt es keine QXL-Pakete und somit keine QXL-Unterstützung. Wenn Sie derartige Distributionen virtualisieren, müssen Sie auf Spice verzichten.

QXL-Treiber im Windows-Gast

QXL-Windows-Treiber finden Sie auf der folgenden Seite zum Download (suchen Sie nach *windows qxl driver*):

http://spice-space.org/download.html

Nach dem Download packen Sie die Datei qxl-win-nnn.zip in ein beliebiges Verzeichnis aus. Danach starten Sie das Programm EINGABEAUFFORDERUNG mit Administratorrechten. (Dazu müssen Sie den Programmeintrag im Windows-Menü mit der rechten Maustaste anklicken.) Im Eingabeaufforderungsfenster wechseln Sie mit cd in das für Ihre Windows-Version passende Verzeichnis und führen dann das Kommando pnputil aus:

```
> cd C:\Users\kofler\Desktop\qxl-win-0.1-12\w7\amd64
> pnputil -i -a qxl.inf
```

Bei unseren Tests unter Windows 7 wurde die Treiberinstallation zwar ausgeführt, Windows weigerte sich aber, die Treiber tatsächlich zu aktivieren. Im Geräte-Manager wurde eine Fehlermeldung angezeigt, wonach der Treiber nicht korrekt signiert sei (Fehler 52, siehe Abbildung 6.1). Es ist uns nicht gelungen, dieses Problem zu lösen. Wenn Sie Glück haben, stellt Red Hat korrekt signierte QXL-Treiber zur Verfügung, bis Sie dieses Buch lesen. Übrigens funktionieren Windows und KVM auch ohne den QXL-Treiber einwandfrei – aber von den mit Spice verbundenen Effizienzsteigerungen werden Sie nichts bemerken.

Spice im Netzwerk

Für Spice gelten im Wesentlichen dieselben Regeln wie für VNC: libvirt weist dem Spice-Server neu gestarteter virtueller Maschinen standardmäßig den ersten freien Port ab 5900 und die IP-Adresse 127.0.0.1 zu. Diverse globale Spice-Einstellungen für die libvirt-Werkzeuge können Sie in /etc/libvirt/qemu.conf durchführen.

Unter Fedora und RHEL verhindert die standardmäßig aktive Firewall Spice-Verbindungen von außen. Abhilfe: Verwenden Sie wie bei einer VNC-Verbindung SSH mit Port-Forwarding (siehe ab Seite 64), oder fügen Sie der Firewall-Konfiguration eine entsprechende Ausnahmeregel hinzu. Sie finden vordefinierte Regeln im Dialogblatt ANDERE PORTS des Firewall-Konfigurationsprogramms.

Abbildung 6.1: **Signaturprobleme unter Windows 7**

Spice auf Kommandoebene

Am bequemsten ist der Einsatz von Spice sicherlich, wenn Sie auf die libvirt-Werkzeuge zurückgreifen. Aber auch dann, wenn Sie das KVM-Kommando manuell ausführen, ist Spice unkompliziert anzuwenden. Dazu müssen Sie an das Kommando die folgenden Optionen übergeben:

```
root#   /usr/libexec/qemu-kvm ... \
        -spice port=5900,addr=127.0.0.1,disable-ticketing
        -vga qxl -global qxl-vga.vram_size=6710886 disk.img
```

Dabei geben Sie mit port einen freien IP-Port und mit adr die gewünschte IP-Adresse des Spice-Servers an. disable-ticketing ermöglicht die Verwendung von Spice ohne Passwortabsicherung.

Um die virtuelle Maschine zu steuern, starten Sie nun das Programm spicy. Die Verbindungsparameter, also die IP-Adresse und Portnummer, müssen Sie in einem Dialog angeben.

TIPP

Ein Mausklick in den Spice-Client bindet den Tastaturfokus auf das Programm. Um den Fokus im Textmodus wieder zu lösen, müssen Sie ⬆+F12 drücken. Mit ⬆+F11 können Sie den Vollbildmodus aktivieren und wieder deaktivieren.

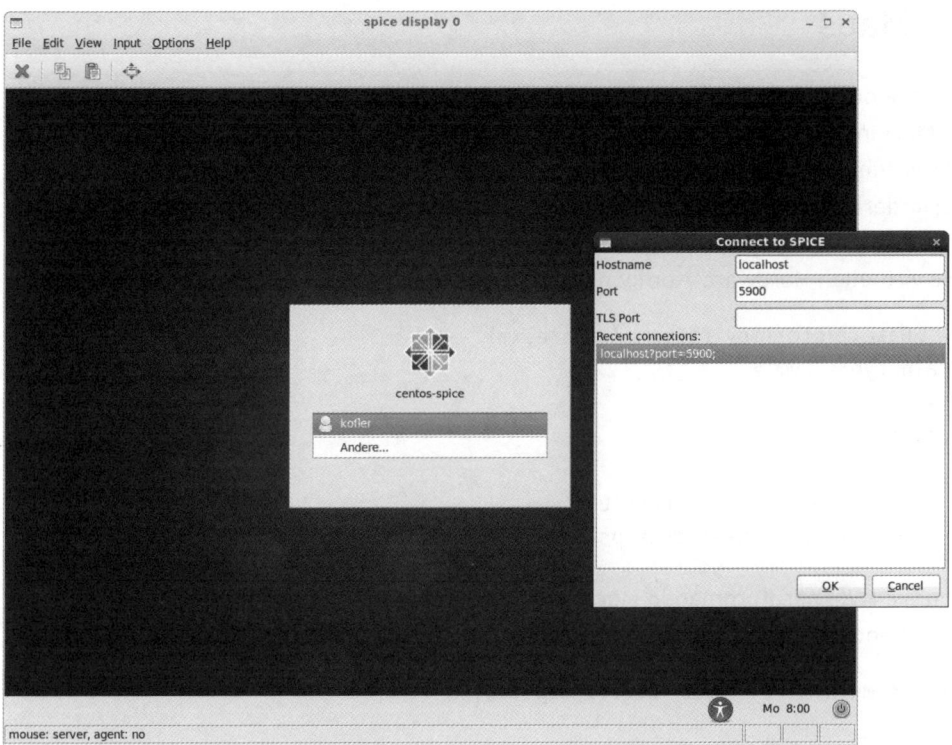

Abbildung 6.2: **Der Spice-Client Spicy**

6.4 SDL

Bei älteren Versionen von QEMU kam zur Darstellung des Grafiksystems standardmäßig der sogenannte *Simple DirectMedia Layer* (kurz SDL) zum Einsatz. Anstelle eines VNC- oder Spice-Clients wurde die virtuelle Maschine direkt in einem QEMU-Fenster angezeigt.

Auf einem lokalen Rechner ist SDL etwas effizienter als VNC. Der wesentliche Nachteil von SDL besteht aber darin, dass diese Bibliothek nicht netzwerkfähig ist. Daher konnten die virtuellen Maschinen nur auf dem KVM-Host, nicht aber auf einem anderen Rechner gesteuert werden. Dieser Mangel macht SDL für die libvirt-Werkzeuge weitgehend unbrauchbar.

In aktuellen Fedora- und RHEL-Versionen fehlen dem QEMU/KVM-Kommando deswegen die SDL-Funktionen, d. h., QEMU ist ohne die SDL-Bibliothek kompiliert. Bei anderen Distributionen können Sie SDL beim direkten Aufruf des KVM-Kommandos (also ohne die libvirt-Werkzeuge) weiterhin nutzen. Dazu geben Sie beim Start des KVM-Kommandos die zusätzliche Option -sdl an.

6.5 Maus

Zur Bedienung einer grafischen Benutzeroberfläche ist eine Maus erforderlich. Im Virtual Machine Manager eingerichtete virtuelle Maschinen werden dazu automatisch mit einer virtuellen PS/2-Maus und einem virtuellen USB-Tablett ausgestattet. Das Tablett ist erforderlich, um die Mausposition des VNC- oder Spice-Clients mit der der virtuellen Maschine zu synchronisieren. In der XML-Definitionsdatei der virtuellen Maschine sehen diese virtuellen Hardware-Komponenten so aus:

```
<!-- Datei /etc/libvirt/qemu/vmname.xml -->
<domain type='kvm'>
  ...
  <devices>
    ...
    <input type='tablet' bus='usb'/>
    <input type='mouse' bus='ps2'/>
```

Wenn Sie KVM per Kommando starten, sind die folgenden Optionen für das USB-Tablett ausreichend. Das Tablett ersetzt die standardmäßig vorgesehene PS/2-Maus.

```
root#  qemu-kvm ... -usb -device usb-tablet
```

6.6 Arbeiten in der Textkonsole

Solange Sie Ihre virtuellen Maschinen mit dem Virtual Machine Manager verwalten, sind VNC oder Spice und ein virtueller Grafikadapter im Gast nahezu unumgänglich. Wenn Sie KVM aber auf Kommandoebene oder mit virsh nutzen, können Sie einfache Konfigurationsarbeiten direkt in einer Konsole im Textmodus erledigen, wie dies beim Virtualisierungssystem Xen üblich ist. Im Vergleich zu einem SSH-Login hat das den Vorteil, dass sich auf diese Weise auch virtuelle Maschinen steuern lassen, bei denen es Probleme mit der Netzwerkkonfiguration gibt.

Der Hauptvorteil der Konsolensteuerung ist der geringe Overhead. Allerdings sind vorher einige Vorbereitungsarbeiten notwendig. Die Grundidee besteht darin, im Gastsystem einen getty-Prozess zu starten, der die serielle Schnittstelle verwendet. getty ist ein kleines Programm, das über einen TTY-Port kommuniziert und dort Texteingaben entgegennimmt bzw. Texte ausgibt. TTY steht für *Teletypewriter* und bezieht sich auf den Umstand, dass die ursprünglichen Terminals Fernschreiber waren.

Unter Linux ist es üblich, sechs getty-Prozesse für die Textkonsolen 1 bis 6 zu starten. Die serielle Schnittstelle bleibt aber normalerweise ungenutzt, weil sie bei einem normalen PC keine Rolle mehr spielt bzw. oft gar nicht mehr vorhanden ist. Die erforderlichen

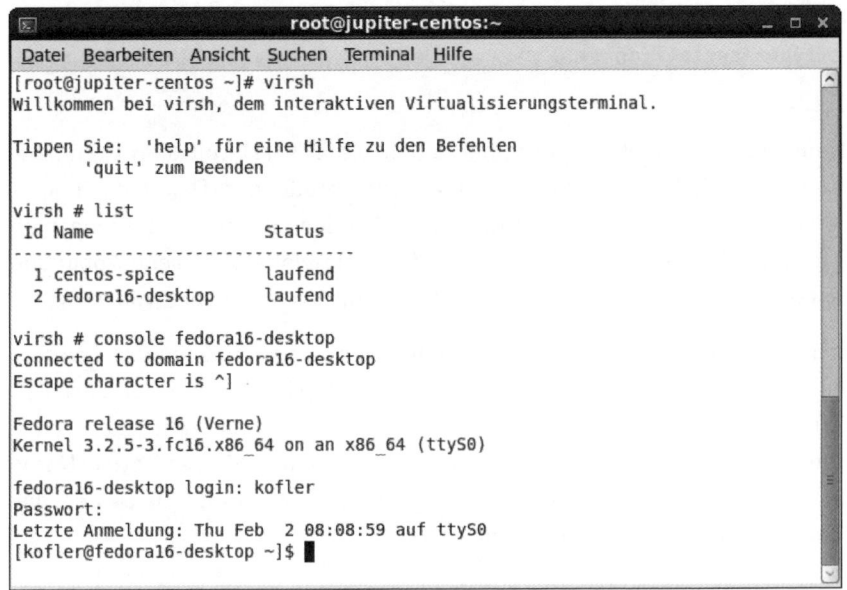

Abbildung 6.3: **Bedienung eines KVM-Gasts direkt in einem Konsolenfenster**

Arbeiten zum Start eines getty-Prozesses innerhalb der virtuellen Maschinen sind für Fedora auf Seite 41 beschrieben, für Ubuntu auf Seite 45.

Damit Sie über die serielle Schnittstelle kommunizieren können, muss die virtuelle Maschine eine derartige Schnittstelle besitzen. Bei virtuellen Maschinen, die Sie direkt mit dem Kommando kvm bzw. qemu-kvm ausführen, ist das standardmäßig der Fall. Die Option -nographic verhindert in diesem Fall den Start des grafischen QEMU-Fensters. Nach wenigen Sekunden erscheint die Login-Aufforderung direkt im Terminal.

```
user$ kvm -nographic disk.img
```

Bei Maschinen, die Sie mit virt-install oder dem Virtual Machine Manager eingerichtet haben, fehlt die serielle Schnittstelle zumeist. Abhilfe: Entweder fügen Sie die Schnittstelle im Virtual Machine Manager hinzu (HARDWARETYP = SERIAL und GERÄTETYP = PSEUDO TTY (PTY)), oder Sie ergänzen die XML-Beschreibung der virtuellen Maschine um die folgenden Zeilen:

```
<domain type='kvm'>
  ...
  <devices>
    ...
    <serial type='pty'>
      <target port='0'/>
    </serial>
```

```
<console type='pty'>
  <target type='serial' port='0'/>
</console>
```

Nach einem Neustart der virtuellen Maschine stellen Sie in virsh mit dem Kommando console *vmname* die Verbindung zur seriellen Schnittstelle her. Damit die Login-Aufforderung erscheint, müssen Sie ⏎ drücken. Sie können sich nun direkt innerhalb des aktuellen Terminalfensters bei der virtuellen Maschine einloggen (siehe Abbildung 6.3). Mit der Tastenkombination Strg+] gelangen Sie zurück in die Shell von virsh.

Anstatt mit console *vmname* direkt eine Verbindung zur seriellen Schnittstelle herzustellen, können Sie auch mit ttyconsole *vmname* den Device-Namen der seriellen Schnittstelle ermitteln, also das Device, mit dem die serielle Schnittstelle der virtuellen Maschine auf dem Hostrechner verbunden ist (z. B. /dev/pts/5). Der Device-Name ist in der Regel jedes Mal ein anderer: kvm verwendet einfach das erste freie Device, das beim Start der virtuellen Schnittstelle erforderlich ist.

Sie können nun in einem Terminalfenster socat - /dev/pts/5 ausführen und dann mit der virtuellen Maschine kommunizieren (ganz ähnlich wie beim oben beschriebenen console-Kommando). Das Paket socat muss gegebenenfalls vorher installiert werden.

7. CPU- und Speicherverwaltung

Normalerweise erhält eine virtuelle KVM-Maschine zwischen 128 MByte und 1 GByte RAM sowie einen CPU-Core. Wenn virtuelle Maschinen mehr Speicher oder mehr CPU-Cores benötigen, müssen Sie im Virtual Machine Manager bzw. beim Aufruf des KVM-Kommandos entsprechende Optionen angeben. Dieses Kapitel fasst zusammen, welche Möglichkeiten KVM Ihnen dafür bietet. Besonders interessant ist dabei die dynamische Speicherzuweisung (Balooning).

7.1 CPU-Eigenschaften

Im Virtual Machine Manager können Sie eine Menge CPU-Eigenschaften unkompliziert einstellen (siehe Abbildung 7.1). Standardmäßig wird an den Gast nur ein Core des Hostsystems weitergereicht. Virtuelle Maschinen, die CPU-intensive Aufgaben erledigen müssen, profitieren naturgemäß von zusätzlichen Cores – zumindestens so lange, bis alle verfügbaren Cores der Host-CPU von den parallel ausgeführten virtuellen Maschinen beansprucht werden.

Der Virtual Machine Manager gibt Ihnen die Möglichkeit, die tatsächlich für die virtuelle Maschine verfügbare Anzahl der Cores im laufenden Betrieb zu ändern (Parameter CURRENT ALLOCATION). Bei unseren Tests hat dies allerdings nicht funktioniert und teilweise sogar zu Abstürzen der virtuellen Maschine geführt. Der Parameter MAXIMALE ZUWEISUNG kann auf jeden Fall nur verändert werden, wenn die virtuelle Maschine heruntergefahren wird.

Standardmäßig gibt KVM nicht alle CPU-Eigenschaften des Hostprozessors an die virtuellen Maschinen weiter, sondern nur ein eingeschränktes Subset. Die verfügbaren CPU-Eigenschaften können Sie auf dem Hostsystem und in den Gästen der Datei /proc/cpuinfo entnehmen:

HINWEIS

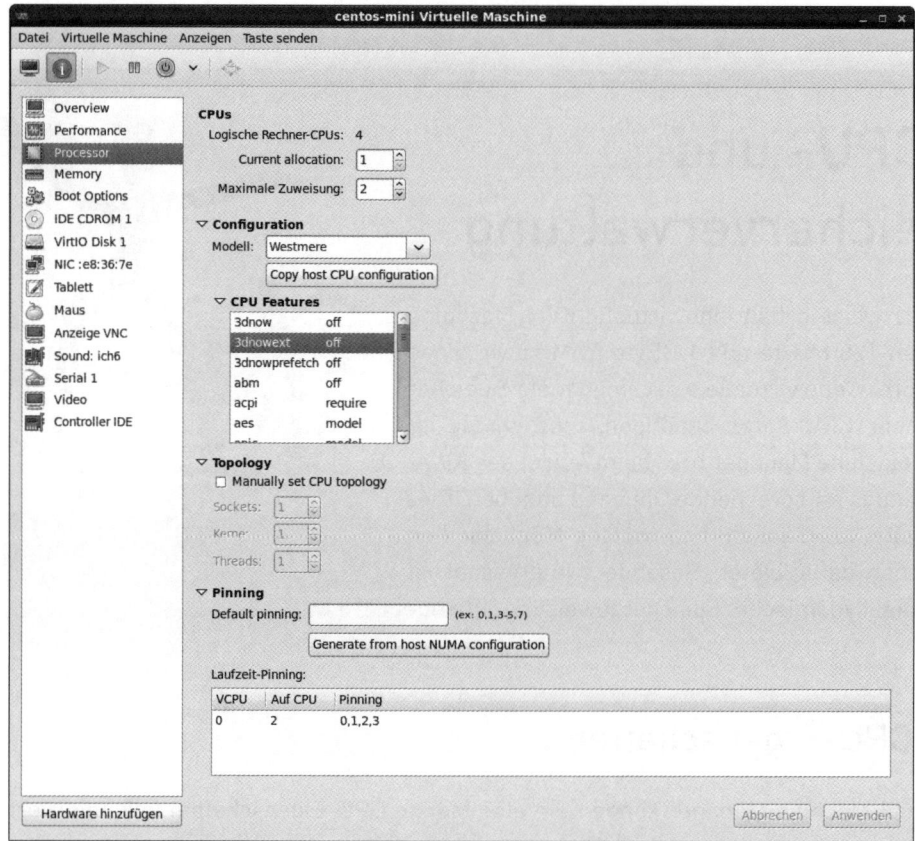

Abbildung 7.1: **Einstellung der CPU-Eigenschaften im Virtual Machine Manager**

```
user@host$  grep flags /proc/cpuinfo
flags: fpu vme de pse tsc msr pae mce cx8 apic mtrr pge mca cmov pat pse36
  clflush dts acpi mmx fxsr sse sse2 ss ht tm pbe syscall nx rdtscp lm
  constant_tsc arch_perfmon pebs bts rep_good xtopology nonstop_tsc
  aperfmperf pni pclmulqdq dtes64 monitor ds_cpl vmx est tm2 ssse3 cx16
  xtpr pdcm sse4_1 sse4_2 popcnt aes xsave avx lahf_lm ida arat epb
  xsaveopt pln pts dts tpr_shadow vnmi flexpriority ept vpid
```

```
user@gast$  grep flags /proc/cpuinfo
flags: fpu de pse tsc msr pae mce cx8 apic mtrr pge mca cmov pse36 clflush
  mmx fxsr sse sse2 syscall nx lm up unfair_spinlock pni cx16 hypervisor
  lahf_lm
```

Im Punkt CONFIGURATION können Sie einstellen, welches CPU-Modell dem Gast zur Verfügung gestellt werden soll bzw. welche CPU-Merkmale weitergegeben werden sollen. Je nach Host-CPU führt das dazu, dass dem Gast diverse Spezialfunktionen zur Verfügung stehen, die unter Umständen eine schnellere Codeausführung bzw. -optimierung erlauben. Der einzige Nachteil, der sich daraus ergeben kann: Wenn Sie die virtuelle Maschine später auf einem anderen Rechner mit anderer CPU ausführen, stehen möglicherweise andere CPU-Eigenschaften zur Verfügung. Das kann zu Inkompatibilitäten führen, z. B. wenn Sie eine Live-Migration einer virtuellen Maschine auf einen anderen KVM-Host durchführen möchten (siehe auch Seite 268).

CPU-Pinnung

Der Begriff *CPU-Pinning* beschreibt die statische Zuordnung von physikalischen CPU-Cores des Hostsystems zu den virtuellen CPUs der virtuellen Maschine. CPU-Pinning verhindert, dass die Linux-Prozessverwaltung die virtuelle Maschine in ständig wechselnden Cores ausführt, und kann so die Performance verbessern. CPU-Pinning ist allerdings nur empfehlenswert, wenn auf einem KVM-Host immer dieselben virtuellen Maschinen laufen und die Pinning-Konfiguration konfliktfrei ist. Das CPU-Pinning kann auch mit dem virsh-Kommando vcpupin festgelegt werden. Weitere Informationen folgen im Abschnitt 7.2.

Einstellung der CPU-Eigenschaften auf KVM-Kommandoebene

Die gewünschte Anzahl von CPU-Cores geben Sie beim KVM-Kommando mit der Option -smp *n* an. Die KVM-Option -cpu host bewirkt, dass nahezu alle Funktionen der Host-CPU an den Gast weitergegeben werden. Die Option -cpu bietet auch die Möglichkeit, die Eigenschaften eines bestimmten CPU-Typs zu verwenden. Mit -cpu ? erhalten Sie eine Liste aller KVM bekannten CPU-Typen.

```
root#  /usr/libexec/qemu-kvm -cpu ?
x86        Opteron_G3
x86        Opteron_G2
x86        Opteron_G1
x86          Westmere
x86          Nehalem
x86           Penryn
x86           Conroe
x86        cpu64-rhel5
x86        cpu64-rhel6
...
x86         [pentium]
x86            [486]
x86         [coreduo]
x86          [qemu32]
x86           [kvm64]
```

```
x86        [core2duo]
x86        [phenom]
x86        [qemu64]
```

Verschachtelte Virtualisierung (Nested Virtualization)

Der Begriff *Nested Virtualization* bezeichnet das Ausführen einer virtuellen Maschine innerhalb einer anderen virtuellen Maschine. Dann läuft also auf dem Hostsystem eine virtuelle Maschine und darin eine weitere virtuelle Maschine.

KVM unterstützt Nested Virtualization für AMD-CPUs seit Ende 2008. Die Implementierung für Intel-CPUs war schwieriger und dauerte bis 2011 (Kernelversion 3.1). Wir haben Nested Virtualization allerdings nicht getestet. Weitere Informationen können Sie hier nachlesen:

http://s3hh.wordpress.com/2012/01/19/nested-kvm-guests/

http://blog.jasonruiz.com/2011/01/24/kvm-nested-virtualization-support/

https://github.com/torvalds/linux/commit/823e396558e509b7c3225cd76806f3d6643ff5f8

7.2 NUMA

Um dem Leistungshunger moderner Software gerecht zu werden, werden häufig mehrere CPUs bzw. Mehrkern-CPUs in einem Rechner verbaut. Mehrere parallel laufende Prozesse können dann gleichzeitig auf unterschiedlichen CPUs abgearbeitet werden. Dies erhöht die Gesamtleistung des Systems. Jedoch skalieren diese Systeme nicht linear. Bei zwei Prozessoren kann nicht exakt die doppelte und bei vier nicht die vierfache Leistung erwartet werden.

Viele Prozesse müssen während der Ausführung auf den Arbeitsspeicher zugreifen. Einfache Rechner verfügen aber nur über einen Bus zum Arbeitsspeicher, der von den CPUs gemeinsam und daher nur nacheinander genutzt werden kann. Die CPUs müssen um diesen Bus konkurrieren. Diese Architektur wird auch UMA (*Uniform Memory Access*) genannt, da alle CPUs mit derselben Priorität auf den Arbeitsspeicher zugreifen (siehe Abbildung 7.2).

Die NUMA-Architektur ist vor einigen Jahren in der Intel-Welt eingeführt worden, um dieses Problem zu beheben. Bei ihr ist der Arbeitsspeicher in Nodes aufgeteilt. Jedem Node ist eine oder zwei CPUs zugeordnet. Wenn sich sowohl der Prozess als auch die benötigten Daten auf demselben Node befinden, kann die CPU sehr schnell über den internen Bus zugreifen. Befinden sich die Daten jedoch auf einem anderen Node, so erfolgt der Zugriff wesentlich langsamer. Der Zugriff auf den Arbeitsspeicher ist nicht mehr gleich-

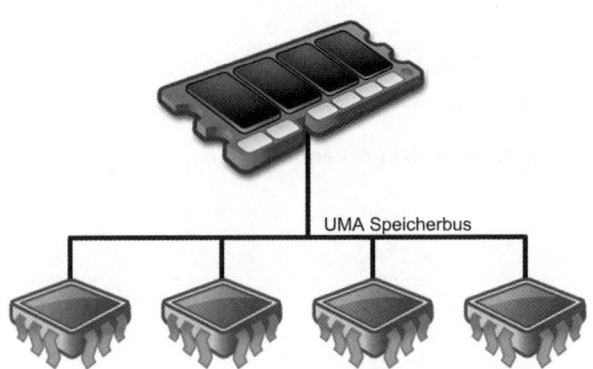

Abbildung 7.2: **Eine UMA-Architektur hat nur einen Speicherbus.**

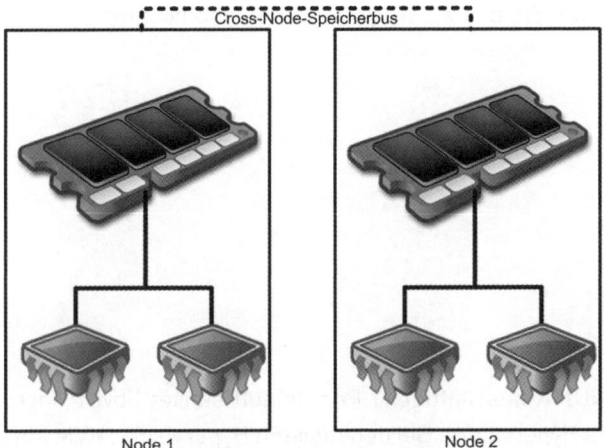

Abbildung 7.3: **Eine NUMA-Architektur fasst Speicher und CPUs zu Nodes mit einem schnellen internen Speicherbus zusammen.**

artig. Es handelt sich um eine Non Uniform Memory Access Architecture (NUMA) (siehe Abbildung 7.3).

Wenn Sie derartige Hardware einsetzen, ist es wichtig, dass das Betriebssystem die Prozesse und Daten entsprechend richtig verteilt. Speziell, wenn einzelne Prozesse zwischen den CPUs migriert werden, sollten immer CPUs in demselben Node bevorzugt werden. Das trifft natürlich auch auf virtuelle KVM-Gäste zu.

Entweder verwalten Sie die Zuordnung manuell über den Befehl numactl, oder Sie überlassen libvirt diese Arbeit. Dazu muss jedoch bei der Übersetzung von libvirt die

NUMA-Unterstützung aktiviert worden sein. Erfreulicherweise wird dies bei Ubuntu ab 12.04 wahrscheinlich der Fall sein:

https://bugs.launchpad.net/ubuntu/+source/numactl/+bug/891232
https://bugs.launchpad.net/ubuntu/+source/libvirt/+bug/614322

Ein NUMA-System können Sie durch folgenden Aufruf erkennen:

```
[root]# numactl --show
policy: default
preferred node: current
physcpubind: 0 1 2 3 4 5 6 7
cpubind: 0 1 2 3
nodebind: 0 1 2 3
membind: 0 1 2 3
```

Dies ist ein Vier-Socket-DualCore-Opteron-System. Um zu prüfen, ob libvirt auch die NUMA-Architektur erkennt, verwenden Sie das virsh-Unterkommando nodeinfo:

```
[root]# virsh nodeinfo
CPU model:            x86_64
CPU(s):              8
CPU frequency:       1000 MHz
CPU socket(s):       1
Core(s) per socket:  2
Thread(s) per core:  1
NUMA cell(s):        4
Memory size:         32948508 kB
```

Warum müssen Sie sich nun mit NUMA beschäftigen? Per Default startet libvirt Gäste entsprechend der Default-Policy des Hypervisors. Bei den meisten Hypervisors, KVM eingeschlossen, wird der Gast auf einer beliebigen verfügbaren CPU gestartet. Ist auf einer NUMA-Architektur auf dem entsprechenden Node nicht mehr genügend Arbeitsspeicher für diesen Node verfügbar, so muss der Arbeitsspeicher auf anderen Nodes bereitgestellt werden.

Diese Cross-Node-Speicherzugriffe haben eine wesentlich geringer Bandbreite und reduzieren die Leistung des Gastes enorm. Die Performance-Einbußen können 80-90 % betragen. Daher ist es immer sinnvoll, dass Sie auf NUMA-Architekturen die Gäste auf bestimmte Nodes festlegen (»pinnen«). Außerdem werden Prozesse von dem Scheduler häufig von einer CPU zu einer anderen verschoben, um die Last besser zu verteilen. Auch wenn zunächst der Arbeitsspeicher des Gastes auf dem richten Node lag, befindet er sich anschließend möglicherweise auf dem falschen Node. Durch das Pinning wird diese automatische Lastverteilung eingeschränkt.

Um zu prüfen, ob dies auf Ihrem System bereits ein Problem ist, können Sie den Befehl numastat nutzen. Interessant sind hier besonders die numa_miss-Zähler.

```
root# numastat
                         node0           node1           node2           node3
numa_hit              4831255         5483362         5285154         5552666
numa_miss                  0               0               0               0
numa_foreign               0               0               0               0
interleave_hit          6899            6927            6901            6941
local_node           4830884         5475635         5277448         5545100
other_node               371            7727            7706            7560
```

Hier können Sie nachvollziehen, wie viele Cross-Node-Zugriffe Ihr System durchführt (other_node). Die obigen Zahlen sind sehr gut und zeigen eine gute NUMA-Verwaltung.

Um nachzuvollziehen, welche CPUs zu welchem Node gehören, können Sie den Befehl virsh mit dem Unterkommando capabilities verwenden:

```
root# virsh capabilities
<capabilities>
  <host>
    ...
    <topology>
      <cells num='4'>
        <cell id='0'>
          <cpus num='2'>
            <cpu id='0'/>
            <cpu id='4'/>
          </cpus>
        </cell>
        <cell id='1'>
          <cpus num='2'>
            <cpu id='1'/>
            <cpu id='5'/>
          </cpus>
        </cell>
        <cell id='2'>
          <cpus num='2'>
            <cpu id='2'/>
            <cpu id='6'/>
          </cpus>
        </cell>
        <cell id='3'>
          <cpus num='2'>
            <cpu id='3'/>
```

```
        <cpu id='7'/>
      </cpus>
    </cell>
  </cells>
 </topology>
</host>

...
</capabilities>
```

Falls Sie bereits einige Gäste gestartet haben, ist es sinnvoll, nachzuvollziehen, wie viel Arbeitsspeicher noch in den einzelnen Nodes zur Verfügung steht (freecell):

```
root# virsh freecell --all
     0:     7505864 kB
     1:     7458724 kB
     2:     7538416 kB
     3:     7521300 kB

--------------------
Total:    30024304 kB
```

In diesem Fall steht in allen Nodes etwa gleich viel Arbeitsspeicher zur Verfügung. Um einen Gast nun auf den Node 2 festzulegen, müssen Sie die CPUs des Node 2 ermitteln. Hierzu suchen Sie den Node 2 in der Topologie-Ausgabe des virsh capabilities-Kommandos. Dort sind dem Node 2 die CPUs 2 und 6 zugeordnet.

Um einen Gast nun in diesem Node zu betreiben, editieren Sie die XML-Beschreibung des Gastes mit virsh edit:

```
<domain type='kvm'>
  <name>Server</name>
  <uuid>c7dcc28b-a8b6-2037-0c2f-440e39c286b8</uuid>
  <memory>131072</memory>
  <currentMemory>131072</currentMemory>
  <vcpu cpuset='2,6'>1</vcpu>
  <os>
    <type arch='x86_64' machine='pc-1.0'>hvm</type>
    <boot dev='hd'/>
    <boot dev='cdrom'/>
    <bootmenu enable='yes'/>
  </os>
```

Der Parameter vcpuset definiert nun die erlaubten Host-CPUs für die Ausführung dieses Gasts.

Alternativ können Sie diesen Wert auch über den Virtual Machine Manager setzen (siehe Abbildung 7.4). Hierbei kann der Virtual Machine Manager auch einen sinnvollen Wert vorschlagen. Dabei berücksichtigt er nur CPUs, die sich in demselben Node befinden.

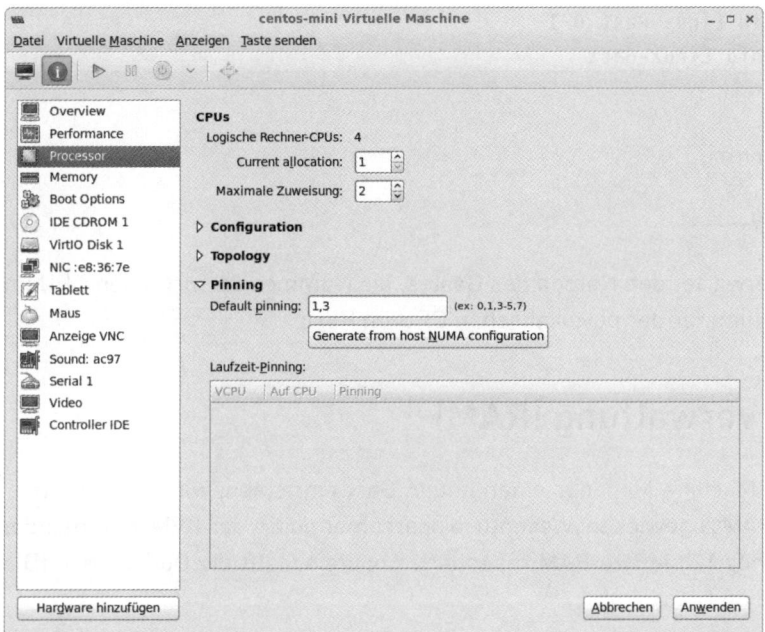

Abbildung 7.4: **Der Virtual Machine Manager erlaubt das CPU-Pinning von Gästen auf NUMA-Architekturen**

Auch der Befehl virt-install kann automatisch ein sinnvolles NUMA-Pinning generieren. Hierzu müssen Sie bei dem Aufruf die Option --cpuset=auto angeben.

Um bei einem laufenden Gast das Pinning zu prüfen, können Sie wieder den virsh-Befehl vcpuinfo nutzen:

```
root#   virsh vcpuinfo Server
VCPU:           0
CPU:            2
State:          running
CPU time:       1.3s
CPU Affinity:   --y---y-
```

Sie können auch das Pinning eines laufenden Gastes ändern. Der folgende Gast ist zunächst nicht gepinnt:

```
root#   virsh vcpuinfo Linux-Gast
VCPU:           0
CPU:            1
State:          running
CPU time:       0.2s
CPU Affinity:   yyyyyyyy
```

```
root#   virsh vcpupin Linux-Gast 0 1
root#   virsh vcpuinfo Linux-Gast
VCPU:              0
CPU:               1
State:             running
CPU time:          15.7s
CPU Affinity:      -y------
```

Der Befehl vcpupin erwartet den Namen des Gastes, die Nummer der virtuellen CPU im Gast (vcpu) und die Nummer der physikalischen CPU im Host.

7.3 Speicherverwaltung (RAM)

Wenn Sie im Virtual Machine Manager einen neuen Gast einrichten, wird diesem standardmäßig 1 GByte RAM zugewiesen. Wesentlich sparsamer agiert das KVM-Kommando, das standardmäßig nur 128 MByte RAM reserviert. Abhilfe schafft die Option -m n. (Die Angabe erfolgt in MByte.)

Beachten Sie, dass der gesamte Speicher sofort beim Start der virtuellen Maschine vollständig reserviert wird. Wenn die laufenden virtuellen Maschinen insgesamt mehr Speicher beanspruchen, als auf dem Hostsystem zur Verfügung steht, muss dieses Speicher auf die Swap-Partition auslagern. Das ist aus Geschwindigkeitsgründen unbedingt zu vermeiden!

Ballooning

Ballooning erlaubt es, den einer virtuellen Maschine zugewiesenen Speicherplatz im laufenden Betrieb zu verändern. Das setzt voraus, dass als Gastsystem Linux mit einer Kernelversion ab 2.6.27 läuft. Ab dieser Kernelversion steht der virtio-Ballooning-Treiber zur Verfügung. (Auch für Windows gibt es einen Ballooning-Treiber, der aber extra installiert werden muss.)

Im Virtual Machine Manager können Sie den Speicher direkt im Dialogblatt MEMORY einstellen (siehe Abbildung 7.5). Vergessen Sie nicht, anschließend den Button ANWENDEN anzuklicken! Innerhalb der virtuellen Maschine können Sie sich mit dem Kommando free vergewissern, dass die Veränderung der Speichermenge tatsächlich funktioniert hat.

Der aktuell zugewiesene Speicher kann auch mit dem virsh-Kommando setmem verändert werden. Beachten Sie, dass der Speicher bei diesem Kommando in kByte angegeben werden muss (nicht in MByte)!

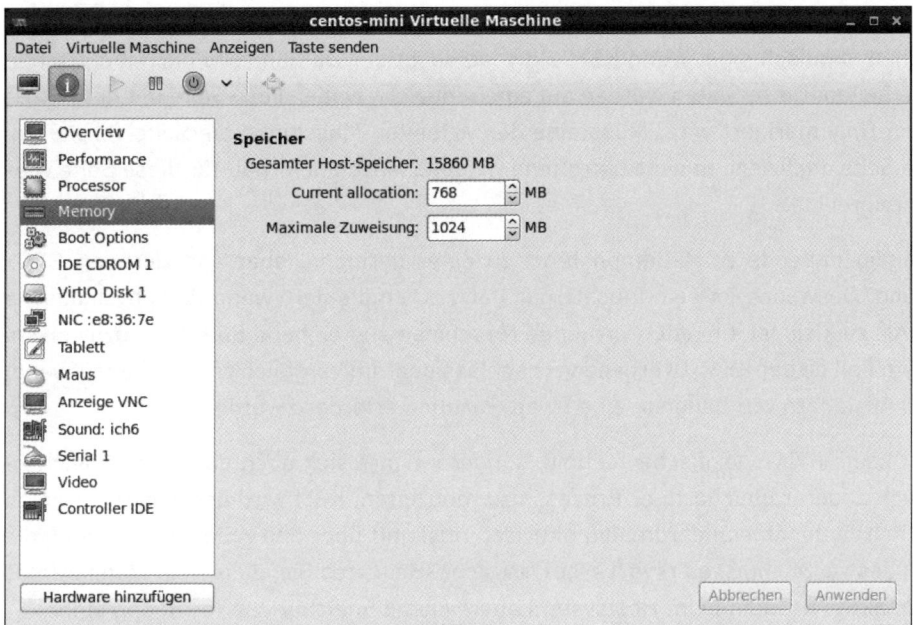

Abbildung 7.5: **RAM-Zuteilung im Virtual Machine Manager**

Die Obergrenze des Speichers kann nur verändert werden, wenn die virtuelle Maschine vorher heruntergefahren wurde. Im Virtual Machine Manager verwenden Sie dazu das gerade erwähnte Dialogblatt MEMORY. Die andere Vorgehensweise besteht darin, die XML-Definitionsdatei direkt zu ändern. Das Element <memory> beschreibt die Obergrenze, das Element <currentMemory> den beim Start zugewiesenen Speicher (jeweils in kByte).

```
<domain type='kvm'>
  ...
  <memory>524288</memory>
  <currentMemory>475600</currentMemory>
```

Der praktische Nutzen von Ballooning hält sich insofern in Grenzen, als Mechanismen zur automatischen Speicherverteilung zwischen mehreren virtuellen Maschinen fehlen, um also beispielsweise jenem Gast mehr Speicher zuzuweisen, der diesen gerade am dringendsten benötigt.

KSM

KSM steht für *Kernel Samepage Merging* und ist eine Technik, um den Speicherbedarf mehrerer gleichzeitig laufender virtueller Maschinen zu minimieren. Die Idee ist einfach: Wenn mehrere ähnliche virtuelle Maschinen laufen (z. B. fünf virtuelle RHEL-Server), ist die Wahrscheinlichkeit groß, dass es Speicherseiten gibt, die in mehreren virtuellen Maschinen identisch sind. Wenn KSM aktiv ist, sucht der Dämon ksmd nach identischen Speicherseiten. Diese Seiten werden auf eine reduziert, wobei diese Seite mit dem Attribut Read-Only markiert wird. Muss eine der virtuellen Maschinen die Seite verändern, wird die Seite dupliziert, und die betroffene virtuelle Maschine erhält für diese Seite wieder Schreibrechte.

Der ständig laufende KSM-Dämon führt zu einer geringen, aber andauernden CPU-Belastung. Deswegen ist sein Einsatz nur dann zu empfehlen, wenn das physikalische Host-RAM zu klein ist, um allen virtuellen Maschinen ausreichend Speicher zuzuweisen. In diesem Fall ist der KSM-Overhead vernachlässigbar im Vergleich zu dem Zeitaufwand, den das Auslagern von Seiten in eine Swap-Partition erfordern würde.

KSM ist keine KVM-spezifische Technik, sondern eignet sich auch dazu, den Speicherverbrauch anderer gleichartiger Prozesse zu reduzieren. KSM wird deswegen bei vielen Linux-Distributionen standardmäßig aktiviert. Auskunft über den KSM-Status geben die Dateien des Verzeichnisses /sys/kernel/mm/ksm/. Beachten Sie, dass KSM standardmäßig *nicht* aktiv ist, solange im Hostsystem ausreichend Speicher zur Verfügung steht!

Bei RHEL und Fedora wird der KSM-Dämon durch das Programm kmstuned gesteuert, dessen Konfiguration durch die Datei /etc/kmstuned.conf erfolgt. Hintergrundinformationen zu KSM können Sie hier nachlesen:

http://docs.redhat.com/docs/en-US/Red_Hat_Enterprise_Linux/6/html/
  Virtualization_Administration_Guide/chap-KSM.html
http://www.redhat.com/promo/summit/2010/presentations/summit/in-the-weeds/thurs/riel-420-kernel/
  summit2010-kvm-optimizations.pdf
http://publib.boulder.ibm.com/infocenter/lnxinfo/v3r0m0/topic/liaat/liaatbestpractices_pdf.pdf

8. Andere Hardware-Komponenten

Nachdem wir in den vorangegangenden Kapiteln die für die Virtualisierung wichtigsten Hardware-Komponenten umfassend beschrieben haben, folgen in diesem Kapitel abschnittsweise Tipps zu etwas exotischeren Themen:

» USB- und PCI-Geräte

» Audio

» Uhrzeit

» Ressourcensteuerung mit Cgroups

8.1 USB-Passthrough

QEMU/KVM bietet gleich zweierlei Formen der USB-Unterstützung:

» Zum einen kann im Gast ein USB-Controller emuliert und mit ebenso virtueller USB-Hardware verbunden werden. Bei virtuellen Maschinen, die im Virtual Machine Manager eingerichtet werden, ist der USB-Controller standardmäßig aktiv und kann nicht aus der Liste der Hardware-Komponenten entfernt werden.

» Zum anderen besteht die Möglichkeit, USB-Geräte, die mit dem Host-Rechner verbunden sind, an die virtuelle Maschine weiterzuleiten (»USB passthrough«). Im Server-Betrieb ist diese Form der USB-Nutzung nur selten erforderlich. Ausgesprochen praktisch ist diese Funktion hingegen für die Desktop-Nutzung – etwa wenn ein USB-Gerät im Windows-Gast verwendet werden soll, weil es unter Linux keine geeignete Software gibt.

Daneben zeichnet sich am Horizont bereits eine dritte Variante ab, die allerdings noch nicht ganz praxisreif ist: Aktuelle Spice-Versionen bieten die Möglichkeit, lokale USB-Geräte über das Netzwerk an eine entfernt laufende virtuelle Maschine weiterzuleiten. Die erforderlichen Bibliotheken wurden erstmalig mit Fedora 16 ausgeliefert und fehlen in anderen Distributionen (inklusive RHEL) noch. Ebenso fehlt die Integration dieser

Funktionen in den Virtual Machine Manager. Weitere Informationen können Sie hier nach-lesen:

http://hansdegoede.livejournal.com/11084.html

http://fedoraproject.org/wiki/Features/UsbNetworkRedirection

USB-Passthrough im Virtual Machine Manager

Das USB-Passthrough-Verfahren wird vom Virtual Machine Manager ausgezeichnet unterstützt. Um ein USB-Gerät des Hosts mit einem Gast zu verbinden, wechseln Sie im laufenden Betrieb in die Detailansicht der virtuellen Maschine. HARDWARE HINZUFÜGEN| USB HOST DEVICE führt nun in eine Liste mit allen auf dem Hostrechner bekannten USB-Geräten (siehe Abbildung 8.1). Wenn Sie eines dieser Geräte auswählen und auf ABSCHLIESSEN klicken, wird zuerst die Verbindung dieses Geräts mit dem Hostrechner gelöst. Anschließend wird das Gerät mit der virtuellen Maschine verbunden. Dort können Sie diesen Vorgang mit dmesg und 1susb verfolgen. Das USB-Gerät bleibt mit der virtu-ellen Maschine verbunden, bis es im Virtual Machine Manager wieder aus der Liste der Hardware-Komponenten entfernt wird.

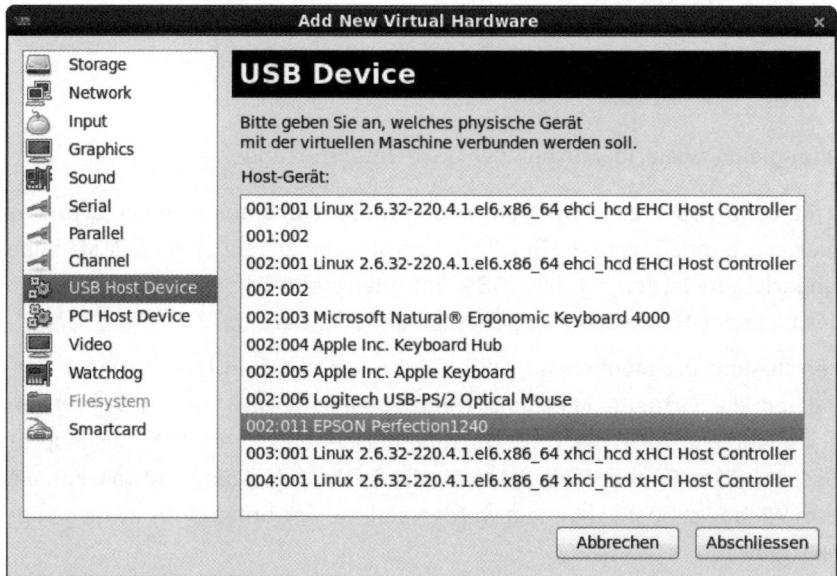

Abbildung 8.1: **Ein an den KVM-Host angeschlossenes USB-Gerät mit einer virtuellen Maschine verbinden**

Nach unseren Erfahrungen funktioniert USB-Passthrough in der Praxis meist gut, mit-unter aber auch gar nicht. Auf einem unserer Testgeräte, einem relativ neuen PC mit Sandy-Bridge-Architektur, traten im Gast regelmäßig nach mehreren Sekunden Verbindungsprobleme auf. Eine Nutzung der USB-Geräte (Scanner, USB-Stick etc.) war unmöglich. Es ist zu hoffen, dass diese Stabilitätsprobleme bald behoben werden und das USB-Passthrough-Verfahren dann die Erwartungen erfüllt, die die bereits ausgereifte Benutzeroberfläche weckt.

USB-Passthrough mit virsh

Anstelle des Virtual Machine Managers können Sie USB-Geräte auch mit virsh einem Gerät hinzufügen bzw. wieder von ihm entfernen. Die entsprechenden virsh-Kommandos lauten attach-device bzw. detatch-device. Diese Kommandos setzen allerdings voraus, dass die Eckdaten des USB-Geräts vorweg in einer XML-Datei beschrieben werden. Die folgenden Zeilen geben ein Beispiel für eine derartige Datei:

```
<hostdev mode='subsystem' type='usb'>
  <source>
    <address bus='2' device='17'/>
  </source>
</hostdev>
```

Anstelle der Bus- und Device-Nummern können Sie auch die Vendor- und Produkt-IDs angeben:

```
<hostdev mode='subsystem' type='usb'>
  <source>
    <vendor id='0x0204'/>
    <product id='0x6025'/>
  </source>
</hostdev>
```

Weitere XML-Elemente zur Beschreibung von USB-Geräten sind hier dokumentiert:

http://libvirt.org/formatdomain.html#elementsUSB

USB-Passthrough auf KVM-Kommandoebene

Sie können USB-Geräte auch auf Kommandoebene vom Host an einen Gast weiterleiten. Dazu starten Sie das KVM-Kommando mit der Option -usbdevice host:bus.addr oder -usbdevice host:vendorid:productid. Das USB-Gerät darf vom Host nicht genutzt werden. USB-Datenträger müssen auf dem Hostrechner vorher aus dem Dateisystem entfernt werden (umount). Die Bus- und Device-Nummer bzw. die Vendor- und Produkt-IDs ermitteln Sie auf dem Hostrecher am einfachsten mit lsusb.

```
root#  /usr/libexec/qemu-kvm -usb -usb-device host:2.17 ... disk.img
```

8.2 PCI-Passthrough

Um mit KVM PCI-Karten durchzureichen, benötigen Sie spezielle Hardware. Der KVM-Hypervisor kann PCI-Geräte direkt an einen Gast durchreichen. Dies bedeutet, dass der Host auf das PCI-Gerät nicht mehr zugreifen kann und der Gast den nativen Treiber für das PCI-Gerät laden muss und anschließend exklusiven Zugriff auf das Gerät erhält. Insgesamt kann ein Gast jedoch nur 32 PCI-Geräte nutzen. Davon werden mindestens zwei bereits durch KVM bereitgestellt. Weitere PCI-Geräte werden möglicherweise durch weitere virtuelle Geräte blockiert. Wie viele PCI-Geräte Sie also an einen Gast durchreichen können, hängt von Ihrer Umgebung ab. Fast alle PCI-Geräte lassen sich durchreichen. Die Unterstützung für Grafikkarten steht jedoch noch aus.

Eine Live-Migration der Gäste ist bei PCI-Passthrough nicht mehr möglich!

Intel VT-d und AMD IOMMU

Die *Intel Virtualization Technology for Directed I/O*(VT-d) ermöglicht das Durchreichen eines PCI-Gerätes direkt an ein Gastsystem. Hierzu stellt sie eine IOMMU bereit. Damit können Sie z. B. eine Netzwerkkarte dediziert einem Gastsystem bereitstellen. Dies erlaubt eine höhere Netzwerkperformance, als mit einer emulierten Netzwerkkarte zu erreichen ist. Allerdings ist derzeit mit einer solchen Durchreichung keine Live-Migration des Gastsystems möglich. AMD bietet eine Intel VT-d entsprechende Funktion an.

Der Chipsatz und das BIOS müssen jedoch den PCI-Passthrough unterstützen. Dies ist eine Unterstützung, die von dem Chipsatz und nicht von der CPU bereitgestellt wird. Viele Systeme verfügen über einen passenden Chipsatz und können dies grundsätzlich leisten, aber das verwendete BIOS erlaubt die Nutzung nicht oder ist fehlerhaft. Dies erkennt man auf diesen Systemen zum Beispiel an folgender Ausgabe in den Kernel-Meldungen:

```
root# dmesg | grep -i dmar
[    0.000000] ACPI: DMAR 00000000defc247f 00158 (v01 COMPAQ BEARLX38
               00000001 00000000)
[    0.000000] WARNING: at drivers/iommu/dmar.c:634
               warn_invalid_dmar+0x8f/0xa0()
[    0.000000] Your BIOS is broken; DMAR reported at address fed90000 returns
               all ones!
[    0.000000] [<ffffffff814a17af>] warn_invalid_dmar+0x8f/0xa0
[    0.010056] DMAR: Host address width 36
[    0.010059] DMAR: DRHD base: 0x000000fed90000 flags: 0x0
[    0.010072] DMAR: parse DMAR table failure.
```

Die obige Meldung wurde auf einer HP xw4600-Workstation erzeugt. Obwohl diese Systeme im BIOS eine Einstellung besitzen, um VT-d zu aktivieren, kann Linux wegen einer fehlerhaften BIOS-Implementierung diese nicht nutzen. Hier kann eventuell ein BIOS-Update helfen.

Korrekt ist die folgende Ausgabe:

```
[    0.000000] ACPI: DMAR 000000007de34a00 00070 (v01 HP ProLiant
               00000001 xffffffd2? 0000162E)
[    0.009497] DMAR: Host address width 39
[    0.009499] DMAR: DRHD base: 0x000000fed90000 flags: 0x1
[    0.009506] DMAR: RMRR base: 0x0000007dffd000 end: 0x0000007dffffff
```

Fehlt in Ihren Kernelausgaben komplett ein Hinweis auf die IOMMU, so müssen Sie die IOMMU möglicherweise zunächst im Kernel aktivieren. Dann fügen Sie Ihrer Kernel-Bootzeile die Option amd_iommu=on oder intel_iommu=on hinzu und booten das System.

Falls Sie anschließend die folgende Anzeige in Ihren Kernelmeldungen sehen, wurde die IOMMU im BIOS noch nicht aktiviert:

```
Please enable the IOMMU option in the BIOS Setup
```

Durchreichen eines PCI-Devices

Zunächst müssen Sie sich entscheiden, welches Gerät Sie durchreichen möchten. Hier hilft ein Aufruf von lspci und anschließend von virsh nodedev-list -tree. Der letzte Befehl zeigt alle Geräte an, die sich in dem Host befinden.

Das von Ihnen ausgesuchte Gerät müssen Sie zunächst auf dem Host maskieren. Der Host darf dieses Gerät nicht mehr selbst aktivieren und den entsprechenden Treiber laden. Dies können Sie mit virsh und dem Unterkommando nodedev-detach erreichen:

```
root# virsh nodedev-dettach pci_0000_03_10_0
Device pci_0000_03_10_0 dettached
```

Nun kann ein derartiges Gerät durchgereicht werden. Im obigen Fall handelt es sich um den Slot 10 am Bus 03 mit der Funktion 0. Diese Werte müssen nun in hexadezimale Werte umgewandelt werden. Dies geht einfach mit dem printf-Kommando:

```
$  printf %x 10
a
```

Das tatsächliche Durchreichen erfolgt entweder über den Virt-Manager oder mit virsh edit. Der folgende XML-Schnipsel reicht das PCI-Gerät an den Gast durch:

```
<devices>
  <interface type='hostdev'>
    <source>
      <address type='pci' domain='0x0000' bus='0x03' slot='0x0a'
              function='0x0'/>
    </source>
    <mac address='52:54:00:6d:90:02'>
  </interface>
</devices>
```

In diesem Beispiel handelt es sich um eine SR-IOV-fähige Netzwerkkarte. Diese unterscheidet sich von einer normalen Netzwerkkarte dadurch, dass Sie bei dem Durchreichen die MAC-Adresse der Karte spezifizieren können! Dies ist bei einer normalen Karte nicht möglich.

TIPP

SELinux: Auf SELinux-Systemen müssen Sie die folgende boolesche Variable setzen, um das Durchreichen von PCI-Geräten zu erlauben:

```
root# setsebool -P virt_manage_sysfs 1
```

SR-IOV (Single-Root I/O Virtualization)

PCI-Karten, die SR-IOV unterstützen, bieten selbst eine Virtualisierung in Hardware ähnlich wie die CPUs. PCI-Netzwerkkarten, die diese Funktion zur Verfügung stellen und bereits vom Linux-Kernel unterstützt werden, sind:

» Intel 82576 basierende Karten (ab Kernel 2.6.30, Treiber igb und igbvf)

» Neterion X3100 (ab Kernel 2.6.31, Treiber vxge)

TIPP

Falls Ihr Chipsatz oder BIOS den PCI-Passthrough nicht unterstützt, können Sie SR-IOV-Netzwerkerkkarten immer noch mit dem MacVtap-Passthrough-Modus nutzen. Dies ist jedoch mit einem geringen Performance Overhead verbunden, da der Gast nicht direkt auf die Karte zugreift (mit dem `igbvf`-Treiber), sondern die Daten für den Virtio-Treiber übersetzt werden müssen. Jedoch hat die Nutzung von MacVtap-Passthrough den Vorteil, dass die Gäste die Live-Migration unterstützen, welches bei einer direkten Anbindung nicht der Fall ist.

Wenn Sie nun die Intel-Netzwerkkarte mit den virtuellen Funktionen nutzen wollen, so müssen Sie zunächst den Treiber entladen, falls er bereits geladen wurde. Dann können Sie angeben, wie viele virtuelle Karten Sie erzeugen wollen (0-7):

```
root#   modprobe -r igb
root#   modprobe igb max_vfs=2
```

Anschließend werden zusätzliche PCI-Geräte im Host erzeugt:

```
root# lspci
...
02:00.0 Ethernet controller: Intel Corporation 82576 Gigabit Network
        Connection (rev 01)
02:00.1 Ethernet controller: Intel Corporation 82576 Gigabit Network
        Connection (rev 01)
03:10.0 Ethernet controller: Intel Corporation 82576 Virtual Function
03:10.1 Ethernet controller: Intel Corporation 82576 Virtual Function
03:10.2 Ethernet controller: Intel Corporation 82576 Virtual Function
03:10.3 Ethernet controller: Intel Corporation 82576 Virtual Function
```

Da es sich um eine Zwei-Port-Karte handelt, sind insgesamt vier virtuelle Funktionen erzeugt worden.

Wenn dies bei Ihnen nicht funktioniert, prüfen Sie die Kernelausgaben mit dmesg. **Wenn Sie hier eine Ausgabe wie** SR-IOV: bus number out of range **sehen, dann kann es sich lohnen, auf der Kernel-Kommandozeile** pci=assign-busses **anzugeben. Alternativ können Sie einen anderen PCI-Slot testen. Nicht jeder PCI-Slot ist unter Umständen für diese Funktion nutzbar. Dies ist jedoch nur ein Workaround und funktioniert nicht immer.**

Diese einzelnen virtuellen Funktionen können nun wie beschrieben an einen Gast durchgereicht werden. Der Gast lädt dann den igbvf-Treiber.

8.3 Audio

Für die Server-Virtualisierung spielt Sound in der Regel keine Rolle. Mitunter wird KVM aber auch zur Desktop-Virtualisierung eingesetzt, weswegen wir auf dieses Thema hier kurz eingehen.

KVM/QEMU kann verschiedene virtuelle Sound-Karten bzw. -Chips emulieren:

» Intel High Definition Audio (Modellbezeichnung ICH6 im Virtual Machine Manager, nur in aktuellen KVM/QEMU-Versionen verfügbar)

» Intel 82801AA AC97 (Modellbezeichnung AC97 im Virtual Machine Manager)

» Ensoniq AudioPCI ES1370 (ES1370)

» Creative Sound Blaster 16 (steht im Virtual Machine Manager nicht zur Verfügung und kann nur mit der Option -soundhw sb16 beim direkten Aufruf des KVM-Kommandos genutzt werden)

Für moderne Gastsysteme, also für aktuelle Linux-Distributionen sowie für Windows 7 und 8, ist ICH6 empfehlenswert. Für ältere Linux-Gäste funktioniert auch AC97 gut, für Windows XP ist ES1370 die beste Wahl – diese virtuelle Audio-Hardware wird auf Anhieb erkannt. Beachten Sie, dass ICH6 nur in aktuellen KVM/QEMU-Versionen zur Verfügung steht.

Bei unseren Tests war die Audio-Ausgabe nur zu hören, wenn als Grafiksystem Spice zum Einsatz kam! VNC sieht zwar ebenfalls die Weitergabe von Audio-Signalen vor, allerdings scheitert dies an den unter Linux verfügbaren VNC-Clients: Weder Vinagre noch virt-viewer noch der im Virtual Machine Manager integrierte VNC-Viewer verarbeiten Audio-Signalen. (Entsprechende Funktionen sind in Arbeit.)

Eine Menge Tipps zur Lösung von Audio-Problemen finden Sie hier:

http://fedoraproject.org/wiki/How_to_debug_Virtualization_problems

8.4 Uhrzeit

Normalerweise ist es erwünscht, dass die Uhrzeit auf dem Hostsystem und seinen Gästen synchron ist. Auf jeden Fall aber ist es erforderlich, dass die Uhrzeit auf den Gästen nicht schneller oder langsamer läuft als auf dem Host.

In der Praxis treten dabei mitunter Probleme auf. Der Grund dafür sind die Energie-sparmechanismen moderner CPUs, die die Taktfrequenz des ganzen Prozessors oder einzelner Cores drosseln bzw. anheben, wenn gerade nichts zu tun ist bzw. wenn gerade eine CPU-intensive Aufgabe zu erledigen ist. Die Gäste sehen in der Regel aber nur eine virtuelle CPU, ohne zu wissen, in welcher Frequenz die CPU tatsächlich läuft.

Die Verwendung eines NTP-Servers zur Uhrzeiteinstellung reicht nicht aus, um die Uhrzeitschwankungen in den Griff zu bekommen. NTP-Clients gehen davon aus, dass eine prinzipiell funktionierende Hardware-Uhr zur Verfügung steht, die nur eine minimale Drift aufweist, also ein bisschen zu langsam oder zu schnell geht. Die Timing-Abweichungen in virtuellen Maschinen sind aber für eine Korrektur durch den NTP-Client viel zu groß und zu unregelmäßig.

Die Online-Dokumentation von SUSE Enterprise Linux und Ubuntu rät deshalb vom Einsatz von NTP-Clients in virtualisierten Systemen ganz ab. In der RHEL-Dokumentation wird die Verwendung des NTP-Clients auf dem Gast hingegen empfohlen – aber natürlich unter der Voraussetzung, dass die Uhrzeit im Gast ohne größere Schwankungen läuft.

HINWEIS

Linux-Gäste

Bei Linux-Gästen behebt ein in den Kernel integrierter paravirtualisierter Treiber die Zeitschwankungen. Der kvm-clock-Treiber (in der Kernel-Dokumentation ist auch von pvclock die Rede) steht seit Kernel 2.6.27 zur Verfügung und wird automatisch aktiviert. Sie können sich davon im Gast mit dmesg überzeugen:

```
user@gast$  dmesg | grep kvm-clock
kvm-clock: Using msrs 4b564d01 and 4b564d00
kvm-clock: cpu 0, msr 0:1c1df41, boot clock
kvm-clock: cpu 0, msr 0:2215f41, primary cpu clock
Switching to clocksource kvm-clock
```

Die im Gast zur Auswahl stehenden Uhren können Sie mit dem folgenden Kommando ermitteln:

```
user@gast$  cd /sys/devices/system/
user@gast$  cat clocksource/clocksource0/available_clocksource
kvm-clock tsc acpi_pm
```

Die tatsächlich aktive Uhr geht aus diesem Kommando hervor:

```
user@gast$  cd /sys/devices/system/
user@gast$  cat clocksource/clocksource0/current_clocksource
kvm-clock
```

Wenn Sie eine Linux-Distribution mit einer Kernel-Version vor 2.6.27 virtualisieren, fasst dieser Blog-Beitrag mögliche Abhilfen zusammen:

http://s19n.net/articles/2011/kvm_clock.html

Windows-Gäste

Während es in Linux-Gästen nur bei älteren Distributionen zu Timing-Problemen kommen sollte, sind derartige Schwierigkeiten in Windows-Gästen allgegenwärtig. Abhilfe schafft hier die Aktivierung der Real-Time Clock, die wir bereits ab Seite 45 beschrieben haben.

8.5 Ressourcensteuerung mit Cgroups

Lange Zeit hat Linux keine Möglichkeit besessen, die Ressourcen einzelner Prozesse zu beschränken. Jeder Prozess konnte so viel Arbeitsspeicher, Prozessorleistung und Netzwerkbandbreite beanspruchen, wie das System zur Verfügung stellen konnte. Mit den Control-Groups, die mit dem Kernel 2.6.24 Einzug in den Kernel gefunden haben, stehen Ihnen nun mächtige Stellschrauben zur Verfügung, um

» Ressourcen einzelner Prozesse zu limitieren,

» Prozesse zu priorisieren,

» die Ressourcennutzung zu messen (z. B. für Abrechnungszwecke),

» Prozesse in unterschiedlichen Namespaces zu isolieren und

» Prozesse einzufrieren und neu zu starten.

Hierbei werden die Prozesse in Gruppen, den Control-Groups, zusammengefasst. Dabei kann eine Control-Group jedoch auch nur einen einzelnen Prozess enthalten. Die Control-Groups werden kurz Cgroups genannt.

Die Cgroups eignen sich perfekt für die Steuerung von KVM-Gästen, da diese für das Linux-Host-System lediglich Prozesse darstellen.

TIPP

Um den Befehl virsh schedinfo **zu verwenden, müssen Sie die Cgroups in Ihrer Distribution aktivieren. Die Zuweisung der Prozessorleistung erfolgt über die Cgroups!**

Cgroups sind hierarchisch aufgebaut. Hierbei ähneln sie der Prozessarchitektur, bei der alle Prozesse Kinder des init-Prozesses sind und bestimmte Eigenschaften erben. Im Gegensatz dazu erlauben die Cgroups aber explizit mehrere Hierarchien. Diese haben jeweils ihre eigenen Wurzeln und erben innerhalb der Hierarchie einige Eigenschaften von den übergeordneten Cgroups.

Die einzelnen Cgroups werden dann mit Subsystemen verknüpft. Eine Cgroup-Hierarchie kann mit einem oder mehreren Subsystemen verknüpft werden. Jedes Subsystem kann jedoch nur dann mit mehreren Cgroups verknüpft werden, wenn es jeweils das einzige Subsystem ist, das mit diesen Hierarchien verknüpft wird. Jede Cgroup-Hierarchie hat eine Default-Gruppe. Zu Beginn sind alle Prozesse Mitglieder der Default-Gruppe. Jeder Prozess kann aber nur Mitglied einer Gruppe innerhalb einer Hierarchie sein. Erzeugt ein Prozess einen Kindprozess, so erbt dieser zunächst die Cgroup-Mitgliedschaften, kann jedoch anschließend in eine beliebige andere Gruppe verschoben werden. Anschließend sind die Prozesse jedoch unabhängig voneinander. Wird der Eltern- oder Kindprozess in eine andere Cgroup verschoben, so ändert sich die Mitgliedschaft des jeweils anderen Prozesses nicht!

Ein Subsystem verwaltet den Zugriff auf eine Ressource wie CPU-Zeit oder Arbeitsspeicher. Je nachdem, welchen Kernel (bzw. welche Distribution) Sie verwenden, stehen unterschiedliche Subsysteme zur Verfügung. Red Hat Enterprise Linux 6 bietet die folgenden Subsysteme. Andere Distributionen können hier abweichen:

» **blkio**: Dieses Subsystem steuert den Zugriff auf sämtliche Blockgeräte (Festplatten, CD-ROM, Flashspeicher etc.).

» **cpu**: Hiermit verwalten Sie die CPU-Zeit.

» **cpuacct**: Hiermit messen Sie die Nutzung der CPU-Zeit (Accounting).

» **cpuset**: Hiermit können Sie einzelne Prozesse einer bestimmten CPU auf einem Mehrkernsystem zuweisen.

» **devices**: Dies Subsystem erlaubt oder verweigert den Zugriff auf Geräte.

» **freezer**: Hiermit können Cgroups »eingefroren« und »aufgetaut« werden.

» **memory**: Hiermit können Sie die Nutzung des Arbeitsspeichers kontrollieren.

» **net_cls**: Dieses Subsystem erlaubt die Verwaltung der Netzbandbreite mit Linux-Traffic-Control-Methoden.

» **ns**: Dieses Subsystem erzeugt separate Namespaces.

Die auf Ihrem System verfügbaren Subsysteme zeigt der Befehl lssubsys -am an. Er zeigt auch direkt an, ob diese bereits mit einer Hierarchie verbunden sind:

```
root# lssubsys -am
cpuset /sys/fs/cgroup/cpuset
cpu,cpuacct /sys/fs/cgroup/cpu,cpuacct
memory /sys/fs/cgroup/memory
devices /sys/fs/cgroup/devices
freezer /sys/fs/cgroup/freezer
net_cls /sys/fs/cgroup/net_cls
blkio /sys/fs/cgroup/blkio
perf_event /sys/fs/cgroup/perf_event
```

TIPP

Andere Bezeichnungen für die Subsysteme sind *Resource Controller* oder ganz allgemein *Controller*. Anstelle von Prozessen spricht die Cgroup-Dokumentation oft auch von *Tasks*.

Initialisierung der Cgroups

Installieren Sie die entsprechenden Pakete Ihrer Distribution. Hierbei handelt es sich um die folgenden Pakete:

» Fedora/RHEL: libcgroup, libcgroup-tools

» Debian/Ubuntu: cgroup-bin (cgroup-lite ist eine einfachere Variante, die hier nicht betrachtet wird.)

Nach der Installation der entsprechenden Pakete ist der Cgconfig-Dienst auf Ihrem System vorhanden. Dieser wird verwendet, um die Cgroups zu initialisieren und die Pseudo-Dateisysteme zu mounten.

Bei aktuellen Fedora-Distributionen wird das Initialisieren und Mounten der Pseudo-Dateisysteme von dem Systemd bereits übernommen. Dieser sorgt bei dem Start dafür, dass eine eigene Cgroup-Hierarchie system erzeugt wird. Jeder vom Systemd gestartete Prozess erhält eine eigene untergeordnete Cgroup.

Auch der libvirt-Daemon erhält eine Cgroup in /sys/fs/cgroup/*/system/libvirtd.service/. Die einzelnen Gäste werden dann automatisch unterhalb von /sys/fs/cgroup/*/system/libvirtd.service/libvirt/qemu/<gast> abgelegt. Die Anpassungen, die in diesem Abschnitt beschrieben werden, sind nicht erforderlich.

Der Cgconfig-Dienst hat eine Konfigurationsdatei /etc/cgconfig.conf. Diese enthält zwei wesentliche Arten von Einträgen: mount und group. Die mount-Einträge erzeugen die Cgroup-Hierarchien und verknüpfen die Ressource-Controller (Subsysteme) mit diesen Hierarchien. Hierbei werden die Pseudodateisysteme üblicherweise unterhalb von /sys/fs/ in das Dateisystem eingebunden:

```
mount {
        cpu = /sys/fs/cgroup/cpu;
        cpuacct = /sys/fs/cgroup/cpuacct;
        devices = /sys/fs/cgroup/devices;
        memory = /sys/fs/cgroup/memory;
        freezer = /sys/fs/cgroup/freezer;
}
```

Um nun einzelne Cgroups zu erzeugen, können Sie in der Datei cgconfig.conf Gruppendefinitionen hinzufügen. Das folgende Beispiel wurde aus der Manpage abgeleitet:

```
group daemons/www {
  cpu {
    cpu.shares = '1000';
  }
}
group daemons/ftp {
  cpu {
    cpu.shares = '500';
  }
}
```

Zusätzlich können Sie auch noch die Berechtigungen für die Cgroups und ihre Administration setzen. Beispiele enthält die Manpage cgconfig(5). Diese beiden Angaben erzeugen dann unterhalb von /sys/fs/cgroup/*/ die entsprechende Hierarchie daemons, daemons/www und daemons/ftp.

Damit einzelne Prozesse nun den richtigen Gruppen bei dem Start zugeordnet werden, können Sie den cgred-Dienst mit Regeln ausstatten und ebenfalls starten. Dieser verschiebt Tasks bei dem Start entsprechend der Datei /etc/cgrules.conf in die richtigen Gruppen. Diese Datei enthält einzelne Zeilen mit folgender simpler Syntax:

```
[@group|user][:command] controller cgroup
```

Zwei einfache Beispiele:

```
peter          cpu              %u/
@admin         cpu              admingroup/
```

Die erste Regel sorgt dafür, dass die Tasks von Peter in einer Cgroup mit identischem Namen verwaltet werden. Die Tasks der Gruppe admin werden in einer eigenen Cgroup verwaltet.

Dienste werden üblicherweise direkt von dem Init-Prozess in die richtige Cgroup verschoben. Hierzu unterstützen die Distributionen Red Hat bzw. Fedora den Eintrag CGROUP_DAEMON in der Datei /etc/sysconfig/<service>. Hier geben Sie den Controller und die Cgroup an:

```
CGROUP_DAEMON="cpu:daemons/http"
```

Ubuntu stellt diese Funktion nicht zur Verfügung. Hier können Sie die folgende Zeile zu Beginn des Init-Scripts des Apache einfügen:

```
echo $$ >/sys/fs/cgroup/daemons/http
```

Hiermit wird der aktuelle Prozess der Cgroup zugewiesen. Dieser Prozess und alle Kindprozesse (Apache etc). werden dann von der Cgroup kontrolliert.

Wichtige Befehle

Um manuell einen Prozess in einer bestimmten Cgroup zu starten, steht der Befehl cgexec zur Verfügung.

```
root# cgexec -g cpu:daemons/http /etc/init.d/apache2 start
```

Alternativ können Sie den Prozess auch starten, indem Sie Ihre aktuelle Shell in die Cgroup verschieben und anschließend den Prozess starten. Ihre Shell verbleibt jedoch nach dem Beenden des Prozesses in der Cgroup!

Um die Cgroups einzelner Prozesse zu ermitteln, können Sie ps -O cgroup verwenden. Falls Ihnen die PID des fraglichen Prozesses bekannt ist, können Sie auch einfach cat /proc/PID/cgroup nutzen.

Um herauszufinden, welche Cgroups bei Ihnen zur Verfügung stehen, können Sie cat /proc/cgroups nutzen. Alternativ zeigt auch der Befehl lssubsys ähnliche Informationen an.

Um die Cgroups anzuzeigen, können Sie auch den Befehl `lscgroup` nutzen. Mit `cgget` können Sie auch einzelne Parameter ohne direkten Zugriff auf das Pseudodateisystem auslesen.

libvirt und Cgroups

Auf aktuellen Fedora-Distributionen mit dem Systemd sind keine besonderen Anpassungen erforderlich, um libvirt mit Cgroups einzusetzen.

TIPP

Sie können die Nutzung der Cgroups über die Datei /etc/libvirt/qemu.conf **einschränken. Hier können Sie definieren, welche Cgroups von libvirt bei der Nutzung des Qemu-Treibers berücksichtigt werden sollen. Per Default werden alle genutzt:**

```
cgroup_controllers = [ "cpu", "devices", "memory", "blkio" ]
```

Auf allen anderen Distributionen muss zumindest der Cgconfig-Daemon beim Booten gestartet werden, damit die Cgroup-Pseudodateisysteme initialisiert und gemountet werden. Anschließend ist wieder keine besondere weitere Aktion erforderlich. Der libvirtd-Daemon unterstützt selbstständig die Cgroups, wenn diese gemountet sind. Hierzu sind sowohl der LXC- als auch der Qemu-Treiber in der Lage. Für unsere Gäste nutzen wir den Qemu-Treiber, der für jeden gestarteten Gast automatisch eine neue Hierarchie unterhalb von /sys/fs/cgroup/<controller>/ anlegt: <root>/libvirt/qemu/<gast>.

TIPP

Auf Ubuntu-Systemen wird die Root-Cgroup mit dem Namen sysdefault **angelegt. Unter Red Hat Enterprise Linux wird keine eigene Root-Cgroup erzeugt.**

Hier können Sie nun die einzelnen Pseudodateien nutzen, um die Ressourcen Ihrer Gäste zu beschränken. Dabei ist insbesondere die Zuweisung von CPU-Zeit und Netz- und Block-I/O interessant. Die CPU-Cgroup wird auch von libvirt zur Verwaltung verwendet:

```
root# virsh schedinfo gast
Scheduler    : posix
cpu_shares   : 1024
```

Ein praktisches Beispiel: Festplattenzugriff

In diesem Abschnitt möchten wir Ihnen zeigen, wie Sie den Zugriff eines Gastes auf die Festplatte beschränken können. Hierzu verwenden wir einen Debian-Squeeze-Gast auf einem Fedora-Host. Die Wahl der Distribution spielt jedoch für das hier gezeigte Verfahren keine Rolle. Zunächst wird der Gast ohne jede Einschränkung durch den blkio-Ressource-Controller genutzt. Um den Zugriff auf die Festplatte zu messen, verwenden wir bonnie++:

```
[root@gast]$ /usr/sbin/bonnie++
Writing a byte at a time...done
Writing intelligently...done
Rewriting...done
Reading a byte at a time...done
Reading intelligently...done
start 'em...done...done...done...done...done...
Create files in sequential order...done.
Stat files in sequential order...done.
Delete files in sequential order...done.
Create files in random order...done.
Stat files in random order...done.
Delete files in random order...done.


Version  1.96  ------Sequential Output------ --Sequential Input- --Random-
Concurrency   1-Per Chr- --Block-- -Rewrite- -Per Chr- --Block-- --Seeks--
Machine    Size K/sec %CP K/sec %CP K/sec %CP K/sec %CP K/sec %CP /sec %CP
debian      1G 1314  93 29191   3 29434   2 +++++ +++ 1884244  68 1339 9
Latency         8080us      727ms      421ms   11954us      290us      132ms

Version  1.96  ------Sequential Create------ --------Random Create--------
debian        -Create-- --Read--- -Delete-- -Create-- --Read--- -Delete--
         files /sec %CP /sec %CP /sec %CP /sec %CP /sec %CP /sec %CP
          16 27786  20 +++++ +++ +++++ +++ 32100  22 +++++ +++ +++++ +++
Latency         466us      422us      355us      468us      109us       76us
```

1.96,1.96,debian,1,1305937758,1G,,1314,...

Nun wollen wir den Zugriff beschränken. Hierzu müssen wir zunächst ermitteln, auf welchem Blockgerät sich die Image-Datei des Gastes befindet. Das Image befindet sich in /var/lib/libvirt/images. Auf diesem System handelt es sich um ein Logical Volume namens /dev/vg_ml110-lv_root.

```
root# ls /dev/vg_ml110/lv_root -l
lrwxrwxrwx. 1 root root 7 26. Mai 22:02 /dev/vg_ml110/lv_root -> ../dm-1
root# ls -l /dev/dm-1
brw-rw----. 1 root disk 253, 1 26. Mai 22:02 /dev/dm-1
```

Wir müssen daher den Zugriff auf dieses Blockgerät 253:1 beschränken. Hierzu dient der blkio-Controller (siehe Abschnitt »blockio« weiter unten). Wir können die I/O-Throttling-Funktionen verwenden. Also modifizieren wir die entsprechenden Dateien:

```
root#  echo '253:1 1048570' > \
  /sys/fs/cgroup/blkio/libvirt/qemu/gast/blkio.throttle.read_bps_device
root#  echo '253:1 1048570' > \
  /sys/fs/cgroup/blkio/libvirt/qemu/gast/blkio.throttle.write_bps_device
```

Hiermit erlauben wir etwa 1MByte Schreib- und Lesezugriffe je Sekunde.

Wenn wir nun den Test mit bonnie++ wiederholen, wird dieser wesentlich mehr Zeit in Anspruch nehmen.

```
$ /usr/sbin/bonnie++
Writing a byte at a time...done
Writing intelligently...done
Rewriting...done
Reading a byte at a time...done
Reading intelligently...done
start 'em...done...done...done...done...done...
Create files in sequential order...done.
Stat files in sequential order...done.
Delete files in sequential order...done.
Create files in random order...done.
Stat files in random order...done.
Delete files in random order...done.


Version  1.96    ------Sequential Output------  --Sequential Input- --Random-
Concurrency   1 -Per Chr- --Block-- -Rewrite- -Per Chr- --Block-- --Seeks--
Machine    Size K/sec %CP K/sec %CP K/sec %CP K/sec %CP K/sec %CP  /sec %CP
debian       1G  579  42 1018   0  637   0 3727  54 7453   0 1094   8
Latency        8854us   70157ms    9524ms     183ms     350ms      496ms

Version  1.96    ------Sequential Create------ --------Random Create--------
debian          -Create-- --Read--- -Delete-- -Create-- --Read--- -Delete--
          files /sec %CP  /sec %CP  /sec %CP  /sec %CP  /sec %CP  /sec %CP
             16 1647   1 +++++ +++ 2034   0 1770   1 +++++ +++ 2003   0
Latency        11188us   422us     381us     290us     107us      72us

1.96,1.96,debian,1,1306451382,1G,,...
```

Dass die Werte nicht genau mit den angegebenen Throttling-Werten übereinstimmen, hängt auch mit Caching-Mechanismen zusammen. Dennoch ist sehr schön nachvollziehbar, dass der Gast nur noch einen Bruchteil der Bandbreite nutzen darf.

So sind Sie in der Lage, die maximal zur Verfügung stehende Bandbreite eines Gastes oder bei mehreren Gästen deren Gewichtung (über blkio.weight.*) zu verwalten.

Hierarchien

Um Cgroups verstehen zu können, müssen Sie sich über Hierarchien im Klaren sein. Um bei dem Beispiel aus dem vorigen Abschnitt zu bleiben, ist dessen Hierarchie in Abbildung 8.2 noch einmal dargestellt.

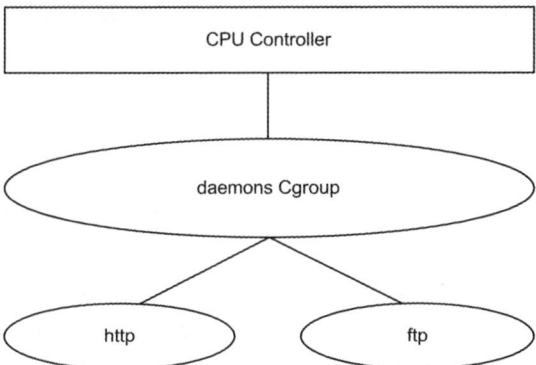

Abbildung 8.2: **Cgroups werden in Hierarchien aufgebaut.**

Hierbei erben die Cgroups http und ftp die Eigenschaften der Cgroup daemons. Das bedeutet, dass diese beiden Cgroups zusammen nicht mehr Ressourcen nutzen dürfen als die Cgroup daemons.

Subsysteme

In diesem Abschnitt werden wir Ihnen die einzelnen Subsysteme (Resource Controller) vorstellen und Beispiele für ihren Einsatz geben. Weitere Informationen finden Sie in der Dokumentation Ihres Linux-Kernels. Hierzu installieren Sie das Paket, das die Dokumentation des Linux-Kernels Ihrer Distribution enthält. Sie finden die Angaben dann im Unterverzeichnis ./cgroups/. Dort befinden sich:

» blkio-controller.txt

» cpuacct.txt

» cpusets.txt

» devices.txt

» freezer-subsystem.txt

» memory.txt

Alternativ finden Sie diese Dokumentation auch online:

http://www.kernel.org/doc/Documentation/cgroups/

blkio

Der blkio-Resource Controller steuert und überwacht den Block-I/O der Tasks in den verschiedenen Cgroups. Hier können Sie nachvollziehen, wie viele I/O-Operationen durchgeführt werden, und diese in ihrer Bandbreite limitieren.

Über das blkio-Subsystem können zwei verschiedene Richtlinien umgesetzt werden:

» proportionale Verteilung der I/O-Operationen

» Limitierung der I/O-Operationen (I/O-Throttling)

Das blkio-Subsystem unterstützt viele Pseudodateien, die gelesen und geschrieben werden können. Um die statistischen Werte zurückzusetzen, gibt es die Pseudodatei blkio.reset_stats.

Der blkio-Controller unterstützt erst seit Kernel 2.6.38 Hierarchien. Intern werden diese aber auch dann noch als flache Hierarchie dargestellt. Die Pseudodatei bklio.use_hierarchy **kann dieses Verhalten dann noch anpassen.**

Aktuell kann das blkio**-Subsystem gepufferte Schreibzugriffe noch nicht verwalten und überwachen. Es funktioniert nur für direkten I/O und gepufferte Lesezugriffe.**

I/O-Throttling: Die folgenden Pseudodateien können Sie lesen und schreiben:

» blkio.throttle.read_bps_device: Maximale Anzahl der gelesenen Bytes eines Gerätes pro Sekunde. Die Angabe erfolgt in dem folgenden Format: major:minor bytes-per-second. Um den Tasks der Cgroup test maximal 1 MByte/s auf dem Gerät /dev/sdb zu erlauben, nutzen Sie die folgende Befehlszeile:

```
root#  ls -l /dev/sdb
brw-rw----. 1 root disk 8, 16 14. Mär 13:43 /dev/sdb
root#  echo '8:16 1048576' > \
       /cgroups/blkio/test/blkio.throttle.read_bps_device
```

» blkio.throttle.read_iops_device: Hiermit limitieren Sie die maximale Anzahl der Leseoperationen je Sekunde. In einer Leseoperation können mehrere Bytes übertragen werden.

» blkio.throttle.write_bps_device: Hiermit beschränken Sie die Anzahl der geschriebenen Bytes je Sekunde.

» blkio.throttle.write_iops_device: Dies erlaubt die Beschränkung der Anzahl der Schreiboperationen je Sekunde.

Folgende Pseudodateien können von Ihnen nur lesend ausgewertet werden:

» `blkio.throttle.io_serviced`: Hier sehen Sie die Anzahl der durchgeführten Operationen. Die Angaben enthalten das Gerät (major:minor), die Operation und die Anzahl der Operationen:

```
root# cat /cgroup/blkio/test/blkio.throttle.io_serviced
8:16 Read 172
8:16 Write 3
8:16 Sync 175
...
```

» `blkio.throttle.io_service_bytes`: Hier werden die verarbeiteten Bytes analog aufgeführt.

Proportionale Verteilung: Diese Funktionalität können Sie nur nutzen, wenn Sie den CFQ-Scheduler einsetzen. Welcher Scheduler bei Ihnen aktiv ist, können Sie im sys-Pseudoverzeichnis nachvollziehen:

```
root# cat /sys/block/sda/queue/scheduler
noop deadline [cfq]
```

Hier sind wesentlich mehr Pseudodateien verfügbar. Zunächst führen wir wieder die schreibbaren Dateien auf:

» `blkio.weight`: Dies ist das proportionale Default-Gewicht für alle Geräte. Dieses Gewicht hat einen Wert zwischen 100 und 1000 und bestimmt die Gewichtung der Cgroup im Vergleich zu anderen Cgroups.

» `blkio.weight_device`: Hiermit können Sie einem einzelnen Gerät eine abweichende Gewichtung geben. Dies erfolgt durch Angabe der Major und Minor Nummer: `major:minor gewicht`.

Die folgenden Parameter können nur gelesen und ausgewertet werden:

» `blkio.time`: Diese Datei protokolliert die Dauer des Zugriffs auf ein Gerät in Millisekunden.

» `blkio.sectors`: Hier sehen Sie, wie viele Sektoren eine Cgroup übertragen hat.

» `blkio.io_serviced`: Hier können Sie nachvollziehen wie viele I/O-Operationen der CFQ-Scheduler durchgeführt hat.

» `blkio.io_service_(bytes|time)`: Diese Dateien zeigen, wie viele Bytes der CFQ-Scheduler transferiert hat bzw. wie viele Nanosekunden er hierzu benötigt hat.

» `blkio.io_wait_time`: Diese Datei zeigt an, wie lange die I/O-Operationen warten mussten. Hierbei handelt es sich um die Summe aller Zeiten.

» blkio.io_merged: Diese Datei zeigt an, wie viele BIOS-Requests für die entsprechenden I/O-Requests zusammengefasst wurden.

» blkio.io_queued: Hiermit können Sie nachvollziehen, wie viele Anfragen in die Warteschlange gestellt wurden.

Falls in Ihrem Kernel die Option CONFIG_DEBUG_BLK_CGROUP gesetzt ist, tauchen noch weitere Pseudodateien auf: blkio.avg_queue_size, blkio.group_wait_time, blkio.empty_time, blkio.idle_time und blkio.dequeue. Die Bedeutung dieser Pseudodateien ergibt sich teilweise aus ihrem Namen bzw. kann in der oben erwähnten Kerneldokumentation nachgelesen werden.

cpu

Dieser Resource Controller verwaltet die CPU-Shares. Er wird von dem virsh sched-info-Kommando benötigt. Dieser Controller hat drei schreibbare Pseudodateien:

» cpu.shares: Hiermit geben Sie an, wie viel CPU-Zeit eine Cgroup erhält. Cgroups mit identischen Shares (z. B. 1) erhalten gleich viel CPU-Zeit. Eine Cgroup mit cpu.shares=2 erhält doppelt so viel CPU-Zeit wie eine Cgroup mit cpu.shares=1.

» cpu.rt_runtime_us: Dieser Parameter definiert bei Realtime-Tasks, wie viele Mikrosekunden lang der Task maximal die CPU an einem Stück belegen darf.

» cpu.rt_period_us: Hiermit definieren Sie, wie häufig die Ressourcen eines Realtime-Tasks neu verteilt werden sollen.

cpuacct

Dieser Controller bietet nur Pseudodateien für die statistische Auswertung.

» cpuacct.usage: Hier können Sie auslesen, wie viele Nanosekunden eine Cgroup bereits verbraucht hat. Durch Überschreiben mit 0 setzen Sie den Zähler zurück.

» cpuacct.stat: Hier können Sie auslesen, wie viel Zeit die Cgroup im Userspace und Kernelspace verbracht hat. Die Angabe erfolgt in USER_HZ. Dies ist eine typische interne Zeitangabe des Linux-Kernels. USER_HZ ist je nach Linux Kernel meist 10 oder 1 ms.

» cpuacct.usage_percpu: Auf einem Mehrkernsystem können Sie hier die Zeit je Kern auslesen. Dieser Wert wird gemeinsam mit dem ersten Wert (cpuacct.usage) zurückgesetzt.

cpuset

Mit diesem Controller können Sie Tasks auf Mehrkernsystemen auf bestimmte CPUs einschränken. Dies kann besonders bei NUMA-fähigen Systemen interessant sein (siehe auch Abschnitt 7.2).

TIPP **Mehrere CPU-Kerne auf einem Socket werden als getrennte CPUs gewertet. Auch Hyperthreading-CPUs werden als zwei CPUs gewertet.**

» `cpuset.cpus`: Die Cgroup darf nur die hier angegebenen CPUs nutzen. CPUs werden durch Kommas separiert und mit einem (-) können Bereiche angegeben werden: `0,2,4-8`.

» `cpuset.mems`: Die Cgroup darf nur auf diese Speicherknoten (Memory Nodes) einer NUMA-Architektur zugreifen.

» `cpuset.memory_migrate`: Wenn Sie den Wert von cpuset.mems ändern, befinden sich möglicherweise Speicherseiten der Cgroup auf unerlaubten Speicherknoten. Diese Datei entscheidet, ob diese Seiten migriert (1) oder nicht migriert (0) werden.

» `cpuset.cpu_exclusive`: Hiermit können Sie die CPUs exklusiv dieser Cgroup zuweisen.

» `cpuset.mem_exclusive`: Hiermit weisen Sie die Speicherknoten exklusiv dieser Cgroup zu.

» `cpuset.mem_hardwall`: Hiermit definieren Sie, ob der Kernel Page- und Buffer-Daten dieser Cgroup trennt oder gemeinsam mit anderen speichert.

» `cpuset.memory_pressure_enabled`: Hiermit aktivieren Sie die Messung des Memory Pressure.

» `cpuset.memory_pressure`: Diese Datei zeigt den Speicherdruck, der durch die Cgroup erzeugt wird. Hierbei handelt es sich um einen Wert, der angibt, wie häufig eine Applikation aktuell genutzten Speicher freigeben möchte, um für weitere Funktionen Speicher anfordern zu können.

» `cpuset.memory_spread_page`: Hiermit entscheiden Sie, ob Systempuffer gleichmäßig über alle Speicherknoten verteilt werden (1) oder ob diese Systempuffer auf dem Speicherknoten verbleiben, auf dem auch der erzeugende Prozess läuft (default, 0).

» `cpuset.memory_spread_slab`: Dies ist die identische Verwaltung des Slab-Cache.

» `cpuset.memory_sched_load_balance`: Hiermit entscheiden Sie, ob der Kernel selbständig die Prozesse zwischen den CPUs im CPU-Set lastverteilen darf (default,1).

» `cpuset.sched_relax_domain_level`: Ist das Load-Balancing aktiv, entscheidet diese Variable, wie das Load-Balancing erfolgt:

-1: System-Default

0: Kein sofortiges Load-Balancing

1: Sofortiges Load Balancing über alle Threads im selben Core

2: Sofortiges Load Balancing über alle Cores im selben Socket

3: Sofortiges Load Balancing über alle CPUs im selben NUMA-Node oder Blade

4: Sofortiges Load Balancing über mehrere CPUs

5: Sofortiges Load Balancing über alle CPUs

devices

Der devices-Controller erlaubt die Steuerung der Zugriffe auf bestimmte Geräte. Sie können hiermit entscheiden, ob die Tasks einer Cgroup auf ein Gerät zugreifen dürfen oder nicht. Der Controller weist lediglich zwei schreibbare Pseudodateien auf, die Geräte auf die Whitelist setzen oder entfernen. Per Default befinden sich alle Geräte auf der Whitelist.

» `devices.allow`: Hier können Sie die Geräte, auf die eine Cgroup zugreifen darf, zur Whitelist hinzufügen. Hierbei müssen Sie den Typ, das Gerät (Major:Minor) und das Zugriffsrecht angeben. Als Typ können Sie ein Blockgerät (b), ein Character-Device (c) oder *Alle* (a) definieren. Bei der Angabe von *Alle* ist die Angabe des Gerätes nicht mehr erforderlich. Das Gerät wird durch die Major:Minor-Nummer spezifiziert. Hier können Sie den Stern (*) als Wildcard verwenden. Als Zugriffsrechte stehen *Lesen* (r), *Schreiben* (w) und *Erzeugen* (m, mknod) zur Verfügung. Wenn Sie die Rechteangabe unterlassen, werden alle Rechte gesetzt.

» `devices.deny`: Hier können Sie Geräte von der Whitelist der erlaubten Devices entfernen.

Um nur bestimmte Geräte zu erlauben, müssen Sie zunächst den per Default erlaubten Zugriff auf sämtliche Geräte entfernen. Anschließend können Sie einzelne Geräte hinzufügen:

```
root# echo 'a' > /cgroups/test/devices.deny
root# echo 'b 8:0 rw' > /cgroups/test/devices.allow
```

Diese Befehle wirken sich direkt auf die laufenden Prozesse aus.

Um den aktuellen Stand der Device-Whitelist auszulesen, verwenden Sie die Pseudodatei `devices.list`.

freezer

Dieser Ressource-Controller friert Tasks einer Cgroup ein und taut sie wieder auf. Hierzu bietet dieser Ressource-Controller eine einzige Pseudodatei `freezer.state`. Diese können Sie mit den Werten `FROZEN` oder `THAWED` beschreiben. Außerdem können Sie den aktuellen Zustand der Cgroup lesen. Hier kann zusätzlich der Zustand `FREEZING` angezeigt werden, der anzeigt, dass die Tasks der Cgroup aktuell eingefroren werden.

memory

Mit diesem Resource Controller prüfen Sie, wie viel Arbeitsspeicher die Tasks einer Cgroup verbrauchen, und setzen diesen ein Limit. Dieser Resource Controller verwendet, wie die anderen Controller, mehrere Pseudodateien.

Die folgenden Pseudodateien können von Ihnen schreibend genutzt werden, um das Verhalten zu verändern:

» `memory.limit_in_bytes`: Hiermit setzen Sie das Speichermaximum für alle Tasks der Cgroup im Userspace einschließlich des Filecache. Als Einheit können Sie k|K, m|M oder g|G verwenden (Kilobyte, Megabyte bzw. Gigabyte). Mit -1 entfernen Sie das Limit. Dieses Limit kann nicht für die Root-Cgroup gesetzt werden.

» `memory.memsw.limit_in_bytes`: Hiermit setzen Sie das Speichermaximum einschließlich des genutzten Swap-Speichers. Diesen Wert können Sie erst nach dem vorherigen Wert setzen. Durch Angabe von 2G für `memory.limit_in_bytes` und 3G für `memory.memsw.limit_in_bytes` erlauben Sie den Tasks einer Cgroup, zunächst 2 GByte Arbeitsspeicher zu verbrauchen. Ist dieser aufgebraucht, können weitere 1 GByte aus dem Swap aktiviert werden. Die Reihenfolge dieser beiden Parameter muss auch in der Datei cgconfig.conf eingehalten werden.

» `memory.force_empty`: Wenn diese Pseudodatei mit 0 überschrieben wird, werden alle Speicherseiten dieser Cgroup gelöscht. Dies kann nur verwendet werden, wenn eine Cgroup keine Tasks mehr besitzt, um die Cgroup anschließend zu löschen.

» `memory.swappiness`: Hiermit können Sie analog zu /proc/sys/vm/swappiness die Swappiness der Cgroup konfigurieren. Der Default ist 60. Größere Werte erhöhen, kleinere Werte verringern die Wahrscheinlichkeit, dass der Kernel einen Task swappt.

» `memory.use_hierarchy`: Hiermit können Sie angeben, ob der Speicherverbrauch von Kinder-Cgroups in der Hierarchie bei den übergeordneten Cgroups mitgezählt wird. Der Default ist nein (0).

Die folgenden Pseudodaten erzeugen Reports:

» `memory.stat`: Diese Datei liefert ausführliche statistische Informationen über den Speicherverbrauch.

» `memory.usage_in_bytes`: Hier lesen Sie den kompletten Speicherverbrauch der Cgroup aus.

» `memory.memsw.usage_in_bytes`: Dies enthält auch den Swap-Speicher.

» `memory.max_usage_in_bytes`: Dies ist der maximale bisher gemessene Speicherverbrauch.

» `memory.memsw.max_usage_in_bytes`: Dies ist der maximale bisher gemessene Speicherverbrauch einschließlich des Swapspeichers.

» `memory.failcnt`: Dieser Wert zeigt Ihnen, wie häufig das gesetzte Limit für den Arbeitsspeicher bereits erreicht wurde.

» `memory.memsw.failcnt`: Dieser Wert zeigt Ihnen, wie häufig das gesetzte Limit für den Arbeitsspeicher inklusive des Swapspeichers bereits erreicht wurde.

net_cls

Dieser Ressource Controller erlaubt die automatische Vergabe von Class Identifiern an die Netzwerkpakete, die von den Tasks einer Cgroup erzeugt werden. Damit können anschließend die Pakete mithilfe des Linux-Traffic-Controllers (tc) verwaltet werden. Die Class-ID wird üblicherweise als Handle in der Form 10:1 geschrieben. Diese wird als hexadezimale Zahl 0xAAAABBBB in die Pseudodatei `net_cls.classid` geschrieben. Hierbei ist AAAA die Major- und BBBB die Minor-Number. Der Handle 10:1 wird daher als 0x00100001 geschrieben. Führende Nullen dürfen weggelassen werden. Wird die Pseudodatei gelesen, wird der Wert jedoch dezimal ausgegeben!

ns

Mit diesem Ressource-Controller können Sie separate Namespaces erzeugen. Da dies für die Betrachtung im Zusammenhang mit KVM/libvirt uninteressant ist, gehen wir nicht weiter darauf ein.

9. Sicherheit

Für den erfolgreichen Betrieb von virtuellen Systemen ist es wichtig, dass Sie sich auch um deren
Sicherheit kümmern. Dieses Kapitel geht auf verschiedene Aspekte dieses weitläufigen Themas ein:

» die Überwachung der virtuellen Maschinen durch
   sVirt in Kombination mit SELinux oder AppArmor

» das Monitoring mit Nagios

» die Durchführung von Backups

» die Live-Migration laufender Maschinen auf
   einen anderen Host

9.1 Secure Hypervisor sVirt

Das sVirt-Frameworks stellt sicher, dass die virtuellen Gäste ähnliche gut voneinander
abgeschottet sind wie tatsächlich physikalisch getrennte Rechner. sVirt nutzt Plugins,
um eine *Mandatory Access Control* für die virtuellen Gäste umzusetzen. Aktuell gibt es
Plugins für SELinux und AppArmor.

Viele Anwender schalten SELinux oder AppArmor direkt nach der Installation ab. Dann
kann auch sVirt keinen Schutz bieten. Dieser Schutz ist aber sehr wichtig. Erste
Sicherheitslücken wurden bereits in Qemu/KVM entdeckt. Nelson Elhage hat auf der
Black-Hat-Konferenz am 27. Juli 2011 in Las Vegas mit Virtunoid eine Möglichkeit des
Ausbruchs aus einer virtuellen Maschine gezeigt, die nur mit AppArmor oder SELinux
verhindert worden wäre. Die Sicherheitslücke wird auch unter CVE-2011-1751 in der
Common Vulnerabilities and Exposures-Datenbank geführt.

https://media.blackhat.com/bh-us-11/Elhage/BH_US_11_Elhage_Virtunoid_Slides.pdf

Wieso benötigen wir eine Mandatory Access Control im Hypervisor? Vor der flächen-
deckenden Einführung der Virtualisierung durch Technologien wie VMware, XEN und
KVM waren die unterschiedlichen Systeme physikalisch getrennt. Nach dem Einbruch auf
einem System konnte der Angreifer nicht automatisch alle weiteren Systeme kompromittieren. Der Angreifer musste die weiteren Systeme erneut über das Netzwerk angreifen.

Dies gelingt nur, wenn die weiteren Systeme über Schwachstellen verfügen, die er über das Netzwerk ausnutzen kann (siehe Abbildung 9.1).

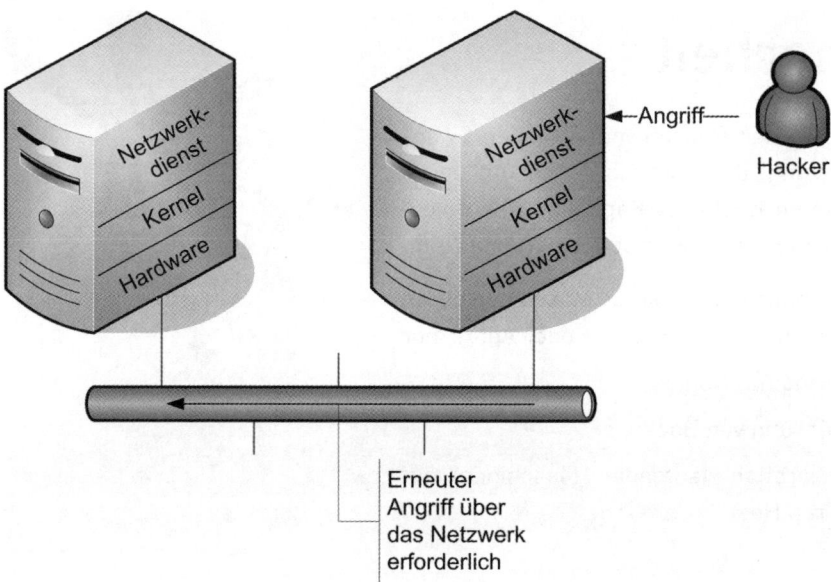

Abbildung 9.1: **Bei physikalisch getrennten Systemen muss ein Angreifer jeden Angriff getrennt durchführen und neue Sicherheitslücken auf jedem Zielsystem suchen.**

Werden die Systeme virtualisiert und verfügt der Hypervisor über eine Schwachstelle, so kann der Angreifer weitere Gäste desselben Hypervisors unter Umständen direkt über den Hypervisor kompromittieren. Dies funktioniert auch, wenn der Gast selbst keinerlei Sicherheitslücke aufweist (siehe Abbildung 9.2)! Derartige Sicherheitslücken sind in den gängigen Hypervisor-Produkten in der Vergangenheit durchaus gefunden worden.

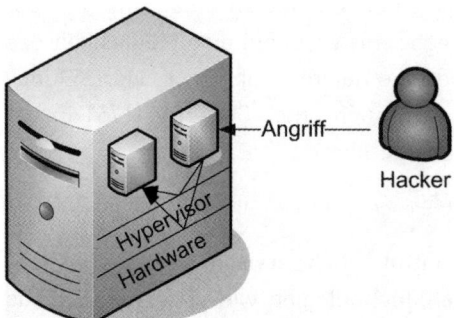

Abbildung 9.2: **Bei virtualisierten Systemen kann ein Angriff über den Hypervisor weitere Gäste betreffen, ohne dass diese selbst Sicherheitslücken aufweisen.**

sVirt versucht nun, die Gäste mithilfe der *Mandatory Access Control* (MAC) zu trennen. Die MAC erlaubt es im Gegensatz zur *Discretionary Access Control* (DAC) einem Prozess nicht, seine eigenen Sicherheitsrichtlinien zu modifizieren. Dies klingt sehr theoretisch, ist aber eigentlich ganz einfach. Während ein normaler Linux-Benutzer die Rechte seiner eigenen Dateien beliebig anpassen kann, ist dies bei der MAC nicht mehr erlaubt. Die MAC definiert hart, wie der Benutzer auf die Dateien zugreifen darf, und erlaubt keine Modifikationen. Dies ist bei der Virtualisierung interessant, da alle Gäste durch denselben Hypervisor ausgeführt werden. Kann ein Angreifer aus einem Gast in den Hypervisor ausbrechen, kann die DAC nicht den Zugriff auf andere Gäste beschränken, die durch denselben Hypervisor ausgeführt werden.

> **Dieses Buch kann keine ausführliche Einführung in SELinux und AppArmor bieten. Bei Addison-Wesley hat Ralf Spenneberg jedoch ein entsprechendes Buch zu diesem Thema veröffentlicht (»SELinux und AppArmor. Mandatory Access Control für Linux einsetzen und verwalten«, nur noch als E-Book erhältlich unter der folgenden Adresse):**
>
> http://ebooks.awl.de/selinux-and-apparmor.html

Es stehen viele verschiedene MAC-Implementierungen für Linux zur Verfügung. Die aktuellen Linux-Distributionen unterstützen jedoch nur zwei Implementierungen:

» SELinux: Fedora, Debian, RedHat Enterprise Linux, CentOS

» AppArmor: Ubuntu, Opensuse, SuSE Linux Enterprise Server

Diese können von sVirt als Plugin genutzt werden, um bei einer Sicherheitslücke in dem Hypervisor die Auswirkungen für das System und andere Gäste zu beschränken. Hierbei ist sVirt ein Bestandteil der libvirt-Bibliothek. Es nutzt dann die MAC als »Security Driver«, um die Gäste und die Ressourcen mit entsprechenden Regeln und wenn nötig Labeln zu versehen.

Die MAC-Richtlinie wird dann von dem Kernel des physikalischen Host-Systems umgesetzt.

In der aktuellen Version benötigt sVirt keine wesentliche Konfiguration und funktioniert vollkommen automatisch. Allerdings muss im Kernel des Host-Systems die Mandatory Access Control (SELinux oder AppArmor) aktiv sein. Wenn Sie hier z. B. SELinux abschalten, wird auch sVirt abgeschaltet. Die Gäste müssen jedoch keine Mandatory Access Control unterstützen!

Im Folgenden erläutern wir die Funktionsweise von sVirt mit SELinux und AppArmor, damit Sie die Funktionsweise nachvollziehen und im Fehlerfall nach dem Problem suchen können.

9.2 SELinux

Die Betrachtung von sVirt und SELinux werden wir hier am Beispiel von CentOS 6 bzw. Fedora 16 durchführen.

Diese Betriebssysteme setzen als MAC-Lösung SELinux ein. SELinux überwacht hierbei das gesamte System und kann jeden einzelnen Prozess in einer eigenen Domäne überwachen und einschränken. Die meisten Prozesse laufen jedoch bei den gängigen Distributionen in der Domäne unconfined_t. Lediglich die Prozesse, die für die Sicherheit des Systems kritisch sind und über die eine Kompromittierung wahrscheinlich ist, werden in eigenen getrennten Domänen betrieben.

Prozesse mit unterschiedlichen Privilegien erhalten unterschiedliche Domänen. Objekte, auf die eine Domäne unterschiedlich zugreifen darf, erhalten unterschiedliche Typen. Die Domänen und Typen und deren Überwachung durch das Type-Enforcement (TE) stellen das wesentliche Merkmal von SELinux dar. (Die Unterscheidung zwischen Domänen und Typen ist rein sprachlicher Natur. Tatsächlich handelt es sich in beiden Fällen um Typen!)

Um unterschiedliche Gäste voneinander zu trennen, müsste der libvirt-Daemon daher dynamisch Domänen und Typen erzeugen. Dies ist sehr aufwendig und erfordert eine erneute Übersetzung der SELinux-Policy.

Aus diesem Grund geht der SELinux-Security-Driver für sVirt einen anderen Weg. Er versieht alle Prozesse und Objekte mit identischen Domänen und Typen:

» svirt_t: Domäne für Qemu-KVM-Prozesse

» svirt_image_t: Typ für alle virtuellen Festplattenabbilder

» svirt_content_t: Typ für gemeinsam genutzte Read-only-Inhalte

» virt_content_t: Typ für nicht genutzte Festplattenabbilder. Kein svirt_t-Prozess darf diese Dateien lesen.

Die Zuordnung, welche Dateien nun von welcher Domäne gelesen werden dürfen, erfolgt über Multi Category Security-(MCS-)Werte. Die Multi Category Security ist eine Erweiterung der Multi Level Security. Hierbei können unterschiedlichen Prozessen unterschiedliche Ebenen (Level) oder Kategorien (Category) zugewiesen werden. libvirt nutzt nur MCS. Hierbei darf eine Domäne mit einer bestimmten Kategorie nur auf Objekte mit identischer Kategorie zugreifen.

Damit unsere Betrachtung nicht theoretisch bleibt, schauen wir uns dieses Verfahren an einem Beispiel an. Zunächst benötigen wir einen Gast. Im folgenden Beispiel heißt dieser »SELinux-Test«. Wenn Sie diesen Gast starten und anschließend mit virsh seine XML-Konfiguration ausgeben, sehen Sie den SELinux-Security-Driver in Aktion:

```
root#  virsh start SELinux-Test
root#  virsh dumpxml SELinux-Test
...
  <seclabel type='dynamic' model='selinux' relabel='yes'>
    <label>system_u:system_r:svirt_t:s0:c152,c686</label>
    <imagelabel>system_u:object_r:svirt_image_t:s0:c152,c686</imagelabel>
  </seclabel>
</domain>
```

Der MCS-Label mit den beiden Kategorien s0:c152,c686 wurde von dem SELinux-Security-Driver zufällig beim Start des Gastes gewählt.

Wenn Sie den Qemu-KVM-Prozess genauer untersuchen, werden Sie feststellen, dass er die entsprechende Domäne verwendet:

```
root#  ps -efZ | grep SELinux-Test
system_u:system_r: svirt_t:s0:c152,c686 qemu 1305 1 5 08:01 ? 00:01:48
  /usr/bin/qemu-kvm -S -M pc-0.14 -enable-kvm -m 512 -name SELinux-Test ...
```

Auch das Festplatten-Image des Gastes ist mit dem entsprechenden Typ versehen:

```
root#  ls -lZ /var/lib/libvirt/images/
-rw-------. qemu qemu system_u:object_r:svirt_image_t:s0:c152,c686
  SELinux-Test.img
```

Dieses Labeling erfolgt vollkommen automatisch und transparent für den Benutzer. Die beiden Kategorien c152,c686 dienen nun zur Trennung dieses Gastes von den anderen Gästen.

Ein Abdrucken und eine Erläuterung der SELinux-Richtlinie für libvirt und die Gäste würden den Rahmen des Buches sprengen. Die Type-Enforcement-Richtlinie ist etwa 1000 Zeilen lang. Wenn Sie sich dafür interessieren, müssen Sie sich das entsprechende selinux-policy-version.src.rpm herunterladen, installieren und mit rpmbuild entsprechend auspacken und patchen:

```
root#  wget http://download.fedoraproject.org/pub/fedora/linux/\
  updates/16/SRPMS/selinux-policy-3.10.0-75.fc16.src.rpm
root#  rpm -i selinux-policy-3.10.0-75.fc16.src.rpm
root#  rpmbuild -bp ~/rpmbuild/SPECS/selinux-policy.spec
```

Die Type-Enforcement-Regeln finden Sie dann in /rpmbuild/BUILD//serefpolicy-3.10.0/policy/modules/services/virt.te.

Boolesche Variablen

Für die Anpassung von SELinux in Bezug auf die KVM-Virtualisierung existieren mehrere boolesche Variablen:

» virt_use_comm: Erlaube virtuellen Gästen den Zugriff auf serielle und parallele Schnittstellen.

» virt_use_execmem: Erlaube den Gästen die Nutzung von ausführbarem Speicher und Stack.

» virt_use_fusefs: Erlaube den Gästen den Zugriff auf Fuse-Dateien.

» virt_use_nfs: Erlaube den Gästen den Zugriff auf NFS-Verzeichnisse und Dateien.

» virt_use_samba: Erlaube den Gästen den Zugriff auf CIFS-Freigaben.

» virt_use_sanlock: Erlaube den Gästen die Interaktion mit SanLock, dem Shared Storage Lock Manager. Dies wird unter Umständen in einem Cluster benötigt.

» virt_use_sysfs: Erlaube den Gästen die Verwaltung von PCI-Geräten. Dies ist für den PCI-Passthrough wichtig.

» virt_use_usb: Erlaube den Gästen den Zugriff auf USB-Geräte.

» virt_use_xserver: Erlaube den Gästen die Interaktion mit dem X-Server.

Die booleschen Variablen können immer nur für alle Gäste umgeschaltet werden. Gast-spezifische boolesche Variablen existieren nicht!

Diese booleschen Variablen können Sie mit getsebool und setsebool auslesen und verwalten. Auf aktuellen Distributionen kann auch der Befehl semanage hierzu genutzt werden:

```
root#  getsebool virt_use_usb
virt_use_usb --> on
root#  setsebool virt_use_usb=0
root#  getsebool virt_use_usb
virt_use_usb --> off
```

Test der SELinux-Regeln

Ein Test der SELinux-Regeln ist nicht ganz einfach. Dan Walsh hat jedoch in seinem Blog einen netten Weg vorgeschlagen:

http://danwalsh.livejournal.com/44090.html

Hierzu erzeugt er zunächst eine Kopie der Shell und versieht sie anschließend mit dem Label des Qemu-Binarys. Dann erzwingt er mit runcon einen Wechsel in die richtige

Domäne, nachdem er sich vorher einen MCS-Label ausgedacht hat (s0:c1,c2). Zugriffe auf wesentliche Befehle und Dateien sind dieser Shell verwehrt. Legt die Shell eine neue Datei an, so kann sie diese lesen und schreiben.

```
root#  cp /bin/sh /bin/svirt
root#  chcon -t qemu_exec_t /bin/svirt
root#  runcon -t svirt_t -l s0:c1,c2 /bin/svirt
svirt: /root/.bashrc: Permission denied
root#  id
svirt: child setpgid (6962 to 6962): Permission denied
   uid=0(root) gid=0(root) groups=0(root),1(bin),2(daemon),3(sys),4(adm),
   6(disk),10(wheel) context=unconfined_u:unconfined_r:svirt_t:s0:c1,c2
root#  ping 4.2.2.2
svirt: ping: command not found
root#  cat /etc/shadow
cat: /etc/shadow: Permission denied
root#  touch /tmp/svirt
root#  ls -lZ /tmp/svirt
-rw-r--r--. root root unconfined_u:object_r:svirt_tmp_t:s0:c1,c2 /tmp/svirt
```

Er beendet dann die Shell und startet sie erneut mit einem zweiten MCS-Label: s0:c1,c3. Ein Zugriff auf die zuvor mit der ersten Shell angelegten Datei ist nicht möglich. Zwei Gäste mit unterschiedlichen MCS-Labeln sind daher voneinander getrennt.

```
root#  runcon -t svirt_t -l s0:c1,c3 /bin/svirt
svirt: /root/.bashrc: Permission denied
root#  id
uid=0(root) gid=0(root) groups=0(root),1(bin),2(daemon),3(sys),4(adm),
   6(disk),10(wheel) context=unconfined_u:unconfined_r:svirt_t:s0:c1,c3
root#  touch /tmp/svirt
touch: cannot touch `/tmp/svirt': Permission denied
```

9.3 AppArmor

Die Betrachtung von sVirt und AppArmor werden wir hier am Beispiel von Ubuntu 12.04 (Precise) durchführen. Obwohl Ubuntu auch eine gewisse Unterstützung für SELinux bietet, verwendet es per Default AppArmor. AppArmor unterscheidet sich von SELinux dadurch, dass es statt Security-Labels die Pfadnamen als Zugriffsattribut nutzt und dass es nur einzelne kritische Prozesse und nicht das gesamte System überwacht. Ubuntu setzt AppArmor seit der Version 7.10 ein, um einzelne Prozesse zu überwachen. Seit Ubuntu 9.10 und libvirt 0.7.2 steht auch ein sVirt-Security-Treiber für AppArmor zur Verfügung, der von Ubuntu auch automatisch genutzt wird.

Ubuntu stellt für den libvirt-Daemon eine AppArmor-Richtlinie zur Verfügung Dieses Profil erlaubt die Verwaltung der virtuellen Gäste und den Wechsel in gastspezifische Profile. Zusätzlich wird der Zugriff auf das Hilfskommando virt-aa-helper erlaubt. Mithilfe dieses Kommandos kann AppArmor Profile für die Gäste verwalten.

Der libvirt-Daemon selbst darf die Profile für die Gäste nicht anpassen, erweitern oder verändern. Er muss hierzu diese Hilfsapplikation virt-aa-helper nutzen. Diese Hilfsappplikation wird ebenfalls von AppArmor sehr streng überwacht. Somit wird weitestgehend verhindert, dass ein kompromittierter libvirt-Daemon sein eigenes Profil verändert und damit weitergehende Privilegien erhalten kann.

Insgesamt sind auf einem Ubuntu-System für libvirt die folgenden Profile aktiv:

» **/etc/apparmor.d/usr.sbin.libvirtd**: Dies ist das eigentliche Profil des Daemons.

» **/etc/apparmor.d/usr.lib.libvirt.virt-aa-helper**: Dies ist das Profil für die Hilfsapplikation.

» **/etc/apparmor.d/abstractions/libvirt-qemu**: Diese Datei enthält allgemeine Regeln für alle Gäste. Es handelt sich um eine AppArmor Abstraction, die über Include-Direktiven geladen wird.

» **/etc/apparmor.d/libvirt/TEMPLATE**: Dies ist das Template für das Profil eines Gastes.

» **/etc/apparmor.d/libvirt/libvirt-uuid**: Dies ist das Grundprofil eines Gastes. Diese Datei enthält lediglich den Aufruf der Abstraction libvirt-qemu und der folgenden Datei libvirt-uuid.files. Hierbei handelt es sich im Wesentlichen um eine angepasste Kopie des TEMPLATE.

» **/etc/apparmor.d/libvirt/libvirt-uuid.files**: Dies sind gastspezifische Regeln.

Um zu prüfen, ob Ihr System das Profil für den libvirt-Daemon geladen hat, können Sie den Befehl aa-status verwenden:

```
root@precise:~#  sudo aa-status
apparmor module is loaded.
19 profiles are loaded.
19 profiles are in enforce mode.
   ...
   /usr/lib/libvirt/virt-aa-helper
   /usr/sbin/libvirtd
   ...
0 profiles are in complain mode.
3 processes have profiles defined.
```

```
3 processes are in enforce mode.
   ...
   /usr/sbin/libvirtd (4145)
0 processes are in complain mode.
0 processes are unconfined but have a profile defined.
```

Um zu prüfen, ob Ihr System den AppArmor-Security-Driver nutzt, können Sie den Befehl virsh-capabilities nutzen:

```
root@precise:~#  virsh capabilities
<capabilities>
  <host>
    ....
    < secmodel>
      <model> apparmor</model>
      <doi>0</doi>
    </secmodel>
  </host>
```

Das AppArmor-Profil für den libvirt-Daemon ist einfach zu verstehen:

```
# Last Modified: Mon Jul  6 17:23:58 2009
#include <tunables/global>
@{LIBVIRT}="libvirt"

/usr/sbin/libvirtd {
  #include <abstractions/base>
  # Site-specific additions and overrides. See local/README for details.
  #include <local/usr.sbin.libvirtd>

  capability kill,
  ...
  capability ipc_lock,

  network inet stream,
  network inet dgram,
  network inet6 stream,
  network inet6 dgram,
  network packet dgram,

  # for now, use a very lenient profile since we want to first focus on
  # confining the guests
  / r,
  /** rwmkl,
```

```
/bin/* PUx,
/sbin/* PUx,
/usr/bin/* PUx,
/usr/sbin/* PUx,

# Required by nwfilter_ebiptables_driver.c:ebiptablesWriteToTempFile() to
# write and run an ebtables script.
/var/lib/libvirt/virtd* ixr,

# force the use of virt-aa-helper
audit deny /sbin/apparmor_parser rwxl,
audit deny /etc/apparmor.d/libvirt/** wxl,
audit deny /sys/kernel/security/apparmor/features rwxl,
audit deny /sys/kernel/security/apparmor/matching rwxl,
audit deny /sys/kernel/security/apparmor/.* rwxl,
/sys/kernel/security/apparmor/profiles r,
/usr/lib/libvirt/* PUxr,
/etc/libvirt/hooks/** rmix,

# allow changing to our UUID-based named profiles
change_profile -> \
   @{LIBVIRT}-[0-9a-f]*-[0-9a-f]*-[0-9a-f]*-[0-9a-f]*-[0-9a-f]*,
}
```

Der libvirt-Daemon erhält Zugriff auf fast alle Linux-Capabilities und -Applikationen. Hierbei darf er alle Applikationen unter ihrem eigenen Profil (P) oder sogar ohne Über-wachung (Unconfined, Ux) nutzen. Der Gedanke ist hier, dass nicht der libvirt-Daemon, sondern die einzelnen Gäste eingeschränkt und überwacht werden.

Bestimmte Zugriffe werden jedoch explizit verboten. Hierbei handelt es sich um alle Zugriffe auf AppArmor und dessen Verwaltung.

Der wichtigste Trick ist die Möglichkeit, das Profil in ein gastspezifisches Profil zu wechseln. Dies wird durch den AppArmor-Security-Driver bei dem Fork eines Qemu-KVM-Prozesses ausgelöst. Jeder Qemu-KVM-Prozess wird so von einem eigenen Profil überwacht.

Die Unterscheidung der Profile der Gäste erfolgt über ihre UUID. Die UUID wird dem Gast bei seiner Erzeugung durch den libvirt-Daemon zugewiesen und kennzeichnet ihn eindeutig. Jedes Mal, wenn Sie mit dem Virtual Machine Manager, virt-install oder mit virsh define einen neuen Gast erzeugen, erhält dieser eine UUID. Gleichzeitig erzeugt der AppArmor-Security-Driver über den Befehl virt-aa-helper aus der Datei /etc/apparmor.d/libvirt/TEMPLATE ein Profil für diesen Gast.

Die UUID eines Gastes erhalten Sie aus dem Virtual Machine Manager oder mithilfe von virsh domuuid:

```
root@precise:~#  virsh domuuid precise
57316889-ad54-5998-d52b-3a1026fc1337
```

Das Profil für den Gast befindet sich dann in:

» /etc/apparmor.d/libvirt/libvirt-57316889-ad54-5998-d52b-3a1026fc1337

» /etc/apparmor.d/libvirt/libvirt-57316889-ad54-5998-d52b-3a1026fc1337.files

Die erste Datei ist im Wesentlichen eine angepasste Kopie der Datei TEMPLATE im selben Verzeichnis. Diese wurde im Profilnamen angepasst und um eine Include-Direktive erweitert.

```
#
# This profile is for the domain whose UUID matches this file.
#

#include <tunables/global>

profile libvirt-57316889-ad54-5998-d52b-3a1026fc1337 {
  #include <abstractions/libvirt-qemu>
  #include <libvirt/libvirt-57316889-ad54-5998-d52b-3a1026fc1337.files>

}
```

Die Include-Datei enthält dann die folgenden Regeln:

```
# DO NOT EDIT THIS FILE DIRECTLY. IT IS MANAGED BY LIBVIRT.
  "/var/log/libvirt/**/precise.log" w,
  "/var/lib/libvirt/**/precise.monitor" rw,
  "/var/run/libvirt/**/precise.pid" rwk,
  "/run/libvirt/**/precise.pid" rwk,
  "/var/run/libvirt/**/*.tunnelmigrate.dest.precise" rw,
  "/run/libvirt/**/*.tunnelmigrate.dest.precise" rw,
  "/var/lib/libvirt/images/precise.img" rw,
  "/var/lib/libvirt/boot/virtinst-linux.PVjX7G" r,
  # don't audit writes to readonly files
  deny "/var/lib/libvirt/boot/virtinst-linux.PVjX7G" w,
  "/var/lib/libvirt/boot/virtinst-initrd.gz.JoyY7S" r,
  # don't audit writes to readonly files
  deny "/var/lib/libvirt/boot/virtinst-initrd.gz.JoyY7S" w,
```

Mit diesen Regeln darf der Qemu-KVM-Prozess des Gastes nur auf die eigenen Dateien zugreifen.

libvirt-XML-Datei

Der AppArmor-Security-Treiber generiert für die UUID des Gastes automatisch ein Profil und bettet seine Informationen in die Domain-XML-Datei eines laufenden Gastes ein:

```
<seclabel type='dynamic' model='apparmor' relabel='yes'>
  <label>libvirt-57316889-ad54-5998-d52b-3a1026fc1337</label>
  <imagelabel>libvirt-57316889-ad54-5998-d52b-3a1026fc1337</imagelabel>
</seclabel>
```

Wenn Sie hier ein eigenes Profil verwenden möchten, ist dies auch möglich. Dann müssen Sie jedoch den AppArmor-Security-Treiber auf »statisch« umstellen. Dies kann mithilfe von virsh edit erfolgen. Diese Änderungen werden nur nach einem Neustart des Gastes aktiv:

```
<seclabel type='static' model='apparmor' relabel='yes'>
  <label>libvirt-static-precise</LABEL>
</seclabel>
```

Natürlich muss AppArmor dann auch ein entsprechendes Profil kennen.

Einschränkungen

Die aktuellen AppArmor-Regeln bei Ubuntu 12.04 erlauben das Durchreichen von USB- aber nicht von PCI-Geräten. Dies hängt jedoch von den spezifischen Regeln der Distribution ab. Unter Umständen müssen Sie manuelle Änderungen an dem Profil vornehmen, wenn Sie diese Funktionen nutzen wollen!

Der Schutz über AppArmor-Profile betrifft auch nur Gäste, die über qemu:///system gestartet wurden. Gäste, die über qemu:///session im Kontext des Benutzers gestartet werden, nutzen die Profile noch nicht, da ein normaler Benutzer die AppArmor-Profile noch nicht anpassen kann.

An-/Abschalten der AppArmor-Funktionalität

Wenn Sie die Trennung der Gäste durch AppArmor abschalten wollen, müssen Sie die Datei /etc/libvirt/qemu.conf editieren. Hier müssen Sie die Zeile security_driver editieren oder hinzufügen:

```
security_driver = "none"
```

Wenn Sie auch die AppArmor-Überwachung für den libvirt-Daemon deaktivieren möchten, so genügt es auch, die entsprechenden Profile in dem Verzeichnis /etc/apparmor.d zu löschen, alle Profile erneut zu laden und den libvirt-Daemon neu zu starten.

Anpassungen der Regeln

Die wichtigsten allgemeinen Regeln befinden sich in der Abstraction (Include-Datei) /etc/apparmor.d/abstractions/libvirt-qemu. Hier erlaubt Ubuntu den Zugriff auf einzelne Host-Geräte, wie USB, ALSA-Soundkarten, Pulse-Audio Server etc. Wenn Sie diese Zugriffe einschränken möchten, müssen Sie diese Datei modifizieren. Falls Sie einzelnen Gästen erweiterte Rechte geben möchten, können Sie die gastspezifische Datei /etc/apparmor.d/libvirt/libvirt-uuid entsprechend ergänzen.

Um zum Beispiel für alle Gäste den Zugriff auf USB-Geräte zu verbieten, kommentieren Sie die entsprechenden Zeilen in der Abstraction:

```
...
  # For hostdev access. The actual devices will be added dynamically
  #/sys/bus/usb/devices/ r,
  #/sys/devices/**/usb[0-9]*/** r,
...
```

Anschließend müssen Sie die Profile neu laden, den libvirt-Daemon neu starten und die virtuelle Maschine herunterfahren und neu starten:

```
root@precise:~# /etc/init.d/apparmor reload
 * Reloading AppArmor profiles
Skipping profile in /etc/apparmor.d/disable: usr.bin.firefox
Skipping profile in /etc/apparmor.d/disable: usr.sbin.rsyslogd
                                                              [ OK ]

root@precise:~# stop libvirt-bin
libvirt-bin stop/waiting
root@precise:~# start libvirt-bin
libvirt-bin start/running, process 21490
root@precise:~# virsh destroy precise
Domain precise geloescht
root@precise:~# virsh start precise
Domain precise gestartet
```

Wenn Sie nun anschließend versuchen, ein USB-Gerät durchzureichen, wird der Befehl zwar Erfolg vermelden, aber das Gerät wird nicht durchgereicht:

```
root@precise:~# cat attach.xml
      <hostdev mode='subsystem' type='usb' managed='yes'>
        <source>
         <address bus='001' device='002'/>
        </source>
      </hostdev>
root@precise:~# virsh attach-device precise attach.xml
Device attached successfully
```

```
root@precise:~#  tail -1 /var/log/syslog
Mar  9 13:53:37 station7 kernel: [24033.555047] type=1400
  audit(1331297617.003:117): apparmor=" DENIED" operation="open" parent=1
  profile="libvirt-57316889-ad54-5998-d52b-3a1026fc1337"
  name=" /sys/bus/usb/devices/" pid=22256 comm="kvm" requested_mask="r"
  denied_mask="r" fsuid=116 ouid=0
```

9.4 Monitoring mit Nagios

Wenn Sie virtuelle Gäste produktiv einsetzen, ist es wichtig, deren Verfügbarkeit zu prüfen, Fehler zu erkennen und Trends zu überwachen, um rechtzeitig reagieren zu können.
Im Bereich der System- und Netzwerküberwachung mit OpenSource-Werkzeugen hat
sich mit Nagios in den letzten Jahren ein De-Fakto-Standard entwickelt. Mit Icinga und
Shinken gibt es inzwischen alternative Varianten, die weiterhin im wesentlichen Nagios-
kompatibel sind. Plugins wie Check-MK haben die Möglichkeiten stark erweitert. Im
Weiteren verwenden wir Nagios als Oberbegriff für alle diese verschiedenen Implementierungen.

In diesem Abschnitt werden wir Ihnen nicht die Installation einer Nagios-Umgebung
beschreiben. Wir möchten Ihnen nur einige Tipps für die Einbindung der virtuellen Gäste
in eine bestehende Nagios-Überwachung geben.

Überwachung der Gäste

Um die Gäste zu überwachen, gibt es das Nagios-Plugin check_kvm. Dieses können Sie
von Nagios-Exchange herunterladen:

http://exchange.nagios.org/directory/Plugins/Operating-Systems/*-Virtual-Environments/Others/
  check_kvm/details

Dieses Plugin verwendet die libvirt-Bibliothek über den virsh-Befehl, um zu prüfen, ob
sämtliche Gäste laufen:

```
root#  LANG=C check_kvm
hosts:2 OK:1 WARN:0 CRIT:1 - Server-A:running Server-B:shut
```

Laufende Gäste werden als OK, pausierende Gäste als WARN und gestoppte Gäste als CRIT
gezählt. Dieses Script müssen Sie so aufrufen, dass der verwendete Benutzer die Gäste mit virsh auflisten darf. Unter Ubuntu genügt es hierzu, den Benutzer nagios zum
Mitglied der Gruppe libvirtd zu machen.

Das ebenfalls auf Nagios-Exchange verfügbare Script check_virsh.sh gibt seine Ausgaben leider nur in spanischer Sprache aus.

Nagios-Virt

Nagios-Virt ist ein Konfigurationswerkzeug, mit dem Sie ihre Nagios-Installation um die Überwachung der virtuellen Systeme erweitern können.

http://people.redhat.com/~rjones/nagios-virt/

Auch dieses Werkzeug verwendet die libvirt-Bibliothek, um die Daten zu ermitteln. Da das Werkzeug als Sourcecode vorliegt, müssen Sie es zunächst mit den folgenden Befehlen installieren:

```
user$  ./configure
user$  make
root#  make install
```

Anschließend können Sie die Hilfe mit nagios-virt --help aufrufen. Danach sollten Sie prüfen, ob nagios-virt Ihre Nagios-Umgebung korrekt erkennt:

```
root#  nagios-virt config
PACKAGE_NAME nagios-virt
PACKAGE_VERSION version
NAGIOS_CONFIGDIR /etc/nagios
NV_DATADIR /usr/share/nagios-virt-version
```

Wenn alles stimmt, erzeugen und installieren Sie automatisch die Nagios-Konfiguration für Ihre virtuellen Gäste mit:

```
root#  nagios-virt -c qemu:///system install
```

Dabei entstehen die folgenden Dateien:

» /etc/nagios/virt-library.cfg: Diese Datei wird bei jedem Aufruf überschrieben und enthält sämtliche zu prüfenden Dienste.

» /etc/nagios/virt-hosts.cfg: Diese Datei wird bei jedem Aufruf überschrieben. Jedoch wird diese Datei zuvor gesichert, sodass manuelle Änderungen nicht verloren gehen. Hier werden die zu überwachenden Systeme und ihre Dienste gespeichert.

Zusätzlich fordert der Befehl Sie auf, einige Änderungen an Ihrer aktuellen Nagios-Konfiguration zur Integration dieser Dateien vorzunehmen. Diese werden von dem Befehl nicht automatisch umgesetzt.

Check-MK-Plugin qemu

Das Nagios-Plugin Check-MK stellt selbst eigene Scripts zur Erkennung der virtuellen Gäste zur Verfügung. Das Script qemu ist Bestandteil von Check-MK und der darauf basierenden Open-Monitoring-Distribution (OMD). Bei OMD ist das Script in $OMD_ROOT/local/share/check_mk/checks/qemu installiert.

Dieses Script benötigt keinerlei Konfiguration. Check-MK erkennt selbstständig bei der Inventarisierung, welche Gäste laufen, und legt für diese automatisch Performance-Daten an. Speziell für die Eucalyptus-Cloud existiert eine modifizierte Variante des Checks, sodass er auch hier korrekte Daten liefert:

https://geni-orca.renci.org/trac/wiki/OMDqemu

Nagios-Alternativen

Speziell für die Überwachung der virtuellen Gäste bieten sich neben Nagios noch einige weitere Applikationen an:

» **Collectd**: Der Collectd bietet Ihnen mit dem libvirt-Plugin die Möglichkeit, Performance-Daten von CPU, Netz und Blockgeräten zu sammeln ohne dass Sie spezifische Software in den Gäste installieren müssen.

   http://collectd.org/plugins/libvirt.shtml

» **Munin**: Für Munin wurde ebenfalls eine Reihe von Plugins für die Auswertung der Gäste geschrieben.

» **Zenoss**: Das *Zenoss libvirt-Zenpack* stellt Funktionen für die Überwachung einer ganzen Reihe von Virtualisierungsplattformen zur Verfügung und ist nicht auf KVM beschränkt.

9.5 Backups

Ganz egal, ob Sie mit physikalischen oder virtuellen Maschinen hantieren – in jedem Fall müssen Sie sich Gedanken über die richtige Backup-Strategie machen. Bei virtuellen Maschinen gibt es prinzipiell zwei Möglichkeiten, Backups durchzuführen:

» **Von innen:** Das Backup wird *innerhalb* der virtuellen Maschine erstellt, z. B. indem wichtige Daten regelmäßig mit einem externen Backup-Server synchronisiert werden. Die zur Auswahl stehenden Backup-Verfahren sind dieselben, die auch auf einem gewöhnlichen Rechner möglich sind. Insofern unterscheidet sich dieser Fall nicht von einem gewöhnlichen Backup.

   Im Katastrophenfall (z. B. beim Ausfall der Festplatte des KVM-Hosts) muss die virtuelle Maschine auf einem anderen Rechner neu eingerichtet werden. Anschließend werden die im Backup gesicherten Daten eingespielt.

» **Von außen:** In diesem Fall wird das Backup *außerhalb* der virtuellen Maschine durchgeführt, also auf dem KVM-Host. Im Wesentlichen geht es dabei darum, die Beschreibung der virtuellen Maschine (also die entsprechende XML-Datei aus /etc/ libvirt/qemu) sowie alle virtuellen Datenträger regelmäßig zu sichern.

Im Katastrophenfall wird der virtuelle Datenträger vom Backup-Server auf einen neuen KVM-Host kopiert und kann dort innerhalb kürzester Zeit wieder in Betrieb gehen. Naturgemäß fehlen aber alle Änderungen, die zwischen dem Zeitpunkt des letzten Backups und der Katastrophe erfolgten. Aus Performance-Gründen sind sehr kleine Backup-Intervalle bei Datenträger-Backups unmöglich.

In der Praxis werden häufig beide Backup-Verfahren kombiniert. Kontinuierliche Backups innerhalb der virtuellen Maschine stellen sicher, dass unternehmenskritische Daten jederzeit möglichst vollständig gesichert werden. Regelmäßige (z. B. tägliche) Backups von außen helfen dabei, eine virtuelle Maschine nach einem Absturz oder Defekt möglichst rasch wieder zum Laufen zu bringen.

In diesem Abschnitt konzentrieren wir uns auf die Backups von außen, also auf Methoden, um die Datenträger der virtuellen Maschine zu sichern. Dass das als alleiniges Backup-Konzept nicht ausreicht, sollte Ihnen jetzt klar sein. Kontinuierliche Backups, für die Prozesse innerhalb der virtuellen Maschine verantwortlich sind, sind aber kein KVM-spezifisches Thema. Derartige Backups sind auf jeden unternehmenskritischen Rechner erforderlich, und ihre Durchführung unterscheidet sich nicht, egal ob es sich dabei um einen »echten« Rechner oder um eine virtuelle Maschine handelt.

Sichere Backups von virtuellen Maschinen

Am einfachsten und sichersten führen Sie ein Backup eines virtuellen Datenträgers durch, indem Sie die virtuelle Maschine stoppen und dann eine Kopie des virtuellen Datenträgers erstellen. Dazu kopieren Sie bei Disk Images die Image-Datei. Den Inhalt von Partitionen oder Logical Volumes übertragen Sie mit dd in eine Backup-Datei. Anschließend starten Sie die virtuelle Maschine wieder.

Ihre Begeisterung für diese Backup-Methode wird sich vermutlich in Grenzen halten. Gerade bei der Server-Virtualisierung ist es nicht wünschenswert, dass jeder Server für jedes Backup (also z. B. einmal täglich) heruntergefahren werden muss. Damit sind wir an dem Punkt angelangt, bei dem dieser Abschnitt interessant wird: Welche Möglichkeiten gibt es, Backups von virtuellen Maschinen im laufenden Betrieb durchzuführen?

Virtuelle Datenträger live sichern

Die Sicherung eines virtuellen Datenträgers im laufenden Betrieb ist mit zwei Problemen verbunden:

» Der Inhalt des Datenträgers verändert sich während des Auslesens. Die Kopie wird deshalb inkonsistent sein.

» Der Datenträger enthält kein »sauberes« Dateisystem. Vielmehr warten bei noch nicht abgeschlossenen Schreiboperationen Datenblöcke im Cache darauf, endgültig auf den Datenträger geschrieben zu werden.

Der erste Punkt lässt sich durch Snapshot-Mechanismen lösen: QCOW2-Images, der Logical Volume Manager sowie einige Dateisysteme (z. B. btrfs) bieten Funktionen, um ein Abbild des Datenträgers vorübergehend einzufrieren. Während dieser Zeit kann das Backup erstellt werden. Die virtuelle Maschine kann währenddessen ungestört weiterlaufen. Dateiänderungen, die nach Beginn des Backups erfolgen, fließen allerdings nicht mehr in das Backup ein.

Zum zweiten Punkt gibt es nur eine Lösung, wenn Sie mit QCOW2-Images arbeiten: In diesem Fall wird zusammen mit dem Snapshot auch der Zustand der virtuellen Maschine gespeichert. Damit lässt sich die virtuelle Maschine später exakt so fortsetzen, wie sie zum Zeitpunkt des Backups war. (Das erfordert allerdings, dass Sie das gesamte QCOW2-Image mittels eines LVM-Snapshots sichern und auch daran denken, die XML-Dateien zu sichern, die den QCOW2-Snapshot beschreiben. Im Detail wird dies etwas weiter unten beschrieben.)

Wenn Sie nicht mit QCOW2-Images arbeiten, hat das Backup des virtuellen Datenträgers, das im laufenden Betrieb der virtuellen Maschine erstellt wird, prinzipiell dieselben Eigenschaften wie eine Festplatte eines Computers, der abstürzt bzw. dessen Strom ausfällt. Dank der Journaling-Funktion der meisten Linux-Dateisysteme (inklusive ext3 und ext4) gelingt es üblicherweise in wenigen Sekunden, die Konsistenz des Dateisystems wiederherzustellen. Es gibt aber keinerlei Garantien, in welchem Zustand sich die Dateien befinden, die unmittelbar vor Beginn des Backups verändert wurden. Trotz dieser Einschränkungen sind Snapshot-Backups zumeist *gut genug*, um eine virtuelle Maschine so schnell wie möglich wieder zum Laufen zu bringen.

QCOW2-Snapshots ohne VM-Zustand sichern und wiederherstellen

Sofern Sie QCOW2-Images als virtuelle Datenträger verwenden, können Sie deren Snapshot-Funktion zur Durchführung von Backups verwenden, am einfachsten mit dem virsh-Kommando snapshot-create-as (siehe auch Abschnitt 4.6 ab Seite 118).

Im folgenden Kommando ist vm der Name der virtuellen Maschine und backsnap der Name des Snapshots. Es darf kein gleichnamiger Snapshot existieren. Bei libvirt-Versionen vor Version 0.9.5 müssen Sie auf die Option --disk-only verzichten. Die Erzeugung des Snapshots dauert dann aber wesentlich länger; während dieser Zeit wird die virtuelle Maschine angehalten und ist von außen nicht erreichbar.

```
root#  snapshot-create-as vm backsnap --disk-only
```

Der Snapshot liegt momentan nur innerhalb der Image-Datei vor. Sollte die Festplatte des KVM-Hosts ausfallen, ist das gesamte Image verloren. Also müssen Sie in einem zweiten Schritt den Snapshot aus dem Image auslesen und in eine Datei auf einen Backup-Server übertragen, der im folgenden Beispiel über das Netzwerkverzeichnis /backup zugänglich ist. Das erforderliche Kommando sieht so aus:

```
root#  qemu-img convert -f qcow2 -s backsnap -O qcow2 vm.img /backup/back.img
```

qemu-img unterstützt die Option -s zum Auslesen eines Snapshots allerdings erst ab QEMU-Version 1.0. Wenn Ihre Distribution eine ältere Version enthält (in RHEL 6.2 kommt Version 0.12.1.2 zum Einsatz), müssen Sie zuerst die gesamte Image-Datei kopieren und dann bei der Kopie den Snapshot anwenden:

```
root#  cp vm.img /backup/back.img
root#  qemu-img snapshot -a backsnap /backup/back.img
```

Nach der Sicherung des Snapshots auf dem Backup-Server können Sie den Snapshot im originalen QCOW2-Image wieder entfernen:

```
root#  virsh snapshot-delete vm backsnap
```

Schließlich muss noch die XML-Datei der virtuellen Maschine gesichert werden:

```
root   cp /etc/libvirt/qemu/vm.xml /backup/backup.xml
```

Um die virtuelle Maschine wiederherzustellen, kopieren Sie das Backup-Image in einen libvirt-Speicherpool und stellen sicher, dass backup.xml den Namen und Ort des Datenträgers korrekt angibt. Anschließend richten Sie die neue virtuelle Maschine mit dem virsh-Kommando define ein. virsh start startet die virtuelle Maschine. Der Linux-Gast wird beim Start feststellen, dass das Dateisystem nicht ordnungsgemäß heruntergefahren worden ist, und wird dieses wieder in einen konsistenten Zustand bringen.

```
root#  virsh define /backup/backup.xml
Domain vm von /backup/backup.xml definiert
root#  virsh start vm
```

QCOW2-Snapshots mit dem VM-Status sichern und wiederherstellen (VM-Snapshots)

In einem Punkt sind QCOW2-Snapshots den LVM-Snapshots überlegen: Standardmäßig wird mit dem Snapshot auch gleich der Zustand der virtuellen Maschine gesichert. Das ermöglicht wirklich konsistente Snapshots, bei denen die virtuelle Maschine exakt in dem Zustand weiterläuft, in dem sie sich zum Beginn des Backups befunden hatte. Sie müssen also keine Angst vor defekten Dateien haben.

Überraschenderweise spielt diese Variante des Snapshot-Backups in der Praxis nur eine relativ kleine Rolle. Dafür gibt es mehrere Gründe:

» Die Speicherung des VM-Status und insbesondere des RAM-Abbilds dauert unverhältnismäßig lange. Während dieser Zeit muss die virtuelle Maschine pausieren.

» Außer der Image-Datei und der XML-Datei der virtuellen Maschine muss auch die XML-Datei des Snapshots gesichert und zur Wiederherstellung wieder korrekt eingerichtet werden. Dieser Vorgang ist schlecht dokumentiert.

» VM-Snapshots setzen QCOW2-Images voraus. Deswegen scheidet das hier präsentierte Verfahren aus, wenn Sie mit anderen Image-Formaten arbeiten oder Ihre Datenträger in Logical Volumes, in Netzwerkverzeichnissen, auf iSCSI-Geräten etc. speichern.

Den Snapshot selbst führen Sie wie im vorigen Abschnitt beschrieben mit dem `virsh`-Kommando `snapshot-create-as` aus – allerdings *ohne* die Option `--disk-only`.

```
root#   snapshot-create-as vm backsnap
```

Anschließend kopieren Sie drei Dateien auf Ihren Backup-Server: die Image-Datei, die XML-Datei der virtuellen Maschine und die XML-Datei des Snapshots:

```
root#   cp vm.img /backup/back.img
root#   cp /etc/libvirt/qemu/vm.xmls /backup/back.xml
root#   cp /var/lib/libvirt/qemu/snapshot/vm/backsnap.xml /backup/backsnap.xml
```

Um die virtuelle Maschine auf einem anderen Rechner wiederherzustellen, müssen Sie das Backup der Image-Datei in einen Speicherpool kopieren. Achten Sie darauf, dass der Image-Name und sein Speicherort mit den Angaben in den beiden XML-Dateien übereinstimmen! Gegebenenfalls müssen Sie die XML-Dateien entsprechend ändern.

Mit den folgenden `virsh`-Kommandos richten Sie die virtuelle Maschine sowie den Snapshot neu ein, wenden den Snapshot an und setzen die virtuelle Maschine exakt in dem Zustand fort, in dem sie sich zu Beginn des Backups befunden hatte.

```
root#   virsh define /backup/back.xml
root#   virsh snapshot-create vm /backup/backsnap.xml --redefine
root#   virsh snapshot-revert vm backsnap --running
```

LVM-Snapshots sichern und wiederherstellen

LVM-Snapshots zur Durchführung von Backups können Sie verwenden, wenn Sie als virtuelle Datenträger direkt Logical Volumes verwenden oder wenn Sie mit Disk-Images arbeiten, die in einem Logical Volume gespeichert sind.

Ein LVM-Snapshot ist ein unveränderliches Abbild eines Logical Volumes zu einem bestimmten Zeitpunkt. Das zugrunde liegende Logical Volume bleibt veränderbar. (Das ist gerade der Clou: Die virtuellen Maschinen laufen einfach weiter und bemerken nichts davon, dass Sie einen Snapshot erstellt haben.) LVM muss nun aber gewissermaßen zwei Zweige verwalten – das zugrunde liegende LV und den Snapshot. Alle Änderungen im zugrunde liegenden LV werden in einem beim Anlegen des Snapshots reservierten Speicherpool durchgeführt. Ist dieser Speicherplatz erschöpft, wird der Snapshot ungültig und kann nicht mehr verwendet werden.

Die naheliegende Frage ist jetzt natürlich, wie viel Speicherplatz Sie beim Erzeugen des Snapshots für Änderungen vorsehen müssen. Der Speicherplatz muss ausreichen, um alle Änderungen an der oder den virtuellen Maschinen zu speichern, die während des Backups erfolgen. Da die Durchführung des Backups nur wenige Minuten beansprucht, reichen in der Regel einige 100 MByte aus. Sofern Sie in der Volume Group Ihres LVM-Systems genug Speicher frei haben, ist es natürlich sicherer, den Änderungs-Pool ein wenig großzügiger zu reservieren.

Im ersten Beispiel gehen wird davon aus, dass Sie mit Image-Dateien arbeiten, die in einem Dateisystem gespeichert sind, das sich wiederum auf einem Logical Volume des KVM-Hosts befindet. Zur Durchführung des Backups erstellen Sie den Snapshot, binden den Snapshot als eigenes Dateisystem in den Verzeichnisbaum ein und kopieren dann die Image-Datei auf Ihren Backup-Server. Anschließend lösen Sie den Snapshot wieder auf.

Beim folgenden lvcreate-Kommando gibt -L die Größe der Änderungs-Pools an. Beachten Sie, dass Sie den Device-Namen des zugrunde liegenden Logical Volumes in der Form /dev/vgname/lvname angeben müssen, nicht in der Form /dev/mapper/vgname-lvname!

```
root#  lvcreate -s -L 2G --name lv4-snap /dev/vg1/lv4
root#  mkdir /snap
root#  mount /dev/vg1/lv4-snap /snap
root#  cp /snap/pool-pfad/vm.img /backup
root#  umount /snap
root#  rmdir /snap
root#  lvremove /dev/vg1/lv4
```

Wenn Sie ein Logical Volume direkt als virtuellen Datenträger verwenden (also ohne Dateisystem und Image-Datei), vereinfacht sich die Vorgehensweise ein wenig. Zum Auslesen des Snapshots verwenden Sie das Kommando dd:

```
root#  lvcreate -s -L 2G --name lv3-snap /dev/vg1/lv3
root#  dd if=/dev/vg1/lv3-snap of=/backup/backup.raw bs=64M
root#  lvremove /dev/vg1/lv4
```

Wie immer müssen Sie auch daran denken, die XML-Datei aus dem Verzeichnis /etc/ libvirt/qemu mit der Definition der virtuellen Maschine zu sichern.

Das Wiederherstellen der virtuellen Maschine ist unkompliziert: Sie kopieren das Backup-Image in einen Speicherpool des KVM-Hosts oder übertragen sie mit dd in ein Logical Volume, das Sie vorher in der richtigen Größe eingerichtet haben. Danach passen Sie den Pfad der Image-Datei in der XML-Datei entsprechend an und richten die virtuelle Maschine in virsh wieder ein:

```
root#  cp /backup/vm.img /var/lib/libvirt/images
root#  virsh define /backup/back.xml
```

HINWEIS

Die meisten iSCSI-Geräte bieten ebenfalls Snapshot-Funktionen. Die daraus resultierenden Möglichkeiten sind ganz ähnlich wie bei LVM-Snapshots. Es gibt für iSCSI-Snapshots aber keinen Standard, sodass eine allgemeingültige Beschreibung hier unmöglich ist.

Backups automatisieren

Nachdem Sie Ihre Backup-Prozedur inklusive der Wiederherstellung erfolgreich getestet haben, müssen Sie den Backup-Prozess automatisieren – üblicherweise durch ein Cron-Script, das jede Nacht ausgeführt wird und alle virtuellen Maschinen sichert. Dabei taucht in der Regel die Frage auf, wie Sie am einfachsten eine Schleife über alle virtuellen Maschinen bilden. Das Ergebnis von virsh list ist leider nicht besonders script-tauglich.

```
root#  virsh list
 Id Name                     Status
----------------------------------
 22 centos-mini              laufend
 23 centos62-boxgrinder      laufend
 24 centos62-vm2             laufend
```

Als Muster für eigene Backup-Scripts kann das folgende Script dienen, das die libvirt-IDs aller laufenden virtuellen Maschinen ausgibt:

```
#!/bin/bash
ids=$(virsh list | grep -v -e 'Id' -e '---' | awk '{print $1}')
for id in $ids; do
  echo $id
done
```

9.6 Live-Migration

Die Live-Migration bezeichnet ein Verfahren, bei dem der Gast im laufenden Betrieb von einem physikalischen Host auf einen anderen physikalischen Host verschoben wird. Sämtliche Applikationen laufen weiter, und auch Netzwerkverbindungen bleiben bestehen.

Die Live-Migration funktioniert unter den folgenden Voraussetzungen:

» Die virtuelle Festplatte (z. B. Datei-Image) ist von beiden physikalischen Hosts gleichzeitig erreichbar (z. B. NFS-Freigabe, iSCSI, FibreChannel etc.). Die virtuelle Festplatte wird auf beiden Systemen über den identischen Namen angesprochen.

» Beide physikalischen Hosts befinden sich in demselben Netzwerk und verfügen über eine identische Netzwerkkonfiguration (Bridge).

» Beide physikalischen Systeme verwenden dieselbe CPU, oder die unterschiedlichen Funktionen (z. B. NX) wurden maskiert.

Die Einschränkung, dass beide physikalischen Hosts auf die virtuelle Festplatte des Gastes zugreifen können, ist seit einiger Zeit weggefallen. Auch die virtuelle Festplatte kann bei der Migration mit `virsh migrate` **übertragen werden. Hierzu dienen die Optionen** `-copy-storage-all` **bzw.** `-copy-storage-inc`**. Dennoch zeigen wir hier den klassischen Weg, denn die Übertragung von sehr großen Festplatten dauert sehr lange, und eine Hochverfügbarkeit kann hiermit auch nicht gewährleistet werden.**

Der Gast muss dieses Verfahren nicht unterstützen. Es funktioniert tatsächlich mit jedem Gastbetriebssystem. Natürlich wird der Gast einen kurzen Moment angehalten. Dieser Moment ist jedoch meist sehr kurz (kürzer als eine Sekunde). Tatsächlich funktioniert sogar die Migration zwischen einer Intel und einer AMD-CPU. Auch 32-Bit-Gäste können von einer 64-Bit-CPU auf eine 32-Bit-CPU migriert werden.

Wie funktioniert die Migration? Wenn Sie die Migration anstoßen, beginnt KVM den Arbeitsspeicher des Gastes von dem originalen Host auf den neuen Host zu kopieren. Hierbei läuft der Gast weiter und verändert natürlich auch seinen virtuellen Arbeitsspeicher. KVM notiert sich die bereits kopierten und von dem Gast anschließend modifizierten Speicherseiten.

Nach einem ersten Durchlauf kopiert KVM im zweiten Durchlauf nur noch die modifizierten Speicherseiten. Diese wenigen Seiten können nun wesentlich schneller übertragen werden. Hierbei notiert sich KVM erneut die vom Gast im Weiteren modifizierten Speicherseiten. Dieses Verfahren wird so lange wiederholt, bis keine Geschwindigkeitssteigerung mehr erreicht werden kann. Nun hält KVM den Gast an, überträgt die restlichen Seiten und startet den Gast auf dem neuen physikalischen System. Die Migration ist abgeschlossen.

Alternativ zur Live-Migration können Sie die Migration auch offline durchführen. Hierbei wird der Gast zu Beginn angehalten, der gesamte Arbeitsspeicher auf das neue System übertragen und der Gast anschließend dort gestartet.

Im folgenden möchten wir Ihnen die Live-Migration an dem einfachen Beispiel einer NFS-Freigabe vorstellen. Später, in Abschnitt 10.2, zweigen wir die Live-Migration auch noch mithilfe von DRBD.

Wir benötigen hierzu drei Systeme:

» NFS-Server

» zwei KVM-Server

Erstellen Sie zunächst auf einem dritten Server eine NFS-Freigabe. Installieren Sie hierzu einen NFS-Server. Unter Ubuntu lautet das entsprechende Paket nfs-kernel-server. Bei RHEL heißt das Paket nfs-utils.

Erzeugen Sie anschließend die Datei /etc/exports:

```
/kvm              *(rw,sync,no_subtree_check)
```

Erzeugen Sie dann das Verzeichnis /kvm, und starten Sie den NFS-Server.

Nun können Sie dieses NFS-Verzeichnis als Storage-Pool für libvirt auf Ihren KVM-Servern einrichten. Erzeugen Sie eine Datei /tmp/nfspool.xml:

```
<pool type="netfs">
  <name>nfspool</name>
  <source>
    <host name="192.168.0.7"/>
    <dir path="/kvm"/>
  </source>
  <target>
    <path>/kvm</path>
  </target>
</pool>
```

Hiermit können Sie dann den Pool anlegen:

```
root#  virsh pool-define nfspool.xml
Pool nfspool definiert von nfs.xml
root#  mkdir /kvm
root#  virsh pool-start nfspool
Pool nfspool gestartet
root#  virsh pool-autostart nfspool
Pool nfspool marked as autostarted
```

Richten Sie nun einen Gast auf einem Ihrer KVM-Server ein, dessen virtuelle Festplatte in dem NFS-Storage-Pool gespeichert wird. Dies können Sie einfach mit dem Virtual Machine Manager erledigen. Alternativ können Sie auch die virtuelle Festplatte eines Gastes auf die NFS-Freigabe verschieben und anschließend die XML-Konfiguration des Gastes anpassen. Dann müssten Sie sich aber möglicherweise auch Gedanken um AppArmor oder SELinux machen. Testen Sie, ob der Gast sich einwandfrei starten und verwenden lässt.

Dann exportieren Sie die XML-Konfiguration des Gastes, kopieren diese auf den zweiten KVM-Server und importieren diese dort. Gleichzeitig erzeugen Sie auf beiden KVM-Servern SSH-Schlüssel für root und hinterlegen diese auf dem jeweils anderen Server. Im folgenden Listing ist der Server durch den Namen im Prompt hinterlegt.

```
root@kvm-node1#  virsh dumpxml Live-Migration-Gast > gast.xml
root@kvm-node1#  scp gast.xml root@kvm-node2:
gast.xml                                      100% 1664      1.6KB/s    00:00
root@kvm-node1#  ssh-keygen
Generating public/private rsa key pair.
Enter file in which to save the key (/root/.ssh/id_rsa):   <return>
Created directory '/root/.ssh'.
Enter passphrase (empty for no passphrase):    <return>
Enter same passphrase again:    <return>
...
root@kvm-node1#   ssh-copy-id root@kvm-node2

root@kvm-node2# virsh define gast.xml
Domain Live-Migration-Gast von gast.xml definiert
root@kvm-node2#  ssh-keygen
Generating public/private rsa key pair.
Enter file in which to save the key (/root/.ssh/id_rsa):   <return>
Created directory '/root/.ssh'.
Enter passphrase (empty for no passphrase):    <return>
Enter same passphrase again:    <return>
...
root@kvm-node2#  ssh-copy-id root@kvm-node1
```

Testen Sie nun, ob auch der zweite KVM-Server den Gast starten kann, indem Sie zunächst sicherstellen, dass auf dem ersten KVM-Server der Gast gestoppt wurde. Dann starten Sie über virsh oder den Virtual Machine Manager den Gast auf dem zweiten System.

Damit es nicht zu Zeitproblemen in den virtuellen Gästen kommt, sollten die KVM-Server beide zeitsynchronisiert laufen.

Lässt sich der Gast einzeln auf jedem der beiden KVM-Server starten, so können Sie die Live-Migration testen. Hierzu können Sie entweder den Virtual Machine Manager oder das Kommando virsh verwenden.

Im Virtual Machine Manager wählen Sie aus dem Kontextmenü des laufenden Gastes die Option MIGRIEREN... (siehe Abbildung 9.3), und in dem anschließenden Pop-up wählen Sie den entsprechenden anderen Host aus (siehe Abbildung 9.4). Die erweiterten Optionen erlauben Ihnen eine spezifischere Anpassung. Insbesondere wenn Sie den Virtual Machine Manager auf einem der beiden KVM-Server lokal nutzen, müssen Sie bei einer Migration auf den »localhost« hier die echte IP-Adresse des Systems angeben. Per Default erfolgt die Migration über den SSH-Transport. Hierzu müssen Sie den oben beschriebenen Austausch der Schlüssel vornehmen.

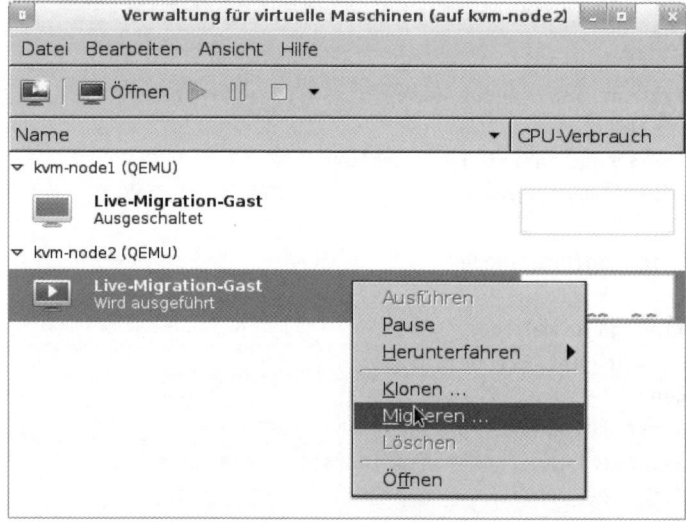

Abbildung 9.3: **Über das Kontextmenü des laufenden Gastes kann der Virtual Machine Manager die Migration starten.**

Alternativ kann die Migration natürlich auch per virsh erfolgen. Hierzu bietet der Befehl das Kommando migrate. Die Migration kann einfach mit dem folgenden Befehl erfolgen:

```
root@kvm-node2#   virsh migrate --live --domain Live-Migration-Gast \
                  --desturi qemu+ssh://kvm-node1/system
```

Der Befehl erlaubt auch die Angabe zusätzlicher Optionen. Deren Wirkung geht aus der Hilfe des Befehls hervor:

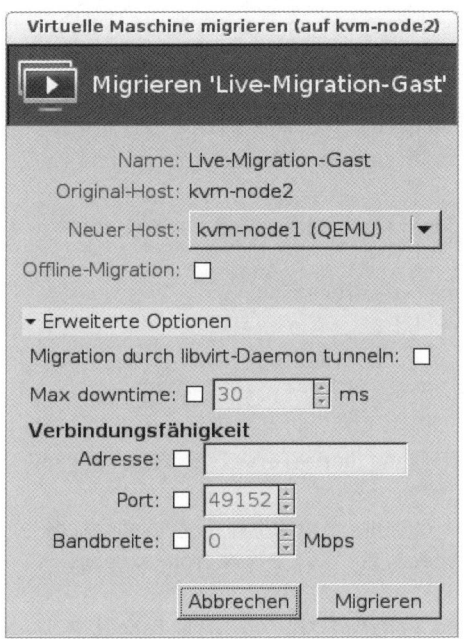

Abbildung 9.4: **Falls die Migration über ein Netzwerk erfolgt, das auch zu anderen Zwecken dient, können Sie die für die Migration genutzte Bandbreite beschränken.**

```
root@kvm-node2#  virsh help migrate
  NAME
    migrate - Domain auf anderen Host migrieren

  SYNOPSIS
    migrate [--live] [--p2p] [--direct] [--tunnelled] [--persistent]
      [--undefinesource] [--suspend] [--copy-storage-all] [--copy-storage-inc]
      [--change-protection] [--verbose] <domain> <desturi> [<migrateuri>]
      [<dname>] [--timeout <number>] [--xml <string>]

  BESCHREIBUNG
    Domain auf anderen Host migrieren. --live für Live-Migration hinzufügen.

  OPTIONEN
    --live             Live-Migration
    --p2p              peer-2-peer migration
    --direct           direct migration
    --tunnelled        tunnelled migration
    --persistent       persist VM on destination
    --undefinesource   undefine VM on source
```

```
--suspend              do not restart the domain on the destination host
--copy-storage-all     migration with non-shared storage with full disk
                       copy
--copy-storage-inc     migration with non-shared storage with incremental
                       copy (same base image shared between source and
                       destination)
--change-protection    prevent any configuration changes to domain until
                       migration ends)
--verbose              display the progress of migration
[--domain] <string>    Domainname, ID oder UUID
[--desturi] <string>   connection URI of the destination host as seen from
                       the client (normal migration) or source (p2p
                       migration)
[--migrateuri] <string>  Migrations-URI (kann normalerweise ausgelassen
                       werden)
[--dname] <string>     rename to new name during migration (if supported)
--timeout <number>     force guest to suspend if live migration exceeds
                       timeout (in seconds)
--xml <string>         filename containing updated XML for the target
```

10. Hochverfügbarkeit und Cloud

Dieses Kapitel beschäftigt sich mit der Hochverfügbarkeit von virtuellen Systemen und der Bereitstellung von virtuellen Systemen in einer eigenen Cloud. Leider gibt es hier so viele verschiedene Möglichkeiten, diese Aufgaben zu lösen, dass es sich bei den von uns vorgestellten Varianten nur um eine – möglicherweise schlechte – Auswahl handelt. Wir haben diese Varianten ahand unserer Erfahrungen mit typischen Anforderungen ausgewählt.

Natürlich können Sie hochverfügbare virtuelle Systeme auch mit anderen Clusterlösungen wie Heartbeat, Red Hat Cluster etc. implementieren. Hierzu gibt es eine Reihe von Anleitungen in den Weiten des Netzes. Wir haben uns hier allerdings für Corosync/Pacemaker/DRBD auf der einen und Ganeti auf der anderen Seite entschieden. Während Corosync/Pacemaker eine Standard-Cluster-Lösung darstellt, ist Ganeti eine Cloud-Cluster-Lösung, die speziell von Google für die Virtualisierung entwickelt wurde.

Während es für die Implementierung von hochverfügbaren Lösungen bereits viele Varianten gibt, ist Anzahl der weiteren OpenSource-Cloud-Lösungen vollkommen unübersichtlich. Wir beschränken uns daher in dem entsprechenden Abschnitt darauf, Ihnen die Vor- und Nachteile einer Cloud zu beschreiben und einen aktuellen Überblick über die unserer Meinung am häufigsten eingesetzten Cloud-Lösungen neben Ganeti zu geben.

Abschließend hätten wir gerne noch einen technologischen Ausblick mit Kemari gegeben. Kemari (http://www.osrg.net/kemari/) ermöglicht die Implementierung von fehlertoleranten virtuellen Systemen. Dies geht noch ein Schritt weiter als die Hochverfügbarkeit. Kemari stellt neben jeden virtuellen Gast eine Schattenkopie auf einem zweiten Host. Sobald der physikalische Host mit dem aktiven Gast ausfällt, wird die Schattenkopie aktiv und arbeitet exakt an der Stelle weiter, an der der originale Gast ausgefallen ist. Sämtliche Netzwerkverbindungen und Sitzungen bleiben erhalten. Aus Sicht des Clients ist kein Ausfall aufgetreten. Bei einer hochverfügbaren Lösung müssen nach einem Ausfall immer die Netzwerkverbindungen neu aufgebaut werden, und die Daten der aktiven Sitzung sind verloren. Leider wird Kemari seit über einem Jahr nicht weiterentwickelt.

10.1 Clustering mit Ganeti

Ganeti ist eine Cluster-Virtual-Server-Management-Software, die sowohl XEN als auch KVM als Virtualisierungsschicht nutzen kann. Ganeti erwartet eine Grundinstallation und übernimmt dann die Verwaltung der virtuellen Gäste einschließlich der Verwaltung der Festplatten, die Installation, den Start, den Stop und den Failover der Gäste. Ganeti erfordert keine spezielle Hardware und stellt auf einfache Weise die Hochverfügbarkeit der Gäste sicher.

Ganeti verfügt über die folgenden Eigenschaften:

» XEN-Unterstützung

» KVM-Unterstützung ab Version 2.0 inklusive
Live-Migration
Vollvirtualisierung
Teilvirtualisierung
Unterstützung für VNC und serielle Konsole
Unterstützung für virtio-Treiber

» Empfohlene Cluster-Größe 1 bis 40 Knoten

» Unterstützte Festplatten:
Logical LVM Volumes
Dateien
DRBD
Unterstützung für Partitionen in den Festplatten des Gastes

» Import/Export von Gästen

» Automatische Gast-Migration

Ganeti ist ein sehr umfangreiches Produkt. Wir beschränken uns hier darauf, Ihnen die ersten Schritte zu zeigen, sodass Sie erste Erfolge verzeichnen können. Weitere Details können Sie auf der Homepage des Projekts nachlesen:

http://code.google.com/p/ganeti/

Installation

Installieren Sie zunächst Debian oder Ubuntu auf den zukünftigen Ganeti-Knoten. RHEL, CentOS und Fedora werden von dem Ganeti-Cluster noch nicht unterstützt und erfordern Anpassungen. Hierbei sollten Sie mit einer Minimal-Installation starten. Gleichzeitig sollten Sie bei der Installation LVM nutzen und eine große LVM-Volume-Gruppe für die spätere Installation der Gäste vorsehen. Um die spätere Installation zu vereinfachen, können Sie diese Volume-Gruppe xenvg nennen. Dies ist der Ganeti-Default. Alternativ können Sie später auch einen anderen Namen für die Volume-Gruppe angeben (s. u.).

Ganeti erwartet darüber hinaus, dass jeder Knoten im Cluster über einen voll-qualifizierten Hostnamen verfügt. Stellen Sie sicher, dass Ihr System als Antwort auf den Befehl hostname --fqdn einen voll-qualifizierten Namen inklusive der Domäne anzeigt.

Stellen Sie darüberhinaus sicher, dass Sie die folgenden Software-Pakete installiert haben:

» KVM-Hypervisor

» DRBD, falls Sie es nutzen möchten

» LVM2

» OpenSSH

» Bridge-Utilities

» IProute2

» Arping (iputils)

» ndisc6 bei Verwendung von IPv6

» Python < 3.0

» Python OpenSSL Bindings

» Python-Module: simplejson, pyparsin, pyinotify, PycURL, ctypes

» socat

» Paramiko (optional)

Auf einem Ubuntu-System erledigen Sie dies mit dem folgenden Aufruf:

```
root#   apt-get install drbd8-utils kvm lvm2 ssh bridge-utils \
        iproute iputils-arping ndisc6 python python-openssl \
        openssl python-pyparsing python-simplejson \
        python-pyinotify python-pycurl socat python-paramiko
```

Ganeti selbst ist ebenfalls Bestandteil der Ubuntu-Distribution. Zur Installation führen Sie dieses Kommando aus:

```
root#   apt-get install ganeti2 ganeti-htools
```

Ubuntu-Administratoren können Ganeti aber auch selbst aus den Quellen installieren. Hierzu laden Sie die aktuelle Version von der Homepage. Im Weiteren verwenden wir in diesem Buch die Version 2.4.5. Dies entspricht auch der Version im Ubuntu Repository. Die Software entpacken und installieren Sie wie folgt:

```
root#  wget -q http://ganeti.googlecode.com/files/ganeti-2.4.5.tar.gz
root#  tar xzf ganeti-2.4.5.tar.gz
root#  cd ganeti-2.4.5
root#  ./configure --localstatedir=/var --sysconfdir=/etc \
          --prefix=/usr --with-os-dir=/srv/ganeti/os
root#  make
root#  make install
```

Bei der manuellen Installation müssen Sie nun noch einige Verzeichnisse erzeugen und
das Startscript kopieren:

```
root#  mkdir -p /etc/ganeti /var/lib/ganeti /var/log/ganeti \
            /srv/ganeti/os /srv/ganeti/export
root#  cp doc/examples/ganeti.initd /etc/init.d/ganeti
root#  chkconfig ganeti on
```

Cluster-Initialisierung

Um den Cluster zu initialisieren, bietet Ganeti ein Werkzeug an. Vor der Initialisierung
müssen jedoch noch einige Parameter festgelegt werden:

» Name des Clusters: kvm-cluster.example.com. Dieser Name muss sich in eine IP-
  Adresse auflösen lassen.

» Knoten des Clusters: node1.example.com, node2.example.com

» Netzwerk für die Datenreplikation: 192.168.0.0/24. Diese Angabe ist nur wichtig, wenn
  Ihr Cluster dual-homed ist. Das bedeutet, dass er über zwei Netzwerkkarten verfügt
  und über ein eigenes Replikationsnetz verfügt. Dann geben Sie die IP-Adresse jedes
  Knotens mit der Option -s an.

» Name der Volume-Gruppe (kvmVG) oder bei Verzicht auf LVM Angabe von --no-lvm-
  storage. Wir empfehlen jedoch die Verwendung von LVM. Hierzu legen Sie einfach mit
  pvcreate ein Physical-Volume und anschließend mit vgcreate eine Volume-Gruppe
  an:

```
root#  pvcreate /dev/sda7
    Physical volume "/dev/sda7" successfully created
root#  vgcreate kvmVG /dev/sda7
    Volume group "kvmVG" successfully created
```

» Bei Verzicht auf DRBD geben Sie --no-drbd-storage an. Wir empfehlen jedoch die
  Nutzung von DRBD. Keine Angst, Sie müssen DRBD nicht selbst administrieren.
  Dies übernimmt Ganeti für Sie. Allerdings müssen Sie eine Datei /etc/modprobe.d/
  drbd.conf mit folgendem Inhalt erzeugen:

```
options drbd minor_count=128 usermode_helper=/bin/true
```

Entladen Sie anschließend das Modul drbd und laden Sie es erneut:

```
root#  modprobe -r drbd
root#  modprobe drbd
```

» Angabe der Bridge, auf der cluster-weit die Gäste gestartet werden (--master-netdev). Diese Bridge müssen Sie zuvor selbst erzeugen. Wie Sie dies erledigen, haben wir in Abschnitt 5.2 gezeigt.

Rufen Sie den Befehl gnt-cluster init auf. Geben Sie, falls gewünscht, mit der Option -s die IP-Adresse des jeweiligen Knoten im Replikationsnetzwerk an. Mit --enabled-hypervisors wählen Sie KVM aus. Schließlich geben Sie noch den Namen des Clusters an:

```
root#   gnt-cluster init --enabled-hypervisors=kvm:kernel_path='' \
        --vg-name=kvmVG  --master-netdev=lan0 \
        --nic-parameters link=lan0 kvm-cluster
```

Falls bei diesem Befehl ein Fehler auftritt, müssen Sie Ihre Hosts-Datei wahrscheinlich anpassen. Der DNS-Name des Knotens darf nicht auf die Loopback-Adresse gebunden sein, sondern sollte auf die bei dem Befehl angegebene Adresse gebunden werden. Außerdem benötigt der Cluster selbst eine IP-Adresse, die noch nicht aktiv sein darf. Andernfalls kann es sein, dass das Verzeichnis /root/.ssh noch nicht existiert.

```
127.0.0.1 localhost
192.168.0.1 node1.example.com node1
192.168.0.2 node2.example.com node2
192.168.0.5 kvm-cluster
```

Wir hatten unter Ubuntu Precise Probleme mit der Initialisierung des Clusters. Ubuntu Precise und möglicherweise auch andere Distributionen nutzen die GnuTLS-Bibliothek statt der OpenSSL-Bibliothek in dem PyCurl-Paket. Diese erzeugt bei der Initialisierung einen Fehler, der in der Datei /var/log/ganeti/commands.log nachvollzogen werden kann:

```
2012-03-26 07:00:13,862: gnt-cluster init pid=5995 INFO Using PycURL
  libcurl/7.22.0 GnuTLS/2.12.14 zlib/1.2.3.4 libidn/1.23 librtmp/2.3
2012-03-26 07:00:18,658: gnt-cluster init pid=5995 ERROR RPC error
  in version from node node1.example.com: Error 35: gnutls_handshake()
  failed: GnuTLS internal error.
```

Wir haben den Bug an Ubuntu gemeldet. Vielleicht findet sich hier eine Lösung:

https://bugs.launchpad.net/ubuntu/+source/ganeti/+bug/964989

Wenn dieser Fehler auch bei Ihnen noch auftritt, müssen Sie eine Version von PyCurl installieren, die gegen die OpenSSL-Bibliothek gelinkt ist. Diese müssen Sie selber bauen:

```
root#   aptitude install build-essential dpkg-dev
root#   apt-get source python-pycurl
root#   aptitude build-dep python-pycurl
root#   aptitude install libcurl4-openssl-dev
root#   cd pycurl-7.19.0
root#   perl -p -i -e "s/gnutls/openssl/" debian/control
root#   dpkg-buildpackage -rfakeroot -b
root#   cd ..
root#   dpkg -i python-pycurl_7.19.0-4ubuntu3_amd64.deb
```

Bei diesem Fehler ist eine erneute Initialisierung nicht erforderlich. Starten Sie nach der Installation des neuen PyCurl-Paketes lediglich die Dienste neu. Wenn Sie dennoch anschließend die Initialisierung wiederholen wollen, müssen Sie zunächst sämtliche Dienste stoppen und den Inhalt des Verzeichnisses /var/lib/ganeti löschen:

```
root#   /etc/init.d/ganeti stop
root#   rm -rf /var/lib/ganeti/*
```

Nun können Sie sich mit gnt-node bereits Ihren Cluster anzeigen lassen:

```
root#   gnt-node list
Node              DTotal  DFree MTotal MNode MFree Pinst Sinst
node1.example.com 127.9G 127.9G  3.8G  270M  3.6G    0     0
```

Dies ist nun der Master-Knoten. Um einen weiteren Knoten hinzuzufügen, verwenden Sie auf dem Master den Befehl gnt-node:

```
root#   gnt-node add node2
-- WARNING --
Performing this operation is going to replace the ssh daemon keypair
on the target machine (node2.example.com) with the ones of the current one
and grant full intra-cluster ssh root access to/from it

Unable to verify hostkey of host node2.example.com:
fc:0e:14:a0:6d:19:49:dd:38:6d:23:de:ba:a0:ab:b1. Do you want to accept
it?
y/[n]/?: y
2012-03-26 07:42:59,964: MainThread Authentication to node2.example.com
  via public key failed, trying password
root password: <password>
Mon Mar 26 07:43:06 2012  - INFO: Node will be a master candidate
root#   gnt-node list
Node              DTotal  DFree MTotal MNode MFree Pinst Sinst
node1.example.com 127.9G 127.9G  3.8G  389M  3.5G    0     0
node2.example.com 127.9G 127.9G  3.8G  237M  3.6G    0     0
```

Sie sollten sich jetzt mit gnt-os auch die verfügbaren Betriebssysteme anzeigen lassen können:

```
root# gnt-os list
Name
debootstrap+default
```

Auch der folgende Befehl sollte nun keine Fehler mehr zeigen:

```
root# gnt-cluster verify
Mon Mar 26 09:18:23 2012 * Verifying global settings
Mon Mar 26 09:18:23 2012 * Gathering data (2 nodes)
Mon Mar 26 09:18:23 2012 * Gathering disk information (2 nodes)
Mon Mar 26 09:18:24 2012 * Verifying node status
Mon Mar 26 09:18:24 2012 * Verifying instance status
Mon Mar 26 09:18:24 2012 * Verifying orphan volumes
Mon Mar 26 09:18:24 2012 * Verifying orphan instances
Mon Mar 26 09:18:24 2012 * Verifying N+1 Memory redundancy
Mon Mar 26 09:18:24 2012 * Other Notes
Mon Mar 26 09:18:24 2012 * Hooks Results
```

Folgende Fehler traten bei uns auf, da wir zunächst nicht den richtigen Befehl für die Initialisierung genutzt hatten:

» Parameter 'kernel_path' fails validation
Rufen Sie dann den Befehl gnt-cluster modify -H kvm:kernel_path=" auf.

» missing bridges: xen-br0
Rufen Sie dann den Befehl gnt-cluster modify -N link=lan0 auf, um die richtige Bridge zu spezifizieren.

Diese Werte können Sie mit gnt-cluster info anzeigen.

Ganeti-Burn-In

Nun können wir noch die Default-Werte für unsere Gäste anpassen. Hierzu editieren Sie die Datei /etc/default/ganeti-instance-debootstrap. Wir haben die folgenden Zeilen modifiziert:

```
ARCH="amd64"
SUITE="squeeze"
```

Zusätzlich haben wir zur Sicherheit die Datei /usr/share/ganeti/os/debootstrap/common.sh angepasst und auf Zeile 145 lenny durch squeeze ersetzt. Da Ganeti diese Dateien nicht selbst synchronisiert, müssen Sie die Änderungen auf jedem Knoten manuell durchführen.

Die aktuelle Ubuntu-Version verwendet bereits KVM 1.0. Allerdings funktioniert Ganeti 2.4.5 nur mit KVM-Versionen kleiner 1.0. Auf der Ganeti-Mailingliste wurde ein entsprechender Patch veröffentlicht; außerdem wurde ein dazugehörender Bug in Ubuntu Launchpad angelegt:

http://groups.google.com/group/ganeti/browse_thread/thread/530de1a65facd91
https://bugs.launchpad.net/ubuntu/+source/ganeti/+bug/932166

Nach dem Anwenden des Patches müssen die Dienste neu gestartet werden:

```
root#   cd /usr/share/pyshared/ganeti/hypervisor/
root#   patch -p2 </root/fix-qemu-1.0-compat.patch
root#   rm /usr/lib/pymodules/python2.7/ganeti/hypervisor/hv_kvm.pyc
root#   /etc/init.d/ganeti restart
```

Ab der Version 2.5 wird Ganeti auch aktuelle KVM-Versionen ab 1.0 unterstützen.

TIPP

Ganeti bezeichnet die Gäste als Instanzen. Damit Ganeti die Instanz erzeugen kann, muss ihr Name im DNS oder der hosts-Datei hinterlegt werden!

Die Ganeti-Dokumentation empfiehlt nun einen Burn-In, um zu prüfen, ob der Cluster wie erwartet funktioniert. Der folgende Befehl erzeugt 5 Gäste:

```
root#   /usr/lib/ganeti/tools/burnin --disk-size=1G \
          -o debootstrap+default -p instance{1..5}
- Testing global parameters
- Creating instances
  * instance instance1
    on node1.example.com, node2.example.com
  * instance instance2
    on node2.example.com, node1.example.com
  * instance instance3
....
```

Anschließend testet der Befehl den Tausch der DRBD-Festplatte bei redundanten Gästen, Failover und Migration, das Erweitern der Festplatte, das Hinzufügen und Entfernen von Platten, das Hinzufügen und Entfernen von Netzwerkkarten, den Export und anschließenden Import, Umbennung, Reboot, Shutdown, Start und schließlich das Entfernen der Instanzen. Dies dauert einige Zeit ;-)

Ganeti und VNC

Ganeti selbst bevorzugt die serielle Konsole. Damit Ganeti den VNC-Port öffnet, sollte die serielle Konsole abgeschaltet und die VNC-Adresse gesetzt werden. Dies kann clusterweit erfolgen, jedoch können Sie dann Instanzen, die für den seriellen Port konfiguriert sind, nicht mehr erreichen. Bei diesen müssen Sie dann den seriellen Port wieder manuell aktivieren.

```
root# gnt-cluster modify -H kvm:vnc_bind_address=127.0.0.1
root# gnt-cluster modify -H kvm:serial_console=false
```

Ganeti-Instanzen

Um manuell eine Instanz zu erzeugen, verwenden Sie den Befehl gnt-instance:

```
root# gnt-instance add -o debootstrap+default -n node1:node2 \
        -t drbd -s 1G -B512M instance1
11:25:09 * creating instance disks...
11:25:13 adding instance instance1.example.com to cluster config
11:25:15  - INFO: Waiting for instance instance1.example.com to sync disks.
11:25:16  - INFO: - device disk/0:  6.30% done, 33s remaining (estimated)
11:25:49  - INFO: Instance instance1.example.com's disks are in sync.
11:25:49 * running the instance OS create scripts...
```

Dabei definiert die Option -n den primären und sekundären Knoten, auf dem der Gast erzeugt wird. Durch die Angabe von -t drbd erzeugt der Befehl auf beiden Knoten ein Logical Volume, das mithilfe von DRBD automatisch synchronisiert wird. Alternativ erzeugt -t plain eine Festplatte ohne Redundanz. Die Option -s 1G gibt schließlich die Größe der Festplatte an. Die Option -B512M spezifiziert den Arbeitsspeicher des Gastes.

Außerdem stehen die folgenden Kommandos zur Verwaltung der Instanzen zur Verfügung:

» gnt-instance start <instanz>: Hiermit starten Sie einen Gast.

» gnt-instance shutdown <instanz>: Dieser Befehl beendet eine Instanz.

» gnt-instance console <instanz>: Hiermit verbinden Sie sich mit der seriellen Konsole.

» gnt-instance migrate <instanz>: Hiermit migrieren Sie die Instanz von einem Knoten auf den sekundären Knoten.

» gnt-instance failover <instanz>: Hiermit wird eine Instanz gestoppt und auf dem sekundären Knoten gestartet.

Um ein anderes OS als die von Ganeti unterstützten Varianten zu verwenden, ist der einfachste Weg die Installation über ein ISO-Image. Hierzu laden Sie zunächst ein ISO-Image aus dem Internet herunter. Anschließend erzeugen Sie eine Ganeti-Instanz, ohne die Installation des Betriebssystems auszulösen. So werden lediglich die Festplatten erzeugt:

```
root#  gnt-instance add --no-install -o debootstrap+default \
          -n node2 -t plain  -s 10G instance1
13:45:15   - INFO: No-installation mode selected, disabling startup
13:45:19  * disk 0, vg kvmVG, name 0ea938a7-9928-4802-aa86-6e39dac69850.disk0
13:45:19  * creating instance disks...
13:45:19  adding instance instance1.example.com to cluster config
13:45:20   - INFO: Waiting for instance instance1.example.com to sync disks.
13:45:20   - INFO: Instance instance1.example.com's disks are in sync.
```

Jetzt modifizieren Sie die Instanz, sodass sie statt einer seriellen Konsole VNC unterstützt, und booten von dem ISO-Image. Der VNC-Port kann dann mit gnt-instance info
angezeigt werden:

```
root#  gnt-instance modify -H serial_console=false instance1
Modified instance instance1
 - hv/serial_console -> False
root#  gnt-instance modify -H vnc_bind_address=127.0.0.1 instance1
Modified instance instance1
 - hv/vnc_bind_address -> 127.0.0.1
root#  gnt-instance start -H \
          boot_order=cdrom,cdrom_image_path=/root/ubuntu-11.10.iso instance1
root#  gnt-instance info instance1
Instance name: instance1.example.com
UUID: d51f47f1-c7f7-473e-b0c6-6f7832c3557e
Serial number: 6
Creation time: 2012-03-26 13:45:19
Modification time: 2012-03-26 14:10:37
State: configured to be up, actual state is up
  Nodes:
    - primary: node2.example.com
    - secondaries:
  Operating system: debootstrap+default
  Allocated network port: 11071
  Hypervisor: kvm
    - console connection:  vnc to 127.0.0.1:11071 (node
      node2.example.com) (display 5171)
```

Nun können Sie mit dem VNC-Viewer die Installation durchlaufen lassen (siehe Abbildung 10.1).

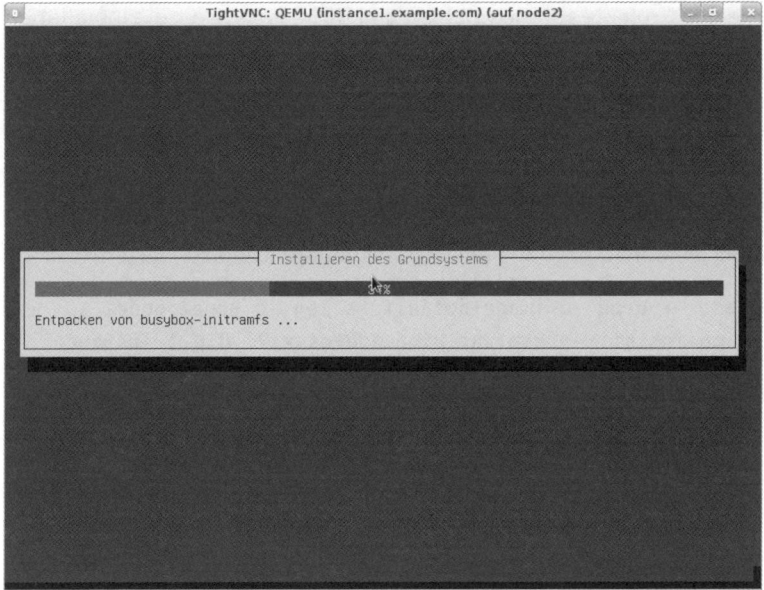

Abbildung 10.1: **Nach Aktivierung von VNC lassen sich beliebige Betriebssysteme in Ganeti installieren.**

Ganeti Instance Image

Der Ganeti-Cluster verwendet per Default das Werkzeug debootstrap, um die Instanzen zu erzeugen. Hiermit können Debian und Ubuntu-Instanzen erzeugt werden. Um andere Systeme (wie ein CentOS) zu installieren, ist es einfacher, eine einmalige Installation zu klonen. Dies ist die Aufgabe von *Ganeti Instance Image*:

https://code.osuosl.org/projects/ganeti-image

Ganeti Instance Image bietet:

» flexible Betriebssystemunterstützung

» schnelle Erzeugung neuer Instanzen

» einfache Verwendung

» automatische Konfiguration der seriellen Schnittstelle (Debian, Ubuntu, Redhat, CentOS, Fedora, Gentoo)

» automatische Netzwerkkonfiguration (Debian, Ubuntu, Redhat, CentOS, Fedora, Gentoo)

» automatische Erzeugung der SSH-Host-Schlüssel

Auf der Download-Seite des Projektes stehen Debian und RPM-Pakete für die Installation zur Verfügung:

https://code.osuosl.org/projects/ganeti-image/files

Unter Ubuntu installieren Sie das Paket einfach mit dpkg -i. Zusätzlich benötigen Sie auch noch das Paket gawk aus Ihrer Distribution.

Nun erzeugen Sie wieder eine Instanz, ohne diese zu installieren und zu starten:

```
root#  gnt-instance add -t drbd -o image+default -s 10g -n node2:node1 \
         --no-start --no-install -H kvm:vnc_bind_address=127.0.0.1 instance3
```

Anschließend passen Sie die Datei /etc/default/ganeti-instance/image an:

```
SWAP=yes
IMAGE_NAME="ubuntu-11.10"
ARCH="x86_64"
IMAGE_DEBUG=1
```

Nun starten Sie die Instanz:

```
root#  gnt-instance start -H \
         boot_order=cdrom,cdrom_image_path=/root/ubuntu-11.10.iso instance3
```

Den Port ermitteln Sie wieder mit gnt-instance info instance3. Dann verbinden Sie sich mit den VNC-Viewer. Hier können Sie die Installation wie gewohnt durchführen. Damit Ganeti jedoch später die Festplatte richtig erkennt, müssen Sie ein bestimmtes Partitionierungslayout einhalten. Da wir eine Swap-Partition verwenden, muss das Layout aus genau drei Partitionen bestehen, die in der folgenden Reihenfolge angelegt werden müssen: /boot, swap und / (siehe Abbildung 10.2).

Nachdem Sie die Installation durchgeführt haben, schalten Sie den virtuellen Gast ab. Dann können Sie den Gast auslesen:

```
root#  gnt-instance shutdown instance3
root#  /usr/share/ganeti/os/image/tools/make-dump instance3
Creating dump from instance3 for boot at
    /var/cache/ganeti-instance-image/ubuntu-11.10-x86_64-boot.dump
  DUMP: Date of this level 0 dump: Mon Mar 26 16:13:07 2012
  DUMP: Dumping /dev/mapper/drbd1-1 (an unlisted file system) to
    /var/cache/ganeti-instance-image/ubuntu-11.10-x86_64-boot.dump
  DUMP: Label: none
  DUMP: Writing 10 Kilobyte records
  DUMP: Compressing output at compression level 9 (zlib)
  DUMP: mapping (Pass I) [regular files]
  DUMP: mapping (Pass II) [directories]
  ....
```

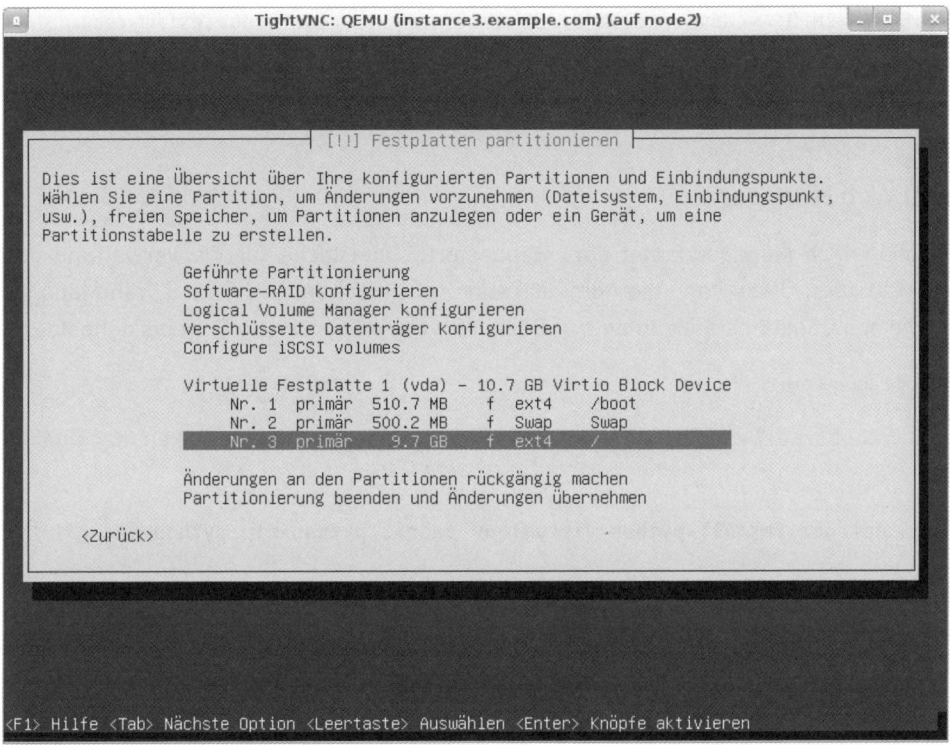

Abbildung 10.2: **Ganeti Instance Image erwartet ein bestimmtes Partitionierungsschema.**

Dieser Befehl erzeugt Abbilder des Gastes in /var/cache/ganeti-instance-image.

Damit Ganeti Instance Image bei der Erzeugung einer neuen Instanz diese sinnvoll anpassen kann, müssen die folgenden Scripts ausführbar sein:

```
root#  chmod 0700 /etc/ganeti/instance-image/hooks/grub
root#  chmod 0700 /etc/ganeti/instance-image/hooks/interfaces
root#  chmod 0700 /etc/ganeti/instance-image/hooks/ssh
```

Um nun basierend auf diesem Abbild einen neuen Gast zu erzeugen, verwenden Sie den folgenden Befehl:

```
root#  gnt-instance add -t drbd -o image+default -s 10g -n node2:node1 \
       -H kvm:vnc_bind_address=127.0.0.1 instance4
16:22:56 * creating instance disks...
16:23:01 adding instance instance4.example.com to cluster config
16:23:04  - INFO: Waiting for instance instance4.example.com to sync disks.
16:23:05  - INFO: - device disk/0:  1.50% done, 3m 24s remaining (estimated)
16:24:06  - INFO: - device disk/0: 37.00% done, 1m 48s remaining (estimated)
16:25:06  - INFO: - device disk/0: 72.30% done, 46s remaining (estimated)
```

```
16:25:53  - INFO: - device disk/0: 99.40% done, 1s remaining (estimated)
16:25:54  - INFO: Instance instance4.example.com's disks are in sync.
16:25:54 * running the instance OS create scripts...
16:27:19 * starting instance...
```

Ganeti Web Manager

Der *Ganeti Web Manager* bietet eine webbasierte Oberfläche für die Verwaltung des Ganeti-Clusters. Diese kann die Administration vereinfachen. Der Ganeti Web Manager wird, wie das Ganeti Instance Image, auf den *OSU Open Source Lab Projects* gehostet:

http://code.osuosl.org

Um die Weboberfläche zu installieren, müssen Sie zunächst einzelne Pakete nachinstallieren:

```
root#  apt-get install python-virtualenv fabric python-pip python-dev git
```

Anschließend laden Sie den Ganeti Web Manager. Die aktuellste Version 0.8 ist vom 23. Februar 2012:

```
root#  wget -q https://code.osuosl.org/attachments/download/2853/\
       ganeti-webmgr-0.8.tar.gz
```

Die weitere Installation erfolgt nun mit fabric. Hierzu wechseln Sie nach dem Entpacken des Quelltextes in das entsprechende Verzeichnis und rufen den folgenden Befehl auf:

```
root#  fab dev deploy
....
root#  source bin/activate
```

Dieser Befehl lädt nun verschiedenste Pakete aus dem Internet nach und installiert diese Pakete auf dem System.

Nun müssen Sie den Web Manager noch konfigurieren. Hierzu kopieren Sie die bereitgestellte Datei mit den Default-Settings. Sie können die Datei auch nach eigenen Wünschen anpassen, allerdings genügen in den meisten Fällen die Default-Settings. Dann initialisieren Sie die Datenbank (Default: SQLite) und erzeugen die Such-Indizes:

```
root#  cp settings.py.dist settings.py
root#  ./manage.py syncdb --migrate
Loading Muddle Shots
Syncing...
Creating tables ...
Creating table auth_permission
...
```

```
You just installed Django's auth system, which means you don't
have any superusers defined.
Would you like to create one now? (yes/no): yes
Username (leave blank to use 'root'): root
E-mail address: ralf@spenneberg.de
Password: <password>
Password (again): <password>
Superuser created successfully.
New site: [1] Ganeti Web Manager (localhost:8000) created in
django_site table.
...
root#  ./manage.py rebuild_index
Loading Muddle Shots

WARNING: This will irreparably remove EVERYTHING from your search index.
Your choices after this are to restore from backups or rebuild via the
`rebuild_index` command.
Are you sure you wish to continue? [y/N]  y

Removing all documents from your index because you said so.
All documents removed.
Indexing 0 virtual machines.
Indexing 0 nodes.
Indexing 0 clusters.
root#  ./manage.py runserver
Validating models...

Loading Muddle Shots
0 errors found
Django version 1.4, using settings 'ganeti_webmgr.settings'
Development server is running at http://127.0.0.1:8000/
Quit the server with CONTROL-C.
```

Unsere Version hatte noch einen Fehler, der sich bei der ersten Verbindung zum Server durch folgende Fehlermeldungen äußerte:

```
ImproperlyConfigured: Middleware module "django.middleware.csrf" does not
define a "CsrfResponseMiddleware" class
```

Hier genügte es, die entsprechende Zeile in der Datei settings.py auszukommentieren:

```
MIDDLEWARE_CLASSES = (
    'django.middleware.common.CommonMiddleware',
    'django.middleware.csrf.CsrfViewMiddleware',
    'django.contrib.sessions.middleware.SessionMiddleware',
    'django.middleware.locale.LocaleMiddleware',
    'django.contrib.auth.middleware.AuthenticationMiddleware',
    'django.contrib.messages.middleware.MessageMiddleware',
#    'django.middleware.csrf.CsrfResponseMiddleware'
)
```

Nach dem ersten Login mit dem Browser können Sie in dem Web Manager einen neu-
en Cluster erzeugen oder auch einen vorhandenen Cluster importieren. Hierzu wechseln
Sie in das Menü Clusters und rufen dort Add Cluster auf. Anschließend können Sie im
Browser die Daten Ihres Clusters angeben (siehe Abbildung 10.3). In unserem Fall müssen wir die Felder für den Benutzer und das Kennwort frei lassen!

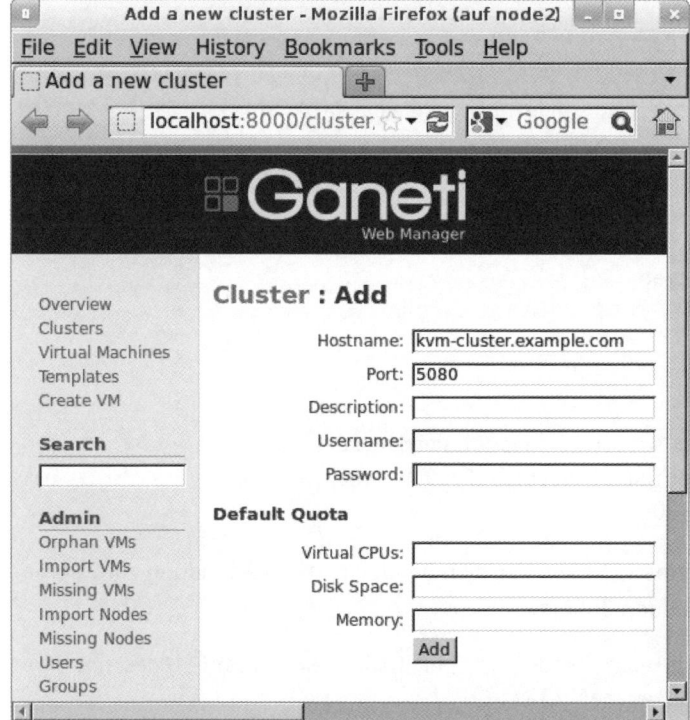

Abbildung 10.3: **Vorhandene Cluster können einfach importiert werden.**

Anschließend können Sie sich mit dem Web Manager einen Überblick verschaffen,
Benutzer verwalten, diesen Rechte zuweisen und sich sogar mit der Konsole einzelner
virtueller Maschinen im Browser verbinden.

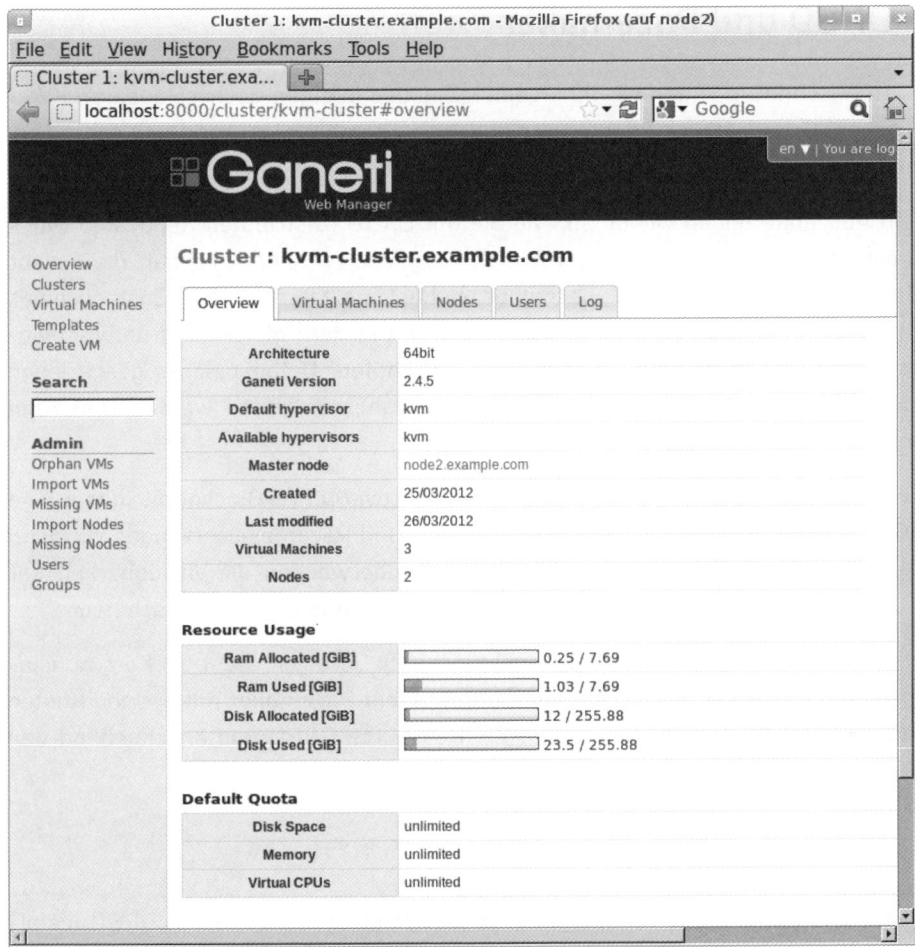

Abbildung 10.4: **Die Weboberfläche bietet eine übersichtliche Ansicht des Clusters.**

Damit auch die Verbindung zur VNC-Konsole im Browser funktioniert, müssen Sie den VNC-Proxy momentan noch manuell starten. Hierzu rufen Sie den folgenden Befehl auf:

```
root#  source bin/activate
root#  twistd --pidfile=/tmp/proxy.pd -n vncap
```

Diese VNC-Anbindung erfolgt über einen VNC-Proxy und noVNC, eine VNC-Implementierung per JavaScript im Browser, die über Websockets angebunden wird.

Leider ist dennoch in der von uns getesteten Version die Weiterleitung der Konsole bei Verwendung eines aktuellen Firefox 11 defekt. Dies wird in einer zukünftigen Version sicherlich behoben sein. Grundsätzlich funktioniert diese jedoch. Wir nutzen noVNC auch in einigen eigenen Projekten.

10.2 DRBD und Pacemaker

Mit diesem Abschnitt möchten wir Ihnen einen Einstieg in einen hochverfügbaren KVM-Cluster geben. Grundsätzlich könnten wir über das Thema ein ganzes Buch schreiben. Wir können daher einzelne Themen nur am Rande streifen.

In diesem Abschnitt zeigen wir Ihnen, wie Sie mit DRBD (Distributed Replicated Block Device) ein hochverfügbares Blockgerät erzeugen. Wir verzichten darauf, die Gefahr eines Split-Brain zu diskutieren. Hiermit bezeichnet die Literatur den Zustand eines Clusters, in dem die Kommunikation gestört ist und in dem gleichzeitig unterschiedliche Daten auf den gemeinsamen, nun aber getrennten, Datenspeicher geschrieben werden. Das erzeugt inkonsistente Daten und muss daher verhindert werden. Dies kann mit Stonith-Verfahren erfolgen.

Anschließend zeigen wir Ihnen, wie Sie DRBD als Active/Active-Blockgerät nutzen und so den Gast lebend migrieren können. Mit Corosync und Pacemaker erzeugen wir dann einen 2-Knoten-Cluster. Corosync und Pacemaker überwachen die Verfügbarkeit der Knoten und definierten Ressourcen und starten diese bei Ausfall automatisch neu.

Der fertige Cluster hat den Aufbau aus Abbildung 10.5. Corosync stellt die Kommunikation der Knoten im Cluster zur Verfügung. Corosync teilt Pacemaker mit, welche Knoten zur Verfügung stehen. Pacemaker startet die Ressource DRBD und anschließend den virtuellen Gast.

DRBD

Wir beginnen mit der DRBD-Komponente. Hierzu müssen Sie zunächst DRBD installieren. Dies ist bei den modernen Distributionen einfach, da DRBD seit Version 2.6.33 Bestandteil des Linux-Kernels ist. Unter Ubuntu 12.04 genügt daher die Installation des folgenden Paketes:

```
root#  aptitude install drbd8-utils
```

Das RHEL-6-System bietet von Haus keine DRBD-Unterstützung. Diese ist allerdings bei einem Support-Vertrag erhältlich. Alternativ können Sie das ELRepo-Repository nutzen:

```
root#  rpm -i http://elrepo.org/elrepo-release-6-4.el6.elrepo.noarch.rpm
Warnung: /var/tmp/rpm-tmp.hX9g58: Header V4 DSA/SHA1 Signature,
Schlüssel-ID baadae52: NOKEY
root#  yum install drbd84 kmod-drbd84
```

DRBD stellt eine Art Netzwerk-RAID-1 zur Verfügung. Hierbei können zwei gleich große Festplatten oder Partitionen über das Netzwerk repliziert werden. Um dies zu nutzen, benötigen Sie also zwei Systeme, auf denen Sie DRBD zunächst installieren und dann

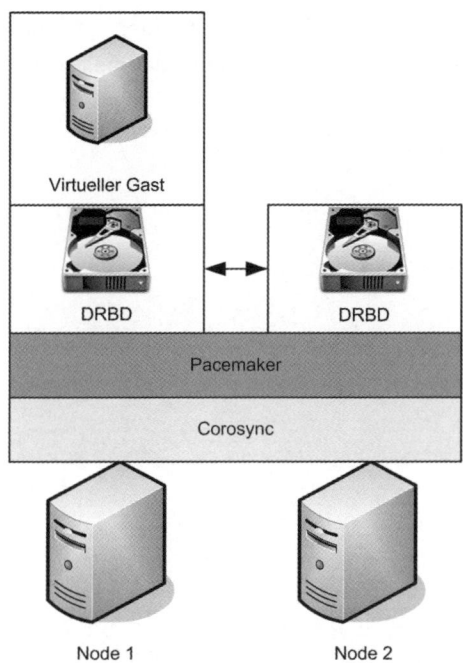

Abbildung 10.5: **Der Cluster besteht aus mehreren Applikationen, die in Schichten aufeinander aufbauen.**

entsprechend eine Partition anlegen. Wir werden im Folgenden eine 10 GByte große Partition verwenden. Diese können Sie zum Beispiel mit fdisk anlegen:

```
root#  fdisk /dev/sda
Befehl (m für Hilfe):  n
Partition type:
    p   primary (1 primary, 1 extended, 2 free)
    l   logical (numbered from 5)
Select (default p):  l
Adding logical partition 7
Erster Sektor (44259328-312580095, Vorgabe: 44259328):  <return>
Benutze den Standardwert 44259328
Last Sektor, +Sektoren or +sizeK,M,G (44259328-312580095, Vorgabe: 312580095):
 +10G
Befehl (m für Hilfe):  w
Die Partitionstabelle wurde verändert!
Rufe ioctl() um Partitionstabelle neu einzulesen.
WARNING: Re-reading the partition table failed with error 16: Das Gerät oder
die Ressource ist belegt.  The kernel still uses the old table. The new table
will be used at the next reboot or after you run partprobe(8) or kpartx(8)
root#  partprobe /dev/sda
```

Nun müssen wir die Konfigurationsdatei für DRBD erzeugen. Ubuntu nutzt hier eine Verzeichnisstruktur, bei der jede Ressource in einer eigenen Include-Datei definiert wird. Erzeugen Sie daher die Datei /etc/drbd.d/drbd0.res:

```
resource drbd0 {
  on nodeX {
    device    /dev/drbd0;
    disk      /dev/sda6;
    address   192.168.0.X:7788;
    flexible-meta-disk internal;
  }

  on nodeY {
    device    /dev/drbd0;
    disk      /dev/sda6;
    address   192.168.0.Y:7788;
    flexible-meta-disk internal;
  }
}
```

Wichtig sind hier die Namen nodeX und nodeY, die mit den tatsächlichen Rechnernamen übereinstimmen müssen. Auch die IP-Adressen müssen Sie anpassen. Der Port ist frei wählbar. Mit dem Parameter disk geben Sie die tatsächliche Partition an, während das device den Namen des Netzwerk-Raid-Devices definiert, das Sie später verwenden können.

TIPP

Der Name der Ressource und der DRBD-Gerätename müssen nicht übereinstimmen. Wir haben übereinstimmende Namen jedoch häufig als hilfreich empfunden.

Auf einem RHEL-System fügen Sie den Block in die Datei /etc/drbd.conf ein. Nachdem Sie auf beiden Systemen die Partition erzeugt haben, müssen Sie zunächst mit drbdadm die DRBD-Metadaten auf der Partition erzeugen. Hier speichert DRBD die eigenen Verwaltungsinformationen ab. Diesen Befehl müssen Sie auf beiden Knoten aufrufen!

```
root#  drbdadm create-md drbd0
Writing meta data...
initializing activity log
NOT initialized bitmap
New drbd meta data block successfully created.
success
```

Nun müssen Sie auf beiden Systemen den DRBD-Dienst starten. Dieser lädt die Kernelmodule und stellt die Verbindung zwischen den beiden Systemen her. Dies können Sie anschließend auch direkt über eine Pseudodatei im /proc-Verzeichnis kontrollieren.

```
root#  /etc/init.d/drbd start
* Starting DRBD resources
[ d(drbd0) n(drbd0) ]......                                    [ OK ]
root#  cat /proc/drbd
version: 8.3.11 (api:88/proto:86-96)
srcversion: 2D876214BAAD53B31ADC1D6
 0: cs:Connected ro:Secondary/Secondary
    ds:Inconsistent/Inconsistent C r-----
    ns:0 nr:0 dw:0 dr:0 al:0 bm:0 lo:0 pe:0 ua:0 ap:0 ep:1 wo:f oos:10485404
```

> **TIPP**
>
> **Der Start des Dienstes ist übrigens erst beim Aufbau der Kommunikation erfolgreich. Sie müssen also auf beiden Systemen DRBD starten! Eine Firewall darf die Kommunikation nicht verhindern!**

Noch ist das DRBD-Gerät inkonsistent. Sie müssen nun selbst entscheiden, welches System zu Beginn der primäre Knoten wird. Dessen Daten werden dann auf den anderen Knoten übertragen. Führen Sie hierzu auf **einem der beiden Knoten** den Befehl drbdsetup aus:

```
root#  drbdsetup /dev/drbd0 primary --overwrite-data-of-peer
root#  cat /proc/drbd
version: 8.3.11 (api:88/proto:86-96)
srcversion: 2D876214BAAD53B31ADC1D6
 0: cs:SyncSource ro:Primary/Secondary ds:UpToDate/Inconsistent C r-----
    ns:6528 nr:0 dw:0 dr:7200 al:0 bm:0 lo:0 pe:0 ua:0 ap:0 ep:1
    wo:f oos:10478876
    [>..................] sync'ed:  0.1% (10232/10236)Mfinish: 2:08:25
    speed: 1,304 (1,304) K/sec
```

Nun beginnt die Synchronisation. Falls diese nur sehr langsam erfolgt, können Sie die Geschwindigkeit vorübergehend steigern:

```
root# drbdsetup /dev/drbd0 syncer -r 100M
```

Damit die Geschwindigkeit nach einem Reboot nicht wieder den langsamen Default von 250 KByte/s annimmt, können Sie Ihre Konfigurationsdatei erweitern:

```
syncer   rate 100M;
```

Sie könnten jetzt bereits das Gerät /dev/drbd0 mit einem Dateisystem formatieren und mounten. Wir möchten Ihnen hier aber eine andere Verwendung vorstellen: Diese nutzt das Gerät direkt für die Installation des Gastes. Das ermöglicht später eine Live-Migration des Gastes durch Pacemaker.

Bei einer Formatierung mit ext4 oder einem ähnlichen Dateisystem wäre dies nicht möglich, da die Live-Migration den gleichzeitigen Zugriff auf das Dateisystem durch beide physikalischen Hosts verlangt. Ext4 erlaubt dies nicht. Hierzu müssten Sie ein Cluster-Dateisystem wie ocfs2 einsetzen.

Alternativ können Sie den von uns hier vorgeschlagenen Weg nutzen, bei dem jeder Gast ein eigenes DRBD-Gerät erhält. Hierzu installieren Sie nun auf dem System, das Sie zuvor als Primary ausgewählt haben, zum Beispiel mit dem Virtual Machine Manager einen neuen Gast Gast-Pacemaker. Bei der Wahl der Festplatte geben Sie /dev/drbd0 an (siehe Abbildung 10.6).

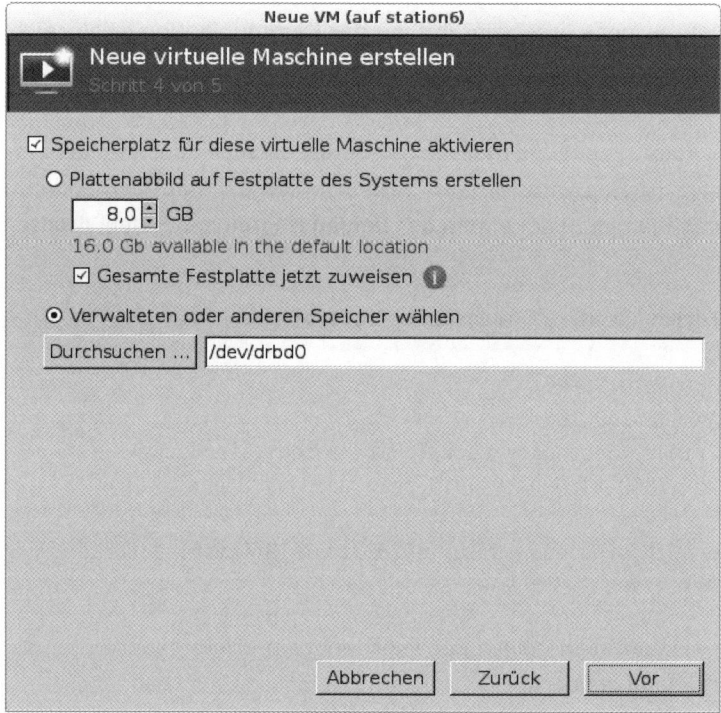

Abbildung 10.6: **Im Virtual Machine Manager können Sie das DRBD-Gerät als Festplatte wählen.**

Um das DRBD-Gerät zu testen, fahren Sie den Gast auf dem System herunter, auf dem das DRBD-Gerät im Primary-Mode ist. Anschließend versetzen Sie mit drbdadm das DRBD-Gerät hier in den Secondary-Mode. Exportieren Sie die XML-Konfiguration des Gasts und kopieren Sie diese auf das andere System:

```
root#   drbdadm secondary drbd0
root#   virsh dumpxml Gast-Pacemaker > gast-pacemaker.xml
root#   scp gast-pacemaker.xml node2:
```

Nun wechseln Sie auf das zweite System. Importieren Sie hier mit virsh define die XML-Konfiguration, und versetzen Sie das DRBD-Gerät in den Primary-Mode:

```
root#   virsh define gast-pacemaker.xml
Domain Gast-Pacemaker von gast-pacemaker.xml definiert
root#   drbdadm primary drbd0
```

Bevor Sie den Gast starten, prüfen Sie, ob die Synchronisation des DRBD-Geräts abgeschlossen ist. Starten Sie dann den Gast. Funktioniert er einwandfrei?

Nun können wir auch beide DRBD-Geräte gleichzeitig in den Primary-Mode versetzen. DRBD ist hierzu grundsätzlich in der Lage. Normalerweise verlangt diese Funktion jedoch ein Cluster-Dateisystem, da beide Knoten gleichzeitig schreiben könnten. Wenn wir sicherstellen, dass der Gast immer nur auf einem der beiden Systeme aktiv ist, stellt dies jedoch kein Problem dar.

Hierzu editieren Sie Ihre DRBD-Konfigurationsdatei und fügen folgende Zeilen ein:

```
net {
  allow-two-primaries;
  after-sb-0pri discard-zero-changes;
  after-sb-1pri discard-secondary;
  after-sb-2pri disconnect;
}
startup {
  become-primary-on both;
}
```

Hiermit stellen Sie gleichzeitig sicher, dass der Cluster nach einem Split-Brain nur dann wiederhergestellt wird, wenn dies ohne Datenverlust möglich ist!

Starten Sie anschließend die DRBD-Dienste auf den beiden Systemen neu.

TIPP

Gerade am Anfang und bei Experimenten kann die DRBD-Synchronisation gestört werden. Dann befindet sich plötzlich ein System im Standalone-Modus. Hier können Sie mit `drbdadm connect drbd0` **das System erneut verbinden. Falls es hierbei zu Problemen kommt, kann es hilfreich sein, die Daten eines Systems zu verwerfen. Dies erfolgt mit** `drbdsetup /dev/drbd0 invalidate`

Wenn Sie alles richtig gemacht haben, befinden sich anschließend beide Systeme im Primary-Mode:

```
root#   cat /proc/drbd
version: 8.3.11 (api:88/proto:86-96)
srcversion: 2D876214BAAD53B31ADC1D6
 0: cs:Connected ro: Primary/Primary ds:UpToDate/UpToDate C r-----
    ns:0 nr:10485404 dw:10485404 dr:1360 al:0 bm:637 lo:0 pe:0 ua:0 ap:0
    ep:1 wo:f oos:0
```

Nun können Sie wieder den Gast auf **einem** System starten. Wenn Sie nun mit dem Virtual Machine Manager den Gast verwalten, können Sie über das Kontextmenü des Gastes die Option MIGRIEREN... aufrufen. Nun wird der Gast im laufenden Betrieb auf das andere System übertragen (siehe Abbildung 10.7 und 10.8). Damit dies reibungslos funktioniert, sollten Sie zuvor die SSH-Kommunikation durch den Tausch der Public-Keys bereitgestellt haben.

Abbildung 10.7: **Der Virtual Machine Manager kann einen Gast migrieren.**

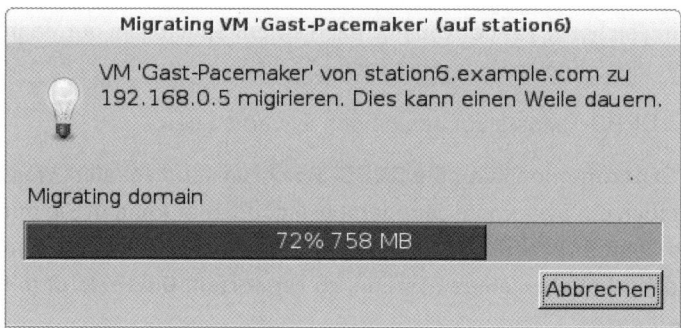

Abbildung 10.8: **Während der Migration wird der Arbeitsspeicher übertragen.**

Damit ist der Gast jedoch noch nicht ausfallsicher. Unser Ziel ist es, dass der Ausfall des Gastes erkannt und der Gast automatisch neu gestartet wird. Hierzu benötigen wir den Pacemaker als Ressource-Manager.

Corosync

Die Installation von Pacemaker und Corosync unter Ubuntu ist wieder sehr einfach. Hier genügt ein aptitude install pacemaker. Bei Verwendung von RHEL und CentOS müssen Sie das EPEL-Repository und das Clusterlabs-Repository einbinden:

```
root#  rpm -Uvh \
   http://dl.fedoraproject.org/pub/epel/6/x86_64/epel-release-6-5.noarch.rpm
root#  wget -O /etc/yum.repos.d/pacemaker.repo \
    http://clusterlabs.org/rpm/epel-6/clusterlabs.repo
root#  yum install pacemaker corosync
```

Um später auch die grafische Oberfläche nutzen zu können, installieren Sie auch noch die Pakete pacemaker-mgmt und pacemaker-mgmt-client.

Die Konfiguration von Corosync ist trivial einfach. Die Konfigurationsdatei /etc/corosync/corosync.conf enthält bereits die wichtigsten Parameter. Sie müssen lediglich die beiden Blöcke interface und service anpassen:

```
# Please read the openais.conf.5 manual page
totem {
        version: 2
        token: 3000
        token_retransmits_before_loss_const: 10
        join: 60
        consensus: 3600
        vsftype: none
        max_messages: 20
        clear_node_high_bit: yes
        secauth: off
        threads: 0
        rrp_mode: none
        interface {
                ringnumber: 0
                bindnetaddr: 192.168.0.0
                mcastaddr: 226.94.1.1
                mcastport: 5405
        }
}
amf {
        mode: disabled
}
```

```
service {
        ver:        0
        name:       pacemaker
         use_mgmtd: yes
}
aisexec {
        user:   root
        group:  root
}
```

Wichtig ist hier die Angabe der Netzadresse, die von den Systemen im Cluster verwendet wird. Dies ist nicht die IP-Adresse, sondern die Netzadresse. Wenn Ihr System zum Beispiel die IP-Adresse 192.168.0.5/24 besitzt, so lautet die Adresse des Netzes 192.168.0.0. Falls die IP-Adresse 192.168.0.187/25 lautet, ist die Netzadresse 192.168.0.128. Diese Konfigurationsdatei ist für alle Systeme in Ihrem Cluster identisch!

Auf einem Ubuntu-System müssen Sie noch die Variable START in der Datei /etc/default/corosync auf den Wert yes setzen. Nach der Anpassung starten Sie den Corosync-Dienst: service corosync start.

Der Befehl crm node show zeigt Ihnen, ob die Kommunikation funktioniert. Sie sollten sämtliche Knoten Ihres Clusters erkennen können:

```
# crm node show
node1: normal
node2: normal
```

Wenn dies nicht der Fall ist, prüfen Sie Ihre Firewalleinstellungen.

Pacemaker

Pacemaker ist ein Resource-Manager. Pacemaker entscheidet, welche Ressource (in unserem Fall der Gast) auf welchem System läuft. Hierbei wählt Pacemaker das System nach bestimmten Regeln aus und versucht, die Ressourcen dabei gleichmäßig auf alle Systeme im Cluster zu verteilen. Hierzu ist es wichtig, dass nur Pacemaker eine entsprechende Entscheidung trifft!

Die Konfiguration des Pacemaker ist daher ein wenig komplizierter.

Wenn Pacemaker sich auch um das DRBD-Gerät kümmern soll, darf das Betriebssystem dies nicht mehr tun. Hierzu entfernen wir zunächst die entsprechenden Startscripts:

» Ubuntu: update-rc.d -f drbd remove

» RHEL: chkconfig -del drbd

Die Konfiguration des Pacemaker erfolgt am einfachsten über den Befehl crm. Pacemaker kümmert sich dann selbst darum, die Konfiguration im Cluster zu verteilen. Es genügt also, auf einem Knoten die Konfiguration anzupassen.

Rufen Sie daher nun den Befehl crm configure edit auf. Dieser Befehl öffnet die Konfiguration des Clusters in einem Editor:

```
node station5
node station6
property $id="cib-bootstrap-options" \
        dc-version="1.1.6-9971ebba4494012a93c03b40a2c58ec0eb60f50c" \
        cluster-infrastructure="openais" \
         stonith-enabled="false" \
         no-quorum-policy="ignore" \
        expected-quorum-votes="2"
```

Prüfen Sie die Konfiguration, und passen Sie diese bei Bedarf an.

Nun fügen wir Ressourcen hinzu. Die folgenden Zeilen erzeugen eine Ressource gast1-drbd. Hierbei dürfen sich die DRBD-Geräte auf beiden Systemen gleichzeitig im Primary-Mode befinden (master-max=2).

```
primitive gast1_drbd ocf:linbit:drbd params drbd_resource="drbd0"
ms ms_gast1_drbd gast1_drbd meta master-max="2" master-node-max="1" \
  clone-max="2" notify=true
```

Die folgenden Zeilen definieren nun eine Ressource für den virtuellen Gast. Hierzu müssen wir die XML-Datei des Gastes mit angeben.

```
primitive gast1 ocf:heartbeat:VirtualDomain \
        params config="/etc/libvirt/qemu/Gast-Pacemaker.xml" \
        hypervisor="qemu:///system" \
        migration_transport="ssh" \
        meta allow-migrate="true" \
        op start interval="0" timeout="120s" \
        op stop interval="0" timeout="120s" \
        op monitor interval="10" timeout="30" depth="0"
```

Damit der virtuelle Gast nur gestartet wird, wenn DRBD zur Verfügung steht, müssen wir noch Constraints definieren:

```
order order_gast1_nach_drbd inf: ms_gast1_drbd gast1
```

Pacemaker-GUI

Um den Cluster nun grafisch zu verwalten, können Sie die Pacemaker-GUI nutzen. Hierzu müssen Sie zunächst noch dem Benutzer hacluster ein Kennwort zuweisen:

root# **passwd hacluster**

Dann können Sie die GUI starten: crm_gui (siehe Abbildung 10.9). Die GUI ist besonders hilfreich bei Fehlern. Wenn Pacemaker mehrfach eine Ressource nicht erfolgreich starten kann, so deaktiviert er die Ressource. Auf der grafischen Oberfläche können diese Fehlerzähler einfach über das Kontextmenü (CLEANUP RESOURCE) wieder zurückgesetzt werden.

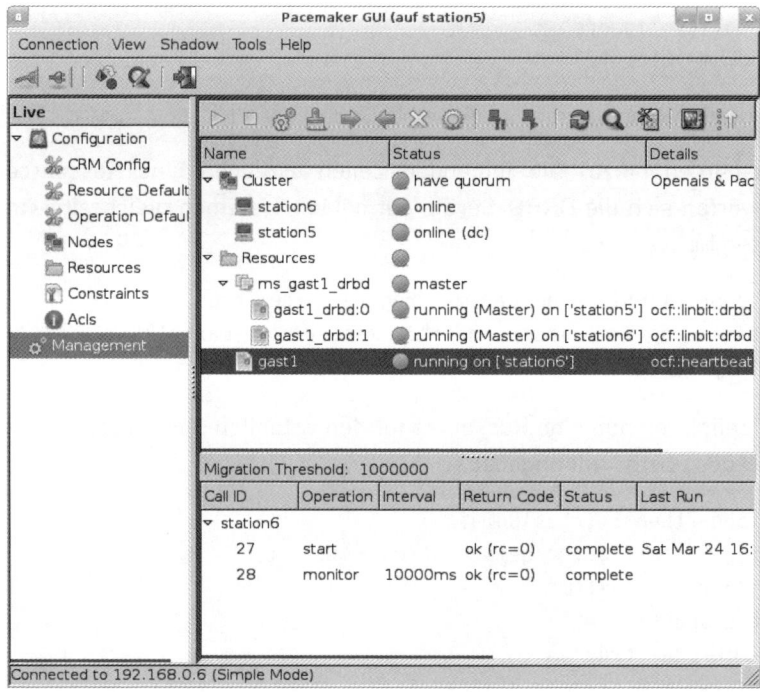

Abbildung 10.9: **In dieser Abbildung lauten die Namen der Clusterknoten abweichend** "station5" und "station6".

Nun können Sie mit Pacemaker den Gast von einem System auf das andere System migrieren. Dies geht auch einfach mit der GUI über das Kontextmenü der Ressource. Bei einem Ausfall erkennt Pacemaker dies und startet den Gast automatisch auf dem anderen System.

> **Natürlich müssen Sie diesen Cluster noch ordentlich testen. Speziell die Konfiguration für Ihre DRBD-Ressource sollten Sie prüfen und entsprechend konfigurieren.**

10.3 Cloud

Als *Cloud Computing* bezeichnet man die Idee, komplette IT-Infrastrukturen abstrakt darzustellen und dynamisch an den eigenen Bedarf anpassen zu können. Hierbei gehören zur IT-Infrastruktur sowohl Rechenleistung, Datenspeicher als auch Netzwerkkapazität. Teilweise wird auch Software hinzugezählt. Der Name leitet sich von der Tatsache ab, dass die abstrahierte IT-Infrastruktur aus Sicht des Anwenders eine unscharfe Wolke darstellt.

Cloud-Systeme können in drei verschiedenen Ausprägungen implementiert werden:

» **IaaS – *Infrastructure as a Service*:** Dies ist die niedrigste Stufe, auf der die Abstraktion erfolgen kann. IaaS stellt den Endanwendern die Möglichkeit zur Verfügung, virtuelle Maschinen einzusetzen. Welche Software der Endanwender in der virtuellen Maschine nutzt, bleibt ihm überlassen. Amazon EC2, Ganeti, Eucalyptus, OpenStack, Nimbus etc. sind Beispiele.

» **PaaS – *Platform as a Service*:** Diese Variante ist für dieses Buch weniger interessant. Hierbei werden dem Endanwender fertige Systeme inklusive des Betriebssystems zur Verfügung gestellt. Der Endanwender kann dann die Software seiner Wahl installieren.

» **SaaS – *Software as a Service*:** Dieses Modell wird immer beliebter. Hierbei muss sich der Anwender nicht mal mehr um die Installation der Software kümmern, sondern nutzt diese einfach als Dienst. Diese Lösung ist typisch für die Bereitstellung komplexer und teurer Software, deren Installation und Administration der Endanwender nicht gewährleisten kann. Hosted-SAP ist zum Beispiel eine Variante.

Wir glauben, dass Sie als Leser dieses Buches in erster Linie an IaaS-Systemen interessiert sind. Ganeti haben wir Ihnen bereits als eigenes Produkt vorgestellt. Im folgenden wollen wir Ihnen einen kleinen Überblick über OpenStack und Eucalyptus geben.

Eucalyptus

Eucalyptus ist an der University of California in Santa Barbara als Nachbau der *Amazon Elastic Cloud EC2* entstanden. Eucalyptus selbst ist ebenfalls ein Akronym: *Elastic Utility Computing Architecture for Linking Your Programs To Useful Systems*. Eucalyptus erlaubt es den Anwendern virtuelle Gäste zu erzeugen und zu verwalten. Dabei ist Eucalyptus kompatibel zu EC2. Dies erleichtert die Nutzung mit vorhandenen und allgemein verfügbaren Werkzeugen.

Eucalyptus hat mit Ubuntu, Dell, HP, Novell und Redhat Partner sowohl in der Hardware- als auch in der Software-Industrie. Bei Ubuntu bildete Eucalyptus die Grundlage der

Ubuntu Enterprise Cloud und ist Bestandteil der Distribution. Mit der Version 12.04 wechselt die *Ubuntu Enterprise Cloud* jedoch auf OpenStack.

Die Eucalyptus-Komponenten wurden alle als Web-Services implementiert. Insgesamt besteht Eucalyptus aus 5 Hauptkomponenten:

» **Client:** Die Client-Komponente erlaubt dem Endbenutzer den Zugang zum System.

» **Cloud Controller:** Dies ist die Komponente, mit der der Client kommuniziert. Diese Komponente stellt zentral die Verwaltungsfunktionen bereit.

» **Storage Controller:** Der Storage Controller (Walrus) stellt die Speicherdienste für die Gäste zur Verfügung.

» **Cluster Controller:** Der Cluster Controller befindet sich üblicherweise auf dem Head-Knoten und arbeitet als Proxy zwischen dem Cloud Controller und den Node-Controllern.

» **Node Controller:** Der Node Controller befindet sich auf jedem physikalischen Knoten. Er ist für das Hosting und die Administration der virtuellen Gäste verantwortlich. Er kann sowohl XEN- als auch KVM-Hypervisors nutzen.

Eucalyptus unterstützt sowohl die Kommunikation zwischen den Gästen untereinander als auch zwischen den Gästen und der Außenwelt. Hierzu erhält jeder Gast per Default zwei Netzwerkkarten: `public` und `private`. Die privaten Netze werden hierbei durch einen speziellen Software-Switch, den VDE-Switch, bereitgestellt. Dabei bietet Eucalyptus vier Netzwerk-Modi:

» Managed

» Managed-NoVLAN

» Static

» System

Diese Modi unterscheiden sich in der Verwaltung der IP-Adressen der Gäste, in der Isolation untereinander und in der Unterstützung von Security-Groups. Dabei kann der Benutzer diese Sicherheitsfunktionen selbst mithilfe von VLANs, Firewallregeln und Sicherheitsgruppen anpassen.

OpenStack

OpenStack wurde von Rackspace und der NASA entwickelt. Rackspace ist einer der größten Cloud-Computing-Anbieter in Nordamerika. Während Eucalyptus' Schwerpunkt die Bereitstellung einer privaten Cloud ist, versucht OpenStack eine öffentlich verfügbare Cloud-Computing-Lösung zu ermöglichen. OpenStack kann XEN-, KVM-, UML-, QEMU- und Hyper-V-Hypervisors nutzen.

OpenStack besteht im Wesentlichen aus drei Teilen:

» **Swift** (OpenStack Object Storage): Swift ist ein redundanter Speicherdienst.

» **Nova** (OpenStack Compute): Nova ist ein Cloud-Controller, der von der NASA entwickelt wurde.

» **Imaging Service**: Der Imaging Service stellt die VM-Images bereit.

OpenStack Compute (Nova) überwacht den Zugriff auf die Cloud mithilfe von Projekten und Benutzern. Ein Projekt stellt einen Container dar, in dem Benutzer, VM-Images und Instanzen, VLANs etc. zusammengefasst werden. Die Verwaltung dieser Projekte erfolgt mit einem rollenbasierten Zugriffsschema. OpenStack kennt die folgenden Benutzerrollen:

» **Administratoren**: Diese besitzen kompletten Zugriff.

» **IT Security**: Diese Rolle kann z. B. einzelne Instanzen in eine Quarantäne verschieben.

» **Projektmanager**: Diese Rolle kann innerhalb eines Projektes Benutzer und Instanzen verwalten.

Die Kommunikation der OpenStack-Komponenten erfolgt mit dem *Advanced Message Queue Protocol* (AMPQ). Dieses ermöglicht eine performante asynchrone Kommunikation.

Auch OpenStack unterstützt unterschiedliche Netzwerk-Modi, in denen die IP-Adressen der Gäste unterschiedlich verwaltet werden können (statisch oder mit DHCP). Ebenso werden VLANs für die Segmentierung der Gäste angeboten. Jede Security Group kann zusätzlich durch Firewallregeln geschützt werden. Dabei kann ein Projekt mehrere Security Groups nutzen.

Aktuell wird der OpenvSwitch in OpenStack integriert. Für die Integration in weitere Werkzeuge unterstützt der OpenStack auch die Amazon EC2-API.

11. Kommando-referenz

Dieses Kapitel enthält eine alphabetische Syntax-referenz der in diesem Buch beschriebenen Kommandos. Um das Kapitel nicht unnötig aufzublähen, haben wir uns auf die wichtigsten Befehle bzw. Syntaxvarianten beschränkt. Weiterführende Informationen geben wie immer man kommando bzw. kommando --help.

boxgrinder-build name.appl [optionen]

BoxGrinder ist ein Fedora/RHEL-spezifisches Werkzeug zum Erzeugen virtueller Maschinen. Die Eckdaten der virtuellen Maschine müssen vorab im Appliance Definition File festgelegt werden (Datei name.appl). boxgrinder-build erzeugt dann eine Image-Datei der virtuellen Maschine sowie eine Datei, die die virtuelle Maschine beschreibt (bei KVM-Maschinen: name.xml).

-d bzw. --delivery name

gibt an, wie die erzeugte virtuelle Maschine übertragen bzw. gespeichert werden soll. Dafür sind Plugins verantwortlich, deren Liste Sie mit boxgrinder-build --version ermitteln können. Die wichtigste Delivery-Methode für KVM-Maschinen ist libvirt.

--delivery-config key1:value1,key2:value2,...

gibt zusätzliche Einstellungen für das Übertragungsverfahren an. An dieser Stelle werden allerdings nur die drei wichtigsten Parameter für das libvirt-Plugin beschrieben:

connection_uri: gibt die libvirt-Verbindungszeichenkette an (üblicherweise also qemu+ssh://root@kvmhost). Diese Einstellung gilt allerdings nur für die Übertragung der XML-Datei zur Beschreibung der virtuellen Maschine, nicht für die Image-Datei!

image_delivery_uri: gibt an, wie die Image-Datei zum KVM-Host übertragen werden soll. Als einziges Übertragungsverfahren ist SFTP erlaubt. Eine typische Einstellung lautet somit sftp://root@kvmhost/var/lib/libvirt/images.

-f bzw. --force

erzeugt die virtuelle Maschine neu, auch wenn es bereits eine gleichnamige Image-Datei gibt. Diese Option ist erforderlich, wenn Sie das Appliance Definition File geändert haben.

-p bzw. --platform *name*

gibt das Virtualisierungssystem an. Zur Auswahl stehen momentan virtualbox, virtualpc, ec2 und vmware. Wenn die Option nicht angegeben wird, erzeugt das Kommando virtuelle KVM-Maschinen.

--platform-config key1:value1,key2:value2,...

gibt zusätzliche Einstellungen für das Virtualisierungssystem an.

--os-config key1:value1,key2:value2,...

gibt zusätzliche Einstellungen für das Betriebssystem der virtuellen Maschine an. (Auch für die Konfiguration des Gastsystems sind Plugins verantwortlich. Die Auswahl des geeigneten Plugins erfolgt allerdings nicht durch eine Option, sondern im Appliance Definition File name.appl.)

Weitere Informationen zu den boxgrinder-build-Optionen sowie zu den vielen plugin-spezifischen Zusatzoptionen für die --xxx-config-Einstellungen finden Sie hier:

http://boxgrinder.org/tutorials/boxgrinder-build-usage-instructions/
http://boxgrinder.org/tutorials/boxgrinder-build-plugins/

Sämtliche Optionen von boxgrinder-build können auch in ~/.boxgrinder/config angegeben werden und gelten dann als Defaulteinstellung für alle BoxGrinder-Kommandos.

```
plugins:
    centos:
        format: qcow2
    libvirt:
        libvirt_uri: qemu+ssh://root@kvmhost/system
        image_delivery_uri: sftp://root@kvmhost/var/lib/libvirt/images
        virt_type: virtio
        overwrite: true
```

kvm [optionen] [imagedatei]
qemu [optionen] [imagedatei]
qemu-kvm [optionen] [imagedatei]

kvm (Debian, Ubuntu) bzw. qemu-kvm (Fedora, Red Hat) führt eine virtuelle Maschine aus. Unter RHEL 6 befindet sich das Kommando qemu-kvm im Verzeichnis /usr/libexec/. Dieser Pfad muss dem Kommando vorangestellt werden, damit es direkt ausgeführt werden kann.

Das KVM-Kommando wird durch unzählige Optionen gesteuert. Die wichtigsten Optionen sind hier beschrieben, noch mehr Details liefert man kvm bzw. man qemu (bei Fedora).

Wenn Sie den Datenträger der Image-Datei am Ende des KVM-Kommandos angeben, emuliert KVM eine IDE-Festplatte. Wünschen Sie andere Einstellungen oder mehrere Datenträger, verwenden Sie dazu die Optionen -drive oder -hda, -hdb etc. In diesem Fall kann die direkte Angabe der Image-Datei im KVM-Kommando entfallen.

-balloon virtio
> aktiviert Ballooning (siehe auch Seite 220). Statt dieser Option können Sie auch -device virtio-balloon-pci angeben.

-boot a/c/d/n/m/o/p
> gibt das Bootmedium an (a für das Diskettenlaufwerk, c für die erste Festplatte, d für das erste CD/DVD-Laufwerk, n bis p für die ersten vier Netzwerkschnittstellen). Die Buchstaben a bis d entsprechen den DOS/Windows-Laufwerksbuchstaben. Standardmäßig bootet KVM von der ersten Festplatte. Beachten Sie, dass die Option in dieser Form nur noch aus Kompatibilitätsgründen funktioniert. Verwenden Sie daher -boot order=a/c/d (siehe unten).

-boot order=xxx,once=xxx,menu=on/off
> gibt an, in welcher Reihenfolge die Datenträger für den Bootprozess berücksichtigt werden sollen. Dabei ist xxx eine Buchstabenfolge, die die Reihenfolge der Datenträger ausdrückt (z. B. adc: zuerst das Diskettenlaufwerk, dann das CD/DVD-Laufwerk, danach die erste Festplatte). Für die Buchstaben gilt dieselbe Zuordnung wie oben beschrieben.
>
> once=xxx gibt die Bootreihenfolge nur für den *ersten* Bootvorgang an. Wenn die virtuelle Maschine also beispielsweise beim ersten Versuch vom CD/DVD-Laufwerk booten soll, bei weiteren Neustarts aber von der Festplatte, geben Sie -boot order=c,once=d oder schlicht -boot once=d an.
>
> menu=on zeigt zum Beginn des Bootmenüs die Meldung *Press F12 for boot menu* an. Mit F12 kann dann der Boot-Datenträger interaktiv ausgewählt werden.

-cdrom *iso-datei*
> verwendet die angegebene ISO-Datei als Datenquelle für das virtuelle CD/DVD-Laufwerk. Die Option entspricht -drive file=iso-datei,index=2,media=cdrom.

-cpu host
> gibt alle Eigenschaften der Host-CPU an den Gast weiter. Standardmäßig ist das nicht der Fall: Es wird nur ein Subset weitergegeben, um die Kompatibilität virtueller Maschinen zwischen unterschiedlichen CPUs zu maximieren. An die Option -cpu kann auch ein CPU-Typ übergeben werden, wenn dem Gastsystem exakt die Eigenschaften dieser CPU zur Verfügung gestellt werden sollen. -cpu ? verrät, welche CPU-Typen

zur Auswahl stehen. Wenn Sie auf einem 64-Bit-Host arbeiten, dem Gast aber nur eine 32-Bit-CPU zur Verfügung stellen möchten, verwenden Sie -cpu kvm32.

-device *gerät*

fügt der virtuellen Maschine ein zusätzliches Gerät hinzu. Eine Liste aller unterstützten Geräte liefert kvm -device ?. Beim Gerätenamen wird zwischen Groß- und Kleinschreibung unterschieden! Die für ein bestimmtes Gerät verfügbaren Optionen ermitteln Sie mit kvm -device *gerät*,?, also z. B. kvm -device isa-serial,?.

Beachten Sie, dass Sie die meisten Komponenten einer virtuellen Maschine auf zwei Arten definieren können: Mit der hier beschriebenen, sehr universellen Option -device oder mit gerätespezifischen Optionen (z. B. -drive, -soundhw, -usb-device oder -vga). Diese Referenz gibt der zweiten Variante den Vorzug.

-drive *details*

definiert die Eigenschaften einer virtuellen Festplatte. Die Detailparameter werden nur durch Kommata voneinander getrennt (ohne Leerzeichen!). Die Option kann mehrfach verwendet werden, wenn die virtuelle Maschine mit mehreren Datenträgern ausgestattet werden soll.

if=ide/scsi/virtio gibt an, über welche Schnittstelle die virtuelle Maschine den Datenträger sehen soll (standardmäßig ide). virtio ist am effizientesten, kann aber nur bei Linux-Gästen mit einer Kernelversion ab 2.6.26 eingesetzt werden.

media=disk/cdrom gibt an, ob es sich um eine Festplatte (gilt standardmäßig) oder ein CD/DVD-Laufwerk handeln soll.

index=*n* bestimmt die Nummerierung der Datenträger einer Schnittstelle. Der Parameter ist nur erforderlich, wenn die Datenträger nicht der Reihe nach angegeben werden.

snapshot=on/off gibt an, ob der Snapshot-Modus aktiv sein soll (siehe Seite 121).

file=fname gibt den Dateinamen der Image- oder ISO-Datei bzw. den Device-Namen eines Logical Volumes an.

boot=on/off gibt an, ob der Datenträger beim Booten berücksichtigt werden soll (genau genommen, ob die BIOS-Erweiterung extboot für diesen Datenträger aktiviert werden soll). Bei IDE- und SCSI-Laufwerken gilt automatisch boot=on. Damit KVM auch von einem virtio-Laufwerk booten kann, muss boot=on aber explizit angegeben werden.

cache=writethrough/writeback/none gibt an, ob und wie Schreibzugriffe zwischengespeichert werden. Standardmäßig gilt writethrough: Im Gastsystem erscheint ein Schreibzugriff erst dann als abgeschlossen, wenn das Hostsystem den Speichervorgang quittiert hat. Diese Einstellung ist sicher, aber langsam (besonders bei QCOW2-Image-Dateien). writeback bewirkt, dass Schreibvorgänge der virtuellen

Maschine sofort bestätigt werden, auch wenn das Hostsystem diese noch gar nicht ausgeführt hat. Das ist naturgemäß schneller, kann aber im Fall eines Absturzes zu defekten Image-Dateien führen. Diese Einstellung gilt standardmäßig, wenn das KVM-Kommando mit der Option -snapshot ausgeführt wird. Die Einstellung none ist dann zweckmäßig, wenn der virtuellen Festplatte keine Image-Datei zugrunde liegt, sondern ein Logical Volume. In diesem Fall vermeidet cache=none ein doppeltes und damit ineffizientes Caching.

-enable-kvm

aktiviert KVM. Wenn Sie unter Fedora und RHEL das Kommando qem-kvm ausführen, ist die Option automatisch aktiv. Unter Ubuntu 12.04 müssen Sie die Option hingegen angeben, wenn Sie das Kommando kvm ausführen!

-full-screen

startet die virtuelle Maschine im Vollbildmodus. Diese Option ist wirkungslos, wenn Sie VNC einsetzen (siehe die Option -vnc).

-hda/-hdb/-hdc/-hdd *details*

gibt eine virtuelle IDE-Festplatte an.
-hda fname entspricht -drive file=fname,index=0,media=disk,
-hdb fname entspricht -drive file=fname,index=1,media=disk etc.

-incoming tcp:0:*n*

startet eine virtuelle Maschine, die von einem anderen KVM-Host über den TCP-Port *n* im laufenden Betrieb migriert werden soll (siehe Seite 268). Alle anderen Optionen beim Start der virtuellen Maschine müssen mit dem KVM-Kommando übereinstimmen, mit dem die virtuelle Maschine ursprünglich gestartet wurde.

-k *sprachkürzel*

verwendet das angegebene Tastaturlayout. Zulässige Kürzel sind unter anderem de (Deutsch) und en-us (US-Englisch). Die Option ist nur erforderlich, wenn die virtuelle Maschine durch einen externen VNC-Client bedient wird (also nicht durch den im Virtual Maschine Manager bzw. in virt-viewer integrierten VNC-Viewer).

-localtime

initialisiert die virtuelle CMOS-Uhr des Gastsystems mit der lokalen Zeit (statt standardmäßig mit der UTC-Zeit).

-m *n*

stellt die Speichergröße der virtuellen Maschine ein (in MByte). Standardmäßig haben virtuelle Maschinen 128 MByte RAM (unter Ubuntu 384 MByte).

-monitor *device*

leitet die Ein- und Ausgabe des QEMU-Monitors in das angegebene Device um. Wenn Sie den Monitor über die aktuelle Konsole bedienen möchten, geben Sie als Device stdio an. Mit pty legt kvm beim Start ein neues Pseudo-TTY-Device an und verwendet dieses für die Kommunikation. Eine Menge weiterer Möglichkeiten finden Sie bei der Beschreibung der Option -serial in man kvm bzw. man qemu.

-net nic,*details*

konfiguriert einen virtuellen Netzwerkadapter. Wenn diese Option nicht angegeben wird, emuliert KVM standardmäßig eine RTL-8139-kompatible Netzwerkkarte.

model=ne2k_pci/i82551/i82557b/i82559er/rtl8139/e1000/pcnet/virtio legt fest, welchen Netzwerkadapter KVM emulieren soll. Für Linux-Gäste erzielen Sie mit model=virtio die besten Resultate. macaddr=52:54:00:nn:nn:nn gibt die gewünschte MAC-Adresse an.

-net tap,*details*

leitet den Netzwerkverkehr der virtuellen Maschine über eine TAP-Schnittstelle des Hostrechners. Standardmäßig werden beim Verbindungsaufbau bzw. -ende die Scripts /etc/qemu-ifup bzw. /etc/qemu-ifdown ausgeführt. Wenn diese Scripts nicht zur Verfügung stehen (Fedora) oder wenn Sie ein eigenes Script ausführen möchten, können Sie deren Dateinamen mit script= bzw. downscript= einstellen. script=no bzw. downscript=no unterbindet den Script-Aufruf.

-net user,*details*

verwendet Usermode-Networking (gilt standardmäßig): Das Gastsystem kann zwar dank NAT und Masquerading die Internetverbindung des Hostsystems nutzen, es ist aber keine direkte Netzwerkverbindung zwischen Gast und Host möglich. Diverse Details des Usermode-Networkings können durch optionale Parameter eingestellt werden (z. B. die gewünschte IP-Adresse der virtuellen Maschine oder des Nameservers) – das ist aber selten erforderlich.

-no-acpi

deaktiviert die ACPI-Unterstützung (Advanced Configuration and Power Interface).

-nographic

startet die virtuelle Maschine ohne Grafiksystem. Die Kommunikation mit der virtuellen Maschine erfolgt direkt in der aktiven Konsole über die serielle Schnittstelle des Gastsystems. Die Option -nographic ermöglicht also die Nutzung einer virtuellen Maschine im Textmodus, setzt aber voraus, dass im Gastsystem ein getty-Prozess mit der seriellen Schnittstelle kommuniziert (siehe Seite 208).

-rtc base=utc/localtime

gibt an, welche Startzeit die Uhr der virtuellen Maschine haben soll. utc ist die korrekte Einstellung für Linux-Gäste, während localtime für Windows-Gäste geeignet ist. Standardmäßig ist die Uhr immer synchron mit jener des Hostrechners. Wenn Sie das nicht wünschen, können Sie den zusätzlichen Parameter clock=vm angeben.

-sdl
> öffnet nach dem Start der virtuellen Maschine ein QEMU-Terminal-Fenster und zeigt darin das Grafiksystem des Gasts an. Dabei kommt die *Simple DirectMedia Library* (SDL) zum Einsatz.
>
> Diese Option steht bei aktuellen KVM-Versionen unter RHEL und Fedora nicht mehr zur Verfügung. Zur Darstellung der Grafiksystems müssen Sie dann VNC (ist standardmäßig aktiv) oder Spice verwenden.

-smp *n* bzw. -smp cores=*c*,threads=*t*,sockets=*s*
> gibt in der Kurzform an, wie viele CPU(-Cores) der virtuellen Maschine zugewiesen werden sollen (standardmäßig nur ein Core).
>
> Bei Hostsystemen mit mehreren CPUs gibt c an, wie viele Cores pro CPU genutzt werden sollen. *t* gibt die gewünschte Anzahl der Threads pro Core an; sinnvoll ist hier zumeist der Wert 2 bei Intel-CPUs, die Hyperthreading unterstützen. *s* legt schließlich fest, wie viele CPUs (Sockets) verwendet werden sollen. *c*t*s* ergibt die Anzahl der CPUs, die die virtuelle Maschine sieht.

-snapshot
> führt KVM im Snapshot-Modus aus, ohne Änderungen an der virtuellen Festplatte zu speichern. Das ist praktisch, um Tests durchzuführen, ohne bleibende Änderungen zu hinterlassen. Wenn Sie die Änderungen doch speichern möchten, drücken Sie im QEMU-Fenster Strg+Alt+S oder führen im QEMU-Monitor das Kommando commit aus.
>
> Beachten Sie, dass die Option -snapshot nichts mit den Snapshots zu tun hat, die Sie mit den Kommandos savevm, loadvm und delvm des QEMU-Monitors bzw. mit snapshot-xxx von virsh erstellen können! Diese Art von Snapshots ermöglicht es, mehrere Zustände/Versionen einer virtuellen Maschine zu verwalten (siehe Seite 118).

-soundhw ac97/es1370/hda/sb16/all
> fügt der virtuellen Maschine eines der angegebenen Audio-Geräte hinzu (oder alle, wenn Sie all verwenden). ac97 steht für Intel 82801AA AC97, es1370 für Ensoniq AudioPCI ES1370, hda für Intel High Definition Audio und sb16 für Creative Sound Blaster 16.

-spice port=*n*[,optionen]
> aktiviert Spice (siehe Seite 202). Dazu muss zumindest der gewünschte Port angegeben werden. Mit password=*xxxx* kann die Verbindung zudem durch ein Passwort abgesichert werden. Wenn kein Passwort verwendet werden soll, muss explizit die Option disable-ticketing angegeben werden. Eine Menge weiterer Spice-Parameter sind im Spice-Benutzerhandbuch dokumentiert:
>
> http://www.spice-space.org/docs/spice_user_manual.pdf

-usb

aktiviert den USB-Treiber. (Die man-Seite verspricht, dass diese Option in Zukunft standardmäßig aktiviert wird.)

-usbdevice mouse/tablet/disk/host...

fügt der virtuellen Maschine ein USB-Gerät hinzu. Am häufigsten werden Sie die Option -usbdevice tablet benötigen, um die standardmäßig emulierte PS/2-Maus durch ein virtuelles USB-Zeigegerät zu ersetzen, das absolute Koordinaten versteht und so die Synchronisation der Mausposition des Gasts mit dem VNC- oder Spice-Client ermöglicht.

-usbdevice disk ermöglicht es, eine Image-Datei des Hosts so an den Gast weiterzugeben, dass dieser einen USB-Datenträger sieht.

-usbdevice host:bus.addr bzw. -usbdevice host:vendorid:productid leitet ein USB-Gerät des Hosts an den Gast weiter. Das USB-Gerät darf vom Host nicht genutzt werden. Die Bus- und Device-Nummer bzw. die Vendor- und Produkt-IDs ermitteln Sie auf dem Hostrecher am einfachsten mit lsusb.

-vga cirrus/qxl/std/vmware

gibt den gewünschten Typ der virtuellen Grafikkarte an. Standardmäßig emuliert KVM eine Cirrus-kompatible Grafikkarte mit einer Auflösung von bis zu 1024*768 Pixeln. Dieses Grafiksystem wird von nahezu allen Gastsystemen korrekt erkannt (auch von Windows) und in einer akzeptablen Geschwindigkeit ausgeführt. Die Grafikkarte qxl kann nur in Kombination mit -spice eingesetzt werden.

-vnc n.n.n.n:n[,optionen]

führt einen VNC-Server aus, über den Clients den Inhalt der virtuellen Grafikkarte darstellen können. Die Option gilt bei aktuellen KVM-Versionen standardmäßig.

Mit n.n.n.n geben Sie an, von welcher IP-Adresse aus der Verbindungsaufbau zum VNC-Server erfolgen darf (z. B. 127.0.0.1 für Verbindungen von localhost). :n gibt die Display-Nummer an. Der Port für den VNC-Server ergibt sich aus n+5900. Wenn Sie nur die Display-Nummer ohne IP-Adresse angeben (also z. B. :0), kann der Verbindungsaufbau durch jeden beliebigen Rechner erfolgen.

Mit der zusätzlichen Option password kann die VNC-Verbindung durch ein Passwort abgesichert werden. Das Passwort kann allerdings nicht direkt angegeben werden, sondern muss im QEMU-Monitor mit dem Kommando change eingestellt werden. Die Option lossy bewirkt, dass verlustbehaftete Komprimierverfahren (z. B. JPEG) eingesetzt werden, um den Bildinhalt zu übertragen. Das kann zwar zu kleinen Bildfehlern führen, erfordert aber deutlich weniger Netzwerkbandbreite.

qemu-img kommando

qemu-img hilft bei der Erzeugung und Verwaltung von Image-Dateien für virtuelle Festplatten. Als erster Parameter muss ein Befehl angegeben werden, z. B. create oder convert. Anschließend folgen je nach Befehl weitere Optionen, der Dateiname der Image-Datei etc.

create [-f raw/qcow2/qed] [-o opt1=val1,opt2=val2,...] *datei grösse*
    erzeugt eine neue Image-Datei in der angegebenen Größe. Die Größenangabe erfolgt standardmäßig in Byte. Optional können die Suffixe k, K, M, G oder T verwendet werden (für binäre kByte, MByte, GByte und TByte, d. h., M entspricht 1024*1024). format gibt das gewünschte Image-Format an.

    Je nach Image-Format können diverse Zusatzoptionen angegeben werden. Die zur Auswahl stehenden Parameter ermitteln Sie mit -o '?', wobei diese Option in einem vollständigen, syntaktisch korrekten Kommando angegeben werden muss:

    qemu-img create -f qcow2 -o '?' test.img 1G

    Die interessanteste Option für das QCOW2-Format ist preallocation. Die zulässigen Einstellungen sind off (gilt standardmäßig), metadata und full. preallocation=metadata bewirkt, dass der Platz für die Metadaten der Image-Datei sofort reserviert. In älteren QEMU/KVM-Versionen ergab sich daraus ein Geschwindigkeitsvorteil, bei aktuellen Versionen ist aber kein Unterschied mehr feststellbar. preallocation=full reserviert den gesamten Speicherplatz für die Image-Datei.

create -f qcow2 -o backing_file=basis.img overlay.img
    erzeugt eine Overlay-Datei. Bei der Ausführung der virtuellen Maschine werden alle Änderungen in der Overlay-Datei gespeichert, die Basis-Datei bleibt unverändert (siehe Seite 122).

convert [-f *quellformat*] -O *zielformat quelldatei zieldatei*
    wandelt eine Image-Datei von einem Format in ein anderes um. Die ursprüngliche Datei bleibt dabei erhalten. Die Image-Datei darf aber während der Umwandlung nicht von einer virtuellen Maschine genutzt werden. Mit der zusätzlichen Option -c wird die Zieldatei komprimiert.

convert -f qcow2 -s *snapshotname* -O *zielformat quelldatei zieldatei*
    überträgt nur den mit -s ausgewählten Snapshot eines QCOW2-Images in die neue Image-Datei. Die Option -s steht erst ab QEMU-Version 1.0 zur Verfügung.

info *datei*
    liefert Informationen über die angegebene Image-Datei. Bei QCOW2-Images gibt info auch Auskunft über alle gespeicherten VM-Snapshots.

resize *datei +/-größe*

vergrößert bzw. verkleinert die Image-Datei um die angegebene Größe. Das resize-Kommando steht erst ab der QEMU-Version 0.13 zur Verfügung. Es kann nur die Größe von RAW- und QCOW2-Images verändern.

snapshot [optionen] *snapshotname datei*

bearbeitet Snapshots. Dieses Kommando ist nur für QCOW2-Images verfügbar! -c erzeugt einen neuen Snapshot, -a wendet einen Snapshot auf das Image an (widerruft also alle Änderungen, die seit der Erstellung des Snapshots erfolgt sind), -d löscht den Snapshot, und -1 listet alle Snapshots auf. Mit Ausnahme von -1 dürfen Sie diese Kommandos allerdings nicht nutzen, während die Image-Datei von einer laufenden virtuellen Maschine genutzt wird!

qemu-kvm [optionen] imagedatei

Das Kommando qemu-kvm unter Fedora entspricht dem Kommando kvm unter Debian und Ubuntu. Die Syntax beider Kommandos ist ab Seite 308 beschrieben.

Unter RHEL 6 befindet sich das Kommando qemu-kvm im Verzeichnis /usr/libexec/. Dieser Pfad muss dem Kommando vorangestellt werden, damit es direkt ausgeführt werden kann.

spicec [optionen]

Der Spice-Client stellt eine Verbindung zu einer virtuellen Maschine her, die als Grafiksystem Spice verwendet. Wenn Sie das Kommando ohne Optionen ausführen, können Sie die Verbindungsparameter in einer (sehr einfachen) grafischen Benutzeroberfläche eingeben. Andernfalls müssen Sie zumindest die Optionen -h und -p angeben.

-h *hostname*

gibt den Hostnamen an.

-p *n*

gibt die Portnummer an.

-w *passwort*

gibt das Verbindungspasswort im Klartext an.

virsh [[-c connection] kommando]

Das Kommando virsh kann auf zwei Arten verwendet werden: entweder zur direkten Ausführung eines virsh-Befehls, oder interaktiv als Shell. Bei der ersten Variante können Sie mit der Option -c eine Verbindungszeichenkette angeben (Details finden Sie unten beim Befehl connect):

```
root#  virsh -c qemu:///session list --all
...
```

Im Folgenden sind in alphabetischer Reihung die wichtigsten virsh-Kommandos kurz beschrieben. Eine vollständige Referenz liefert wie üblich man virsh. Beachten Sie, dass virtuelle Maschinen in der virsh-Nomenklatur *Domänen* heißen.

attach-device *name device.xml* [--persistent]
> fügt einer virtuellen Maschine eine zusätzliche Hardware-Komponente hinzu (z. B. ein USB-Gerät), die im libvirt-XML-Format beschrieben ist. Die Option --persistent bewirkt, dass das Gerät bleibend mit der virtuellen Maschine verbunden wird und in der XML-Datei der virtuellen Maschine gespeichert wird.

attach-disk *name source target*
> fügt einer virtuellen Maschine einen Datenträger hinzu. Dabei ist *source* der Device-Name auf dem Host-System, *target* der Device-Name im Gast. Das Kommando kann durch zahlreiche Optionen ergänzt werden, die den Treiber (--driver), das Caching-Verfahren (--cache) etc. angeben. Mit der Option --persistent wird der Datenträger bleibend mit der virtuellen Maschine verbunden.

attach-interface *name type source*
> fügt einer virtuellen Maschine eine Netzwerkschnittstelle hinzu. *type* gibt den Typ der Schnittstelle an, z. B. network oder bridge. *source* gibt den Schnittstellennamen auf dem Hostrechner an (z. B. br0). Die Details der Schnittstelle können durch weitere Optionen eingestellt werden (--mac, --model etc.).

autostart [--disable] *name*
> gibt an, dass die virtuelle Maschine während des Bootprozesses des Hostrechners automatisch gestartet werden soll. Mit der Option --disable wird der automatische Start wieder abgestellt. Der automatische Start funktioniert nur für virtuelle Maschinen, die auf Systemebene eingerichtet werden (qemu:///system). Auf Session-Ebene werden autostart-Maschinen erst gestartet, wenn mit virsh oder einem anderen libvirt-Werkzeug zum ersten Mal eine Verbindung zu libvirtd hergestellt wird.

connect qemu:///session
> stellt eine Benutzerverbindung zur libvirtd-Instanz des aktuellen Benutzers her. Auf diese Weise können eigene virtuelle Maschinen verwaltet werden.

connect qemu:///system
> stellt eine Verbindung zur Systeminstanz von libvirtd her. Wenn Sie virsh mit root-Rechten ausführen, stellt virsh diese Verbindung automatisch her.

connect qemu+ssh://user@hostname/system

> stellt eine root-Verbindung zu libvirtd eines anderen Rechners (hostname) her. Die Kommunikation erfolgt über einen SSH-Tunnel. Beim Verbindungsaufbau müssen Sie das Passwort für user angeben. Bei Ubuntu muss user ein Mitglied der Gruppe libvirtd sein. Bei Fedora müssen Sie als Benutzernamen root angeben. Das setzt aber voraus, dass der SSH-Server einen direkten root-Login erlaubt (was sicherheitstechnisch nicht optimal ist).

console *name*

> ermöglicht die Bedienung der angegebenen virtuellen Maschine direkt in der Konsole. Das setzt voraus, dass in der virtuellen Maschine ein getty-Prozess für die serielle Schnittstelle /dev/ttyS0 läuft (siehe Seite 208). Um die Verbindung zu beenden, drücken Sie [Strg]+[]].

> libvirt-intern erfolgt die Verbindung zur Konsole über die Device-Datei /dev/pts/*n*. Je nach Distribution funktioniert der Verbindungsaufbau nur, wenn virsh mit root-Rechten ausgeführt wird.

define *xmldatei*

> richtet eine neue virtuelle Maschine ein, deren Eckdaten in der angegebenen XML-Datei zusammengefasst sind. Vorsicht: Wenn bereits eine gleichnamige virtuelle Maschine existiert (gemäß dem <name>-Element in der XML-Datei), wird deren Definition überschrieben!

destroy *name*

> beendet die virtuelle Maschine sofort. Das ist so, als würden Sie bei Ihrem Rechner das Stromkabel ausstecken, und es kann dieselben Folgen haben (also ein zerstörtes Dateisystem etc.)!

detach-device *name device.xml*

> entfernt die durch eine XML-Datei beschriebene Hardware-Komponente von der virtuellen Maschine.

detach-disk *name target*

> entfernt den Datenträger von der virtuellen Maschine. *target* gibt den Device-Namen im Gast an.

detach-interface *name type* --mac=xxx

> löst eine Netzwerkschnittstelle von der virtuellen Maschine.

domxxx *name*

liefert Informationen zu einer virtuellen Maschine (zu einer Domäne). Beispielsweise gibt domstate Auskunft über den aktuellen Status der virtuellen Maschine (z. B. *running*). dominfo fasst die Eckdaten der virtuellen Maschine zusammen (die Anzahl der CPUs, die bisher verstrichene CPU-Zeit, die Größe des genutzten Speichers etc.).

edit *name*

lädt die XML-Datei zur Beschreibung der virtuellen Maschine in einen Editor (normalerweise vi, es sei denn, die Umgebungsvariable $EDITOR verweist auf einen anderen Editor). Sie können die XML-Dateien auch außerhalb von virsh ändern, allerdings werden die Änderungen dann erst wirksam, wenn Sie libvirtd neu starten.

help bzw. help *kommando*

liefert eine Liste aller Kommandos bzw. die Syntaxbeschreibung eines bestimmten Kommandos.

list [--inactive oder --all]

listet alle laufenden virtuellen Maschinen auf. Wenn Sie nur die gerade nicht aktiven oder aber alle Maschinen auflisten möchten, geben Sie die Optionen --inactive oder --all an.

managedsave *name*

managedsave-remove *name*

speichert den Zustand der virtuellen Maschine (also den Inhalt des RAMs, die CPU-Register etc.) in einer Datei im Verzeichnis /var/lib/libvirt/save/ und stoppt dann die Ausführung der Maschine. Zur Reaktivierung der virtuellen Maschine verwenden Sie einfach start. Die Zustandsdatei wird dann automatisch gelöscht.

Wenn Sie den gespeicherten Zustand verwerfen und die virtuelle Maschine von der Festplatte neu starten möchten, löschen Sie die Zustandsdatei mit managedsave-remove.

migrate [optionen] *name zielhypervisor*

überträgt eine laufende virtuelle Maschine auf einen anderen KVM-Host (siehe Seite 268). Bei einer Live-Migration müssen Sie die Option --live angeben. Die Option --tunnelled bewirkt, dass die Daten über die libvirt-Netzwerkverbindung übertragen werden (und nicht über einen freien TCP-Port). --p2p bedeutet, dass Quell- und Zielhost direkt miteinander kommunizieren. --copy-storage-all überträgt nicht nur die virtuelle Maschine, sondern auch deren Datenträger auf den Zielhost.

```
net-create xmlfile
net-start netname
net-destroy netname
net-undefine netname
net-list
```
sind die wichtigsten Kommandos zur Verwaltung virtueller Netzwerke. Dabei handelt es sich um private Netzwerkbereiche, die via NAT mit dem Hostsystem verbunden werden können (wie beispielsweise das default-Netzwerk der libvirt-Werkzeuge).

```
pool-define xmlfile
pool-define-as poolname type --target path
pool-start poolname
pool-auto-start xmlfile
pool-destroy poolname
pool-delete poolname
pool-list
pool-info poolname
```
sind die wichtigsten Kommandos zur Administration von Speicher-Pools (siehe Seite 74). pool-define erzeugt einen neuen Pool, dessen Eigenschaften in einer XML-Datei beschrieben sind. pool-define-as erzeugt ebenfalls einen neuen Pool, wobei die Eckdaten direkt als Parameter übergeben werden. Erlaubte Pool-Typen sind unter anderem dir (ein lokales Verzeichnis), netfs (ein Netzwerkverzeichnis), logical (eine Volume Group), disk (eine Festplatte) oder iscsi (ein iSCSI-Server).

Der neue Pool muss anschließend mit pool-start gestartet werden. Wenn der Pool in Zukunft automatisch gestartet werden soll, müssen Sie außerdem pool-autostart ausführen.

Etwas verwirrend sind die Kommandos zum Löschen eines Pools: Ein Pool muss vor dem Löschen mit pool-destroy deaktiviert werden. Obwohl das Kommando Schlimmes vermuten lässt, wird der Pool dadurch lediglich gestoppt und kann später mit pool-start wieder gestartet werden. Erst pool-delete löscht den Pool. pool-delete setzt voraus, dass zuerst alle Volumes des Pools gelöscht wurden. Es kann also nur ein leerer Pool gelöscht werden.

```
qemu-monitor-command --hmp name 'kommando'
```
führt das angegebene QEMU-Monitor-Kommando für die durch name angegebene virtuelle Maschine aus. Die Option --hmp ist erforderlich, weil das Kommando andernfalls im JSON-Format angegeben werden muss.

restore *datei*

> aktiviert eine mit save gespeicherte virtuelle Maschine wieder. Die Zustandsdatei kann anschließend gelöscht werden.

save *name datei*

> speichert den Zustand der virtuellen Maschine (also im Wesentlichen den Inhalt des RAMs) in einer Datei und stoppt dann die Ausführung der Maschine. Zur Reaktivierung der virtuellen Maschine verwenden Sie restore. (Das Kommando hat im Prinzip dieselbe Funktion wie managedsave. Der einzige Unterschied besteht darin, dass Sie den Ort der Zustandsdatei selbst angeben.)

schedinfo [*optionen*

> *name*]zeigt die Scheduler-Parameter der virtuellen Maschine an bzw. verändert diese (--set parameter=wert). Mit diesen Parametern kann gesteuert werden, wie viele Hardware-Ressourcen eine virtuelle Maschine nutzen darf. Die Ressourcensteuerunge erfordert die Aktivierung der Cgroups-Funktionen auf dem Host-System (siehe Abschnitt 8.5).

setmem *name n*

> weist einer virtuellen Maschine *n* kByte Speicher zu (im Rahmen des maximal verfügbaren Speichers für diese Maschine, der mit dominfo ermittelt werden kann). Eine Veränderung des zugewiesenen Speichers ist nur bei Gästen möglich, die den Ballooning-Treiber unterstützen. Unter Linux ist das ab Kernelversion 2.6.27 der Fall. Dagegen muss unter Windows ein eigener Treiber installiert werden. Beachten Sie, dass *n* in kByte angegeben wird (nicht in MByte)!

shutdown/reboot *name*

> fährt die virtuelle Maschine herunter bzw. startet sie neu. Die virtuelle Maschine erhält via ACPI ein Shutdown-Signal. In der virtuellen Maschine muss der ACPI-Dämon acpid installiert sein, damit das Signal auch verarbeitet wird.

snapshot-create *vmname [xml-datei [--redefine]]*
snapshot-create-as *vmname snapshotname [beschreibung]*
snapshot-list *vmname*
snapshot-delete *vmname snname*
snapshot-revert *vmname snname [--running]*

> erzeugt einen Snapshot einer laufenden virtuellen Maschine, listet alle Snapshots auf, löscht einen Snapshot wieder bzw. wendet den Inhalt eines Snapshots auf die Image-Datei an. Die Snapshot-Funktion kann nur für virtuelle Maschinen verwendet werden, die QCOW2-Image-Dateien nutzen.

Neue Snapshots erhalten als Namen automatisch den Timestamp-Counter (also die Anzahl der Sekunden, die seit dem 1.1.1970 vergangen sind). Mit snapshot-create-as können Sie den Snapshot-Namen sowie eine kurze Beschreibung des Snapshots angeben.

Standardmäßig wird auch der Zustand der virtuellen Maschine und insbesondere sein RAM-Inhalt im QCOW2-Image gespeichert. Die virtuelle Maschine wird während dieser Zeit angehalten (sie pausiert). Leider dauert das Speichern des RAMs ziemlich lange, insbesondere wenn für die Image-Datei Writethrough- oder Writeback-Caching aktiviert wurde. Um Zeit zu sparen, können Sie ab der libvirt-Version 0.9.5 mit der Option --disk-only einen reinen Dateisystem-Snapshot erstellen.

Beim Erstellen jedes Snapshots wird eine XML-Datei erzeugt, die die Eckdaten des Snapshots zusammenfasst. Diese Datei wird im Verzeichnis /var/lib/libvirt/qemu/ snapshot gespeichert. Um das Backup einer derartigen Snapshot-Datei zu reaktivieren, führen Sie snapshot-create mit der Option --redefine aus.

Die Option --running beim Kommando snapshot-revert bewirkt, dass die virtuelle Maschine sofort nach dem Anwenden des Snapshots gestartet wird.

start *name*

startet die angegebene virtuelle Maschine. Wenn Sie mit der Maschine im Grafikmodus kommunizieren möchten, verwenden Sie dazu entweder einen VNC-Client (die Verbindungsdaten ermittelt das virsh-Kommando vncdisplay, siehe unten) oder das Programm virt-viewer.

suspend/resume *name*

stoppt die angegebene virtuelle Maschine vorübergehend bzw. setzt die Ausführung wieder fort. Die gestoppte virtuelle Maschine beansprucht jedoch weiterhin RAM! Es wird also nur die virtuelle CPU angehalten.

ttyconsole *name*

gibt an, über welches Device des Hostcomputers die serielle Schnittstelle des Gastsystems zugänglich ist (z. B. /dev/pts/5).

undefine *name*

löscht die XML-Datei, die die virtuelle Maschine beschreibt. Die Image-Datei mit der virtuellen Festplatte bleibt erhalten. undefine kann erst ausgeführt werden, nachdem alle Snapshots der virtuellen Maschine gelöscht wurden.

vcpuinfo *name*

liefert Informationen zu den (virtuellen) CPUs, die der virtuellen Maschine zur Verfügung stehen, sowie Angaben zur bisher beanspruchten CPU-Zeit. Mit dem Kommando kann auch das CPU-Pinning überprüft werden.

vcpupin *name gast-cpu-nr host-cpu-list*

> verknüpft die physikalischen CPU-Cores des Hostsystems mit den virtuellen CPUs des Gasts. vcpupin vm1 0 2 ordnet der ersten virtuellen CPU der virtuellen Maschine vm1 den dritten CPU-Core des Hosts fix zu.

vol-create *xmlfile*

vol-create-as *poolname newvolname size*

vol-delete *volname*

vol-list

vol-info *volname*

> sind die wichtigsten Kommandos zur Administration von Datenträgern in Speicher-Pools. vol-create erzeugt einen neuen Datenträger, dessen Eigenschaften in der angegebenen XML-Datei beschrieben sind. vol-create-as erzeugt einen neuen Datenträger in der gewünschten Größe, wobei die Suffixe k, M, G und T für kByte, MByte, GByte und TByte zulässig sind. Wenn Sie eine Image Disk erzeugen, können Sie mit --format raw/qcow2/qed das gewünschte Format angeben (standardmäßig raw). --allocation *size* bestimmt, wie viel des Speichers im Voraus alloziert werden soll. (Bei RAW-Volumes wird standardmäßig der gesamte Speicher reserviert.)

> Wenn es mehrere Speicher-Pools gibt, müssen Sie bei allen Kommandos mit der Option --pool *poolname* angeben, auf welchen Pool Sie sich beziehen.

vncdisplay *name*

> liefert die IP-Adresse (leer für localhost) und Portnummer für die VNC-Anzeige der virtuellen Maschine. Sie können nun einen beliebigen VNC-Client (z. B. vncviewer oder vinagre) starten, um mit der virtuellen Maschine zu interagieren. (Auf dem KVM-Host können Sie stattdessen auch virt-viewer *name* ausführen.)

> Aus Sicherheitsgründen funktioniert der VNC-Zugang nur von localhost. Ändern Sie gegebenenfalls /etc/libvirt/qemu.conf (global für alle Maschinen), oder fügen Sie in der XML-Datei der virtuellen Maschine das Attribut listen='1.2.3.4' in das Element <graphics type='vnc' ...> ein (wobei Sie die IP-Adresse des Hostrechners oder 0.0.0.0 angeben).

virt-cat [optionen] dateiname

virt-cat aus dem Paket libguestfs-tools liefert den Inhalt einer Datei aus dem Dateisystem einer virtuellen Maschine.

-a *imagename*

> gibt den Dateinamen der Image-Datei an.

-d *vmname*

> gibt den libvirt-Namen der virtuellen Maschine an.

virt-clone [optionen]

virt-clone kopiert eine heruntergefahrene virtuelle Maschine. Dabei wird eine neue XML-Definitionsdatei sowie eine Kopie der Image-Datei erstellt. Die sonstigen Hardware-Komponenten bleiben weitgehend unverändert. Ein Anwendungsbeispiel für das Kommando finden Sie ab Seite 65.

--auto-clone

gibt der neuen Maschine den Namen *bisher*-clone und der neuen Image-Datei den Namen *bisher*-clone.img. Mit dieser Option kann auf die Angabe von --name und --file verzichtet werden. Die Option ist jedoch ungeeignet, wenn die virtuelle Maschine anstelle von Image-Dateien Logical Volumes oder andere Speicher-Devices verwendet.

--connect *hypervisor*

stellt eine Verbindung zum angegebenen Virtualisierungssystem her. Mögliche Syntaxformen der Verbindungszeichenkette sind auf Seite 317 beschrieben (connect-Befehl von virsh). Diese Option ist nur erforderlich, wenn virt-viewer die richtige Verbindung nicht automatisch herstellt.

-f *datei* bzw. --file=*datei*

gibt den gewünschten Namen der neuen Image-Datei an. Wenn die ursprüngliche virtuelle Maschine mehrere virtuelle Festplatten besitzt, müssen Sie diese Option mehrfach verwenden. Anstelle einer Image-Datei können Sie auch den Namen einer Device-Datei angeben (z. B. wenn Sie Logical Volumes des Hostsystems als Datenspeicher verwenden).

--mac *nn:nn:nn:nn:nn:nn*

gibt die gewünschte neue MAC-Adresse des Netzwerkadapters an. Wenn diese Angabe entfällt, verwendet virt-clone automatisch eine eindeutige zufällige MAC-Adresse.

--name *name*

gibt den Namen der neuen virtuellen Maschine an.

--original *name*

gibt den Namen der ursprünglichen virtuellen Maschine an.

--preserve-data

verhindert, dass die Image-Datei kopiert wird. Die neue virtuelle Maschine verwendet also dieselbe Image-Datei wie die bisherige virtuelle Maschine. Es ist daher nicht zulässig, die alte und die neue virtuelle Maschine gleichzeitig auszuführen! Die Option ist dann zweckmäßig, wenn Sie ein System mit einer neuen virtuellen Hardware- oder Netzwerkkonfiguration testen möchten.

virt-df [optionen] [-a image / -d vmname]

virt-df aus dem Paket libguestfs-tools ermittelt die Auslastung aller Dateisysteme auf der mit -a angegebenen Image-Datei bzw. der mit -d spezifizierten virtuellen Maschine. Wenn das Kommando ohne Parameter aufgerufen wird, ermittelt es diese Daten für alle den libvirt-Werkzeugen bekannten virtuellen Maschinen.

virt-edit [optionen] dateiname

virt-edit aus dem Paket libguestfs-tools ermöglicht es, eine Datei einer ausgeschalteten virtuellen Maschine zu verändern. Der Editor wird durch die Umgebungsvariable EDITOR bestimmt. Standardmäßig kommt vi zum Einsatz.

-a *imagename*
: gibt den Dateinamen der Image-Datei an.

-d *vmname*
: gibt den libvirt-Namen der virtuellen Maschine an.

virt-filesystems [optionen]

virt-filesystems aus dem Paket libguestfs-tools liefert die Liste der Dateisysteme, die von der virtuellen Maschine genutzt werden.

-a *imagename*
: gibt den Dateinamen der Image-Datei an.

-d *vmname*
: gibt den libvirt-Namen der virtuellen Maschine an.

--all
: listet auch Swap- und LVM-Partitionen auf.

--long
: gibt zusammen mit jedem Dateisystem bzw. mit jeder Partition dessen bzw. deren Typ und Größe an.

--uuid
: gibt zusammen mit jedem Dateisystem bzw. jeder Partition den Universal Unique Identifier an.

virt-inspector [optionen] vmname/imagename

virt-inspector wirft einen Blick in die Dateisysteme einer Image-Datei und verrät, welche Distribution darin installiert ist, welche Partitionen es gibt, welche Kernelversion und welche Pakete installiert sind etc.

--connect *connection*

gibt die libvirt-Verbindungszeichenkette an (siehe Seite 317; nur erforderlich, wenn eine Verbindung zu einem externen KVM-Host hergestellt werden soll).

--format raw/qcow2/qed/...

gibt das Format der Image-Datei an (nur erforderlich, wenn dieses nicht selbstständig erkannt wird).

virt-install [optionen]

virt-install ist ein Python-Script, das beim Einrichten neuer virtueller Maschinen hilft.

--arch *architektur*

gibt die gewünschte CPU-Architektur an, z. B. i386, i686 oder x86_64. Standardmäßig verwendet virt-install dieselbe Architektur wie auf dem Hostsystem.

--connect *hypervisor*

stellt eine Verbindung zum angegebenen Virtualisierungssystem her. Mögliche Syntaxformen der Verbindungszeichenkette sind auf Seite 317 beschrieben (connect-Befehl von virsh). Diese Option muss nur dann angegeben werden, wenn virt-install nicht mit dem Default-Virtualisierungssystem des Hostrechners kommunizieren soll. Wenn virt-install auf einem KVM-Host mit root-Rechten gestartet wird, stellt das Script automatisch eine Verbindung zu qemu:///system her.

--cdrom *datei*

gibt den Dateinamen der ISO-Datei bzw. den Device-Namen des CD/DVD-Laufwerks an, von dem die Installationsdaten gelesen werden.

--disk *datei*

gibt den Dateinamen der Image-Datei an, in der die virtuelle Maschine gespeichert werden soll. Wenn Sie mehrere virtuelle Speichergeräte verwenden möchten, müssen Sie die Option mehrfach angeben.

--disk *opt1=val1,opt2=val2,...*

ermöglicht die Angabe mehrerer Image-Dateien aus unterschiedlichen libvirt-Speicherpools. Zulässige Optionen sind unter anderem path zur Angabe einer Image-Datei oder eines Block-Devices, pool zur Angabe eines zuvor eingerichteten libvirt-Speicher-Pools, vol zur Angabe einer bereits existierenden Image-Datei in einem Speicher-Pool (vol=*poolname/imagename*), size zur Angabe der gewünschten Größe neuer Image-Dateien (in GByte), bus zur Auswahl des Bussystems (ide, scsi oder virtio) und cache zur Auswahl des Cachings (writethrough, writeback oder none).

--graphics typ,opt1=val1,opt2=val2 ...

gibt an, wie das Grafiksystem der virtuellen Maschine realisiert werden soll. Als Typ kommen vnc oder spice infrage, bei manchen Linux-Distributionen auch sdl. (Bei aktuellen Fedora- und RHEL-Versionen steht keine SDL-Unterstützung mehr zur Verfügung. Standardmäßig kommt VNC zum Einsatz.)

Mit den weiteren Optionen können diverse Verbindungsparameter angegeben werden. port gibt den gewünschten IP-Port für VNC oder Spice an. Nach Möglichkeit sollten Sie den Einsatz dieser Option vermeiden. Die virtuelle Maschine verwendet dann den ersten freien Port ab 5900.

listen gibt an, auf welcher IP-Adresse der VNC- oder Spice-Server laufen soll (standardmäßig unter 127.0.0.1 bzw. unter der in /etc/libvirt/qemu.conf angegebenen IP-Adresse). Die Adresse 0.0.0.0 erlaubt den Verbindungsaufbau von jedem beliebigen Rechner aus (Achtung, Sicherheitsrisiko!).

password legt ein Passwort für die VNC- oder Spice-Verbindung fest. Vorsicht, das Passwort kann in einer Logging-Datei von virt-install landen! Verwenden Sie also keine anderweitig genutzten Passwörter!

--import

bewirkt, dass virt-install keine Neuinstallation durchführt, sondern die neue virtuelle Maschine auf Basis einer bereits existierenden Image-Datei anlegt (siehe auch Seite 69). Das kann z. B. zweckmäßig sein, um eine ursprünglich direkt mit dem KVM-Kommando erzeugte virtuelle Maschine in die libvirt-Welt einzubetten.

--name *name*

gibt den Namen der virtuellen Maschine an.

--network *typ,opt1=val1,opt2=val2,...*

gibt die Eckdaten eines Netzwerk-Devices der virtuellen Maschine an. Wenn die virtuelle Maschine mehrere Netzwerk-Devices bekommen soll, verwenden Sie die Option mehrfach. Falls diese Option gar nicht angegeben wird, richtet virt-install ein Netzwerk-Device ein. Wenn es eine Netzwerkbrücke gibt, die mit dem physikalischen Netzwerkadapter des Hostsystems verbunden ist, wird diese Brücke verwendet, andernfalls kommt das virtuelle Netzwerk default der libvirt-Werkzeuge zum Einsatz.

typ gibt an, wie die Netzwerkverbindung zum Hostrechner erfolgen soll. Zulässige Werte sind bridge=*name* für eine zuvor eingerichtete Netzwerkbrücke, network=*name* für ein mit virsh definiertes virtuelles Netzwerk oder einfach user, wenn die virtuelle Maschine via NAT mit dem Hostsystem kommunizieren soll. (Diese Variante ist als einzige auch dann geeignet, wenn virt-install ohne root-Rechte ausgeführt wird.)

Die weiteren Optionen bestimmen die Parameter des Netzwerk-Devices: model gibt an, welcher Adapter emuliert werden soll (z. B. e1000, rtl8139 oder virtio). mac bestimmt die MAC-Adresse des Devices. Wenn dieser Parameter nicht angegeben wird, generiert virt-install selbst eine zufällige MAC-Adresse. MAC-Adressen für KVM müssen mit 52:54:00 beginnen!

--nodisk

ermöglicht eine Installation ohne Image-Datei (z. B., wenn die Installation in einen Netzwerkspeicher erfolgen soll).

--nographics

richtet eine virtuelle Maschine ohne Grafiksystem ein (und somit ohne Steuerungsmöglichkeit via VNC). Das ist nur zweckmäßig, wenn sowohl die Installation als auch die weitere Steuerung der virtuellen Maschine über die serielle Schnittstelle erfolgen kann. Die meisten Linux-Installationsprogramme sind dazu *nicht* in der Lage.

--noreboot

verhindert den automatischen Neustart nach dem Abschluss der Installation.

--os-type *name*

gibt die Art des Betriebssystems an, das installiert werden soll (z. B. linux, unix, windows oder other). Die Information wird zur Optimierung diverser Hardware-Parameter genutzt.

--os-variant *name*

gibt an, welches Betriebssystem installiert werden soll, z. B. fedora16, generic26, virtio26, rhel6, ubuntuprecise oder win7. Eine vollständige Liste aller bekannten Betriebssystemnamen liefert man virt-install. Wenn diese Option verwendet wird, kann auf die Angabe von --os-type verzichtet werden.

--ram *n*

gibt die Größe des RAMs in MByte an. Dieser Wert gilt gleichermaßen als Obergrenze für das Ballooning und als standardmäßig aktiver Speicher. Wenn der aktive Speicher beim Start der virtuellen Maschine kleiner sein soll, müssen Sie den gewünschten Wert nach der Installation in der XML-Definition der virtuellen Maschine verändern (Element <currentMemory>).

-serial pty

stattet die virtuelle Maschine mit einer seriellen Schnittstelle aus. Beim Start der virtuellen Maschine wird die serielle Schnittstelle mit einem Pseudo-TTY-Device des Hostrechners verbunden. In virsh können Sie den Device-Namen mit ttyconsole *vmname* ermitteln.

Die serielle Schnittstelle der virtuellen Maschine kann auch mit anderen Devices des Hostsystems verbunden werden. Dazu geben Sie statt pty den Namen des Devices, der Pipe-Datei, der Netzwerkschnittstelle etc. an (z. B. -serial dev,path=/dev/ttyS3). Eine Referenz der möglichen Syntaxvarianten erhalten Sie mit man virt-install.

--soundhw=ac97/es1370/sb16

stattet die virtuelle Maschine mit einer Sound-Karte aus.

`--vcpus=`*n*

gibt die gewünschte Anzahl von CPU-Cores an (standardmäßig einer).

`--video=cirrus/vga/vmvga`

gibt an, welcher Grafikadapter emuliert werden soll (standardmäßig `cirrus`, siehe auch Seite 197).

`virt-make-fs` `[optionen] archiv image`
`virt-make-fs` `[optionen] verzeichnis image`

`virt-make-fs` aus dem Paket `libguestfs-tools` erzeugt eine Image-Datei und speichert darin den Inhalt eines tar-Archivs oder eines Verzeichnisses. Das tar-Archiv darf mit `gzip` komprimiert sein (`*.tar.gz`).

`--format` *imageformat*

gibt das gewünschte Image-Format an (z. B. qcow2). Standardmäßig erzeugt `virt-make-fs` RAW-Images.

`--partition`

erzeugt in der Image-Datei eine Partitionstabelle. Standardmäßig verzichtet `virt-make-fs` darauf und beschreibt das Image direkt.

`-s` *n* bzw. `--size` *n*

gibt die gewünschte Größe des Images an (z. B. `-s 2G` für ein 2 Gbyte großes Image). Ohne diese Option ist die Image-Datei gerade so groß, um den Inhalt des Archivs oder Verzeichnisses aufzunehmen. `-s +200M` bewirkt, dass das Image um 200 MByte größer als notwendig wird und somit noch Platz für weitere Dateien enthält.

`--type` *filesystemtyp*

gibt den gewünschten Dateisystemtyp an, z. B. ext4. Standardmäßig erzeugt das Kommando ext2-Dateisysteme.

`virt-rescue` `[optionen] -a imagename / -d vmname`

`virt-rescue` aus dem Paket `libguestfs-tools` startet eine virtuelle Maschine, in der die mit `-a` angegebene Image-Datei oder die mit `-d` genannte libvirt-Maschine in einer Rescue-Shell repariert werden kann.

`virt-resize` `[optionen] old new`

`virt-resize` aus dem Paket `libguestfs-tools` überträgt alle Partitionen aus der Image-Datei old in die Image-Datei new. Das Image new muss vorweg in der richtigen Größe erzeugt werden. Beim Kopieren der einzelnen Partitionen können diese samt dem darin enthaltenen Dateisystem vergrößert werden.

`--delete` `/dev/sda`*n*

überspringt die angegebene Partition. Diese Partition wird also nicht in das neue Image kopiert. Dadurch ändert sich im neuen Image die Nummerierung der Partitionen, was eventuell Änderungen in /etc/fstab sowie in der GRUB-Konfiguration erfordert!

`--expand` `/dev/sda`*n*

vergrößert die n-te Partition und das darin enthaltene Dateisystem so weit wie möglich (entsprechend der Größe der neuen Image-Datei).

`--resize` `/dev/sda`*n*`=+`*size*

vergrößert die n-te Partition und das darin enthaltene Dateisystem um *size*. Die Größenangabe erfolgt in der Form +300M oder +5G (also um 300 MByte oder um 5 GByte vergrößern).

---

virt-tar [optionen] -x vmname verzeichnis archiv
virt-tar [optionen] -u vmname archiv verzeichnis
virt-tar [optionen] imagename -x verzeichnis archiv
virt-tar [optionen] imagebane -u archiv verzeichnis

---

virt-tar aus dem Paket libguestfs-tools schreibt den Inhalt eines Verzeichnisses einer virtuellen Maschine in ein tar-Archiv (-x) bzw. lädt den Inhalt eines tar-Archivs in ein Verzeichnis der virtuellen Maschine hoch (-u).

`--connect` *connection*

gibt die libvirt-Verbindungszeichenkette für einen externen KVM-Host an (siehe Seite 317).

`--format` `raw/qcow2/qed/...`

gibt bei Bedarf das Format der Image-Datei an.

`-z`

verarbeitet mit gzip komprimierte Archive (*.tar.gz).

---

virt-viewer [optionen] name/id/uuid

---

virt-viewer ist ein VNC-Client, der das Grafiksystem einer virtuellen Maschine anzeigt. An das Kommando wird normalerweise einfach der Name, die ID- oder UUID-Nummer der virtuellen Maschine übergeben.

`-c` *hypervisor*

stellt eine Verbindung zum angegebenen Virtualisierungssystem her. Mögliche Syntaxformen der Verbindungszeichenkette sind auf Seite 317 beschrieben (connect-Befehl von virsh). Diese Option ist nur erforderlich, wenn virt-viewer die richtige Verbindung nicht automatisch herstellt.

vmbuilder kvm ubuntu [optionen]

vmbuilder erzeugt fertige virtuelle Ubuntu-Maschinen. Das ist wesentlich schneller als eine interaktive Installation mit virt-install oder mit dem Virtual Machine Manager. vmbuilder unterstützt grundsätzlich auch andere Hypervisors (Xen, VMware Server) und andere Distributionen (Debian). Diese Beschreibung geht allerdings davon aus, dass Sie mit KVM und Ubuntu arbeiten. Beispiele für den Einsatz von vmbuilder finden Sie ab Seite 82.

--addpkg *name*

installiert zusätzlich das angegebene Paket. Wenn Sie mehrere Pakete wünschen, müssen Sie die Option für jedes Paket anführen. (Es ist also nicht zulässig, mehrere Paketnamen auf einmal zu nennen.)

--arch i386|amd64

gibt die gewünschte CPU-Architektur an. (Standardmäßig verwendet vmbuilder dieselbe Architektur wie jene des Hostrechners.)

--bridge *name*

verwendet für den Netzwerkzugang die angegebene Netzwerkbrücke.

--components *name1,name2*

verwendet die angegebenen Paketquellen (z. B. main,universe,multiverse) anstatt standardmäßig nur main. Die Liste der Paketquellen muss ohne Leerzeichen angegeben werden!

-d bzw. --dest *name*

verwendet das angegebene Zielverzeichnis (standardmäßig ./ubuntu-kvm relativ zum aktuellen Verzeichnis). Dieses Verzeichnis wird von vmbuilder erzeugt. Das Verzeichnis darf noch nicht existieren, es sei denn, Sie wollen den bisherigen Inhalt des Verzeichnisses überschreiben und führen vmbuilder mit der Option -o aus.

--firstboot *dateiname*

gibt den Dateinamen eines Shell-Scripts an. Es wird in das Dateisystem der virtuellen Maschine kopiert und beim ersten Bootprozess ausgeführt. Es darf keine interaktiven Elemente enthalten.

--firstlogin *dateiname*

gibt den Dateinamen eines Shell-Scripts an. Es wird in das Dateisystem der virtuellen Maschine kopiert und beim ersten Login automatisch ausgeführt. Das Script darf interaktive Elemente enthalten. Es dient in der Regel dazu, eine Basiskonfiguration durchzuführen (beispielsweise die Veränderung des Login-Passworts, die Einstellung des Passworts des MySQL-Servers, falls dieser installiert wurde, etc.).

--flavour *name*

gibt die gewünschte Kernel-Variante an. In der Regel ist virtual die richtige Wahl. Damit erhalten Sie einen für Virtualisierungssysteme optimierten Kernel.

`--hostname` *name*

> gibt den gewünschten Hostnamen für die virtuelle Maschine an. Dieser Name wird gleichzeitig auch zur Bezeichnung der virtuellen Maschine für die libvirt-Werkzeuge verwendet und darf noch nicht genutzt werden. Wenn diese Option nicht angegeben wird, verwendet vmbuilder sowohl als Hostnamen als auch als libvirt-Namen ubuntu.

`--ip` n.n.n.n

`--mask` n.n.n.n

`--net` n.n.n.n

`--bcast` n.n.n.n

`--gw` n.n.n.n

`--dns` n.n.n.n

> gibt die IP-Adresse, die Netzwerkmaske, die Broadcast-Adresse, die Gateway-Adresse und die Adresse des Nameservers an. Wenn diese Angaben entfallen, erwartet die virtuelle Maschine einen DHCP-Server. Wenn Sie nur die IP-Adresse angeben, verwendet vmbuilder die Netzwerkmaske 255.255.255.0, die Netzwerkadresse n.n.n.0, die Broadcast-Adresse n.n.n.255, die Gateway-Adresse n.n.n.1 und die Nameserver-Adresse n.n.n.1.

`--iso` *dateiname*

> verwendet die angegebene ISO-Datei als Installationsquelle. Wenn diese Angabe entfällt, lädt vmbuilder alle erforderlichen Pakete aus dem Internet herunter. Bei der ISO-Datei muss es sich um eine Server- oder Alternate-CD handeln, nicht um ein Desktop-Installations-Image!

`--libvirt qemu:///system`

> installiert die virtuelle Maschine auf Systemebene.

`-m` bzw. `--mem` *n*

> weist der virtuellen Maschine *n* MByte Speicher zu (standardmäßig 128).

`--mirror` *url*

> verwendet für den Download der Installationspakete den angegebenen Mirror-Server anstatt standardmäßig http://archive.ubuntu.com/ubuntu. Wenn Sie vorhaben, viele Installationen durchzuführen, sollten Sie einen eigenen Mirror-Server einrichten. Beachten Sie, dass die Mirror-Adresse auch in die Datei /etc/apt/sources.list der virtuellen Maschine eingetragen wird, sodass dann auch die virtuelle Maschine diesen Mirror verwendet. Wenn Sie das nicht möchten, verwenden Sie statt `--mirror` die Option `--install-mirror`.

`--ppa` *name*

> verwendet außer den gewöhnlichen Paketquellen auch das angegebene Personal Package Archive (PPA).

`--proxy` *url*

> verwendet den angegebenen Proxy-Server für den Download der Installationspakete.

-o bzw. --overwrite

löscht den Inhalt des Verzeichnisses ./ubuntu-kvm bzw. des mit --dir angegebenen Verzeichnisses.

--part *dateiname*

liest die gewünschte Partitionierung der Festplatte aus der angegebenen Datei. Jede Zeile dieser Datei gibt das mount-Verzeichnis (für die Root- und Swap-Partition ohne einleitendes /-Zeichen) und die gewünschte Größe in MByte an, z. B. so:

root 4000
swap 300
/boot 300

Um die Partitionen über mehrere (maximal vier) Image-Dateien zu verteilen, fügen Sie in die Partitionierungsdatei die Zeile --- ein (also drei Bindestriche). An dieser Stelle beginnt eine neue Image-Datei. Wenn Sie keinerlei Angaben zur Partitionierung machen, erstellt vmbuilder eine 5 GByte große Image-Datei, von der 4 GByte für die Systempartition und 1 GByte für die Swap-Partition reserviert sind. Eine LVM-Konfiguration ist leider nicht möglich.

--raw *dateiname*

gibt den Namen einer RAW-Image-Datei an, in die das Dateisystem installiert werden soll.

--user *login*
--name *fullname*
--pass *pw*
--rootpass *rootpw*

gibt den Login-Namen, den vollständigen Namen, das Passwort und das Root-Passwort an. Standardmäßig verwendet vmbuilder für die ersten drei Parameter ubuntu und definiert kein Root-Passwort. Achtung: Die hier angegebenen Parameter können während der Ausführung von vmbuilder von jedem im Klartext gelesen werden, der am Hostrechner ps ausführen darf.

--suite *name*

gibt den Namen der gewünschten Ubuntu-Version an (z. B. precise für Ubuntu 12.04).

-v

gibt während der Installation Feedback darüber, was gerade passiert.

Stichwortverzeichnis